József Viktorin

**Grammatik der slovakischen Sprache**

József Viktorin

**Grammatik der slovakischen Sprache**

ISBN/EAN: 9783744602846

Hergestellt in Europa, USA, Kanada, Australien, Japan

Cover: Foto ©ninafisch / pixelio.de

Weitere Bücher finden Sie auf **www.hansebooks.com**

# Grammatik

der

# slovakischen Sprache.

Zum Schul- und Selbstunterrichte bearbeitet,

mit Übungsaufgaben, Gesprächen, einem ausführlichen
Wörterverzeichnisse und einer populären

## Chrestomathie

versehen

von

## Josef Viktorin.

Dritte Auflage.

Pest, 1865.

Verlag von Wilhelm Lauffer.

Druck von Martin Bagó in Ofen.

Wer seine Muttersprache, die süßen, heiligen Töne seiner Kindheit, die mahnende Stimme seiner Heimath nicht liebt, verdient nicht den Namen — Mensch.

Herder.

Was eine andere Sprache vor der deinigen voraus hat, was nicht in der deinigen liegt, glaube, daß dies auch nicht im Charakter deiner Nation liege.

Platen.

Minden népnek első feladása épen fentartani nemzetiségét, s fentartani saját nemzeti nyelvét, mely annak legnemesebb, legszellemiebb kifolyása.

B. Eötvös.

# Vorwort zur ersten Auflage.

Indem der slavische Sprachforscher Martin Hattala seine auf die slovakische Mundart sich beziehenden Schriften bis jetzt nur in der lateinischen und slavischen Sprache veröffentlichte: blieb das Erlernen dieser Mundart noch Vielen unzugänglich, und das Bedürfniß einer neuen auch für Deutsche brauchbaren slovakischen Sprachlehre lag außer allem Zweifel. Um diesem Mangel abzuhelfen, entschloß ich mich nach den Werken des oben erwähnten Philologen eine deutsch-slovakische Grammatik zu bearbeiten, in welcher auf die Nichtslaven, wie auch auf Alle, die sich in dem Slovakischen vervollkommnen wollen, besonders Rücksicht genommen worden ist.

Eine große Anzahl von Übungsaufgaben und Gesprächen, wie solche in anderen ähnlichen Sprachlehren vorkommt, vermied ich hauptsächlich deßwegen, damit, bei vorgefaßtem Umfange der Druckschrift, zu einem ausführlichen Wörterverzeichnisse desto mehr Platz verbleibe. Dazu habe ich noch eine Auswahl prosaischer und poetischer Aufsätze aus mehreren slovakischen Schriftstellern in Form einer populären Chrestomathie als Anhang beigegeben.

Wenn dieses Buch zur besseren Kenntniß und größeren Verbreitung der slovakischen Mundart, und dadurch auch zum Nutzen des slavischen Elementes überhaupt etwas beitragen sollte, dann ist meine wohlmeinende Absicht als erfüllt zu betrachten.

Ofen, im Juni 1860.

---

# Vorwort zur zweiten Auflage.

Als ich vor anderthalb Jahren der ersten Auflage dieser Sprachlehre einige Zeilen zur Beleuchtung meines Unternehmens voranschickte, dachte ich nicht daran, daß das Buch in so verhältnißmäßig kurzer Zeit neu würde aufgelegt werden. Wohl lag das Bedürfniß einer der jetzigen Entwickelung des slovakischen Dialektes entsprechenden Grammatik nahe: dennoch war ich im Hinblick auf die eigenthümliche Lage, in welcher sich der slavische Volksstamm Nordungarns befindet, auf einen so schnellen Absatz nicht gefaßt, und es war mir begreiflicherweise angenehm wahrzunehmen, daß ich an eine neue Auflage meiner Arbeit die Hand anlegen müsse.

Wenn selbst die gebildetsten Sprachen einer fortwährenden Vervollkommnung unterworfen sind: um wie viel mehr gilt dies von einer slavischen Mundart, welche als Schriftsprache vor kaum einem halben Jahrhundert bekannt zu werden anfing. Deßwegen habe ich in dieser zweiten Auflage so manche, obwohl unwesentliche Veränderungen und Verbesserungen, die sich als eine Vervoll= kommnung der slovakischen Schreibart herausstellten, vorgenommen. Überdies ist der lexikalische Anhang, besonders aber die Chresto= mathie bedeutend vermehrt worden.

An einigen Lehranstalten hat man diese Grammatik bereits als Schulbuch eingeführt. Mit welchem Erfolge sich die Jugend der= selben bediene, weiß ich nicht; ich glaube aber einen günstigen Erfolg voraussetzen zu dürfen, da bei der Bearbeitung des Gegenstandes der meiste Fleiß, mit gehöriger Berücksichtigung des praktischen Theiles, auf die Theorie, als die Grundlage jedes Wissens, verwendet worden ist; das Übrige hängt selbstverständlich von der Lehrmethode ab.

Unsere Zeit ist eine solche, in welcher ein jedes lebensfähige Volk seine nationalen Ansprüche zur Geltung zu bringen trachtet. Auch die Slaven Nordungarns bleiben in diesem Streben hinter den anderen, vom Schicksale bis jetzt stiefmütterlich behandelten Völ= kern nicht zurück. Beweise, daß ihnen an ihrem eigenen National= leben nicht minder gelegen ist als den übrigen Nationalitäten, haben sie schon geliefert, und werden sie, so Gott will, solche auch noch fernerhin liefern. Man wird also ihre Sprache nicht mehr ignoriren können und dürfen, ja man wird sie in einem polyglotten Lande, wie Ungarn vorzugsweise genannt werden kann, im Sinne der Reziprozität auch lernen müssen. Ich will jedoch hierüber keine Worte verlieren, theils, weil es mir hier nicht wohl zu passen scheint, theils, um mich nicht dem Vorwurfe eines „Cicero pro domo sua" auszusetzen. „Qui vivra, verra." Indem also den Völkern unseres Vaterlandes nichts übrig bleibt, als ihre gegen= seitigen Ansprüche mit der Wage der Billigkeit zu wägen: so möge slavischerseits auch diese Grammatik das Ihrige dazu beitragen.

Ofen, im März 1862.

## Vorwort zur dritten Auflage.

Mit einigen wenigen, die Wesenheit des Gegenstandes nicht berührenden Verbesserungen übergebe ich hiemit der Öffentlichkeit die dritte Auflage meiner Sprachlehre, in der angenehmen Erwartung, daß das Buch auch diesmal sein Publikum finden und dem beabsichtigten Zwecke entsprechen werde.

Ofen, im September 1864.

Josef Viktorin.

# Inhalt.

|  | Seite |
|---|---|
| Vorwort zur ersten Auflage | VII |
| Vorwort zur zweiten Auflage | VIII |
| Vorwort zur dritten Auflage | „ |
| Einleitung | 1 |

## Erster Haupttheil.

### Die Elementarlehre.

#### Erster Abschnitt.

| §. 1. Von den Buchstaben und deren Aussprache | 5 |
|---|---|
| §. 2. Von der Aussprache der Sylben und Wörter | 10 |
| §. 3. Von der Betonung und dem Zeitmaße | 11 |

#### Zweiter Abschnitt.

| §. 4. Von der Rechtschreibung | 13 |
|---|---|
| A. Allgemeine Regeln der Rechtschreibung | „ |
| B. Besondere Regeln der Rechtschreibung | „ |
| C. Regeln über den Gebrauch einzelner Buchstaben | 14 |
| D. Regeln über die Trennung und Abkürzung der Sylben | 18 |
| E. Regeln über die Zeichensetzung | 19 |

## Zweiter Haupttheil.

### Die Formenlehre.

#### Erster Abschnitt.

| §. 5. Von den Redetheilen überhaupt | 21 |
|---|---|

#### Zweiter Abschnitt.

### Von den Redetheilen insbesondere.

#### Erstes Kapitel.

| §. 6. Von dem Hauptworte | 23 |
|---|---|
| §. 7. Von den Vergrößerungs- u. Verkleinerungsformen der Hauptwörter | 24 |
| §. 8. Von den zusammengesetzten Wörtern | 25 |
| §. 9. Von dem Geschlechte der Hauptwörter | 26 |
| §. 10. Von der Verwandlung der männlichen Personennamen in weibliche | 28 |

Seite

§. 11. Von der Abänderung überhaupt . . . . . . . . . 29
§. 12. Von der Abänderung der männlichen Hauptwörter . . . 30
§. 13. Von der Abänderung der weiblichen Hauptwörter . . . 38
§. 14. Von der Abänderung der sächlichen Hauptwörter . . . . 43
§. 15. Von dem Abkürzen, Wegwerfen und Versetzen der Selbstlaute 49

### Zweites Kapitel.

§. 16. Von dem Fürworte . . . . . . . . . . . . 52
§. 17. Von den persönlichen Fürwörtern . . . . . . . . . „
§. 18. Von den zueignenden Fürwörtern . . . . . . . . 55
§. 19. Von den hinweisenden Fürwörtern . . . . . . . . 58
§. 20. Von den fragenden Fürwörtern . . . . . . . . 59
§. 21. Von den beziehenden Fürwörtern . . . . . . . 61
§. 22. Von den unbestimmten Fürwörtern . . . . . . . . 62

### Drittes Kapitel.

§. 23. Von dem Beiworte . . . . . . . . . . . . 62
§. 24. Von den Vergrößerungs- und Verkleinerungsformen der Bei-
        wörter . . . . . . . . . . . . . . . 65
§. 25. Von der Steigerung der Beiwörter . . . . . . . . 66
§. 26. Von der Abänderung der bestimmten Beiwörter . . . . 68
§. 27. Von der Abänderung der unbestimmten Beiwörter . . . 71

### Viertes Kapitel.

§. 28. Von dem Zahlworte . . . . . . . . . . . 74
§. 29. Von den bestimmten Zahlwörtern . . . . . . . . „
§. 30. Von der Abänderung der bestimmten Zahlwörter . . . 75
§. 31. Von den unbestimmten Zahlwörtern und ihrer Abänderung . 78

### Fünftes Kapitel.

§. 32. Von dem Zeitworte . . . . . . . . . . . 80
§. 33. Von der Bildung der Zeitwörter . . . . . . . 82
§. 34. Von den Formen der Zeitwörter . . . . . . . . 83
        I. Form —t . . . . . . . . . . . „
        II. „ —nú-t . . . . . . . . . . 85
        III. „ —ie-t . . . . . . . . . . „
        IV. „ —i-t . . . . . . . . . . 86
        V. „ —a-t . . . . . . . . . . 87
        VI. „ —ova-t . . . . . . . . . . 90
§. 35. Von der Abwandlung der Zeitwörter . . . . . . 91
§. 36. Von der Bildung der Zeiten . . . . . . . . 93
§. 37. Von den Nennformen der Zeitwörter . . . . . . 95
§. 38. Abwandlung des Hilfszeitwortes byt, sein . . . . . 96

Seite

§. 39. Abwandlung der konkreten oder gemischten Zeitwörter . . 99

   I. Abwandlung . . . . . . . . . . . . . . . . „

   II.   „    . . . . . . . . . . . . . . 101

   III.   „    . . . . . . . . . . . . . . 104

   IV.   „    . . . . . . . . . . . . . . 106

   V.   „    . . . . . . . . . . . . . . 107

   VI.   „    . . . . . . . . . . . . . . 109

§. 40. Abwandlung der unregelmäßigen Zeitwörter . . . . . . 111

§. 41. Abwandlung in passiver Form . . . . . . . . . 113

§. 42. Abwandlung der unpersönlichen Zeitwörter . . . . . . 116

**Sechstes Kapitel.**

§. 43. Von dem Nebenworte . . . . . . . . . . . . . 117

§. 44. Von der Steigerung der Nebenwörter . . . . . . . . 120

**Siebentes Kapitel.**

§. 45. Von dem Vorworte . . . . . . . . . . . . . 121

§. 46. Von der Rektion der Vorwörter . . . . . . . . . „

**Achtes Kapitel.**

§. 47. Von dem Bindeworte . . . . . . . . . . . . 126

**Neuntes Kapitel.**

§. 48. Von dem Empfindungslaute . . . . . . . . . 127

**Dritter Haupttheil.**

**Die Satzlehre.**

§. 49. Von dem Satze im Allgemeinen . . . . . . . . . . 128

§. 50. Von der Übereinstimmung des Prädikates mit dem Subjekte . 129

§. 51. Von dem Gebrauche einzelner Endungen:

   A. Nominativ . . . . . . . . . . . . . 130

   B. Genitiv . . . . . . . . . . . . . 131

   C. Dativ . . . . . . . . . . . . . 133

   D. Akkusativ . . . . . . . . . . . . . 134

   E. Vokativ . . . . . . . . . . . . . 135

   F. Lokal . . . . . . . . . . . . . „

   G. Instrumental . . . . . . . . . . . . . „

§. 52. Von dem Gebrauche der Fürwörter . . . . . . . 137

§. 53. Von dem Gebrauche der Zeitwörter:

   A. Die passive Konstruktion . . . . . . . . . 139

   B. Die Zeiten . . . . . . . . . . . . . „

   C. Der Imperativ, Infinitiv und das Partizipium . . . . „

§. 54. Von der Verneinung . . . . . . . . . . 140

§. 55. Von der Wortfolge . . . . . . . . . . . 141

Seite

§. 56. Von der Redensart im Slovakischen . . . . . 144

Gespräche . . . . . . . . . . . . . . . . . . . . 145

Titulaturen . . . . . . . . . . . . . . . . . . . 152

Wörterverzeichniß . . . . . . . . . . . . . . . . 153

Sammlung von ein. Tauf=, Volks=, Land=, Fluß= und Städtenamen 183

## Chrestomathia
### z literatúry slovenskej.

I. Z pojednania: Životopis Cyrilla a Methoda. Od *Jána Hollého* 187

II. Z pojednania: Slovensko a jeho život literárny. Od *Josefa Hurbana* . . . . . . . . . . . . . . . . . . 191

III. Z článku: Reč ruská. Od *Michala Hodži* . . . . . 193

IV. Z pojednania: Hollého život. Od *Josefa Viktorina* . . . 195

V. Z povesti: Serbianka. Od *Jána Kalinčáka* . . . . . 198

VI. Z veselohry: Incognito. Od *Jána Beskydova* . . . . 203

VII. Humoreska: Chvala Bohu! už je koš hotový. Od *D. Licharda* 207

VIII. 1. Z básne: Svatopluk. Od *Jána Hollého* . . . . . 210

„ 2. Z básne: Cyrillo-Methodiada. Od tohože . . . . 212

„ 3. Z básne: Sláv. Od tohože . . . . . . . . 215

„ 4. Báseň: Na Slovenský Národ. Od tohože . . . . 216

IX. Z básne: Matúš z Trenčína. Od *Ludevíta Štúra* . . . 218

X. 1. Z básne: Marína. Od *Andreja Sládkoviča* . . . . 221

„ 2. Z básne: Detvan. Od tohože . . . . . . . . 223

„ 3. Z básne: Sôvety v rodine Dušanovej. Od tohože . . 225

XI. Z ballady: Väzeň. Od *Samuela Chalupky* . . . . . 228

XII. Z básne: Pád Miliducha. Od *Ludevíta Želly* . . . . 231

XIII. Z romance: Smrť Jánošíka. Od *Jána Botty* . . . . . 236

XIV. Zo smutnohry: Odboj Zadunajských Slovákov. Od *Vojana Josifoviča* . . . . . . . . . . . . . . . . . 238

### Prídavok
#### z literatúry česko-slovenskej.

I. Z článku: O Moravanech a Slovácích. Od *Pav. Jos. Šafaříka* . 247

II. 1. Z básne: Slávy Dcera. Od *Jana Kollára* . . . . . 253

„ 2. Báseň: Slavjan. Od tohože . . . . . . . . . 259

Slovo záverečné k prvému vydaniu . . . . . . . . 262

Slovo záverečné k druhému vydaniu . . . . . . . . „

Slovo záverečné k tretiemu vydaniu . . . . . . . . 265

# Einleitung.

Die slavische Sprache (lingua slavica, reč slovanská, jazyk slovanský) nahe von achtzig Millionen größtentheils in Europa wohnenden Menschen gebraucht, wird gewöhnlich in das ost= und west=slavische Idiom eingetheilt.

I. Das ost=slavische Idiom faßt in sich:

*A)* Die alt=slavische oder cyrillische Sprache (lingua vetero-slovenica, staroslovenčina, cyrillčina) welche heutzutage, wie die lateinische, zu den todten Sprachen gezählt wird, und bei den Russen, Serben, Bulgaren und einem Theile der Dalmatiner bloß als Kirchensprache besteht.

*B)* Die russische Sprache (lingua russica, ruština) welche in drei von einander wenig abweichende Mundarten zerfällt, nämlich in die:

*a)* groß-russische — von fünf und dreißig Millionen gesprochen;
*b)* klein-russische — von dreizehn Millionen gebraucht; und
*c)* weiß-russische Mundart bei drei Millionen im Gebrauche.

*C)* Die süd=slavische Sprache (lingua Slavorum Meridionalium, juhoslovančina) in folgende Mundarten getheilt:

*a)* die serbische — von mehr als fünf Millionen gesprochen;
*b)* die kroatische — von einer Million gebraucht;
*c)* die slovenische — von mehr als einer Million; und
*d)* die bulgarische Mundart von vier Millionen gesprochen.

II. Das west=slavische Idiom faßt in sich:

*A)* Die slovakische Sprache (lingua slavica per excellentiam, slovenčina, reč slovenská, jazyk slovenský) von mehr als zwei Millionen Slaven gesprochen.

*B)* Die böhmische oder čechische Sprache (lingua bohemica, čeština) von mehr als vier Millionen Menschen gebraucht.

*C)* Die polnische Sprache (lingua polonica aut lechica, polština) von mehr als neun Millionen gebraucht; endlich

*D)* Die lusatinisch=sorabische Sprache (lingua lusatico-sorabica, lusátska sorabština) bei hundert fünfzig tausend Soraben im Gebrauche.

**1**

Die slovakische Sprache des in Nordungarn wohnenden slavischen Volkes ist eine der schönsten slavischen Mundarten, durch welche das ost-slavische Idiom mit dem west-slavischen verbunden ist. Nicht nur ältere slavische Literatoren, wie Dalimil, Jordan, Bernolák, sondern auch neueste slavische Schriftsteller, als: Šafárik, Kollár, Štúr, Hodža, Hattala u. A. haben das bewiesen. Ja selbst fremde, mit der slavischen Philologie sich befassende Gelehrte haben es ausgesprochen. So hat sich namentlich der Franzose Cyprian Robert, gewesener Professor der slavischen Literatur an der Parißer Universität, in einem seiner Werke in Bezug auf die slovakische Sprache folgendermaßen geäußert: „Die slovakische Mundart hält eine gewisse Mitte zwischen den slavischen Mundarten, beiläufig wie die Karpathen, die dieses Volk bewohnt, den Mittelpunkt, die Zitadelle, die ursprüngliche Wiege jenes Geschlechtes bilden."

Insbesondere nahe steht die slovakische Mundart der alt-slavischen Kirchensprache, so daß ein Slovak, wenn er dem nach alt-slavischen Ritus gehaltenen Gottesdienste der Rechtgläubigen beiwohnt, in vieler Hinsicht seine eigene Muttersprache zu hören meint. Das eben hat der vorzüglichste, von allen Sachverständigen als Autorität anerkannte Slavist Paul Josef Šafárik in seiner „Geschichte der slavischen Sprache und Literatur" ausgesprochen, indem er schrieb: „Nicht nur finden sich in dem Slovakischen Wörter, die anderen Slaven entweder ganz oder wenigstens in dieser Bedeutung unbekannt sind, im Alt-slavischen aber sich nachweisen lassen, sondern der ganze formelle und grammatische Bau dieser Mundart erinnert auffallend an das Kirchenslavische."

Und gewiß schon dieser einzige Umstand — anderer sehr wichtiger Gründe nicht zu gedenken — spricht dafür, daß man für die Slovaken in Ungarn den slovakischen Dialekt zur Schriftsprache erhebe, und zu dessen Ausbildung das Möglichste beitrage.

In früheren Zeiten nämlich, wo das literarische Leben auch bei anderen Völkern, insbesondere aber bei den Slaven in der Wiege lag, und wo die damals herrschende čechische Schriftsprache, besonders den Formen nach, zu der slovakischen Mundart bedeutend näher stand als heutzutage: haben sich auch die Slovaken in dem Wenigen, was sie am literarischen Felde leisteten, der čechischen Schreibart bedient. Später jedoch fing man an daheim darüber nachzudenken, ob es nicht zweckmäßiger wäre, sich für die Slovaken der slovakischen Mundart als Schriftsprache zu bedienen.

Der erste, der den Gedanken am Schlusse des vorigen Jahrhundertes deutlich aussprach, und von einer emsigen katholischen Partei unterstützt ins Leben führte, war **Anton Bernolák**, zuletzt kath. Pfarrer in Neuhäusel. Indessen konnte dieser edle Mann mit seinen zwar zahlreichen, aber, wie gesagt, bloß katholischen Anhängern in der ganzen Slovakei nicht durchdringen. Er wählte zur Schriftsprache jene, von der rein bewahrten, echt slovakischen Sprache abweichende Mundart, welche in der Gegend von Tirnau gesprochen wird, und aus der benachbarten Sprache der Mährer Vieles in sich aufgenommen hatte. Es lag in dem Auftreten Bernolák's mehr oder weniger Inkonsequenz — die aber im Hinblick auf die damaligen Zeiten leicht zu entschuldigen ist — darum haben sich die protestantischen Slovaken an die erste slovakisch-literarische Bewegung nicht angeschlossen.

Über fünfzig Jahre dauerte die Entzweiung. Die katholische Partei schrieb Bernolák-isch, die protestantische, wie früher, čechisch. Da haben auch die Protestanten, denen seit jeher das slavische Element in Ungarn Vieles zu verdanken hatte, über die schädliche Entzweiung und das im Prinzipe richtige Unternehmen der Bernolák'schen Schule tiefer nachgedacht und beschlossen, sich ebenfalls der populären, slovakischen Bewegung anzuschließen.

**Ludwig Štúr**, ein vieltalentirter slavischer Literat, ist nun als Haupt der zweiten slovakisch-literarischen Bewegung zu betrachten. Um aber in dieser neuen literarischen Epoche einen möglichst vollständigen Erfolg zu erzielen, mußte man vorerst den in Betreff des zur Schriftsprache erhobenen Dialektes begangenen Mißgriff dadurch gut machen, daß man die jedem heterogenen Einflusse fremd gebliebene, in ihrer Ursprünglichkeit rein bewahrte Mundart, wie sie im Mittelpunkte der Slovakei, also in den Komitaten: Liptau, Thurocz, Arva, Sohl, Neograd, Barsch, Hont, Gömör und theils auch in Trentschin gesprochen wird, als neue Schriftsprache gebrauchte. Mit wenigen Ausnahmen sind fast alle slovakischen Patrioten — Katholiken sowohl als Protestanten — mit diesem neuen literarischen Grundplane einverstanden gewesen, und haben mit „Vereinten Kräften" für die Erhaltung des Nationallebens und die Ausbildung des schönen slavischen Dialektes fleißig zu arbeiten angefangen.

Aber es stellte sich bald heraus, daß Štúr in entgegengesetzter Richtung zu weit gegangen, in seine ersten slovakischen Werke zu viel unverwendbares Material aufgenommen, und zu wenig die allgemein giltigen Grundsätze sämmtlicher slavischen Dialekte berücksichtigt habe. Deswegen war noch ein dritter Reformator nöthig, der aus dem schon vorhandenen Stoffe, mit Berücksichtigung sowohl des Nationalbedürfnisses als auch der unumstößlichen philologischen Grundsätze, eine geregelte Schriftsprache herstelle. Dies

1*

ist dem Slavisten und Professor an der Prager Universität **Martin Hattala** geglückt, zu dessen erfolgreichen Studien aber die philologischen Werke des **Michaël Hodža** das Meiste beitrugen.

Um das Jahr 1852 haben sich alle bedeutenderen Parteiführer mit den in Hattala's sprachwissenschaftlichen Werken entwickelten Anschauungen einverstanden erklärt, und — wenn auch hie und da noch mit unwesentlichen Abweichungen — ihre Werke in der neuesten, wissenschaftlich begründeten Rechtschreibung der Öffentlichkeit übergeben.

Es wäre indessen ein Irrthum, wenn man die nunmehr von allen Sachverständigen angenommene slovakische Schriftsprache als das Werk eines Einzelnen betrachten wollte. Vom Jahre 1790 bis 1850, sechzig Jahre hindurch also dauerte das literarische Ringen, an welchem ganze Parteien Theil genommen hatten. Wohl sind Bernolák als Begründer, Štúr als Fortbauer und Hattala als Vollender der slovakischen Schriftsprache zu betrachten; allein das eigentliche Verdienst des Erfolges ist nicht den Einzelnen, sondern der Gesammtheit, namentlich dem Geiste des slovakischen Volkes und der instinktmäßigen Anhänglichkeit an seine wohlerhaltene Muttersprache zuzuschreiben.

# Erster Haupttheil.

## Die Elementarlehre.

---

### Erster Abschnitt.

#### §. 1.

##### Von den Buchstaben und deren Aussprache.

Jede Sprache (lingua, reč) besteht aus Wörtern. Ein Wort (vox, slovo) ist der Ausdruck einer Vorstellung und besteht aus einer oder mehreren Sylben; z. B. Boh, Gott; prav-da, Wahr-heit; roz-um-ný, ver-stän-dig ꝛc. Die Sylbe (syllaba, slabika) ist ein Theil der Wörter und besteht aus einem oder mehreren Grundlauten, zu deren Bezeichnung die Buchstaben dienen. Der Buchstabe (litera, písmena) ist also ein schriftliches Zeichen für einzelne Sprachlaute; alle Buchstaben zusammengenommen aber nennt man das Alphabet (alphabetum, abeceda).

Das slovakische Alphabet besteht aus folgenden 42 Sprachlauten:

A, Á, Ä, B, C, Č, D, Ď, DZ, DŽ, E, É, F, G, H, CH,
a, á, ä, b, c, č, d, ď, dz, dž, e, é, f, g, h, ch,
I, Í, J, K, L, Ĺ, Ľ, M, N, Ň, O, Ô, P, R, Ŕ, S, Š, T, Ť,
i, í, j, k, l, ĺ, ľ, m, n, ň, o, ô, p, r, ŕ, s, š, t, ť,
U, Ú, V, Y, Ý, Z, Ž.
u, ú, v, y, ý, z, ž.

ó, q und x kommen nur in fremden Wörtern vor; daher sie nicht als slovakische Sprachlaute angeführt zu werden brauchen.

Die Sprachlaute werden in Selbstlaute (vocales, samohlásky) Doppellaute (diphthongi, dvojhlásky) und Mitlaute (consonantes, spoluhlásky) eingetheilt.

*A)* Selbstlaute sind: a, á, ä, e, é, i, í, o, ô, u, ú, y, ý. Sie heißen Selbstlaute, weil sie für sich allein ohne Beihilfe eines anderen Buchstaben ausgesprochen werden können. In Rücksicht auf die Zeit, die man zu ihrer Aussprache bedarf, werden sie außerdem in:

*a)* kurze: a, ä, e, i, o, u, y; und

*b)* lange: á, é, í, ô, ú, ý Selbstlaute eingetheilt; z. B. kolo, das Rad; zámok, das Schloß; klobúk, der Hut; výbor, der Ausschuß ꝛc.

*B)* Doppellaute sind: ia, ie, iu, ou. Sie heißen Doppellaute, weil man bei der Aussprache den Klang eines jeden Lautes, somit einen doppelten Laut hört; z. B priateľ, der Freund; viera, der Glaube; znameniu, dem Zeichen; rukou, mit der Hand ꝛc.

Sowohl die Selbstlaute als auch die Doppellaute werden in Hinsicht auf die slovakische Rechtschreibung eingetheilt in:

*a)* harte: a, á, é, o, ô, u, ú, ou, y, ý; und

*b)* weiche: (ä), e, i, í, ia, ie, iu.

*C)* Mitlaute sind: b, c, č, d, ď, dz, dž, f, g, h, ch, j, k, l, ľ, ĺ, m, n, ň, p, r, ŕ, s, š, t, ť, v, z, ž. Sie heißen Mitlaute, weil sie für sich keinen deutlich hörbaren Laut haben, sondern denselben erst durch Beihilfe eines Selbstlautes erhalten.

Die Mitlaute werden folgendermaßen eingetheilt:

*a)* Lippenlaute (labiales, perné): v, b, p, f, m.

*b)* Gaumenlaute (palatales, podnebné):

   1) harte (durae, tvrdé): l, ĺ, n, r, ŕ;

   2) weiche (molles, mäkké): ľ, ň.

*c)* Zungenlaute (dentales, zubné):

   1) harte: d, t;

   2) weiche: ď, ť.

*d)* Zischlaute (sybilantes, sykavky):

   1) harte: c, s, z, dz;

   2) weiche: č, š, ž, dž.

*e)* Kehllaute (gutturales, hrdelné):

   1) harte: g, h, ch, k;

   2) weiches: j.

## Bemerkungen.

1. Die Laute c und dz werden bald als harte, bald als weiche betrachtet. In der Abänderung sind sie stets als weiche zu betrachten.

2. Der Unterschied zwischen den harten und weichen Mitlauten ist in der slovakischen Rechtschreibung so wichtig, wie jener zwischen den harten und weichen Selbstlauten. Man merke sich also wohl die weichen Mitlaute: (c), č, š, ž, (dz), dž, ď, ľ, ň, ť, j.

3. Die Mitlaute werden ferner eingetheilt in dumpfe (obscurae, temné): c, č, f, p, ch, k, s, š, t, ť; und helle (clarae, jasné), als da sind: b, d, ď, g, h, v, j, z, ž, dz, dž, wie auch alle am Anfange des Wortes stehenden Selbstlaute.

4. Im Lautlesen, nicht aber im Schreiben, wird in Betreff der dumpfen und hellen Mitlaute folgende Regel beobachtet: wenn helle vor dumpfen zu stehen kommen, so werden sie mit dem Klange der nächst verwandten ausgesprochen, und umgekehrt Nach dieser Regel klingt z. B. in dem Worte obchod, der Handel, das helle b vor dem dumpfen ch fast wie p, also: opchod. So wird ferner richtig geschrieben: obce, die Gemeinden; mladší, der Jüngere; ľahký, leicht; včela, die Biene; vták, der Vogel; nízko, niedrig; ťažko, schwer; k bratovi, zum Bruder; sväzok, das Heft ꝛc., obwohl es in der Aussprache fast wie: opce, mlatši, ľachký, fčela, fták, nísko, ťaško, g bratovi, zväzok ꝛc. zu hören ist.

5. Die Sprachlaute l und r werden in der slovakischen Sprache auch als Selbstlaute betrachtet, wenn sie zwischen zwei Mitlauten zu stehen kommen, wie z. B. in den Wörtern: vlk, der Wolf; srna, die Rehkuh ꝛc. Man kann sie in diesem Falle wie die Selbstlaute verlängern; z. B. vĺča, ein junges Wölflein; sŕn, der Rehkühe ꝛc., weswegen sie auch Halbselbstlaute (semivocales, polosamohlásky) genannt werden.

D) Die Sprachlaute: a, b, d, e, f, g, i, j, k, l, m, n, o, p, r, t, u klingen in dem Slovakischen ganz so wie im Deutschen, mit der Bemerkung, daß d, l, n, t vor den Selbstlauten e, i, í, und folglich auch vor den Doppellauten ia, ie, iu, in der Regel als ď, ľ, ň, ť, also weich ausgesprochen werden (Sieh §. 4. C. b.); für die übrigen Laute aber dienen folgende Regeln:

á wird gedehnt ausgesprochen wie in den Wörtern: Haar, Wahrheit; z. B. sláva, der Ruhm; Slovák, der Slovak;

ä lautet fast wie das deutsche ä, nur wird es im Slovakischen kurz ausgesprochen; z. B. päť, fünf; pamäť, das Gedächtniß; sväzok, das Heft;

c lautet wie z in dem Worte: Zahn; z. B. cena, der Preis; cisár, der Kaiser; cap, der Bock;

č lautet wie tsch in dem Worte: deutsch, oder wie das magyarische cs in dem Worte: csalfa; z. B. človek, der Mensch; čo, was; čiastka, der Theil;

ď kann mit deutſchen Buchſtaben genau nicht ausgedrückt werden. Es lautet etwa wie dj verſchmolzen, wird aber genau im Magyariſchen durch gy in dem Worte: gyökér, gegeben; z. B. buď, ſei; ďaleko, weit;

dz lautet wie im Deutſchen die beiden Laute verſchmolzen, oder in dem magyariſchen Worte: bodza; z B. núdza, das Elend; hádzať, werfen;

dž lautet etwas weicher als tſch, genau aber wie in dem Magyariſchen: dzsida; z. B. druzdží, es kracht; hádžem, ich werfe;

é lautet etwas ſchärfer als das deutſche ee oder eh in den Wörtern: Seele, mehr; z. B. dcéra, die Tochter; zdravé, das Geſunde;

h gleicht dem Deutſchen in dem Worte: Holz; z. B. holý, kahl; nahý, nackt;

ch iſt ein beſonderer Mitlaut und wird ausgeſprochen wie im Deutſchen: Cherub, Nacht; z. B. chlieb, das Brod; chrabrosť, die Tapferkeit; strach, die Furcht;

i lautet wie ie in dem Worte: Liebe; z. B. sídlo, das Neß; kríž, das Kreuz;

í wird etwas gedehnt, als wenn es ein doppelter Selbſtlaut wäre; z. B. hĺbka, die Tiefe;

ľ lautet wie lj verſchmolzen und entſpricht dem magyariſchen ly in dem Worte: hely; z. B. ľutujem, ich bereue; velmi, ſehr;

ň lautet wie nj ꞏ erſchmolzen und entſpricht dem magyariſchen ny in dem Worte: nyúl, oder dem franzöſiſchen gn in dem Worte: compagnon; z. B. haňba, die Schande; zvestoň, der Verkünder.

ô iſt aus uo entſtanden und lautet wie im Italieniſchen: buono, suono. Man kann es aber auch wie ein langes ó ausſprechen; z. B. môj, mein; kôň, das Pferd; vôľa, der Wille;

ŕ wird ebenſo wie ĺ gedehnt ausgeſprochen; z. B. zdŕžať, langſam zurückhalten; sŕn, der Rehkühe;

s lautet wie im Deutſchen: Segel, blaß; z. B. sloboda, die Freiheit; pes, der Hund;

š lautet wie sch in den Wörtern: ſchreiben, Schelm; z. B. škoda, der Schade; náš, unſer;

**t** lautet wie tj verschmolzen und entspricht dem magyarischen ty in dem Worte: tyúk; z. B. ťulpa, der Dümmling; svornosť, die Eintracht;

**ú** wird gedehnt wie im Deutschen: Stuhl; z. B. súd, das Gericht; kohút, der Hahn;

**v** lautet wie das deutsche w in dem Worte: Wandel; z. B. váha, die Wage; volať, rufen;

**y** lautet wie i in dem Worte: Wild; z. B. myseľ, der Ge= danke; myš, die Maus;

**ý** lautet wie ie in den Wörtern: Sieg, hier; z. B. výbor, der Ausschuß; výraz, der Ausdruck;

**z** lautet wie s in dem Worte: lesen; z. B. zem, die Erde; koza, die Ziege; endlich

**ž** kann mit deutschen Buchstaben genau nicht ausgedrückt werden. Es lautet wie das magyarische zs in dem Worte: zsák-mány, oder das französische j in dem Worte: journal; z. B. ža-losť, die Traurigkeit; život, das Leben.

In Bezug auf die Doppellaute ia, ie, iu, ou ist zu merken, daß man bei ihrer Aussprache zwar beide Laute hören muß, so jedoch, als wenn sie in ein Ganzes verschmolzen wären, namentlich ist hier das i als j auszusprechen; z. B. pamiatka, klingt wie pamjatka; znamenie, wie znamenje; spaseniu, wie spasenju zc.

## Leseübung.

### Das „Vater unser."

Otče náš, ktorý si na nebesách, posväť sa meno Tvoje; príď kráľovstvo Tvoje; buď vôľa Tvoja jako v nebi tak na zemi. Chlieb náš vezdajší daj nám dnes; a odpusť nám naše viny, jako i my odpúšťame našim vinnikom; a neuvoď nás v pokušenie, ale zbav nás odo zlého.

### Das „Ave Maria."

Zdravas' Maria, milosti plná, Pán s Tebou; požehnaná si Ty medzi ženami, a požehnaný plod života Tvojho, Ježiš! Svätá Maria, Matko Božia! pros za nás hriešnych nynie i v hodinu smrti našej. Amen.

## §. 2.

### Von der Aussprache der Sylben und Wörter.

Wenn ein Selbst= oder Doppellaut allein, oder in Verbindung mit einem oder mehreren Mitlauten mit einer Öffnung des Mundes ausgesprochen wird, so entsteht eine Sylbe; z. B. a, ie, bo, ku-na, Slo-van-stvo.

Aus Sylben entstehen Wörter, und sind entweder einsylbig (monosyllabae, jednoslabičné); z. B. muž, der Mann; oder mehrsylbig (polysyllabae, viacslabičné); z. B. vrabec, der Sperling; An-gli-čan, der Engländer; od-ho-dlanosť, die Entschlossenheit.

Die Sylben werden entweder kurz ausgesprochen; z. B. pes, der Hund; žena, das Weib; oder sie werden gedehnt; z. B. národ, die Nation; komín, der Rauchfang; vlča, das Wölflein; shŕňať, zusammenscharren; pamiatka, die Erinnerung. Gedehnt werden alle jene Sylben, deren Selbst= oder Halbselbstlaut mit einem Dehnungszeichen ´ versehen ist, oder die einen Doppellaut in sich enthalten.

Die Wörter werden in einfache (simplices, jednoduché) und zusammengesetzte (compositae, složené) getheilt. Einfache sind jene, welche bloß aus einer oder mehreren Sylben bestehen; z. B. brat, der Bruder; múdrosť, die Weisheit. Solche Wörter aber, welche aus zwei oder mehreren einfachen Wörtern bestehen, jedoch zusammengenommen nur einen bestimmten Gegenstand bezeichnen, werden zusammengesetzte Wörter genannt; z. B. hromo-vod, der Blitzableiter; ľudo-mil, der Menschenfreund.

In den zusammengesetzten Wörtern heißt das letzte Grundwort (vox determinata, slovo základné) das erste aber Bestimmungswort (vox determinans slovo určujúce) weil dadurch das Grundwort näher bestimmt wird.

Stamm= oder Wurzelwort (radicalis, korenné) ist dasjenige, von welchem andere Wörter abgeleitet werden und weswegen sie abgeleitete (derivatae, odvodené) heißen; z. B. aus dem Stammworte: pokoj, der Friede, werden abgeleitete Wörter: s-pokoj-ný, zufrieden; s-pokoj-nosť, die Zufriedenheit.

Die Ableitung geschieht entweder durch gewisse Sylben, welche dem Stammworte vor= oder nachgesetzt werden; z. B. aus dem Stammworte: pokoj, wird durch Vorsetzung des s und Nachsetzung des nosť das abgeleitete Wort: s-pokoj-nosť; oder durch den Ablaut (stupňovanie) wenn der Selbst= oder Dop=

pellaut im Stammworte verändert wird; z. B. sedeľ, sitzen und sadiľ, setzen; dýcham, ich athme und dúcham, ich blase; svätý, heilig und sviatosľ, das Sakrament.

Bei den abgeleiteten Wörtern sind die Kernsylben (fundamentales, základné) von den Formsylben (formales, podobné) zu unterscheiden. Die Kernsylben machen die Wesenheit des Wortes aus, die Formsylben aber ändern nur dessen Gestalt zu besonderen Zwecken; z. B. in dem Worte: priateľ-stvo, die Freundschaft; priateľ-sky, freundlich; priateľ sind Kernsylben, welche auch ohne den Formsylben stvo und sky bestehen könnten.

## §. 3.
### Von der Betonung und dem Zeitmaße.

*A)* Die Betonung (accentus, prízvuk) oder die innere Stärke, mit welcher der Sprachlaut ausgesprochen wird, ist vierfach: der Sylbenton (accentus syllabae, prízvuk slabiky) der Wortton (— vocis, — slova) der Satzton (— sententiae, — výpovede) und der Redeton (— dictionis aut rhetoricus, — reči).

*a)* Der Sylbenton ist die Aussprache einer Sylbe mit besonderer Erhebung der Stimme, und fällt in der slovakischen Sprache regelmäßig auf die erste Sylbe der einfachen Wörter ohne Rücksicht darauf, ob die Sylbe gedehnt oder kurz ausgesprochen wird; z. B. ród, das Geschlecht; kámeň, der Stein; pàn, der Herr; zàmok, das Schloß. Die einsylbigen Vorwörter jedoch und die verneinende Partikel ne in den zusammengesetzten Wörtern nehmen von der ersten Grundsylbe die Betonung auf sich; z B. nà-rod, die Nation; zà-hrada, der Garten; nè-moc, die Krankheit; dò vody, in das Wasser.

*b)* Der Wortton ist die Hebung eines Wortes, worauf in einem Satze ein besonderer Nachdruck gelegt wird; z. B. hovor *hlasne*, sprich laut; *pije celý deň*, trinkt den ganzen Tag hindurch.

*c)* Der Satzton besteht in der richtigen Hebung und Senkung der Stimme beim Vortrage größerer Satzvereine, und zeichnet den Hauptsatz von dem Neben- und Zwischensatze aus.

*d)* Der Redeton endlich hängt von der Wichtigkeit ab, welche ein Satzglied oder ein Wort durch besondere Absicht des Redenden erhält; so kann folgender Satz: on mňa vždy podporoval, er hatte mich immer unterstützt, so oft anders betont werden, wie viel Wörter sich in demselben befinden; z. B.

*on* mňa vždy podporoval = er unb nicht ein anberer ꝛc.

on *mňa* vždy podporoval = mich unb nicht einen anberen ꝛc.

on mňa *vždy* podporoval = immer unb nicht bann unb wann ꝛc.

on mňa vždy *podporoval* = unterſtützt unb nicht etwas anbe=
res ꝛc.

*B)* In Betreff bes Zeitmaßes (quantitas, časomiera)
bas heißt ber Dehnung ober Kürzung ber Sylben — nicht zu ver=
wechſeln mit ber Betonung — iſt wohl zu merken, baß in ber ſlo=
vakiſchen Sprache zwei natürlich lange Sylben in
einem unb bemſelben Worte nach einanber nie
ſtehen bürfen. Deswegen muß bie folgenbe Sylbe, welche ber
Analogie nach lang ſein ſollte, kurz bleiben, wenn bie vorher=
gehenbe natürlich lang iſt, unb ſolche iſt eine jebe, in welcher
entweber lange Selbſt= ober Halbſelbſtlaute: á, é, í, ý, ô, ú, ĺ, ŕ,
ober Doppellaute ia, ie, iu, ou vorkommen; z. B. in bem Worte:
krásny, ſchön, iſt bie erſte Sylbe krás natürlich lang, es muß
alſo bie folgenbe ny, obwohl ſie ber Analogie nach in: suchý,
trocken; pekný, hübſch ꝛc. gebehnt ſein ſollte, bennoch kurz bleiben.

Eine Ausnahme von bieſer, ber ſlovakiſchen Sprache eigenen
Regel macht nur ber weibliche Inſtrumental in ber einfachen Zahl
mit ou; z. B. krásnou bránou, burch ein ſchönes Thor, wo troz
ber vorhergehenben langen Sylbe ber Doppellaut verbleiben muß.

Die übrigen langen Laute aber werden folgenbermaßen ab=
gekürzt:

*a)* á, é, í, ý, ô, ú, ĺ, ŕ, in: a, e, i, y, o, u, l, r; z. B.
anſtatt: krásná, krásné, krásný, krásnú, môžú ꝛc. muß ge=
ſprochen unb geſchrieben werben: krásna, krásne, krásny,
môžu ꝛc.

*b)* ia geht über nach ben Lippenlauten in ä, nach ben übrigen
in a; z. B. ſtatt: kúpia, mútia muß ſtehen: kúpä, múťa.

*c)* iu ſollte in u abgekürzt werben, was aber nicht vorkommt,
weil bie vorhergehenbe Sylbe ſtets kurz zu ſein pflegt; z. B. písaniu,
čítaniu, božiu ꝛc.

## Zweiter Abschnitt.

### §. 4.
#### Von der Rechtschreibung *).

Die slovakische Rechtschreibung (orthographia slavica, pravopis slovenský) ist der Inbegriff aller jener Regeln, nach welchen die wissenschaftlich begründete slovakische Sprache schriftlich dargestellt werden muß.

*A)* **Allgemeine Regeln der Rechtschreibung.**

*a)* Man schreibe jedes Wort wie es ausgesprochen wird. Dieser Satz findet in der slovakischen Mundart weit größere Anwendung als in allen übrigen europäischen Sprachen.

*b)* Wenn die Aussprache nicht hinlänglich entscheidet, so muß man auf die **Ableitung**, **Abänderung** und **Abwandlung** der Wörter achten, dadurch kommt der Grundlaut zum Vorschein; z. B. Boh, Gott, lautet wie Boch, setzt man aber das Wort in Genitiv: Boha, so kommt der Grundmitlaut zum Vorschein; so auch: ľahký, leicht, ľahunko; prosba, die Bitte, prosiť. Hier ist besonders zu berücksichtigen, was vorher von den **dumpfen** und **hellen** Mitlauten gesagt worden ist (§. 1. Bem. 3. 4.).

*c)* Jeder Selbst= oder Halbselbstlaut, der gedehnt ausgesprochen werden soll, muß mit dem Dehnungszeichen ′ bezeichnet werden; z. B. zápal, die Begeisterung; kohút, der Hahn; vlča, das Wölflein.

*d)* Fremde Wörter schreibe man dem Laute nach mit slovakischen Buchstaben; z. B. doktor, redaktor, marš, mašina, charakter, anekdota, kandidat ⁊c. Die Eigennamen aber behalten ihre schriftliche Form; z. B. Humboldt, Voltaire, Rousseau, Shakespeare, Shelley, Toulon, Vicenza ⁊c.

*B)* **Besondere Regeln der Rechtschreibung.**

Ein großer Anfangsbuchstabe wird gebraucht:

*a)* Im Anfange eines Satzes, folglich auch nach jedem Schlußpunkte. Nach dem Frage= und Ausrufungszeichen nur dann,

---

*) Für einen Nichtslaven ist es zweckmäßiger, die Regeln der eigentlichen Rechtschreibung erst nach vollendeter Erlernung der übrigen Redetheile zu studiren; weswegen selbe von manchen Grammatikern am Schlusse des Kurses angeführt werden.

wenn mit diesen ein Satz geschlossen ist. Nach den übrigen Satz=
zeichen darf in der Regel kein großer Buchstabe folgen, ausgenom=
men nach dem Kolon bei wörtlichen Anführungen.

*b)* In den Anrede= und Titelwörtern, wenn sie sich auf die
angeredete Person beziehen; z. B. Vaša Milosť! Euer Gnaden!

*c)* Die Eigennamen; z. B. Josef, Lavinský, Dunaj, die
Donau; Budín, die Stadt Ofen; Slovan, der Slave.

*d)* Das Wort: Boh, Gott, und wenn sich die Wörter Ho-
spodin und Pán auf dasselbe beziehen.

### Bemerkung.

Früher schrieb man einen jeden neuen Vers mit großen Buchstaben.
Auch jetzt wird diese Regel meistens beobachtet, obwohl es in neuerer Zeit
an tüchtigen Schriftstellern nicht fehlt, die die Verse, wenn nicht einer der
oben angedeuteten Fälle es anders verlangt, bloß mit kleinen Buchstaben
schreiben.

*C)* Regeln über den Gebrauch einzelner
Buchstaben.

Außer dem, was schon bei der Aussprache der Buchstaben,
Sylben und Wörter gesagt worden ist, muß man über den Gebrauch
einzelner Buchstaben auf Folgendes merken:

*a)* Das ä als Grundlaut kommt nur nach Lippenlauten: v,
b, p, f, m (§. 1. *C. a.*) vor; z. B. sväzok, das Heft; holubä, das
Täubchen; päť, fünf; pamäť, das Gedächtniß ꝛc., wo man es
aber der Analogie nach verlängern müßte, geht es in den Doppel=
laut ia über; z. B. sviazať, binden; holubiatko, das Täubchen;
piaty, der Fünfte; pamiatka, die Erinnerung.

*b)* Die Selbstlaute: e, i, í, folglich auch die Doppellaute: ia,
ie, iu, erweichen in der Regel die vorhergehenden
Mitlaute: d, l, n, t (§. 1. *D.*) deswegen braucht über diesel=
ben das Erweichungszeichen ˇ nicht gesetzt zu werden; z. B. div,
das Wunder; letíte, ihr fliegt; dieťa, das Kind; Nemec, der
Deutsche ꝛc. orthografisch geschrieben, werden dennoch als: ďiv,
leťíte, ďieťa, Ňemec ꝛc. ausgesprochen.

Von dieser Regel werden ausgenommen:

1) Ten, der, und die daraus gebildeten: teraz, jetzt;
vtedy, damals; teda, also; temer, fast; teprv, erst; tento, die=
ser; tenže, derselbe; onen, jener ꝛc.

2) In der Abänderung der bestimmten hart geendigten Bei=
wörter, in welchen die vorletzte Sylbe gedehnt ist; z. B. krásny,
der Schöne, krásneho, krásnemu; krásne dieťa, ein schönes Kind,

verschieden von dem Nebenworte: krásne, schön; krásno hovorí, er spricht schön.

3) In der Abänderung der unbestimmten zueignenden Beiwörter; z. B. matkin, der Mutter eigen, matkinej, matkine; etlicher weiblichen Hauptwörter; z. B. král'ovna, die Königin, král'ovnej, král'ovne ꝛc.

4) Im Gen., Dat. und Lof. der einfachen Zahl aller übrigen hart geendigten Beiwörter, in welchen die vorletzte Sylbe kurz ist; z. B. pekná, die Hübsche, peknej; chudá, die Magere, chudej. In allen diesen Fällen steht das e anstatt é und y, welche eine Erweichung nicht zulassen.

5) Im Nom. der einfachen und mehrfachen Zahl der unbestimmten Beiwörter; z. B. hoden, werth, hodne; vinen, schuldig, vinne; povinen, verpflichtet, povinne.

6) Im Gen. der mehrfachen Zahl weiblichen und sächlichen Geschlechtes; z. B. matka, die Mutter, matiek; sestra, die Schwester, sestier; mydlo, die Seife, mydiel. Sind aber die Mitlaute: d, l, n, t schon im Nom. einf. Zahl weich, dann werden sie auch im Gen. mehrf. Zahl weich ausgesprochen; z. B. stena, die Wand, stien; delo, die Kanone, diel; koleso, das Rad, kolies.

c) Doppellaute: ia, ie, iu werden nur als solche mit i geschrieben; z. B. Slovania, die Slaven; smierenie, die Versöhnung; spaseniu, der Erlösung. Im entgegengesetzten Falle wird anstatt i, j gebraucht. Dies geschieht im Anfange der Wörter; z. B. jama, die Grube, nicht iama; jeleň, der Hirsch; jutro, der Morgen. In zusammengesetzten Wörtern, in welchen der Grundlaut im Anfange j ist; z. B. z-javiť sa, erscheinen; od-jesť, wegessen. Ferner in der Mitte der Wörter, wo das j die Sylbe schließt; z. B. troj-noha, der Dreifuß. Dann zwischen zwei Selbstlauten und am Ende der Wörter; z. B. pije, er trinkt; dajú, sie geben; kraj, die Gegend; loj, das Unschlitt ꝛc. Wenn endlich ein Wort mit i anfängt, und mit einer in einen Selbstlaut endigenden Partikel zusammengesetzt wird, schiebt man des Wohlklanges halber ein j dazwischen; z. B. iste, gewiß, za-jiste; istím, ich sichere, u-jistím.

d) Das ô wird dort geschrieben, wo es in der Aussprache wie uo lautet; z. B. môj, mein, lautet fast wie muoj; vôľa, der Wille; kôň, das Roß. Langes ó kommt in der slovakischen Sprache nicht vor, wohl aber in fremden Wörtern; z. B. chór, trón ꝛc.

e) Das y, gedehnt ý ist in der Rechtschreibung von großer Wichtigkeit. In der Aussprache wird es bei den Slovaken von i

und i nicht unterschieden, daher die Schwierigkeit in seiner schrift=
lichen Anwendung.

Folgendes diene als Richtschnur, wo statt des ausgesprochenen
i und í nach grammatischen Regeln y und ý geschrieben werden muß.

1) Nach den Kehllauten: h, ch, k, g muß y oder ý geschrie=
ben werden; z. B. hybký, flink; chyža, das Zimmer; kyselina,
die Säure ꝛc. Von dieser Regel machen nur drei Fälle eine Aus=
nahme:

*a*) Die hart ausgehenden Beiwörter im männlichen Nom.
der mehrf. Zahl; z. B. nahí, die Nackten; suchí, die Trockenen;
krátki, die Kurzen, wegen des Unterschiedes vom Nom. einf.
Zahl: nahý, der Nackte; suchý, der Trockene; krátky, der Kurze ꝛc.

*β*) In der Bildung der unbestimmten zueignenden Beiwörter;
z. B. matka, die Mutter, matkin ꝛc.

*γ*) In der Einsetzung des ie im Gen. mehrf. Zahl der
weiblichen und sächlichen Hauptwörter; z. B. sukna, der Unterrock,
sukien; okno, das Fenster, okien ꝛc.

2) In der Abänderung der hart ausgehenden Haupt= und
Beiwörter, und somit aller jener, welche nach den Mustern „chlap“
und „dub“ (§. 12.) „ryba“ (§. 13) „delo“ (§. 14.) „dobrý“
(§. 26.) und „synov“ (§. 27.) abzuändern sind. Die einzelnen
Fälle sind dort deutlich angegeben, man muß sie, um korrekt schrei=
ben zu können, wohl erlernen; es sind folgende: der kurze Inst.
mehrf. Zahl des männlichen und sächlichen Geschlechtes; z. B.
s chlapy, mit den Männern; s dely, mit den Kanonen. Der Nom.,
Akk. und Vok. mehrf. Zahl der leblosen oder auch belebten jedoch
nicht persönlich gebrauchten; z B. duby, die Eichen; voly, die
Ochsen. Der Gen. einf. Zahl und Nom., Akk. und Vok. mehrf.
Zahl des weiblichen Geschlechtes; z. B. ryby, des Fisches, die
Fische ꝛc. Der Nom. und Inst. männl. Geschl., der Inst. sächl.
Geschl. einf. Zahl, der Gen., Dat., Lok. und Inst. mehrf.
Zahl der bestimmten Beiwörter; z. B. dobrý, der Gute, dobrým,
dobrých, dobrými. Endlich der Inst. einf. Zahl, der Gen.,
Dat., Akk. und Inst. mehrf. Zahl der unbestimmten Beiwörter;
z. B. so synovym, synovych, synovym, synovymi ꝛc.

3) Das untrennbare Vorwort vy oder vý muß immer mit
y oder ý geschrieben werden; z. B. vy-hodiť, hinauswerfen; vy-
voliť, auserwählen; vý-voz, die Ausfuhr; vý-nos, der Ertrag.
Ist es aber kein Vorwort, sondern eine Wurzelsylbe, so behält sie

— mit wenigen Ausnahmen (Sieh Zahl 4) — den Laut i oder í; z. B. vina, die Schuld; videľ, sehen; víno, der Wein; víťaz, der Held ꝛc.

4) Wo außer den angeführten Fällen der harte Laut y oder ý zu schreiben sei, muß ebenso aus der Anschauung gelernt werden, wie manche andere Ausnahme, die man keiner bestimmten Regel unterordnen kann.

Es gibt nämlich in der slovakischen, wie auch in anderen slavischen Mundarten mehrere Wörter, in welchen y oder ý als Wurzellaut vorkommt, und die somit nur durch den Gebrauch zu erlernen sind. Solche Wörter sind beiläufig folgende:

Aby, by, daß.
Býk, der Stier.
Bylina, die Pflanze.
Bystrý, frisch.
Byľ, sein (biť, schlagen).
Bytnosť, das Wesen.
Byvol, der Büffel.
Čiernobyl, der Beifuß.
Dýchať, athmen.
Dým, der Rauch.
Dýka, der Dolch.
Dyňa, die Melone.
Dobytok, das Vieh.
Hmyz, das Insekt.
Hrýzť, beißen.
Jazyk, die Zunge.
Kobyla, die Stute.
Koryto, der Trog.
Kopyto, der Huf.
Kryť, decken.
Lysý, glatzköpfig.
Lýtko, die Wade.
My, wir (mi, mne, mír).
Mydlo, die Seife.
Myseľ, das Gemüth.
Mykať, zucken.
Mýliť, irren.
Myť, waschen.
Mýto, die Mauth.
Myš, die Maus.
Mlyn, die Mühle.
Motýľ, der Schmetterling.
Motyka, die Haue.
Nazývať, nennen.
Ozývať sa, wiederhallen.
Obyčaj, die Gewohnheit.

Plyn, das Gas.
Plytký, flach.
Polynok, der Wermuth.
Pýcha, die Hoffart.
Pyksla, die Dose.
Pýr, das Staubhaar.
Pysk, die Lippe (pisk, ein Pfiff.)
Pýtať, verlangen.
Pyteľ, Beutel (piteľ, ein Trinker).
Ryba, der Fisch.
Rychlosť, die Geschwindigkeit.
Rým, der Reim.
Ryť, stechen (riť, der Hintere).
Rýpať, wühlen.
Ryšavý, röthlich.
Smyčok, der Geigenbogen.
Strýco, der Oheim.
Stryga, die Hexe.
Sykať, zischen.
Sýkorka, die Meise.
Syn, der Sohn.
Sypať, schütten.
Sýr, der Käse.
Sysel, die Spitzmaus.
Sytý, satt.
Trýzniť, martern.
Ty, du (ti, tebe, bir).
Týdeň, die Woche.
Tylo, das Genick.
Tovaryš, der Geselle.
Vy, ihr.
Vydra, die Fischotter.
Výheň, die Feueresse.
Vymeno, das Euter.
Výr, der Uhu.
Výskať, jauchzen.

2

| | |
|---|---|
| Vysost, die Höhe. | Vladýka, ein Fürst. |
| Výl, heulen (vil, winden). | Vplyv, der Einfluß. |
| Vyza, der Hausen. | Zbytok, der Überfluß. |
| Vyžla, ein Vorstehhund. | Zvyk, der Gebrauch. |

Und ebenso alle jene Wörter, die aus den angegebenen zusammengesetzt sind, als:

| | |
|---|---|
| Býwanie, die Wohnung. | Posýpka, der Streusand. |
| Bystrica, Neusohl. | Povýšiť, erhöhen. |
| Dobyť, erobern. | Privykať, sich gewöhnen. |
| Mylný, fehlerhaft. | Pyšný, hoffärtig. |
| Myslet, denken. | Smysel, der Sinn. |
| Myšlienka, der Gedanke. | Starobylosť, die Vergangenheit. |
| Netopýr, die Fledermaus. | Sypárňa, die Kornkammer. |
| Omyl, ein Fehler. | Zamykať, zuschließen. |
| Opýtať sa, nachfragen. | Zpytovať, forschen. 2c. |

Im Gegentheil nach den weichen Mitlauten: (c), č, š, ž, (dz), dž, j und überhaupt wo die angeführten Regeln für y oder ý nicht anwendbar sind, muß stets das weiche i oder í geschrieben werden.

*D) Regeln über die Trennung und Abkürzung der Sylben.*

*a)* Die Sylben eines Wortes werden im Schreiben eben dort getrennt, wo es die Buchstabierung mit sich bringt; man richtet sich also nicht nach der Ableitung der Wörter, sondern nach der Aussprache; z. B. nicht kúp-im, ich kaufe, sondern kú-pim; nicht dobr-ému, dem Guten, sondern do-brému.

*b)* In zusammengesetzten Wörtern werden die Theile nach ihrer Zusammensetzung getrennt; z. B. nicht kolov-rat, das Spinnrad, sondern kolo-vrat; nicht polud-nie, der Mittag, sondern polu-dnie.

*c)* Dasselbe Zeichen, welches als Trennungszeichen der Sylben dient, wird auch als Bindezeichen in zusammengesetzten Wörtern gebraucht; z. B. horňo-nitranská stolica, Ober=Neutraer Komitat. Dies geschieht jedoch in der slovakischen Sprache selten, indem die zusammengesetzten Wörter meistens ohne Zeichen verbunden werden.

*d)* Was die Abkürzung der Sylben anbelangt, so ist zu merken, daß man nur den ersten Buchstaben eines bekannten Namens ausschreibt, oder das Wort mit dem Mitlaut der folgenden Sylbe abbricht, oder zwischen den Anfangs= und Endbuchstaben eines Wortes alle Buchstaben ausschließt, und das abgekürzte Wort mit einem Punkt bezeichnet; z. B. D. oder Dokt. oder Dr. = Doktor; Slov. Nov. = Slovenské Noviny, Slovakiſche Zeitung; Veľact. Obec. = Veľactené Obecenstvo, Sehr geehrtes Publikum.

*E)* Regeln über die Zeichenſetzung.

Die Zeichenſetzung (interpunctio, medzibodkovanie) welche Sätze und Satzglieder trennt oder den Ton im Leſen be= ſtimmt, beſteht aus folgenden Hauptzeichen:

*a)* Der Beiſtrich (,) (comma, čiarka) ſteht: 1) vor und nach jedem Zwiſchenſatze, wie auch vor allen beziehenden Fürwör= tern; z. B. zajtra rano, jestli bude pekný čas, pôjdeme na prechádzku, morgen in der Früh, wenn eine ſchöne Witterung ſein wird, werden wir ſpazieren gehen; táto kniha, ktorú som dnes dostal, je veľmi zajimavá, dieſes Buch, welches ich heute erhielt, iſt ſehr intereſſant; 2) in zuſammengezogenen Sätzen, die weder durch a, und, noch durch lebo, oder, verbunden ſind; z. B. Josef, Karol, Martin a Andrej sú synovia jeho, Joſef, Karl, Martin und Andreas ſind ſeine Söhne.

*b)* Der Strichpunkt (;) (semicolon, bodkočiarka) ſteht: 1) um mehrere Glieder eines Satzes zu unterſcheiden; z. B. jestli vernosť a spravodlivosť sú len prázne mená; jestli podvod-níctvo nad prostosrdečnosťou víťazí: vtedy atď., wenn die Treue und Gerechtigkeit nur leere Namen ſind; wenn die Argliſt über die Redlichkeit ſiegt: dann ꝛc. 2) zwiſchen längeren, beigeord= neten Sätzen; z. B. všetko dobré, čo požívame, máme od Boha; preto, mu za to povďační byť máme; alles Gute, was wir ge= nießen, haben wir von Gott; daher ſollen wir ihm dafür dankbar ſein; 3) bei Gegenſätzen; z. B. kto chce jesť, nech pracuje; hladuj teda, kto postávaš; wer eſſen will, ſoll arbeiten; hungre alſo, der du faulenzeſt.

*c)* Der Doppelpunkt (:) (colon, dve bodky) ſteht: 1) um in einer längeren Periode den Vorderſatz von dem Nachſatze zu ſcheiden; z. B. kebych bol lepšie rozvážil, čo som pred seba vzal; kebych bol nasledoval radu verných priateľov: nemusel bych teraz žalostil nad osudom, ktorý nedá sa premeniť; hätte ich beſſer überlegt, was ich vornahm; hätte ich dem Rathe treuer Freunde gefolgt: müßte ich jetzt nicht trauern über ein Schickſal, welches ſich nicht ändern läßt; 2) wenn man eines Anderen Worte anführt; z. B. Kristus hovorí: buďte milosrdní; Chriſtus ſagt: ſeid barmherzig; 3) nach dem Worte totižto, als; z. B. on kupčí s rozličným tovarom, totižto: s plátnom, súknom, hodbábom

2*

atď., er handelt mit verschiedener Waare, als: mit Leinwand, Tuch, Seide ꝛc.

*d)* Den Schlußpunkt (.) (punctum, bodka) setzt man zu Ende eines vollständigen Satzes und zwar auch nach einem Worte, wenn dieses einen ganzen Satz vertritt; z. B. ktorý človek je dokonalý? žiaden. Welcher Mensch ist vollkommen? Keiner.

*e)* Das **Fragezeichen** (?) (signum interrogationis, otáznik) steht nach einer ausdrücklichen Frage, worauf eine Antwort folgen kann; z. B. môže ten milovať Boha, ktorý svojho bližneho nemiluje? kann der Gott lieben, der seinen Nächsten nicht liebt?

*f)* Das **Ausrufzeichen** (!) (signum exclamationis, výkrikník) steht: 1) nach den Empfindungslauten; z. B. ach! 2) nach allen Sätzen, welche einen Ausruf in sich enthalten; z. B. jaký to osud! welch' ein Schicksal! nech žije sloboda! es lebe die Freiheit!

*g)* Das **Anführungszeichen** („“) (signum citationis, znamenie prednášky) steht, wenn man die unveränderten Worte eines Anderen einschiebt; z. B. „bratre — povie starší — tu sa musíme rozlúčiť,“ „Bruder — sprach der Ältere — hier müssen wir scheiden.“

*h)* Endlich das **Wegwerfungszeichen** (‘) (apostroph, znamenie ukrátenia) steht, wenn ein Selbstlaut des Wohlflanges halber ausgelassen wird; z. B. povedals’ mu to? hast du ihm’s gesagt? statt: povedal si mu to? hast du ihm es gesagt?

Außer diesen sind noch zu erwähnen: der **Gedankenstrich** (—); die **Parenthese** oder **Einschlußzeichen**, auch **Klammern** genannt ( ); das **Binde-** und **Theilungszeichen** (=); das **Gleichheitszeichen** (=); das **Ergänzungszeichen** (ꝛc.) ꝛc. ꝛc.

# Zweiter Haupttheil.

## Die Formenlehre.

### Erster Abschnitt.

#### §. 5.
#### Von den Redetheilen überhaupt.

Der Mensch kann sich Verschiedenes vorstellen, und zwar: die Dinge, welche in der Welt sind, das, wie die Dinge sind und das, was die Dinge thun oder was an ihnen geschieht; somit kann der Mensch Vorstellungen haben von den Dingen, ihren Eigenschaften und ihrer Thätigkeit; z. B. čierny pes šteká, der schwarze Hund bellt; pes ist ein Ding, čierny seine Eigenschaft und šteká seine Thätigkeit.

Dasjenige Wort, welches eine Vorstellung von Dingen ausdrückt, heißt Dingwort, Gegenstandswort oder Hauptwort; z. B. muž, ein Mann; obraz, ein Bild. Dasjenige Wort, welches ausdrückt, wie ein Ding ist oder sein kann, heißt Eigenschafts- oder Beiwort; z. B. smutný, traurig; biely, weiß. Dasjenige Wort, welches ausdrückt, was ein Ding thut oder was an einem Dinge geschieht, heißt Zeitwort; z. B. pije, trinkt; hrmí, es donnert.

Der Mensch kann sich aber nicht nur Dinge, ihre Eigenschaften und Thätigkeit, sondern auch ihre Verhältnisse und Beziehungen vorstellen; z. B. blízo ku stene, nahe an die Wand; jeho matka včera zomrela, seine Mutter ist gestern gestorben.

Wörter, welche die Dinge selbst, ihre Eigenschaften und Thätigkeit bezeichnen, heißen Begriffswörter; die aber bloß Verhältnisse und Beziehungen ausdrücken, nennt man Formwörter, und diese letzteren kann man sich ohne der Dinge nicht vorstellen.

Die Haupt=, Bei= und Zeitwörter sind Begriffswörter; zu ten Formwörtern aber gehören: das Fürwort, welches für ein Hauptwort gesetzt wird, um dieses nicht oft zu wiederholen; z. B. ja, ich; tvoj, dein 2c. das Zahlwort, wodurch die Zahl der Dinge ausgedrückt wird; z. B. dva, zwei; mnoho, viel 2c. das Nebenwort, welches dem Prädikate einen näheren Umstand hinzufügt; z. B. tvoja sestra je *tam*, deine Schwester ist dort 2c. das Vorwort, welches das Verhältniß oder die Beziehung anzeigt, in welche zwei Dinge durch das Zeitwort gesetzt werden; z. B. oheň horí *na* ohništi, das Feuer brennt am Herde 2c. das Bindewort, welches Satzglieder oder Sätze verbindet; z. B. on *a* sestra jeho, er und seine Schwester 2c.

Indem nun die slovakische Mundart, so wie überhaupt alle slavischen Sprachen kein Geschlechtswort (articulus, čian) haben, und ten, tá, to nur als Fürwörter gebraucht werden (z. B. *ten* človek, heißt nicht so viel als: der Mensch, sondern jener Mensch): deswegen sind in der slovakischen Sprache nur folgende neun Redetheile anzuführen:

1) das **Hauptwort** (nomen substantivum, meno pod-statné);

2) das **Fürwort** (pronomen, námestka);

3) das **Beiwort** (nomen adjectivum, meno prídavné);

4) das **Zahlwort** (nomen numerale, meno číselné);

5) das **Zeitwort** (verbum, sloveso);

6) das **Nebenwort** (adverbium, príslovka);

7) das **Vorwort** (praepositio, predložka);

8) das **Bindewort** (conjunctio, spojka); und

9) der **Empfindungslaut** (interjectio, výkriknik).

Die ersten fünf Gattungen von Wörtern und theils auch das Nebenwort können im Gebrauche auf mancherlei Art verändert werden, deswegen nennt man sie biegsame Redetheile (flexibiles partes orationis, sklonné čiastky reči); die drei letzteren dagegen sind unbiegsam (inflexibiles, nesklonné) und werden auch **Partikel** genannt.

# Zweiter Abschnitt.

Von den Redetheilen insbesondere.

## Erstes Kapitel.

### §. 6.

#### Von dem Hauptworte.

Das Hauptwort (nomen substantivum, meno pod-
statné) ist der Name entweder eines wirklich vorhandenen
Dinges, oder einer Eigenschaft und Handlung, die
man sich abgesondert von einem Dinge denken kann. Im ersten
Falle heißt es ein konkretes — (concretum, skutočné); z.
B. muž, der Mann; dom, das Haus; im zweiten Falle aber ein
abstraktes Hauptwort (abstractum, odlažené); z. B. mú-
drosť (človekova) die Weisheit (des Menschen); usilovnosť
(žiakova) der Fleiß (des Studenten).

Das konkrete Hauptwort, welches sowohl eine Person
als auch eine Sache sein kann, ist entweder:

a) ein Eigenname (nomen proprium, meno vlastné)
welcher nur einzelne Wesen oder Dinge bezeichnet; z. B. Pavel,
Paul; Šafárik; Praha, Prag; Rusko, Rußland; Dunaj, Donau ꝛc.

b) ein Gattungsname (— appellativum aut generi-
cum, — rodnie) welcher eine ganze Gattung von Gegenständen,
oder einzelne zu derselben Gattung gehörende Theile bezeichnet;
z. B. človek, der Mensch; strom, der Baum; zviera, das Thier ꝛc.;

c) ein Sammelname (— collectivum, — hromadné)
welcher eine Menge für sich bestehender Einzelwesen als ein Ganzes
bezeichnet; z. B. lud, das Volk; vojsko, die Armee ꝛc.

d) ein Stoffname (— materiale, — hmotné) welcher
Dinge bezeichnet, von denen jeder gleichartige Theil den Namen
des Ganzen führt; z. B. zlato, das Gold; striebro, das Silber;
mlieko, die Milch; víno, der Wein ꝛc.

Das abstrakte Hauptwort ist entweder ein solches, 1) wel-
ches eine Eigenschaft bezeichnet; z. B. mladosť, die Jugend;
choroba, die Krankheit; oder 2) welches den Stand und die
Thätigkeit angibt; z. B. drahota, die Theuerung; krik, der

Lärm. Hieher gehören auch die Zeitwortsnamen (substantiva verbalia, mená slovesné) auf ie; z. B. bitie, das Schlagen; mučenie, das Foltern ꝛc.

## §. 7.
### Von den Vergrößerungs- und Verkleinerungsformen der Hauptwörter.

Diese Vergrößerungen geschehen in der slovakischen Sprache auf folgende Art:

a) Durch die Endung áľ und áň; z. B. nos, die Nase, nosáľ, einer mit großer Nase; skupáň, ein sehr geiziger Mensch.

b) Durch die Endung isko; z. B. köň, das Pferd, konisko, ein großes Pferd.

c) Durch die Endung ina; z. B. chlap, ein Mann, chlapina, ein großer Mann.

Die Verkleinerungen umfangen 4 Serien und wer= den folgendermaßen gebildet:

In der 1. Serie die erste Stufe durch die Endung a oder ä; z. B. had, die Schlange, haďa, das Schlänglein; holub, die Taube, holubä, das Täubchen. Die zweite Stufe, wenn sich das a oder ä in ia auflöst und die Sylbe tko hinzugefügt wird; z. B. haďa, hadiatko, ein sehr kleines Schlänglein; holubä, holubiatko, ein sehr kleines Täubchen.

In der 2. Serie die erste Stufe durch die Endung ec, ica, ce; z. B. zvon, eine Glocke, zvonec, ein Glöcklein; Kata, die Kati, Katica, das Kätchen; slovo, das Wort, slovce, das Wört= chen. Die zweite Stufe durch die Endung ček, ička, íčko; z. B. zvonček, Katička, slovíčko.

In der 3. Serie die erste Stufe durch die Endung ak, ík, ok, ka, ko; z. B. syn, der Sohn, synak, das Söhnchen; köň, das Pferd, koník, das Pferdchen; prut, die Ruthe, prútok, eine kleine Ruthe; hlava, der Kopf, hlávka, das Köpfchen; drevo, das Holz, drevko, das Hölzchen. Die zweite Stufe durch Hin= einschieben noch eines če, čo, ič, eč; z. B. synak, syna(če)k oder syna(čo)k; hlávka, hlav(ič)ka, drevko, drev(eč)ko.

In der 4. Serie die erste Stufe durch die Endung ko, ka, enko, enka oder inko, inka; z. B. dedo, der Großvater, dedko oder dedenko, das Großväterchen; dcéra, die Tochter, dcérka, oder dcérenka, das Töchterlein; mamka, mamenka, maminko, maminka, das Mütterlein. Die zweite Stufe durch die Endung uško, uška; z. B. dedko, deduško; dcérka, dcéruška ꝛc.

### Bemerkungen.

1. Durch die Vergrößerung wird auch eine Art Plumpheit angedeutet; z. B. vojačisko bedeutet nicht so sehr einen körperlich großen, als vielmehr einen plumpen Soldaten; so auch chlapčisko, devčisko ꝛc. Ebenso wird durch die Verkleinerung nicht nur die körperliche Kleinheit, sondern auch eine Art Zartheit und Lieblichkeit der Sache oder der Person ausgedrückt.

2. Die Verkleinerungen werden am häufigsten bei den Tauf- und Verwandtschaftsnamen gebraucht; z. B. Anna, Anička; Ján, Janko; tetka. die Tante, tetička ꝛc. Die Namen der Heiligen, Regenten und überhaupt berühmter Personen sind von den Verkleinerungen ausgenommen; Matička Božia, Mütterchen Gottes, kommt jedoch in den slavischen Kirchenliedern öfters vor. Noch weniger darf man die Namen der Heiligen vergrößern.

### §. 8.
### Von den zusammengesetzten Wörtern.

Es ist bereits im §. 2. von den zusammengesetzten Wörtern die Rede gewesen; hier ist noch als nähere Bestimmung zu merken, daß in der slovakischen Sprache die Wörter zusammengesetzt werden und zwar:

*a)* Ein Hauptwort mit einem anderen Hauptworte; z. B. rybo-lovec, ein Fischfänger; oka-mženie, ein Augenblick ꝛc.

*b)* Mit einem Beiworte; z. B. dobro-denie, eine Wohlthat; staro-verec, ein Altgläubiger ꝛc.

*c)* Mit einem Für- und Zahlworte; z. B. samo-vražda, der Selbstmord; sto-letie, das Jahrhundert ꝛc.

*d)* Mit einer Zeitwortswurzel; z. B. deje-pis, die Geschichtschreibung; vodo-vod, eine Wasserleitung ꝛc.

*e)* Mit den meisten trennbaren Vorwörtern; z. B. ná-silie, die Gewaltthätigkeit; sú-boj, der Zweikampf; po-vetrie, die Witterung; pod-kova, das Hufeisen; prí-hoda, der Zufall; pred-mluva, eine Vorrede; v-chod, der Eingang; zá-pad, der Untergang ꝛc.

*f)* Mit der verneinenden Partikel ne öfters, seltener mit den Nebenwörtern; z. B. ne-šlastie, das Unglück; spolu-pracovník, ein Mitarbeiter ꝛc.

Obwohl bei den Slaven in längst vergangenen Zeiten, ebenso wie jetzt, zusammengesetzte Wörter im Gebrauche waren, was die uralten Eigennamen: Svato-pluk, Moj-mír, Vlady-mír, Novo-grad, Vyše-grad, Vele-hrad 2c. hinlänglich beweisen; gibt es deren bei den Slaven doch nicht so viel, wie in der deutschen Sprache, weil sich der Slave oft mit einem Suffixe klar und deutlich auszudrücken vermag, wo der Deutsche ein zusammengesetztes Wort benöthigt; z. B. knihár, ein Buchbinder; zvonár, ein Glockengießer; zlatník, ein Goldschmied; slovár, ein Wörterbuch; družica, eine Brautjungfer; dubina, ein Eichenwald 2c.

Bei allen Hauptwörtern sind zu berücksichtigen: 1) das Geschlecht (genus, pohlavie) 2) die Zahl (numerus, počeť) 3) die Endung (casus, pád) und 4) die Abänderung (declinatio, skloňovanie).

### §. 9.
### Von dem Geschlechte der Hauptwörter.

Das Geschlecht ist dreierlei: männlich (masculinum, mužské) weiblich (foemininum, ženské) sächlich (neutrum, srednie) und wird durch die Bedeutung und die Endung bestimmt.

*A)* Der Bedeutung nach sind:

*a)* Männlichen Geschlechtes: die Namen der Männer, männlicher Dienstleistung, der Götter, Geister und der Monate z. B. muž, der Mann; kráľ, der König; bača, der Schafhirt; hosť, der Gast; prednosta, der Vorstand; súdca, der Richter; Svantovít, Hauptgott der heidnischen Slaven; anjel, ein Engel; čert oder diabol, der Teufel; dubeň, der April 2c.

*b)* Weiblichen Geschlechtes: die Namen der Weiber, weiblicher Beschäftigung und der Göttinen; z. B. žena, das Weib; dcéra, die Tochter; služka, die Dienstmagd; kuchárka, die Köchin; Lada, die Venus; Vila, die Nymphe 2c.

*c)* Sächlichen Geschlechtes: die Namen der Buchstaben; z. B. to A, das A; to M, das M. 2c.

*B)* Der Endung nach sind:

*a)* Männlich, die auf folgende harte Mitlaute ausgehen: b, (c), d, f, g, h, ch, k, l, m, n, p, r, s, t, v, z; z. B. hrob, das Grab; samec, das Männchen; vývod, die Auskunft; rif, die Elle; pluh, der Pflug; strach, die Furcht; zámok, das Schloß; kostol, die Kirche; hrom, der Blitz; komín, der Rauchfang; snop, die Garbe; rozhovor, das Gespräch; kos, die Amsel; most, die Brücke; kov, das Metall; voz, der Wagen 2c.

Und die mit folgenden weichen Mitlauten schließen: j, ľ, ň; z. B. boj, der Kampf; bôľ, der Schmerz; remeň, der Riemen ꝛc.

Von dieser Regel werden ausgenommen und sind weiblich:

| | |
|---|---|
| Moc, die Macht. | Koľaj, das Geleise. |
| Noc, die Nacht | Zbroj, die Waffe. |
| Vec, die Sache. | Myseľ, das Gemüth. |
| Pomoc, die Hilfe. | Kúdeľ, das Werg. |
| Nemoc, die Krankheit. | Soľ, das Salz. |
| Obec, die Gemeinde. | Oceľ, der Stahl. |
| Pec, der Ofen. | Maštaľ, der Stall. |
| Zem, die Erde. | Posteľ, das Bett. |
| Otep, das Bündel. | Daň, die Steuer. |
| Tvár, das Gesicht. | Pieseň, der Gesang. |
| Ves, das Dorf. | Báseň, das Gedicht. |
| Os, die Achse. | Kázeň, die Predigt. |
| Hus, die Gans. | Dlaň, die Handfläche. |
| Krev, das Blut. | Lázeň, das Bad. |
| Obuv, die Fußbekleidung. | Viedeň, Wien. |
| Odev, das Kleid. | Povodeň, die Überschwemmung. |
| Cirkev, die Kirchengemeinde. | Jabloň, der Apfelbaum. |
| Reťaz, die Kette. | |

Männlich sind ferner, die nur in der mehrf. Zahl vorkommenden; z. B. drobky, die Abfälle; čary, die Zauberei; parohy, das Geweih; schody, die Treppen; odpustky, der Ablaß; ostatky, die Überreste; mravy, die Sitten ꝛc.

b) Weiblich sind, die auf folgende weiche Mitlaute ausgehen: č, ď, (dz), ľ, š, ž; z. B. reč, die Sprache; meď, das Kupfer; mosadz, das Messing; pamäť, das Gedächtniß; rozkoš, die Wonne; mládež, die Jugend ꝛc.

Von dieser Regel werden ausgenommen und sind männlich:

| | |
|---|---|
| Bič, die Peitsche. | Vecheľ, der Strohwisch. |
| Moč, der Urin. | Lokeľ, der Ellbogen. |
| Meč, das Schwert. | Plášť, der Mantel. |
| Krč, der Krampf. | Koš, der Korb. |
| Klúč, der Schlüssel. | Salaš, das Schäferhaus. |
| Plač, das Weinen. | Lemeš, das Pflugeisen. |
| Vrkoč, die Haarflechte. | Groš, der Groschen. |
| Kropáč, der Spritzer. | Verš, der Vers. |
| Medveď, der Bär. | Nôž, das Messer. |
| Dážď, der Regen. | Kríž, das Kreuz. |
| Počeť, die Rechnung. | Jež, der Igel. |

Weiblich sind ferner, welche auf a und i in der einfachen und auf e und y in der mehrfachen Zahl ausgehen, als:

| | |
|---|---|
| Voda, das Wasser. | Koža, das Leder. |
| Ryba, der Fisch. | Vôľa, der Wille. |
| Tráva, das Gras. | Vôňa, der Geruch. |

Pani, die Frau.
Mati, die Mutter.
Husle, die Geige.
Hrable, der Rechen.
Jasle, die Krippe.
Dvere, die Thür.
Kliešte, die Zange.
Konope, der Hanf.
Sane, der Schlitten.
Košice, Kaschau.
Hromnice, die Lichtmesse.

Turice, das Pfingstfest.
Vánoce, die Weihnacht.
Máry, die Todtenbahre.
Vidly, die Gabel.
Vážky, die Wage.
Otruby, die Kleien.
Čechy, das Böhmerland.
Uhry, das Ungarland.
Drážďany, Dresden.
Benátky, Venedig.
2c.

c) Sächlich sind, die auf e, o, ä, ie in der einf. und auf a in der mehrf. Zahl ausgehen; z. B. more, das Meer; pole, das Feld; kolo, das Rad; semä oder semeno, der Same; ramä oder rameno, die Schulter; uhlie, die Kohlen; zdravie, die Gesundheit; vráta, das Thor; plúca, die Lunge 2c. Dann die Namen junger belebter Wesen, die auf a endigen; z. B. dievča, das Mädchen; dieťa, das Kind; teľa, das Kalb 2c.

### Bemerkung.

In den zusammengesetzten Wörtern richtet sich das Geschlecht nach dem letzteren, also nach dem Grundworte; z. B. kolo-maz, die Wagenschmier, ist weiblich, weil das Grundwort maz weiblich ist.

## §. 10.
### Von der Verwandlung der männlichen Personennamen in weibliche.

Die meisten männlichen Personennamen werden in weibliche verwandelt:

a) Durch das Hinzufügen der Sylbe ka; z. B. krajčir, der Schneider, krajčirka, die Schneiderin; zemän, der Edelmann, zemänka, die Edelfrau 2c.

b) In denjenigen, welche auf k ausgehen, geht das k in č über und die Sylbe ka wird hinzugefügt; z. B. spevák, der Sänger, speváčka, die Sängerin; úradník, der Hofrichter, úradníčka, Hofrichters Weib. Oder das k bleibt ganz weg und die Sylbe ca wird angenommen; z. B. hriešnik, der Sünder, hriešnica, die Sünderin; panovník, der Herrscher, panovnica, die Herrscherin 2c.

c) Die auf a und o ausgehen, nehmen an, mit Weglassen des letzten Lautes, ova; z. B. Straka, Strakova, Straka's Weib; Palko, Palkova, Palko's Weib 2c.

d) Die auf i oder ý ausgehenden bekommen čka, oder verwandeln das ý in á; z. B. Beláni, Belánička, Beláni's Weib; Jelenský, Jelenská, Jelensky's Weib.

Abweichend von den angeführten Regeln werden gebildet: Slovák, ein Slovak, Slovenka, eine Slovakin; Čech, ein Böhme, Česka, eine Böhmin; Turek, ein Türk, Turkyňa, eine Türkin; vojak, ein Soldat, vojanka, ein Soldatenweib; kráľ, ein König, kráľovna, eine Königin. Svedok, der Zeuge, wird für beiderlei Geschlechter unverändert gebraucht.

### Bemerkung.

Die Endungen ova, iho und ého bezeichnen in der deutschen Sprache eigentlich den Genitiv; z. B. Kopckova sestra, die Schwester des Kopek; Zimániho dcéra, die Tochter des Zimáni; Vrchovského žena, das Weib des Wrchowsky.

### §. 11.
### Von der Abänderung überhaupt.

In der slovakischen Sprache ist eine dreifache Abänderung im Gebrauche: die hauptwörtliche (substantivalis, podstatnové) nach welcher die Haupt= und die Personalfürwörter, wie auch in manchen Endungen die unbestimmten Beiwörter — die fürwörtliche (pronominalis, námestkové) nach welcher die übrigen Fürwörter — und die gemischte Abänderung (mixta, smiešané) nach welcher alle bestimmten Beiwörter abgeändert werden.

Wie in der alt=slavischen, so gab es auch in der slovakischen Sprache früher dreifache Zahl: einfache (singularis, jednotný) mehrfache (pluralis, množný) und zweifache Zahl (dualis, dvojný). Jetzt ist diese letztere bloß auf die zwei gleichen Theile des menschlichen Körpers, nämlich: oči, die Augen; uši, die Ohren; ruky, die Hände; nohy, die Füße; und auf das Zahlwort dva, dve, zwei; oba, obe, beide, beschränkt.

Indem die slovakische Sprache kein Geschlechtswort hat, so müssen die verschiedenen Wortverhältnisse durch den Ausgang des Wortes selbst bezeichnet werden; diese Wortverhältnisse nennt man Endungen (casus, pády) und solche sind sowohl in der einf. als auch in der mehrf. Zahl sieben: Nominativ, Genitiv, Dativ, Akkusativ, Vokativ, Lokal und Instrumental.

Nom. steht auf die Frage wer? (quis, kto) oder was? (quid, čo); z. B. Boh stvoril, Gott hat erschaffen, kto? Boh; oheň páli, das Feuer brennt, čo? oheň.

Gen. steht auf die Frage wessen? (cujus, čí, čija, čije); z. B. súd Boha živého, das Gericht des lebendigen Gottes, čí? Boha živého.

Dat. steht auf die Frage wem? (cui, komu alebo čomu); z. B. povedal súdcovi, er sagte dem Richter, komu? súdcovi; pokoj prachu jeho, Friede seiner Asche, čomu? prachu.

Akk. steht auf die Frage wen? (quem, koho) oder was? (quid, čo); z. B. poslal sluhu, er schickte den Diener, koho? sluhu; pijem vodu, ich trinke Wasser, čo? vodu.

Vok. steht bei den Anreden und Anrufungen; z. B. priateľ môj! mein Freund! počkaj chlapče, warte Knabe!

Lok. steht auf die Frage wo? (ubi, kde) und wird nur mit Vorwörtern gebraucht; z. B. v dome, im Hause, kde? v dome; pri stene, bei der Wand, kde? pri stene.

Inst. steht meistens auf die Frage mit wem? (quocum, s kým) wie? (quomodo, jako) und kommt vor mit und ohne Vorwörter; im ersten Falle mit dem Vorworte s heißt Sozial; z. B. s pánom, mit dem Herrn, s kým? s pánom; im letzten Falle entspricht dem lateinischen reinen Ablativ; z. B. dokázať skutkom, mit der That beweisen, jako? skutkom.

Dem Geschlechte nach gibt es dreierlei Abänderung: die der männlichen, weiblichen und sächlichen Hauptwörter.

## §. 12.
### Von der Abänderung der männlichen Hauptwörter.

Da dem Geiste der slovakischen Sprache gemäß die männlichen Hauptwörter nicht bloß in Bezug darauf, ob sie belebte oder leblose Wesen bezeichnen, sondern auch in Ansehung ihrer Endung theilweise verschieden abgeändert werden: so lassen sich für diese Gattung von Wörtern vier Abänderungsmuster aufstellen, nämlich: zwei für hart und zwei für weich auslautende männliche Hauptwörter.

### I. Muster
(der hart auslautenden männl. Hauptwörter, die belebte Wesen bezeichnen).

| Einfache Zahl. | Mehrfache Zahl. |
|---|---|
| N. chlap, der Mann. | chlap-i, -ovia, die Männer. |
| G. chlap-a, des Mannes. | chlap-ov, der Männer. |
| D. chlap-ovi, -u, dem Manne. | chlap-om, den Männern. |
| A. chlap-a, den Mann. | chlap-ov, die Männer. |
| V. chlap-e. — | chlap-i, -ovia. — |
| L. chlap-ovi, -u. — | chlap-och, -iech. — |
| I. chlap-om. — | chlap-y, -mi, -ami. — |

## II. Muster.

(der hart auslautenden männl. Hauptwörter, die leblose Wesen
bezeichnen).

| Einf. Zahl. | Mehrf. Zahl. |
|---|---|
| N. dub, die Eiche. | dub-y, die Eichen. |
| G. dub-u, der Eiche. | dub-ov, der Eichen. |
| D. dub-u, der Eiche. | dub-om, den Eichen. |
| A. dub, die Eiche. | dub-y, die Eichen. |
| V. dub-e. — | dub-y. — |
| L. dub-e. — | dub-och, -iech. — |
| I. dub-om. — | dub-y, -mi, -ami. — |

*A)* Nach diesen Mustern werden abgeändert:

*a)* Alle männlichen Hauptwörter, die belebte oder leblose
Wesen bezeichnen, und mit den harten Lauten: b, d, f, g, h,
ch, k, l, m, n, p, r, s, t, v, z, wie auch mit a oder o, vor
welchen ein harter Mitlaut steht, schließen (Beispiele sieh §. 9.
B. a.). Hieher gehört auch das weich geschlossene počet, die Zahl;
dagegen peniaz, ein Geldstück, richtet sich nach dem Muster der
weich auslautenden.

*b)* Die nur in der mehrf. Zahl vorkommenden, im §. 9.
B. a. aufgezählten auf y.

*c)* Die fremden Namen auf us, es, ens, o, welche verschie-
denartig abgeändert werden: us und es fallen gänzlich weg; z. B.
Junius, Gen. Junia; Diogenes, Gen. Diogena. Sokrates und
Xerxes behalten es und haben Sokratesa, Xerxesa. Klemens hat
Klementa und Farao, Faraona 2c.

## I. Bemerkungen.

1. Im Gen. einf. Zahl haben mehrere Hauptwörter, die leblose
Wesen bezeichnen, anstatt u das ältere a beibehalten; solche sind: chlieb,
das Brod; chliev, der Schweinstall; dvor, der Hof; chomút, das Kum-
met; jazyk, die Zunge; komín, der Rauchfang; kostol, die Kirche; ko-
tol, der Kessel (kotla); kus, ein Stück; kút, der Winkel; kláštor, das
Kloster; mlyn, die Mühle; obed, das Mittagmahl; ovos, der Hafer
(ovsa); popol, die Asche; potok, der Bach; stôl, der Tisch; sud, das
Faß; svet, die Welt; večer, der Abend; zákon, das Gesetz; záhon, das
Beet; život, das Leben 2c. Die Namen der Städte: Rím, Rom; Londýn,
London; Trenčín, Trentschin; Krakov, Krakau; Lvov, Lemberg 2c. Die
in hrad endigen, haben u, als: Petrohrad, Petersburg, Petrohradu; No-
vohrad, Carlhrad 2c. Die Namen aller Monate, sowohl in der lateinischen
als auch in der slovakischen Benennung, haben a; z. B. januar, januara;
únor, Feber, února 2c. Mit Vorwörtern haben a: sen, der Traum, zo
sna, aus dem Traume; rok, das Jahr, od roka do roka, von Jahr zu

Jahr; dub, die Eiche, z duba na dub, von einer Eiche auf die andere ꝛc.
Dom, das Haus, hat einen regelmäßigen Gen., der Ausdruck doma, zu
Hause, ist nebenwörtlich gebraucht. Endlich die Kollektivnamen: ľud, das
Volk und statok, die Herde, werden als solche, die leblose Wesen bezeichnen,
betrachtet und haben ľudu, statku; in národ. die Nation, jedoch klingt besser
národa als národu.

2. Die Wörter Boh, Gott; duch, der Geist; človek, der Mensch
und pán, der Herr, nehmen, wenn sie anderen Namen vorgesetzt werden,
im D a t. nicht die den belebten zukommende Partikel ovi, sondern u: z. B.
Bohu živému, dem lebendigen Gott; duchu svätému, dem heiligen Geiste;
človeku smrteľnému, dem sterblichen Menschen; pánu Hollému.

3. Im Vok. sollten die Kehllaute g, h, ch, k vor dem weichen e in
Zischlaute übergehen, dies geschieht indessen nur in zwei Wörtern: Boh,
Bože; človek, človeče; die übrigen nehmen statt e, u; z. B. hrach, die
Erbse, hrachu; Slovák, Slováku; syn, der Sohn, hat stets synu.

4. Die mit Kehllauten geschlossenen und ľud nehmen statt e im
Lok. u; z. B. bok, die Seite, v boku, in der Seite; kruh, der Kreis,
v kruhu; prach, der Staub, v prachu; ľud, v ľudu; statok hat v statku.
Die Benennungen der Feiertage haben im Lok. e; z. B. o svätom Štefane,
zur Zeit des heiligen Stephanus; ist aber die Rede von der Person des
Heiligen, so wird ovi gebraucht; z. B. o svätom Štefanovi, vom heiligen
Stephanus.

5. Im Nom. mehrf. Zahl. vor der persönlichen Endung auf i geht
das ch, k, in s, c über; z. B. Čech. Česi; Slovák. Slováci: die Endung ovia
oder ovie ist moralisch erhebender; z. B. slavovia, die Stände; pánovia,
die Herren. Diese längere Endung auf ovia nehmen nicht an:

a) Die, welche leblose Wesen bezeichnen ohne Ausnahme.

b) Die persönlichen auf ík, ák: z. B. zahradník, der Gärtner, za-
hradníci, nicht zahradníkovia ꝛc.

c) Die nicht persönlichen, welche man mit der Endung i personifi-
ziren kann; z. B. orli, die Adler; psi, die Hunde, ist ein personifizirter
Ausdruck; wo dies nicht statt findet — und es findet natürlich selten statt,
höchstens in Dichtungen, wo man sie als Personen anführen kann — werden
die nicht persönlichen als leblose behandelt und schließen mit y; z. B. orly,
psy, ist ein nicht personifizirter Ausdruck. Vlk, der Wolf, macht eine Aus-
nahme und hat stets vlci. Die mit d oder n schließenden persönlichen haben
statt der längeren Endung ovia eine kürzere in ia; z. B. žid, der Jude, ži-
dia; Angličan, der Engländer, Angličania; klingt aber eben so gut: židi,
Angličani ꝛc. Brat. der Bruder, hat bratri oder bratia. Die auf h, a, o
ausgehenden und syn haben immer ovia; z. B. vrah, der Feind, vrahovia;
Boh, bohovia; sluha, der Diener, sluhovia; dedo, der Großvater, dedovia;
syn, synovia. Jene aber, welche auf íta oder ista ausgehen, können eben
so gut mit i als mit ovia gegeben werden; z. B. husíta, der Husit, husíti,
oder husítovia; žalmista, der Psalmist, žalmisti oder žalmistovia.

6. Akk. der belebten nicht persönlichen gleicht dem Nom. wie bei
den leblosen; z. B. vyžeň tie voly, treibe die Ochsen aus, nicht tých volov.

7. Vor der zwar selten gebrauchten Endung des Lok. in iech geht
das h, ch, k, in z, s, c über; z. B. roh, das Horn, v roziech; rok, das
Jahr, v rociech ꝛc. Auch hört man die Endung in ách; z. B. vo snách,
statt vo snoch; v časách, statt v časoch, welche Mannigfaltigkeit der Ka-
denz wegen den slovakischen Dichtern sehr willkommen sein muß.

8. Der kurze Inst. mehrf. Zahl auf y kann nur dann gebraucht werden, wenn er entweder durch ein Vorwort oder sonst näher bestimmt wird; ist dies nicht der Fall, so steht mi oder ami; z. B. pes hryzie ostrými zuby, der Hund beißt mit scharfen Zähnen; bleibt das bestimmende Beiwort ostrými weg, so muß geschrieben werden: pes hryzie zubami.

9. Eine abweichende Abänderung besitzen:

*a)* Človek, der Mensch. Nom. und Vok. mehrf. Zahl: ludia, die Leute. Gen. ludí, Dat. ludom, Akk. ludí, Lok. v ludoch, Inst. ludmi.

*b)* Die auf a und o ausgehenden männlichen, welche sich im Gen., Akk. und Vok. einf. Zahl nach dem weiblichen Muster „ryba" (§. 13. I. Must.) richten; z. B. sluha, Gen. sluhy, Akk. sluhu, Vok. sluho; dedo, der Großvater, dedy, dedu, dedo ꝛc.

## Aufgaben zum §. 12. I. und II. Muster *).

### I.

Das Haus unseres Nachbarn ist abgebrannt. — Der Verstand ziert den Menschen. — Der Herr vertraut den Bauern und den Beamten. — Die Russen und die Polen sind gute Soldaten. — Du hast dem Ochsen die Hörner gebrochen. — Die Hunde aus mehreren Höfen. — Die Arbeit der Rauchfangkehrer ist, den Rauchfang auszukehren. — Die Höhe unserer Kirche ist bedeutend. — Sage dem Vorstande des Klosters. — Die Lage unserer Stadt ist schön. — Er ist ein Mann von guten Sitten. — Man hat ihm die Hälfte der Zunge abgeschnitten. — Wir haben vier Mühlen gekauft. — Die Größe dieser Welt. — Die Gesetze muß man beobachten.

| | |
|---|---|
| Unseres, našeho. | Sage, povedz. |
| Ist abgebrannt, vyhorel. | Der Vorstand, predstavený. |
| Ziert, ozdobuje. | Schön, krásne. |
| Vertraut, dôveruje. | Er, on. |
| Und, a. | Von guten, dobrých. |
| Ein Russe, Rus. | Die Sitten, mravy, *pl.* |
| Ein Pole, Poliak. | Man hat ihm — abgeschnitten, odrezali mu. |
| Sind, sú. | |
| Gute, dobrí. | Die Hälfte, pol. |
| Du hast — gebrochen, ty si zlomil. | Wir haben — gekauft, kúpili sme. |
| Aus mehreren, z viacej. | Vier, styry. |
| Der Rauchfangkehrer, kominár. | Die Größe, velkosť. |
| Ist, je. | Dieser, tohoto. |
| Auszukehren, vymiesť. | Muß man, musia sa. |
| Bedeutend, značná. | Beobachten, zachovával. |

---

*) Alle in diesen Aufgaben vorkommende Wörter, die ihrer slov. Bedeutung nach aus den bereits mitgetheilten Beispielen und Erklärungen noch nicht bekannt sind, müssen in dem Wörterverzeichnisse, das sich am Schlusse der Grammatik befindet, aufgesucht werden.

3

## II.

Peter der Große ist der Gründer der Stadt Petersburg. — Die Zeitungen vom letzten Feber. — Die Armuth des Volkes. — Die Sprache der slavischen Nation. — Sage dem Herrn Offizier. — Mensch, gedenke des Todes! — Komm', o heiliger Geist! — Die Slaven sind fleißige Arbeiter. — Die Bettler sind zu bedauern. — Die Wölfe heulen. — Wir waren einst alle Mährer. — Wir selbst sind unsere Feinde. — Die Türken werden bald verschwinden. — Liebet eueren Nächsten. — Hier sind neue Gärtner und neue Gärtnerinen. — Gebet den Leuten Ruhe. — Die Handschrift des Johann Kalina. — Man hat den Dummkopf geschlagen.

| | |
|---|---|
| Peter der Große, Peter Veliký. | Ein Mährer, Moravan. |
| Der Gründer, zakladateľ. | Wir — sind, my sme. |
| Petersburg, Petrohrad. | Selbst, sami. |
| Vom letzten, od poslednieho. | Unsere, svoji. |
| Der slavischen, slovanského. | Ein Türk, Turek. |
| Der Offizier; dôstojník. | Werden — verschwinden, zmiznú. |
| Gedenke, pomni. | Bald, skoro. |
| Des Todes, na smrť. | Liebet, milujte. |
| Komm', príd. | Eueren, vašeho. |
| Heiliger, svätý. | Der Nächste, blížny. |
| Fleißige, usilovní. | Hier, tu. |
| Der Arbeiter, robotník. | Neue, noví. |
| Zu bedauern, poľutovania hodni. | Der Gärtner, zahradník. |
| Heulen, vyjú. | Die Gärtnerin, zahradníčka. |
| Wir waren, my sme boli. | Gebet, dajte. |
| Einst, volakedy. | Man hat — geschlagen, zbili. |
| Alle, všetci. | Der Dummkopf, chmuľo. |

## III.

Spolok svätého Vojtecha. — Cyrill a Method obrátili Slovanov. — Vysoké brehy tohoto potoka. — V triciatom roku mojeho života. — Okolie Carihradu. — Tohoto roku prvého kvetňa. — Polovic vašcho statku. — Dobré mravy sú poklady národa. — Človeku opilému vyhni z cesty. — Bože, smiluj sa nad nami! — Mnohí kresťania sú horší nežli židia. — Bol som tam o Josefe. — Teraz je nie reč o Bohu, ale o svätom Michalovi. — Rimania mnohé národy podmanili.

| | |
|---|---|
| Spolok, der Verein. | V triciatom, im dreißigsten. |
| Svätého, des heiligen. | Mojeho, meines. |
| Vojtech, Adalbert. | Okolie, die Umgebung. |
| Obrátili, bekehrten. | Carihrad, Konstantinopel. |
| Vysoké, hohe. | Prvého, den ersten. |
| Breh, das Ufer. | Polovic, die Hälfte. |
| Tohoto, dieses. | Vašeho, euerer. |

| | |
|---|---|
| Dobré, gute. | Horší, ſchlechter. |
| Poklad, der Schatz. | Nežli, als. |
| Opilému, dem Betrunkenen. | Bol som, ich war. |
| Vyhni, weiche. | Tam, dort. |
| Z cesty, aus dem Wege. | Teraz, jetzt. |
| Smiluj sa, erbarme dich. | O Bohu, von Gott. |
| Nad nami, unſer. | Ale, ſondern. |
| Mnohí, viele. | Riman, ein Römer. |
| Kresťan, ein Chriſt. | Podmanili, unterjochten. |

### III. Muſter

(der weich auslautenden männl. Hauptwörter, die belebte Weſen
bezeichnen).

| Einf. Zahl. | Mehrf. Zahl. |
|---|---|
| N. muž, der Mann. | muž-i, -ia, -ovia, die Männer. |
| G. muž-a, des Mannes. | muž-ov, der Männer. |
| D. muž-ovi, -u, dem Manne. | muž-om, den Männern. |
| A. muž-a, den Mann. | muž-ov, die Männer. |
| V. muž-u, -i. — | muž-i, -ia, -ovia. — |
| L. muž-ovi, -u. — | muž-och, -iech. — |
| I. muž-om. — | muž-i, -mi, -ami. — |

### IV. Muſter

(der weich auslautenden männl. Hauptwörter, die lebloſe Weſen
bezeichnen).

| Einf. Zahl. | Mehrf. Zahl. |
|---|---|
| N. meč, das Schwert. | meč-e, die Schwerter. |
| G. meč-a, des Schwertes. | meč-ov, der Schwerter. |
| D. meč-u, dem Schwerte. | meč-om, den Schwertern. |
| A. meč, das Schwert. | meč-e, die Schwerter. |
| V. meč-u, -i. — | meč-e. — |
| L. meč-i. — | meč-och, -iech. — |
| I. meč-om. — | meč-i, -mi, -ami. — |

B) Nach dieſen Muſtern werden abgeändert alle männlichen
Hauptwörter, die belebte oder lebloſe Weſen bezeichnen, und die
mit weichen Lauten: (c) č, š, ž, (dz) dž, ď, ľ, ň, ť, j oder
mit a und o, vor welchen ein weicher Mitlaut ſteht, ſchließen.

Das weiche ľ kommt vor:

a) In ſolchen Hauptwörtern, welche von Zeitwörtern mit
der Endung teľ gebildet werden; z. B. stvoriť, erſchaffen, stvoriteľ,
der Erſchaffer; ſo auch učiteľ, der Lehrer; spasiteľ, der Heiland ꝛc.

*b)* In den ursprünglichen: bôľ, der Schmerz; cieľ, der Zweck; čmeľ, die Hummel; chmeľ, der Hopfen; chrášteľ, der Wiesenschnarrer; ďateľ, der Baumhacker; kašeľ, der Husten; kúkoľ, das Kornnägelein; kúpeľ, das Bad; korbeľ, ein hölzerner Pokal; kráľ, ein König; kŕdeľ, ein Haufen; orteľ, das Urtheil; motýľ, der Schmetterling; mozoľ, die Schwiele; pyteľ, der Beutel; sopeľ, der Rotz; šindeľ, die Schindel; topoľ, der Pappelbaum; uhoľ, die Kohle (verschieden von uhol, der Winkel); zreteľ, das Augenmerk; endlich die Vergrößerungen auf áľ; z. B. nosáľ, der Großnasige ꝛc.

## II. Bemerkungen.

1. Im Gen. einf. Zahl macht das Wort plač, das Weinen, eine Ausnahme von der Regel, indem es u anstatt a annimmt, somit: plaču.

2. Die auf ec ausgehenden belebten haben im Vok. einf. Zahl e anstatt u, und das c wird in č verwandelt; z. B. otec, der Vater, otče; chlapec, der Knabe, chlapče (§. 15. *B. b.*).

3. Kôň, das Pferd, und mehrere nicht persönliche nehmen im Lok. einf. Zahl anstatt ovi das den leblosen eigene i an: na koni, auf dem Pferde. Deň, der Tag, als Nebenwort gebraucht hat e anstatt i; z. B. vo dne, beim Tage; sonst aber wird das i beibehalten; z. B. v prvom dni, im ersten Tage.

4. Der Nom. mehrf. Zahl geht bei den persönlichen regelmäßig auf i aus; z. B. chlapci, die Knaben; králi, die Könige; man kann aber bei denselben ebenso gut die längere Partikel ovia gebrauchen; z. B. chlapcovia, kráľovia. Otec, der Vater; rodič, der Zeuger, und die auf a und o ausgehenden nehmen stets die längere Partikel, also: otcovia, rodičovia; súdca, der Richter, súdcovia; bača, der Schafhirt, bačovia. Die von Zeitwörtern abgeleiteten auf teľ haben i oder ia; z. B. učiteľ, der Lehrer, učiteli, oder učitelia; hosť, der Gast und zať, der Schwiegersohn, haben hosti, hostia oder hosťovia; zati, zatia oder zaťovia. Die nicht persönlichen und leblosen haben stets e; z. B. medvede, die Bären; biče, die Peitschen; kamene, die Steine; jedoch mit i kann man die nicht persönlichen personifiziren, also: medvedi; was aber, wie gesagt, sehr selten geschieht. Kráľ in Spielkarten hat krále; ebenso das Fest der heil. Dreikönige heißt: tri krále. Deň hat i statt e; z. B. tri dni, drei Tage, aber das von deň abgeleitete týždeň oder týdeň, die Woche, wird regelmäßig abgeändert, also: týždne oder týdne, die Wochen.

5. Hosť, kôň und peniaz haben im Gen. mehrf. Zahl nicht das regelmäßige ov, sondern í, also: hostí, koní, peňazí.

6. Der Akk. bei den nicht persönlichen geht auf e aus; z. B. jelene, medvede.

7. Von dem kurzen Inst. auf i gilt dasselbe, was in den Bemerkungen der hart auslautenden von y gesagt worden ist. (§. 12. I. Bem. 8.).

8. Die auf a oder o ausgehenden männlichen weichen auch hier ab, und folgen im Akk. und Vok. dem weiblichen Muster „vôňa" (§. 13. II. Must.), im Gen. jedoch richten sie sich entweder nach dem ihnen gebührenden Muster „muž", oder sie werden mit i gegeben; z. B. súdca, Gen. súdca oder súdci, Akk. súdcu, Vok. súdco ꝛc.

Aufgaben zum §. 12. III. und IV. Muster.

## IV.

Gebildete Völker sind Freunde des Friedens. — Wir haben einen Igel gefangen. — Lobe deinen Schöpfer. — Man hat den Lehrern die Besoldung erhöht. — Die Schmerzen eines kranken Menschen. — Hier hast du einen Wiesenschnarrer und zwei Baum= hacker. — Starker Husten verdirbt die Lunge. — Gib Acht, Knabe! — Ein Soldat auf dem Pferde. — Der Palast unseres Königs. — Die Väter sind gestorben, und die Söhne leben.

Gebildete, vzdelané.
Wir haben — gefangen, chytili sme.
Lobe, chváľ.
Deinen, svojho.
Man hat — erhöht, povýšili.
Die Besoldung, plat.
Eines kranken, nemocného.
Hier hast du, tu máš.
Einen, jednoho.

Zwei, dva.
Starker, silný.
Verdirbt, zhubí.
Gib, daj.
Acht, pozor.
Auf dem Pferde, na koni.
Sind gestorben, zomreli.
Leben, žijú.

## V.

Ich habe drei Könige (im Kartenspiel). — Das sind unsere Eltern. — Euere Gäste sind euere Richter. — Hier sind fünf Hir= sche, und dort ist ein Haufe von Hirschen. — Der Riemermeister verkauft Peitschen. — Wir haben sieben Pferde gekauft. — Er hat viel Gäste und wenig Geld. — Ein Monat und drei Tage. — In zwei Wochen werde ich die Arbeit beendigen. — Jage die Wespen hinaus. — Man hat unseren Richter des Amtes entsetzt. — Hier sind die Knechte des vorsichtigen Schafhirten.

Ich habe, ja mám.
Drei, tri.
Das sind, to sú.
Euere, vaši.
Fünf, päť.
Ein Haufe von Hirschen, kopa je-leňov.
Der Riemermeister, remenár.
Verkauft, predáva.
Wir haben — gekauft, kúpili sme.

Sieben, sedem.
Er hat viel, on má mnoho.
Wenig, málo.
Werde — beendigen, dokončím.
Jage — hinaus, vyžeň.
Man hat — entsetzt, zložili.
Unseren, nášho.
Des Amtes, z úradu.
Des vorsichtigen, opatrného.

## VI.

Šaty vašeho tovaryša. — Bez bôľov niet preporodu. — Poďme do kúpeľa. — Otcovia slovanských národov. — Ja mám dva krále. — Boli tu traja králi a jeden vojvoda. — Hostí dosť

ale málo priateľov. — Tu jesto veľa kostí. — Vaši zaľovia zle
gazdujú. — Zbojníci ozbíjali baču. — Mluvnica ostrovtipného
Hodži. — Chmuľu pochválil, a múdreho pohanil.

Šata, das Kleid.
Bez, ohne (mit Gen.).
Niet, gibt es keine.
Preporod, die Wiedergeburt.
Podme, gehen wir.
Do, in (im Slov. mit Gen.).
Boli tu, es waren hier.
Dosť, genug.
Tu jesto, hier gibt es.
Veľa, viel.

Zle gazdujú, wirthschaften schlecht.
Zbojník, der Räuber.
Ozbíjali, haben ausgeraubt.
Mluvnica, die Sprachlehre.
Ostrovtipného, des scharfsinnigen.
Chmuľo, der Dummkopf.
Pochválil, hat belobt.
Múdreho, den Gescheidten.
Pohanil, hat getadelt.

### §. 13.
#### Von der Abänderung der weiblichen Hauptwörter.

In der Abänderung der weiblichen Hauptwörter wird auf den
Umstand, ob sie belebte oder leblose Wesen bezeichnen, keine Rück=
sicht genommen, sondern nur auf ihre Endung geachtet. In dieser
Hinsicht werden folgende vier Muster aufgestellt:

#### I. Muster.

| Einf. Zahl. | Mehrf. Zahl. |
|---|---|
| N. ryb-a, der Fisch. | ryb-y, die Fische. |
| G. ryb-y, des Fisches. | rýb, der Fische. |
| D. ryb-e, dem Fische. | ryb-ám, den Fischen. |
| A. ryb-u, den Fisch. | ryb-y, die Fische. |
| V. ryb-o. — | ryb-y. — |
| L. ryb-e. — | ryb-ách. — |
| I. ryb-ou. — | ryb-ami. — |

#### II. Muster.

| Einf. Zahl. | Mehrf. Zahl. |
|---|---|
| N. vôň-a, der Geruch. | vôn-e, die Gerüche. |
| G. vôn-e, des Geruches. | vôň, der Gerüche. |
| D. vôn-i, dem Geruche. | vôň-am, den Gerüchen. |
| A. vôň-u, den Geruch. | vôu-e, die Gerüche. |
| V. vôň-o. — | vôn-e. — |
| L. vôň-i. — | vôň-ach. — |
| I. vôň-ou. — | vôň-ami. — |

A) Nach dem I. Muster werden abgeändert:

a) Alle weiblichen Hauptwörter, die auf a ausgehen und
deren vorletzter Laut hart ist; z. B. hanba, die Schande; brada,

das Kinn; stryga, die Hexe; noha, der Fuß; Europa, Afrika, Amerika ꝛc.

*b)* Die bloß in mehrf. Zahl gebrauchten und auf y ausgehenden; z. B. vidly, die Gabel; vážky, die Wage; Čechy, das Böhmerland ꝛc.

*B)* Nach dem II. Muster werden abgeändert:

*a)* Alle weiblichen Hauptwörter, die auf a ausgehen und deren vorletzter Laut weich ist; z. B. voľa, der Wille; dyňa, die Melone; hrča, die Geschwulst; duša, die Seele; rohoža, die Binsendecke; šija, der Nacken; svieca, die Kerze; núdza, das Elend ꝛc.

*b)* Die fremden Wörter auf ia; z. B. Asia, Maria, historia ꝛc.

*c)* Die nur in mehrf. Zahl gebräuchlichen auf ce; z. B. Košice, Kaschau; hromnice, die Lichtmesse ꝛc.

## I. Bemerkungen.

1. Der Gen. mehrf. Zahl wird gebildet durch das Wegwerfen der weiblichen Endung a und das Verlängern des Stamm-, Selbst- oder Halbselbstlautes; z. B. ruka, die Hand, rúk; kuchyňa, die Küche, kuchýň; vlna, die Wolle, vln ꝛc. Ist aber die vorletzte Sylbe schon lang, so muß im Sinne des §. 3. *B.* die letzte kurz bleiben; z. B. zástava, die Fahne, zástav; priekopa, der Graben, priekop ꝛc. Ferner wenn nach dem Wegwerfen des a zwei oder mehrere ohne Selbstlaut schwer aussprechbare Mitlaute zurückbleiben, dann wird zwischen solche ein ie, bei langen vorletzten aber ein o eingeschoben; z. B. matka, die Mutter, matiek; čiarka, das Strichlein, čiarok ꝛc. Manche mit vorletztem weichen, und das einzige tma mit vorletztem harten Laut, nehmen im Gen. mehrf. Zahl í an; z. B. väža, der Thurm, väží; duša, die Seele, duší; tma, die Finsterniß, tmí ꝛc.

2. Im Dat. und Lok. mehrf. Zahl muß, wenn die vorletzte Stammsylbe lang ist, der Laut á außer der Regel nach §. 3. *B.* kurz bleiben; z. B. brána, das Thor, bránam, v bránach ꝛc. In den mit vorletztem weichen geht das a in ia gerne über; z. B. duša, die Seele, dušiam, v dušiach ꝛc.

3. Ruka, die Hand und noha, der Fuß, werden hie und da noch in der zweifachen Zahl gebraucht, und zwar im Nom., Akk. und Vok. ruce, Gen. und Lok. rukú, v rukú, Inst. rukama ꝛc.

4. Eine abweichende Abänderung besitzen: kráľovna, die Königin; gazdina, die Wirthin, und mehrere dieser Gattung, indem sie statt der regelmäßigen hauptwörtlichen, die den unbestimmten Beiwörtern (§. 27.) eigene Abänderung annehmen, nämlich im Gen., Dat. und Lok. einf. Zahl nehmen sie an ej: kráľovnej; im Nom., Akk. und Vok. mehrf. Zahl e statt y: kráľovne ꝛc.

## Aufgaben zum §. 13. I. und II. Muster.

### VII.

Barbiere dein Kinn. — Man hat ihn mit Wasser begossen.
— Man hat ihm die Hände und die Füße gebunden. — Zwei Kühe
und vier Ziegen. — Gib den Weibern Ruhe. — Er starb in der
Schande. — Es gibt keine Heren in der Welt. — In Europa sind
die Menschen weiß und in Afrika schwarz. — Sie sind nach Ame=
rika ausgewandert. — Die Wage der Gerechtigkeit. — Im Böh=
merlande wohnen Böhmen.

| | |
|---|---|
| Barbiere, ohoľ. | In, v (mit Lok.). |
| Dein, svoju. | Weiß, bieli. |
| Man hat ihn — begossen, obliali ho. | Schwarz, čierni. |
| Mit Wasser, vodou. | Sie sind — ausgewandert, vyste- |
| Man hat ihm — gebunden, svia- | hovali sa. |
| zali mu. | Nach, do (mit Gen.). |
| Gib — Ruhe, daj pokoj. | Wohnen, bývajú. |
| Er starb, zomrel. | |

### VIII.

Ohne Seele gibt es kein Leben. — Ein Fußboden aus der
Binsendecke. — Er leuchtet mit vier Kerzen. — So steht in der
Geschichte. — In Kaschau ist eine Akademie. — Er bekam es aus
meinen Händen. — Es waren dort sieben Fahnen. — Die Freunde
der slovakischen Mütter. — Er ist in eine Grube gefallen. — Was
wird aus unseren Seelen werden? — In den Thürmen halten sich
die Flebermäuse auf. — Ich gab den Enten Wasser. — Helfe den
Wittwen und den Waisen.

| | |
|---|---|
| Ohne, bez (mit Gen.). | Es waren dort, bolo tam. |
| Gibt es kein Leben, nieto života. | Sieben, sedem. |
| Aus, z (mit Gen.). | Der slovakischen, slovenských. |
| Er leuchtet, svieti. | Er ist — gefallen, zpadol. |
| Mit vier, štyrmi. | In, do (mit Gen.). |
| So steht, tak stojí. | Was wird — werden, čo bude. |
| In, v (mit Lok.). | Halten sich — auf, zdržujú sa. |
| Er bekam, dostal. | Ich gab, dal som. |
| Aus meinen, z mojich. | Helfe, pomáhaj. |

### IX.

Žiak knihami a vojak šabľou. — V zahrade sú dve studne.
— Bez kariet hrať sa nemožno. — V Amerike panuje slobodná
obec. — Slováci bývajú v Uhrách. — V Pešti predávajú mnoho
dýň. — To je vôľa vašich matiek. — Syn našej gazdinej. — Vôl
žere trávu a kôň ďatelinu. — Človek bez myšlienky nemá ceny.

Žiak, der Schüler.
Kniha, das Buch.
Vojak, der Soldat.
Šabľa, der Säbel.
Zahrada, der Garten.
Dve, zwei.
Studňa, der Brunnen.
Bez, ohne (mit Gen.).
Karty, Spielkarten.
Hrať sa nemožno, kann nicht gespielt werden.

Panuje slobodná obec, herrscht eine Republik.
Predávajú, verkaufen.
Mnoho, viel (im Slov. mit Gen.).
To je, das ist.
Vôl, der Ochs.
Žere, frißt.
Tráva, das Gras.
Ďatelina, der Klee.
Myšlienka, der Gedanke.
Nemá ceny, hat keinen Werth.

### III. Muster.

| Einf. Zahl. | Mehrf. Zahl. |
|---|---|
| N. zem, die Erde. | zem-e, die Erben. |
| G. zem-e, der Erde. | zem-í, der Erben. |
| D. zem-i, der Erde. | zcm-am, den Erben. |
| A. zem, die Erde. | zem-e, die Erben. |
| V. zem. — | zem-e. — |
| L. zem-i. — | zem-ach. — |
| I. zem-ou. — | zem-ami. — |

### IV. Muster.

| Einf. Zahl. | Mehrf. Zahl. |
|---|---|
| N. kosť, das Bein. | kost-i, die Beine. |
| G. kost-i, des Beines. | kost-í, der Beine. |
| D. kost-i, dem Beine. | kosť-am, den Beinen. |
| A. kosť, das Bein. | kost-i, die Beine. |
| V. kosť. — | kost-i. — |
| L. kost-i. — | kosť-ach. — |
| I. kosť-ou. — | kosť-mi, -ami. — |

*C)* Nach dem III. Muster werden abgeändert:

*a)* Alle weiblichen auf v, m, ň, ľ (ausgenommen: myseľ und soľ) aj, ej, oj, š (ausgenommen voš) až, ež und šť; z. B. krev, das Blut; daň, die Steuer; posteľ, das Bett; obyčaj, die Gewohnheit; nádej, die Hoffnung; zbroj, die Waffe; faleš, die Falschheit; stráž, die Wache; krádež, der Diebstahl; Pešť, die Stadt Pest 2c. Dann aus den auf č ausgehenden: obruč, der Reif; auf c: obec, die Gemeinde; pec, der Ofen.

*b)* Die in mehrf. Zahl gebräuchlichen auf e; z. B. hrable, der Rechen; jasle, die Krippe; prse, die Brust 2c.

*D)* Nach dem IV. Muster werden abgeändert alle übrigen weiblichen auf ď, ľ, sť, č, š, ž, ľ, c, s, z, r, dz; z. B. loď, das Schiff (Nom. mehrf. Zahl: lode); obeľ, das Opfer (Nom. mehrf. Zahl: obete); milosť, die Gnade; reč, die Sprache; voš, die Laus; soľ, das Salz; myseľ, das Gemüth; noc, die Nacht; hus, die Gans; reťaz, die Kette; tvár, das Antlitz; mosadz, das Messing ꝛc.

## II. Bemerkungen.

1. Die Endung des Inst. mehrf. Zahl bei den nach dem III. Muster abgeänderten wird manchmal, wenn es die leichte Aussprache zuläßt, statt des ami, mit mi geschlossen; z. B. statt dverami kann man sagen dvermi ꝛc.

2. Mati oder mať, die Mutter, nimmt im Gen. und in allen übrigen Endungen die Sylbe er an, und wird dann wie „zem" abgeändert: matere, materi ꝛc.

3. Pani, die Frau, wird vor anderen Hauptwörtern stehend nicht abgeändert; z. B. pani matka, pani matke, pani matku ꝛc.; sonst aber ist die Abänderung folgende: einf. Zahl Nom. und Vok. pani, Gen., Dat. und Lok. panej, Akk. paňu, Inst. paňou; mehrf. Zahl Nom., Akk. und Vok. panie, Gen. paní, Dat. paniam, Lok. pri paniach, Inst. paniami.

## Aufgaben zum §. 13. III. und IV. Muster.

### X.

Die Lehre der katholischen Kirche. — Im Blute ist das Leben. — Die Bürger zahlen verschiedene Steuer. — In den Betten ist gut schlafen. — Das Rad geht in dem Geleise. — Den Waffen können wir nicht widerstehen. — Er hat sich durch den Diebstahl bereichert. — Es gibt in Pest sehr viel Slovaken. — Mit eisernen Reifen beschlagen. — In freien Gemeinden ist gut wohnen. — Man hat diesen Ofen zerstört. — Aus voller Brust. — Mit dem Rechen schlagen. — Das Pferd steht bei der Krippe.

Der katholischen, katolickej.
Zahlen, platia.
Verschiedene, rozličné.
Ist gut schlafen, je dobre spať.
Geht, ide.
Können wir nicht widerstehen, nemôžeme odolať.
Er hat sich — bereichert, on sa obohatil.
Durch, kroz (mit Akk.).

Es gibt — sehr viel, jesto veľmi mnoho.
Mit eisernen — beschlagen, železnými — okuvaný.
In freien — ist gut wohnen, v slobodných — je dobre býval.
Man hat — zerstört, rozbúrali.
Aus voller, z celých.
Schlagen, bil.
Steht, stojí.
Bei, pri (mit Lok.).

### XI.

Auf der Donau gibt es viel Dampfschiffe. — Wir sind durch die Eintracht kräftig. — Ich war bei der Beichte. — In den Sprachen spiegeln sich die Nationen ab. — Verschiedene Salze. — Sei guten Gemüthes. — Es gibt wenig solche Nächte. — Ich habe dich in meiner Gewalt. — Sie schreien wie die Gänse. — Eine Person von schönem Antlitze. — Dieser Leuchter ist von Messing.

| | |
|---|---|
| Auf, na (mit Lok.). | Ich habe dich in meiner, mám ťa v mojej. |
| Wir sind — kräftig, my sme silní. | |
| Ich war, bol som. | Sie schreien, kričia. |
| Bei, pri (mit Lok.). | Wie, jako. |
| Die Beichte, spoved. | Die Person, osoba. |
| Spiegeln sich — ab, zrkadlia sa. | Von schönem, krásnej. |
| Verschiedene, rozličné. | Dieser, tento. |
| Sei guten, bud dobrej. | Der Leuchter, svietnik. |
| Wenig solche, málo takých. | Von, z (mit Gen.). |

## XII.

Myši sa veľmi rozmnožujú. — Nerozumieš sa do týchto vecí. — Hľadaj spravodlivosť. — Polievka bez soli. — Povedz mojej materi. — Dieťa bez matere. — Zavolajte vašu mater. — Muž mojej panej. — Prišiel so svojou paňou. — Bez pani sestry. — Pani kuchárke. — Najprv vašim paniam a potom pani krajčírkam.

| | |
|---|---|
| Sa — rozmnožujú, vermehren sich. | Zavolajte, rufet. |
| Nerozumieš sa, verstehst du dich nicht. | Vašu, euere. |
| Do týchto, in diese. | Prišiel, er kam. |
| Hľadaj, suche. | So svojou, mit seiner. |
| Spravodlivosť, die Gerechtigkeit. | Najprv, zuerst. |
| Polievka, die Suppe. | Vašim, eueren. |
| Povedz, sage. | Potom, dann. |
| Mojej, meiner. | |

## §. 14.

### Von der Abänderung der sächlichen Hauptwörter.

In der Abänderung der sächlichen Hauptwörter wird, wie bei den weiblichen, bloß auf ihre Endung geachtet. In dieser Hinsicht werden folgende fünf Muster aufgestellt:

### I. Muster.

| Einf. Zahl. | Mehrf. Zahl. |
|---|---|
| N. del-o, die Kanone. | del-á, die Kanonen. |
| G. del-a, der Kanone. | diel, der Kanonen. |
| D. del-u, der Kanone. | del-ám, den Kanonen. |
| A. del-o, die Kanone. | del-á, die Kanonen. |
| V. del-o. — | del-á. — |
| L. del-e. — | del-ách. — |
| I. del-om. — | del-y, -mi, -ami. — |

## II. Muster.

| Einf. Zahl. | Mehrf. Zahl. |
|---|---|
| N. pol-e, das Feld. | pol-ia, die Felder. |
| G. poľ-a, des Feldes. | pol-í, der Felder. |
| D. poľ-u, dem Felde. | pol-iam, den Feldern. |
| A. pol-e, das Feld. | pol-ia, die Felder. |
| V. pol-e. — | pol-ia. — |
| L. pol-i. — | pol-iach. — |
| I. poľ-om. — | pol-i, -'mi, -'ami. — |

*A)* Nach dem I. Muster werden abgeändert:

*a)* Alle sächlichen Hauptwörter, die auf o ausgehen und deren vorletzter Mitlaut hart ist; z. B. okno, das Fenster; kolo, das Rad; zlato, das Gold; brucho, der Bauch; vojsko, das Militär ꝛc.

*b)* Die in mehrf. Zahl gebräuchlichen auf a; z. B. vráta, das Thor; ústa; der Mund ꝛc.

*B)* Nach dem II. Muster werden abgeändert:

*a)* Alle sächlichen auf e und šte; z. B. srdce, das Herz; vajce, das Ei; oje, die Deichsel; more, das Meer; nebe, der Himmel (nur in der einf. Zahl); ohnište, der Herd; bičište, der Peitschenstiel ꝛc. Die meisten von diesen sind aber auch mit o gebräuchlich: srdco, vajco, ojo, nebo, ohništo bičišto ꝛc.

*b)* Das nur in der mehrf. Zahl vorkommende: plúca, die Lunge.

*c)* Die fremden Wörter auf ium, welche aber in der einf. Zahl nicht abzuändern sind; z. B. lilium, evanjelium.

### I. Bemerkungen.

1. Jene Wörter, welche vor o die Kehllaute h, ch, k haben, nehmen im Lok. einf. Zahl u anstatt e; z. B. brucho, v bruchu; oko, v oku ꝛc.

2. Der Gen. mehrf. Zahl wird ebenso gebildet, wie bei den weiblichen des I. und II. Musters, nämlich: das o oder e wird weggeworfen und die letzte Sylbe wird gedehnt; z. B. pivo, das Bier, pív; zrno, das Korn, zŕn; srdce, das Herz, sŕdc; jablko, der Apfel, jablk; ohnište, der Herd, ohníšt ꝛc. Nur ovoce, das Obst, hat ovocí. Bei den auf ovo ausgehenden ist die Verlängerung der letzten überflüssig; z. B. olovo, das Blei, olov. Zwischen zwei schwer aussprechbare Mitlaute setzt man ein ie; z. B. mydlo, die Seife, mydiel; okno, das Fenster, okien. Die auf sko ausgehenden bleiben nach Wegwerfen des o unverändert; z. B. vojsko, das Militär, vojsk; die auf stvo ausgehenden nehmen an í; z. B. biskupstvo, das Bisthum, biskupství; oder zwischen t und v wird ie hineingeschoben: biskupstiev. Kolo mit dem Augment es: koleso, hat kolies; nebo mit demselben Augment nebeso folgt in der mehrf. Zahl das I. Muster und hat im Gen.

nebies. Bei fremden Namen wird das i in ij verwandelt; z. B. statt evan-
jeli, schreibt man evanjelij 2c.

3. Im Dat. und Lok. mehrf. Zahl geschieht dasselbe mit dem lan-
gen á, was im §. 13. I. Bem. 2. bei den weiblichen gesagt worden ist:
krídlo, der Flügel, krídlam, na krídlach. More, nebe und oje haben á an-
statt ia: morá, morám, na morách 2c.

4. Von dem Inst. mehrf. Zahl auf y und i gilt dasselbe, was im
§. 12. I. Bem. 8. gesagt worden ist.

5. Oko, das Auge und ucho, das Ohr, als Instrumente des Se-
hens und Hörens haben die zweifache Zahl mit der mehrfachen gemischt bei-
behalten: Nom., Akk. und Bok. oči, uši, Gen. očí, uší, Dat. očam,
ušam, Lok. v očach, v ušach, Inst. očima, ušima. Oká in mehrf. Zahl
bedeutet entweder die Netzschlingen, oder die Kettenringe, oder die auf den
Karpathen vorkommenden großen Wasserlachen, morské oká, Meeraugen
genannt; uchá aber bedeutet entweder die Nadellöcher, oder die Handgriffe
auf den Geräthschaften.

## Aufgaben zum §. 14. I. und II. Muster.

### XIII.

Das Schwert ist von Eisen. — Dieser Speise ist nicht zu
trauen. — Mit Gold und Silber kann man viel ausrichten. —
Unsere Fenster sind klein. — Er dient dem Bauche und nicht dem
Geiste. — Er war beim Thore und hat mich nicht gesehen. — Aus
dem Ei ist Alles entstanden. — Er hat mit der Deichsel ein Pferd
durchgestochen. — Bei dem Herde arbeiten. — Unser Kutscher hat
verschiedene Peitschenstiele.

| | |
|---|---|
| Von, zo (mit Gen.). | Er dient, on slúži. |
| Dieser, tomuto. | Er war, on bol. |
| Ist nicht zu trauen, niet čo veriť. | Hat mich nicht gesehen, nevidel ma. |
| Kann man viel ausrichten, môže sa mnoho vykonať. | Ist Alles entstanden, všetko povstalo. |
| | Hat — durchgestochen, prepchnul. |
| Unsere, naše. | Arbeiten, pracovať. |
| Klein, malé. | Verschiedene, rozličné. |

### XIV.

Seine Weisheit wohnt im Bauche. — Es ist ihm ein Dorn
im Auge. — In diesem Apfel ist ein Wurm. — Wenig Körner,
schlechte Ernte. — Ich habe zehn Äpfel gekauft. — Aus dem Fen-
ster hängt eine Fahne heraus. — Der heilige Stephan gründete
zehn Bisthümer. — Eine Dampfmaschine hat viel Räder. — Mit
den Augen blinzeln. — Schaue mir in die Augen. — Diese Kette
hat große Ringe. — Zwei Krüge haben zwei Handgriffe.

Seine, jeho.
Wohnt, býva.
Es ist ihm, je mu.
Wenig, málo.
Schlechte, zlá,
Ich habe — gekauft, kúpil som.

Hängt, visí.
Gründete, založil.
Blinzeln, mihal.
Schaue mir, pozri mi.
In, do (mit Gen.).
Haben, majú.

## XV.

Bez mäsa niet dobrá polievka. — Uviaznul do blata. — Neumytými ústami obrážajú sa dobré mravy. — Cítim bolesť v srdci. — Na mýte musí sa zastať. — Koľko okien toľko okeníc. — Bez krídel nemožno letieť. — Do sídel chytajú vtákov. — Na morách plávajú lode. — Človek vidí očima a čuje ušima.

Mäso, das Fleisch.
Niet dobrá, ist keine gute.
Uviaznul, ist — versunken.
Do, in (mit Gen.).
Blato, der Koth.
Neumytými, mit ungewaschenen.
Obrážajú sa, beleidigt man.
Cítim, ich fühle.
Bolesť, der Schmerz.
V, in (mit Lok.).
Na, auf (mit Lok.).

Musí sa zastať, muß man stehen bleiben.
Koľko — toľko, wie viel — so viel.
Okenica, der Fensterladen.
Nemožno letieť, kann man nicht fliegen.
Sídlo, das Netz.
Chytajú, fängt man.
Plávajú, schwimmen.
Vidí, sieht.
Čuje, hört.

## III. Muster.

| Einf. Zahl. | Mehrf. Zahl. |
| --- | --- |
| N. umen-ie, die Wissenschaft. | umen-ia, die Wissenschaften. |
| G. umen-ia, der Wissenschaft. | umen-í, der Wissenschaften. |
| D. umen-iu, der Wissenschaft. | umen-iam, den Wissenschaften. |
| A. umen-ie, die Wissenschaft. | umen-ia, die Wissenschaften. |
| V. umen-ie. — | umen-ia. — |
| L. umen-í. — | umen-iach. — |
| I. umen-ím. — | umen-iami. — |

C) Nach dem III. Muster werden abgeändert:

a) Alle zeitwörtlichen auf nie und tie; z. B. videnie, das Sehen; sedenie, das Sitzen; bytie, das Sein 2c.

b) Die Sammelnamen; z. B. kamenie, das Gestein; zbožie, das Getreide; uhlie, die Kohlen 2c. Diese, weil sie schon in der einf. Zahl Mehrheit bedeuten, entbehren der mehrf. Zahl.

c) Die abgeleiteten; z. B. zdravie, die Gesundheit; svedomie, das Gewissen; šťastie, das Glück 2c. welche ebenfalls der mehrf. Zahl entbehren.

Aufgaben zum §. 14. III. Muster.

## XVI.

Das war zu seinem Heile. — Ohne Lehren gibt es keine Kenntnisse. — Im Leben zeigt sich die Weisheit. — Die Versammlungen halten ihre Sitzungen. — Aus den Kohlen wird das Gas bereitet. — Ein ruhiges Gewissen ist ein Zeichen guter Überzeugung. — Im Unglück altern die Leute schnell.

Das war zu seinem, to bolo k jeho.
Gibt es keine, nieto.
Zeigt sich, ukazuje sa.
Halten ihre, držia svoje.
Aus, z (mit Gen.).
Wird das Gas bereitet, vyrábä sa plyn.

Das Gewissen, svedomie.
Ist ein Zeichen, je znamením.
Guter, dobrého.
Die Überzeugung, presvedčenie.
Das Unglück, nešťastie.
Altern die Leute schnell, ľudia rychle sa sostarávajú.

## XVII.

Buď mierny v jedení a pití. — Onemocnel od mnohého sedenia. — Prišli k voleniu a nehlasovali. — Z kamenia stavajú sa domy. — Života niet bez povedomia. — K hrmeniu pridružila sa bliskavica. — V mučení zvierat projavuje sa neľudskosť. — Odišiel s otcovym požehnaním.

Buď mierny, sei mäßig.
Jedenie, das Essen.
Pitie, das Trinken.
Onemocnel, ist krank geworden.
Od mnohého, vom vielen.
Prišli, sie kamen.
K, zu (mit Dat.).
Volenie, die Wahl.
Nehlasovali, haben nicht gestimmt.
Stavajú sa domy, werden Häuser gebaut.

Povedomie, das Bewußtsein.
Hrmenie, das Donnern.
Bliskavica, das Blitzen.
Pridružila sa, hat sich beigesellt.
Mučenie, das Quälen.
Zviera, das Thier.
Neľudskosť, die Unmenschlichkeit.
Projavuje sa, offenbart sich.
Odišiel, er ging.
S otcovym, mit dem väterlichen.
Požehnanie, der Segen.

## IV. Muster.

| Einf. Zahl. | | Mehrf. Zahl. | |
|---|---|---|---|
| N. | sem-ä, der Same. | sem-ená, die Samen. |
| G. | sem-eňa, des Samens. | sem-ien, der Samen. |
| D. | sem-eňu, dem Samen. | sem-enám, den Samen. |
| A. | sem-ä, den Samen. | sem-ená, die Samen. |
| V. | sem-ä. — | sem-ená. — |
| L. | sem-eni. — | sem-enách. — |
| I. | sem-eňom. — | sem-eny, -enami. — |

## V. Muster.

| Einf. Zahl. | Mehrf. Zahl. |
|---|---|
| N. haď-a, das Schlänglein. | haď-atá, die Schlänglein. |
| G. haď-aťa, des Schlängleins. | had-iat, der Schlänglein. |
| D. haď-aťu, dem Schlänglein. | haď-atám, den Schlänglein. |
| A. haď-a, das Schlänglein. | haď-atá, die Schlänglein. |
| V. haď-a. — | haď-atá. — |
| L. haď-ati. — | haď-atách. — |
| I. haď-aťom. — | haď-aty, -atami. — |

*D)* Nach dem IV. Muster werden abgeändert: bremä, die Bürde; ramä, der Arm; plemä, die Brut; temä, das Vorderhaupt; vemä, das Euter, welche öfters durch das Hinfügen der Sylbe en nach dem Muster „delo" abgeändert werden: bremeno, rameno, plemeno, temeno, vemeno oder vymeno ꝛc.

*E)* Nach dem V. Muster endlich werden abgeändert die verkleinerten, als: dievča, das Mädchen; chlapča, der Bube; dieťa, das Kind, und die Benennungen ganz junger Thiere, als: jahňa, das Lämmlein; osľa, das Eselein; žriebä, das Füllen; kura oder kurča, das Hähnlein ꝛc.

## II. Bemerkungen.

1. Manche aus den zum V. Muster gehörigen nehmen in mehrf. Zahl statt atá noch lieber ence an; z. B. statt kuratá sagt man kurence; morčatá, morčence; dievčatá, dievčence ꝛc.; in diesem letzteren Falle werden sie folgendermaßen abgeändert: Nom., Akk. und Vok. kurence, Gen. kureniec oder kurencov, Dat. kurencam oder kurencom, Lok. pri kurencach oder kurencoch, Inst. kurenci oder kurencami.

2. Dieťa, das Kind, wird statt der regelmäßigen aber nicht gebrauchten mehrf. Zahl: dieťatá, noch folgendermaßen abgeändert: Nom., Akk. und Vok. deti oder dietky, Gen. detí oder dietok, Dat. deťom oder dietkam, Lok. pri deťoch oder dietkach, Inst. deťmi oder dietkami.

## Aufgaben zum §. 14. IV. und V. Muster.

### XVIII.

Er hat sich aus seinen Armen befreiet. — Schwere Bürden sind nicht zu ertragen. — Man wird mit dieser Brut nichts ausrichten. — Er hat ihm in das Vorderhaupt geschossen. — Aus den Eutern fließt die Milch. — Der Vater ging mit seinem Mädchen in die Kirche. — In diesem Buben ist eine große Bosheit. — Zeige dem Kinde den Weg.

Hat sich — befreiet, vyslobodil sa.
Aus seinen, z jeho.
Schwere, ťažké.
Sind nicht zu ertragen, sú nesnesiteľné.
Man wird — nichts ausrichten, nič sa nevykoná.
Mit dieser, s týmto.

Er hat ihm — geschossen, strelil mu.
In, do (mit Gen.).
Fließt, tečie.
Ging mit seinem, šiel so svojím.
In diesem, v tomto.
Ist eine große Bosheit, je veľká zlosť.
Zeige, ukáž.

## XIX.

Z dobrého som ja plemeňa. — Na rameni ho odniesol. — Naša krava má veľké vymeno. — Bol tu so svojím chlapčaľom. — Naše žriebatá a vaše osľatá sú na pasienku. — Koľko je tu kureniec? — Pekné sú tie slovenské dievčence. — Má potešenie vo svojich dietkach.

Z dobrého som ja, ich bin aus einer guten.
Na, auf (mit Lok.).
Odniesol ho, hat er ihn weggetragen.
Naša, unsere.
Má veľké, hat ein großes.
Bol tu so svojím, er war hier mit seinem.

Sú na pasienku, sind auf der Hutweide.
Koľko je tu? wie viel gibt es hier?
Pekné sú tie slovenské, schön sind die slovakischen.
Má potešenie vo svojich, er hat eine Freude in seinen.

## §. 15.

### Von dem Abkürzen, Wegwerfen und Versetzen der Selbstlaute.

Es ist aus den Bemerkungen über einzelne Endungen (§. 12. I. Bem. 3. 5. 7. und II. Bem. 2.) ersichtlich, welchen Veränderungen die Mitlaute durch die Endungspartikeln manchmal unterworfen sind; es bleibt noch übrig den Einfluß derselben auf die Selbstlaute zu erwähnen.

*A)* Abgekürzt wird:

*a)* Das á im Vok. einf. Zahl in dem Worte pán, der Herr, pane.

*b)* Das ie in der ganzen Abänderung des Wortes chlieb, das Brod, chleba, chlebu ꝛc.

*c)* Das ô in den Wörtern: vôl, der Ochs; kôň, das Pferd; kôl, der Pflock; nôž, das Messer ꝛc. vola, koňa, kolu, noža ꝛc. Dagegen bleibt dasselbe ô unverändert in pôst, die Fasten; bôb, die Bohne; bôľ, der Schmerz; dann in den weiblichen: vôľa, der Wille; vôňa, der Geruch; kôra, die Rinde, und selbstverständlich auch das lange ó in fremden Wörtern, als: chór, trón ꝛc.

4

*B)* Die Laute e und o werden weggeworfen:

*a)* In den weiblichen auf ev; z. B. cirkev, die Kirche, cirkve; mrkev, die Mohrrübe, mrkve ꝛc., ausgenommen: odev, der Anzug, odeve. In manchen männlichen, als: šev, die Naht, švu; lev, der Löwe, lva, aber auch leva; in hnev, der Zorn; spev, der Gesang, und ähnlichen bleibt das e, weil man sie sonst nicht aussprechen könnte: hnevu, spevu ꝛc.

*b)* Vor dem c in allen männlichen; z. B. otec, der Vater, otca; konec, das Ende, konca ꝛc.

*c)* Vor dem k in den hergeleiteten auf ok; z. B. pondelok, der Montag, pondelku; statok, die Herde, statku; dann in den verkleinerten erster Stufe, als: dom, das Haus, domok, das Häuschen, domku; syn, synak, synku ꝛc. In der zweiten Stufe wird das c beibehalten; z. B. domček, domčeku.

*d)* Vor dem l und ľ bei vielen männlichen; z. B. orol, der Adler, orla; kašeľ, der Husten, kašľa ꝛc. In kostol, die Kirche; popol, die Asche; dann in den zeitwörtlichen auf teľ: učiteľ, der Lehrer; spasiteľ, der Heiland ꝛc. ferner in den weiblichen: kúdeľ, das Werg; oceľ, der Stahl; posteľ, das Bett, wird beibehalten: kostola, popola, učiteľa, kúdelc, ocele, postele; myseľ jedoch hat mysli.

*e)* Vor dem ň, wenn das e nach den Mitlauten ď, h, ch, p, s, š, z, ž steht; z. B. deň, der Tag, dňa; oheň, das Feuer, ohňa; stupeň, die Stufe, stupňa; pieseň, das Lied, piesne; sršeň, die Horniß, sršňa; bázeň, die Furcht, bázne; žížeň, der Durst, žížne; ferner: buben, die Trommel, bubna; dubeň, April, dubňa; ausgenommen: kepeň, der Mantel, kepeňa; jaseň, der Herbst, jasene; jaseň, die Esche, jaseňa; hrebeň, der Kamm, hrebeňa, und alle, in welchen das e nach l, m, r folgt; z. B. jeleň, der Hirsch, jeleňa; plameň, die Flamme, plameňa; koreň, die Wurzel, koreňa ꝛc.

*f)* Vor m in den von jať, nehmen, hergeleiteten: príjem, die Einnahme, príjmu; nájem, das Aufdingen, nájmu.

*g)* Vor r in: vetor, der Wind, vetru; ker, der Busch, kru.

*h)* Vor s und š in: pes, der Hund, psa; ovos, der Hafer, ovsa; ves, das Dorf, vsi; voš, die Laus, vši; faleš, die Falschheit, falše.

*i)* Vor t und ť in: ocet, der Essig, octu; nechet, der Nagel, nechtu; chrbet, der Rücken, chrbtu; počet, die Rechnung, počtu; vecheť, das Strohbündel, vechťa; decheť, der Deckel, dechťa; lakeť, die Elle, lakťa; in dem Worte česť, die Ehre, wird sammt e auch s weggeworfen und lautet: cti, cťou ꝛc.

*C)* Der Laut e wird verſetzt in den Wörtern: žnec, der Schnitter, ženca; švec, der Schuſter, ševca.

## Aufgaben zum §. 15.

### XX.

Dieſem Brode fehlt etwas. — Wir haben zwei Ochſen und vier Pferde. — Er hat ſich mit ſeinem Meſſer verwundet. — Ihrem Willen gemäß habe ich es gethan. — In der Faſtenzeit pflegt man keine Hochzeit zu halten. — Sie haben ſich in der Kirche verſammelt. — Ohne Anzug könnten wir im Winter nicht beſtehen. — Ehre deinen Vater. — Wir haben keinen Adler, aber wir werden dafür einen Falken haben.

Dieſem, tomuto.
Fehlt etwas, nečo chybuje.
Wir haben, my máme.
Er hat ſich — verwundet, poranil sa.
Ihrem — gemäß, dľa vašej.
Habe ich es gethan, som to urobil.
Pflegt man keine — halten, nedržieva sa.

Sie haben ſich — verſammelt, shromaždili sa.
Könnten wir nicht — beſtehen, nemohli by sme obstáľ.
Im Winter, v zime.
Ehre deinen, cti svojho.
Wir haben keinen, nemáme.
Aber wir werden dafür — haben, ale budeme zato maľ.

### XXI.

Pieseň bez konca. — V noci z pondelku na utorok. — Pristúpte k ohňu. — Bez bázne niet kázne. — Zakryl ho kepeňom. — Hovorí do vetra. — Kto so psy spáva s blchami vstáva. — Oharky s octom a káva s cukrom. — Ženci už domov dorazili. — Človek beze cti nemá platnosti. — Bolo jich bez počtu. — Nechaj ševca pri svojom kopyte.

V noci, in der Nacht.
Na, auf (mit Aff.).
Pristúpte, tretet.
K, zu (mit Dat.).
Niet kázne, gibt es keine Zucht.
Zakryl ho, er hat ihn bedeckt.
Hovorí, er ſpricht.
Do, in (mit Gen.).
Kto — spáva, wer — ſchlafen pflegt.

Blcha, der Floh.
Vstáva, ſteht auf.
Oharok, die Gurke.
Domov dorazili, ſind zu Hauſe gekommen.
Nemá platnosti, hat keinen Werth.
Bolo jich, ſie waren.
Nechaj, laſſe.
Pri svojom kopyte, bei ſeinem Leiſten.

## Zweites Kapitel.

### §. 16.
#### Von dem Fürworte.

Das Fürwort (pronomen, námestka) vertritt die Stelle
des Namens und bezeichnet zugleich das Verhältniß, in welchem
der Gegenstand zu dem Sprechenden steht; z. B. *môj* dom, mein
Haus; *onen človek,* jener Mensch.

Ihrer Bedeutung nach werden die Fürwörter eingetheilt in:

*a)* Persönliche (personalia, osobné) welche die Stelle
des Namens der in der Rede vorkommenden Gegenstände vertreten;
z. B. ja, ich; ty, du; on, er ꝛc.

*b)* Zueignende (possessiva, privlastňovacie) die einen
Gegenstand als einer Person angehörig darstellen; z. B. môj, mein;
tvoj, dein; jeho, sein ꝛc.

*c)* Hinweisende (demonstrativa, ukazovacie) die auf
einen Gegenstand hinweisen, als: ten, jener; tento, dieser ꝛc.

*d)* Fragende (interrogativa, opytovacie) mit wel=
chen man nach Personen oder Sachen fragt, als: kto? wer;
čo? was ꝛc.

*e)* Beziehende (relativa, položné) welche einen Satz
auf eine vorher genannte Person oder Sache beziehen, als: ktorý,
welcher ꝛc.

*f)* Unbestimmte (indefinita, neurčité) welche Perso=
nen und Sachen auf unbestimmte Weise bezeichnen, als: nektorý,
mancher; taký, solcher; žiaden, keiner ꝛc.

### §. 17.
#### Von den persönlichen Fürwörtern.

Man unterscheidet in der Rede drei Personen. Die erste
Person, welche spricht, wird durch das Fürwort ja, ich, ohne
Unterschied des Geschlechtes ausgedrückt; die zweite Person,
zu welcher man spricht, wird durch das Fürwort ty, du, auch ohne
Unterschied des Geschlechtes; und die dritte Person, von
welcher man spricht, durch on, er, für das männliche, ona, sie,
für das weibliche, und ono, es, für das sächliche Geschlecht aus=
gedrückt. Das rückwirkende (reflexivum, zvratné) seba oder
sa bezieht sich in der slovakischen Sprache auf alle drei Geschlechter.

Die Abänderung der persönlichen Fürwörter ist folgende:

## I. Muster.

### Einfache Zahl.

| 1. Person. | 2. Person. | Rückwirkend. |
|---|---|---|
| N. ja, ich. | ty, du. | — — |
| G. mňa, ma, meiner. | teba, ťa, deiner. | seba, sa, seiner. |
| D. mne, mi, mir. | tebe, ti, dir. | sebe, si, sich. |
| A. mňa, ma, mich | teba, ťa, dich. | seba, sa, sich. |
| L. mne. — | tebe. — | sebe. — |
| I. mnou. — | tebou. — | sebou. — |

### Mehrfache Zahl.

| | | |
|---|---|---|
| N. my, wir. | vy, ihr. | |
| G. nás, unser. | vás, euer. | |
| D. nám, uns. | vám, euch. | |
| A. nás, uns. | vás, euch. | Wie die einf. Zahl. |
| L. nás. — | vás. — | |
| I. nami. — | vami. — | |
| Dl. nama. | vama. — | |

## II. Muster.

### Einfache Zahl.

| 3. Person männl. | — weibl. | — sächl. |
|---|---|---|
| N. on, er. | on-a, sie. | on-o, es. |
| G. je-ho, ne-ho, seiner. | je-j, ne-j, ihrer. | je-ho, ne-ho, seiner. |
| D. je-mu, mu, ne-mu, ihm. | je-j, ne-j, ihr. | je-mu, mu, ne-mu, ihm. |
| A. je-ho, ho, ne-ho, ň, ihn. | ju, ňu, sie. | je-ho, ho, ne-ho, ň, es. |
| L. ňo-m. — | ne-j. — | ňo-m. — |
| I. ní-m. — | ňou. — | ní-m. — |

### Mehrfache Zahl.

| | | |
|---|---|---|
| N. on-i, sie. | on-y ob. -e, sie. | |
| G. ji-ch, ni-ch, ihrer. | ji-ch, ni-ch, ihrer. | |
| D. ji-m, ni-m, ihnen. | ji-m, ni-m, ihnen. | |
| A. ji-ch, ni-ch, ne, sie. | ji-ch, ne, sie. | Wie weiblich. |
| L. ni-ch. — | ni-ch. — | |
| I. ni-mi. — | ni-mi. — | |
| Dl. ni-ma. — | ni-ma. — | |

### Bemerkungen.

1. Die Formen mit vorgesetztem ň in der 3. Person werden nur nach den Vorwörtern gebraucht; z. B. od neho, von ihm; v ňom, in ihm; k nej, zu ihr ꝛc. Im Inst. sowohl der einf. als auch der mehrf. Zahl jedoch wird das ň auch ohne Vorwort beibehalten; z. B. ja som zemänom oddávna, tys' *nim* len teraz zostal, ich bin seit langeher ein Edelmann, du bist erst jetzt einer geworden. Der kurze Akk. auf ň kommt vor mit Vorwörtern: za-ň, statt za neho, für ihn; pre-ň, statt pre neho, für ihn; oder das e wird weggeworfen: zaň-ho, preň-ho, naň-ho.

Akk. der mehrf. Zahl sich gleich dem Gen. gilt für alle drei Geschlechter; wird derselbe aber mit Vorwörtern gebraucht, dann bezieht sich nich bloß auf die persönlichen männlichen Geschlechtes; z. B. pre *nich* (mužov) für sie, nämlich für die Männer; ist dagegen die Rede von Gegenständen, die entweder unpersönlich, oder weiblich, oder sächlichen Geschlechtes sind, so wird ne gebraucht; z. B. pre *ne* (kone, ženy, delá) für sie, nämlich entweder für die Pferde, oder für die Weiber, oder für die Kanonen.

2. Die längeren Formen des Dat.: mne, tebe, sebe, jemu, und des Akk.: mňa, teba, seba, jeho werden gebraucht:

*a)* Im Anfange des Satzes; z. B. *jemu* česť a sláva, ihm sei die Ehre und der Ruhm; *teba* tam zabijú, dich wird man dort erschlagen. Daher man auch auf die Fragen mit längeren Formen antwortet; z. B. koho viedli? *teba,* wen hat man geführt? dich.

*b)* Mit den Vorwörtern; z. B. hnevám sa *na* teba, ich bin böse auf dich. Der kurze Akk. auf ň, wie oben unter 1. gesagt worden ist, macht eine Ausnahme, indem derselbe mit der längeren und kürzeren Form ausgedrückt werden kann.

*c)* Wo das Fürwort mit Nachdruck gebraucht wird; z. B. pán *mňa* potrestal, der Herr hat mich (nicht Jemand anderen) gestraft.

Sonst werden stets die kürzeren Formen: mi, ti, si, mu, ma, ťa, sa, ho gebraucht; z. B. daj *mi* pokoj, gib mir Ruhe; nikto *mu* neverí, Niemand glaubt ihm; matka *ťa* volá, die Mutter ruft dich; veľmi *ho* ľúbim, ich liebe ihn sehr ꝛc.

## Aufgabe zum §. 17.

### XXII.

Dich hat er gerufen und mir hat er gesagt. — Ohne mich und dich werden sie nichts ausrichten. — Wir werden euch fortjagen, wenn ihr uns nicht gehorchet. — In dir wohnt ein böser Geist. — Er hat seine Gemahlin mit sich genommen. — Die Schwester ihrer Mutter ist gestorben. — Ich sage euch, daß ihr mit ihnen gut umgehet. — Er kam zu ihr und hat sie begrüßt. — Man hat Alles auf ihn geschoben. — Für ihn möchte ich sterben. — Man hat dich ausgezeichnet. — Wem gehört dieses? Dir. — Verzeihe mir, wenn ich dich beleidiget habe.

Hat — gerufen, volal.
Hat — gesagt, povedal.
Werden — nichts ausrichten, nič nevykonajú.
Wir werden—fortjagen, odoženieme.
Wenn, jestli.
Nicht gehorchet, nebudete poslušní.
In, v (mit Lok.).
Ein böfer Geist, zlý duch.
Hat — genommen, vzal.
Mit, so (mit Inst.).
Die Gemahlin, manželka.
Ist gestorben, zomrela.
Ich sage, hovorím.
Daß ihr — gut umgehet, aby ste — dobre zachádzali.

Er kam, prišiel.
Zu, k (mit Dat.).
Hat — begrüßt, pozdravil.
Man hat — geschoben, zvalili.
Alles, všetko.
Auf, na (mit Akk.).
Für, za (mit Akk.).
Möchte ich sterben, by som chcel zomreť.
Man hat — ausgezeichnet, vyznačili.
Gehört, prináleží.
Dieses, toto.
Verzeihe, odpusť.
Beleidiget habe, som — obrazil.

## §. 18.
### Von den zueignenden Fürwörtern.

Zueignende Fürwörter zeigen an, welcher von den drei Personen der Besitz einer Sache zukommt. Sie werden von den persönlichen in Form der Beiwörter abgeleitet und sind folgende: môj, mein; tvoj, dein; svoj, sein; náš, unser; váš, euer.

Um einen Besitz des männl. oder sächl. Geschlechtes 3. Person anzuzeigen, mag die besessene Sache welches Geschlechtes immer und in was immer für einer Zahl oder Endung sein, wird jeho gebraucht; z. B. jeho kôň, sein Pferd; jeho žena, sein Weib; jeho deti, seine Kinder; jeho sluhom, seinen Dienern ꝛc. Ist es aber eine Besitzerin, so steht jej; z. B. jej muž, ihr Mann; jej sestru, ihre Schwester ꝛc. Sind endlich mehrere Besitzer, so wird ohne Unterschied der Geschlechter jejich gebraucht; z. B. jejich domy, ihre Häuser; jejich veci, ihre Sachen ꝛc.

Die Abänderung der zueignenden Fürwörter ist folgende:

### I. Muster.
#### Einfache Zahl.

| 1. Person männl. | — weibl. | — sächl. |
|---|---|---|
| N. V. môj, mein. | moj-a, meine. | moj-e, mein. |
| G. moj-eho, meines. | moj-ej, meiner. | moj-eho, meines. |
| D. moj-emu, meinem. | moj-ej, meiner. | moj-emu, meinem. |
| A. moj-eho, môj, meinen. | moj-u, meine. | moj-e, mein. |
| L. moj-om. — | moj-ej. — | moj-om. — |
| I. moj-ím. — | moj-ou. — | moj-ím. — |

### Mehrfache Zahl.

| | | |
|---|---|---|
| N. V. moj–i, –e, meine. | moj–e, meine. | |
| G. moj–ich, meiner. | moj–ich, meiner. | |
| D. moj–im, meinen. | moj–im, meinen. | |
| A. moj–ich, –e, meine. | moj–e, meine. | Wie weiblich. |
| L. moj–ich. — | moj–ich. — | |
| I. moj–imi. — | moj–imi. — | |
| Dl. moj–ima. — | moj–ima. — | |

Nach dem I. Muster werden abgeändert: tvoj, tvoja, tvoje, dein, deine, dein; und svoj, svoja, svoje, sein, seine, sein.

### II. Muster.
#### Einfache Zahl.

| 1. Person männl. | — weibl. | — sächl. |
|---|---|---|
| N. V. náš, unser. | naš–a, unsere. | naš–e, unser. |
| G. naš–eho, unseres. | naš–ej, unserer. | naš–eho, unseres. |
| D. naš–emu, unserem. | naš–ej, unserer. | naš–emu, unserem. |
| A. naš–eho, náš, unseren. | naš–u, unsere. | naš–e, unser. |
| L. naš–om. — | naš–ej. — | naš–om. — |
| I. naš–ím. — | naš–ou. — | naš–ím. — |

#### Mehrfache Zahl.

| | | |
|---|---|---|
| N. V. naš–i, –e, unsere. | naš–e, unsere. | |
| G. naš–ich, unserer. | naš–ich, unserer. | |
| D. naš–im, unseren. | naš–im, unseren. | |
| A. naš–ich, –e, unsere. | naš–e, unsere. | Wie weiblich. |
| L. naš–ich. — | naš–ich. — | |
| I. naš–imi. — | naš–imi. — | |
| Dl. naš–ima. — | naš–ima. — | |

Nach dem II. Muster wird abgeändert: váš, vaša, vaše, euer, euere, euer.

### Bemerkungen.

1. Anstatt des längeren: mojeho, mojemu; našeho, našemu wird oft mit Wegwerfen des e kurzweg: môjho, môjmu; nášho, nášmu gebraucht, nur muß in diesem Falle die erste Sylbe verlängert werden. Aber auch die sonst čechische Form: má, mé, statt: moja, moje; mého, mému, statt: mojeho oder môjho, mojemu oder môjmu kann in der slovakischen Schriftsprache, besonders in Dichtungen, zweckmäßig angewendet werden. Namentlich sind diese Formen in dem Gebete des Herrn (Otče náš) auch bei vielen Slovaken im Gebrauche.

2. In tvoj und svoj ist das o kurz und nicht lang, wie in môj, weil dieses letztere aus uo (muoj) entstanden ist, das ist aber nicht der Fall bei den zwei ersteren. Das kurze o muß auch dann beibehalten werden, wenn anstatt des längeren: tvojeho, svojeho 2c. das kürzere: tvojho, svojho gebraucht wird. Von tvá, tvé, tvého; svá, své, svého 2c. gilt dasselbe, was oben von má, mé 2c. gesagt worden ist.

3. Wenn sich das zueignende Fürwort auf das Subjekt des Satzes bezieht, so wird es bei allen drei Personen durch svoj, svoja, svoje ausgedrückt; z. B. cti otca *svojho*, (nicht tvojho) ehre deinen Vater; tu som aj so *svojou* (nicht mojou) dcérou, hier bin ich auch mit meiner Tochter.

4. Wenn sich das deutsche sein nicht auf das Subjekt, sondern auf eine dritte Person bezieht, so setzt man in der slovakischen Sprache jeho; z. B. on hovorí so *svojou* dcérou, er spricht mit seiner (eigenen) Tochter; on hovorí s *jeho* dcérou, er spricht mit seiner (eines anderen) Tochter.

5. Wenn die 1. Person männl. Geschl. von einer anderen Person spricht, so ist der Akk. sowohl in der einf. als auch in der mehrf. Zahl gleich dem Gen.; z. B. mojeho brata, bedeutet: meines Bruders, aber auch: meinen Bruder; spricht man dagegen von einer Sache, so gleicht der Akk. dem Nom.; z. B. môj klobúk, mein Hut, aber auch: meinen Hut. Dies ist ein für allemal wohl zu merken.

6. In der mehrf. Zahl 1. Person männl. Geschl. wird, wenn von Personen die Rede ist, i, sonst aber e gebraucht; z. B. moji bratia, meine Brüder; moje klobúky, meine Hüte; naši ženci, unsere Schnitter; naše kamene, unsere Steine.

## Aufgabe zum §. 18.

### XXIII.

Sage meinem Bruder und deiner Schwester meinen Gruß. — Glaube nicht meinen Feinden. — In deinem Hause haben wir uns gut unterhalten. — Auf deine Reden halte ich nichts. — Der Ruhm unseres Wohlthäters. — Durch ihre Fürsprache werden sie viel ausrichten. — Mit unserem und euerem Gelde sind sie fortgegangen. — Er ist mit seinem Vater angekommen. — Es gibt in eueren Weingärten sehr viel Bäume. — Nach unserer Ansicht ist es nicht wohl geschehen.

Sage, povedz.
Glaube nicht, never.
Haben wir uns gut unterhalten, sme sa dobre zabávali.
Auf, na (mit Akk.).
Halte ich nichts, nič nedržím.
Der Wohlthäter, dobrodinec.
Durch, kroz (mit Akk.).
Die Fürsprache, prímluva.

Werden sie — ausrichten, vykonáte.
Sind — fortgegangen, odišli.
Er ist — angekommen, prišiel.
Es gibt, jesto.
Der Weingarten, vinohrad.
In, vo (mit Lok.).
Nach, dľa (mit Gen.).
Ist es nicht wohl geschehen, nie dobre sa to stalo.

## §. 19.
### Von den hinweisenden Fürwörtern.

Hinweisende Fürwörter weisen auf eine Person oder Sache hin und unterscheiden sie zugleich von allen anderen Personen oder Sachen; sind aber einfache: ten, tá, to, der, die, das; onen, oná, ono, jener, jene, jenes; und zusammengesetzte: tento, táto, toto, dieser, diese, dieses; tamten oder henten, tamtá oder hentá, tamto oder hento, der dort, die dort, das dort; tenže, táže, tože, derselbe, dieselbe, dasselbe.

Die Abänderung der hinweisenden Fürwörter ist folgende:

### I. Muster.
#### Einfache Zahl.

| Männl. | Weibl. | Sächl. |
|---|---|---|
| N. te-n, der. | tá, die. | to, das. |
| G. to-ho, dessen. | te-j, deren. | to-ho, dessen. |
| D. to-mu, dem. | te-j, der. | to-mu, dem. |
| A. to-ho, te-n, den. | tú, die. | to, das. |
| L. to-m. — | te-j. — | to-m. — |
| I. tý-m. — | tou. — | tý-m. — |

#### Mehrfache Zahl.

| | | |
|---|---|---|
| N. tí, ty od. tie, die. | ty od. tie, die. | |
| G. tý-ch, derer. | tý-ch, derer. | |
| D. tý-m, denen. | tý-m, denen. | |
| A. tý-ch, ty od. tie, die. | ty od. tie, die. | Wie weiblich. |
| L. tý-ch. — | tý-ch. — | |
| I. tý-mi. — | tý-mi. — | |
| Dl. týma. — | tý-ma. — | |

Nach dem I. Muster wird abgeändert: onen, oná, ono, jener, jene, jenes.

### II. Muster.
#### Einfache Zahl.

| Männl. | Weibl. | Sächl. |
|---|---|---|
| N. ten-to, dieser. | tá-to, diese. | to-to, dieses. |
| G. toho-to, dieses. | tej-to, dieser. | toho-to, dieses. |
| D. tomu-to, diesem. | tej-to, dieser. | tomu-to, diesem. |
| A. toho-to, ten-to, diesen. | tú-to, diese. | to-to, dieses. |
| L. tom-to. — | tej-to. — | tom-to. — |
| I. tým-to. — | tou-to. — | tým-to. — |

### Mehrfache Zahl.

| | | |
|---|---|---|
| N. tí-to, ty-to ob. tie-to, diese. | ty-to ob. tie-to, diese. | |
| G. tých-to, dieser. | tých-to, dieser. | |
| D. tým-to, diesen. | tým-to, diesen. | |
| A. tých-to, ty-to ob. tie-to, diese. | ty-to ob. tie-to, diese. | Wie weiblich. |
| L. tých-to. — | tých-to. — | |
| I. tými-to. — | tými-to. — | |
| Dl. týma-to. — | týma-to. — | |

Nach dem II. Muster werden abgeändert: tamten oder henten, der dort; und tenže, derselbe.

### Bemerkung.

In den zusammengesetzten: ten-to, ten-že, tam-ten, hen-ten bleibt die zugefügte Partikel to, že, tam, hen unverändert, und wird bloß das einfache Fürwort ten, tá, to, wie aus dem II. Muster ersichtlich, abgeändert.

### Aufgabe zum §. 19.

#### XXIV.

Weiche dem Menschen aus, der betrunken ist. — Ich habe jene Frau gesehen. — Mit diesem Gegenstande werden wir uns nicht ausgleichen. — Dasselbe Buch habe ich selbst gesehen. — Mit dem dort ist nicht zu scherzen.

Weiche — aus, vyhni.
Der betrunken ist, ktorý je opilý.
Ich habe — gesehen, videl som.
Werden wir uns nicht ausgleichen, nevyrovnáme sa.

Habe ich selbst gesehen, som sám videl.
Mit, s (mit Inst.).
Dort, tam.
Ist nicht zu scherzen, niet čo žartovať.

### §. 20.
### Von den fragenden Fürwörtern.

Fragende Fürwörter sind diejenigen, mit welchen man nach einer Person oder Sache fragt, und sind hauptwörtlich einfache, als: kto? wer; čo? was; und zusammengesetzte, als: ni-kto oder nik, Niemand; ni-č statt ni-čo, nichts; nekto oder da-kto, Jemand; čo-si, etwas; kto-koľvek, wer immer; čo-koľvek, was immer 2c. Hieher gehören ferner die beiwörtlich einfachen: ký, ká, ké,? welcher, welche, welches;

und či (j) čija, čije, weſſen; wie auch die aus ſolchen zuſammen=
geſetzten: ne-či, Jemand ſeiner; ni-či, Niemand ſeiner; či-
kolʼvek, weſſen immer ꝛc.

Die Abänderung der fragenden Fürwörter iſt folgende:

## I. Muſter.

### Bloß einfache Zahl.

| N. k-to ob. k-do, wer. | čo, was. |
|---|---|
| G. ko-ho, weſſen. | čo-ho, ob. če-ho, weſſen. |
| D. ko-mu, wem. | čo-mu, ob. če-mu, wem. |
| A. ko-ho, wen. | čo, was. |
| L. ko-m. — | čo-m. — |
| I. ký-m. — | či-m. — |

Nach dieſem Muſter werden abgeändert alle oben erwähnten
hauptwörtlich zuſammengeſetzten im Sinne der Bemerkung, welche
zum §. 19. II. Muſter von den hinweiſenden zuſammengeſetzten ge=
macht worden iſt.

## II. Muſter.

### Einfache Zahl.

| Männl. | Weibl. | Sächl. |
|---|---|---|
| N. ký, welcher. | ká, welche. | ké, welches. |
| G. ký-ho, welches. | ke-j, welcher. | ký-ho, welches. |
| D. ký-mu, welchem. | ke-j, welcher. | ký-mu, welchem. |
| A. ký-ho, ký, welchen. | kú, welche. | ké, welches. |
| L. ko-m. — | ke-j. — | ko-m. — |
| I. ký-m. — | kou. — | ký-m. — |

### Mehrfache Zahl.

| N. kí, ké, welche. | ké, welche. | |
|---|---|---|
| G. ký-ch, welcher. | ký-ch, welcher. | |
| D. ký-m, welchen. | ký-m, welchen. | |
| A. ký-ch, ké, welche. | ké, welche. | Wie weiblich. |
| L. ký-ch. — | ký-ch. — | |
| I. ký-mi. — | ký-mi. — | |
| Dl. ký-ma. — | ký-ma. — | |

### Bemerkung.

Das beiwörtliche či (j) und die daraus entſtandenen: ne-či, ni-či,
či-kolʼvek werden nach dem I. Muſter (§. 18.) des zueignenden Fürwortes
mój abgeändert; z. B. či (j) čijeho, čijemu; čija, čijej; nečijemu,
v ničijom; čijehokolʼvek ꝛc.

## Aufgabe zum §. 20.

### XXV.

Wem gehört jenes Haus? Wem immer. — Heute hat man Jemand verurtheilt. — Was immer befohlen wird, machet. — Wessen Tochter hat man begraben? — Jemand hat Äpfel gestohlen.

| | |
|---|---|
| Wem gehört, komu prináleží. | Machet, robte. |
| — hat man verurtheilt, odsúdili. | — hat man begraben, pochovali. |
| Befohlen wird, rozkáže sa. | Hat — gestohlen, ukradnul. |

## §. 21.
### Von den beziehenden Fürwörtern.

Beziehende Fürwörter beziehen einen neuen Satz auf einen vorher genannten Gegenstand, und bringen diesen Gegenstand in Verbindung mit dem neuen Satze; sie sind also Fürwörter und Bindewörter zugleich. Wohl gibt es in der slovakischen Sprache eigentlich nur ein beziehendes Fürwort: ktorý, ktorá, ktoré, welcher, welche, welches, aber es werden öfters die fragenden Fürwörter im beziehenden Sinne genommen; z. B. kto neskoro chodí, sám sebe škodí, wer spät kommt, schadet sich selbst, anstatt: ten, ktorý, ꝛc., der, welcher ꝛc.; víťaz, čo sa vás nebojí, ein Held, der euch nicht fürchtet, anstatt: víťaz, ktorý sa vás nebojí ꝛc.

Das beziehende Fürwort ktor-ý, -á, -é wird ganz so, wie das Beiwort dobr-ý, -á, -é, (§. 26. I. Must.) abgeändert, und stimmt mit dem Worte, auf welches es sich bezieht, im Geschlechte und in der Zahl, aber nicht immer in der Endung überein; z. B. človek, ktorý má rozum, ein Mensch, welcher Verstand hat; hra, ktorú milujem, ein Spiel, welches ich liebe ꝛc.

## Aufgabe zum §. 21.

### XXVI.

Ein Mensch, welchem man nicht trauen kann. — Die Gedanken, welche in unseren Köpfen entstanden sind. — Diejenigen Leute, deren Land man verwüstete. — Mit welchem Mädchen wollen sie sich verheirathen? — Das sind Städte, in welchen die Gerechtigkeit ausgeübt wird.

| | |
|---|---|
| Nicht trauen kann, nemožno veriť. | Wollen sie, chcete. |
| Entstanden sind, povstaly. | Sich verheirathen, oženiť sa. |
| — man verwüstete, zpustošili. | Ausgeübt wird, vykonáva sa. |

## §. 22.

### Von den unbestimmten Fürwörtern.

Unbestimmte Fürwörter werden jene Redetheile genannt, welche der Form nach Beiwörter, der Beschaffenheit nach Fürwörter sind, von denen aber schwer zu bestimmen ist, in welche Kathegorie der Fürwörter sie gehören und deswegen unbestimmte heißen. Solche sind: jaký, jaká, jaké, was für einer, — eine — eins; tak-ý, -á, -é, solch=er, =e, =es; und aus diesen zusammengesetzte: ne-jaký, oder da-jaký, jaký-si, irgend einer; ni-jaký, keinerlei; všeli-jaký, mancherlei; jaký-koľvek, was immer für einer; ne-taký, nicht solcher 2c.; koľk-ý, -á, -é, der, die, das wievielste; druhý, iný, inší, inakší, ein anderer; jediný, ein einziger; ne-ktorý, mancher; samý, lauter; každý, jeder; samotný, allein; jeden-každý, ein jeder; žiaden, keiner; sám, selbst 2c.

Alle diese Fürwörter werden regelmäßig, wie die Beiwörter „dobrý" und „boží" (S. 26. I. und II. Must.) abgeändert; nur die drei letzteren: jedenkaždý, žiaden und sám, weichen in etlichen Endungen ab. (Sieh §. 30. Bem. 1.)

### Aufgabe zum §. 22.

### XXVII.

Was für einen Knaben haben sie gerufen? Einen solchen, welcher ihnen gefallen wird. — Er spricht mit irgend einem Handwerker. — Hier gibt es mancherlei Gebräuche. — Einen jeden haben sie verwundet. — Mit einem jeden ist erlaubt zu sprechen.

Haben sie gerufen, ste zavolali.
Gefallen wird, sa — bude ľúbiť.
Er spricht, on hovorí.
Hier gibt es, tu jesto.

Der Gebrauch, obyčaj.
Haben sie verwundet, poranili.
Ist erlaubt zu sprechen, je slobodno hovoriť.

## Drittes Kapitel.

## §. 23.

### Von dem Beiworte.

Das Beiwort (nomen adjectivum, meno prídavné) bezeichnet irgend eine dem Gegenstande beigelegte Eigenschaft ober Beſchaffenheit deßſelben; z. B. studený kameň, kalter Stein; biely kôň, weißes Roß ꝛc. und iſt der Endung nach ein beſtimmtes (determinatum, určité) und ein unbeſtimmtes (indeterminatum, neurčité).

*A)* Die beſtimmten Beiwörter ſchließen im männl.* Ge=ſchlechte mit ý oder í, im weibl. mit á oder ia, im ſächl. mit é oder ie; wenn aber die vorhergehende Sylbe lang iſt, der im §. 3. *B.* angegebenen Regel nach, ſchließen ſie mit kurzen y, i, a, e, und werden dort gebraucht, wo in der deutſchen Sprache das Beiwort mit dem Geſchlechtsworte vorkommt; z. B. zdravý človek, der geſunde Menſch; zdravá osoba, die geſunde Perſon; zdravé telo, der geſunde Leib; krásny muž, der ſchöne Mann; krásna žena, das ſchöne Weib; krásne dieťa, das ſchöne Kind; národní kroj, die Nationaltracht; národnia reč, die Nationalſprache; národnie divadlo, das Nationaltheater; božia vôľa, der Wille Gottes, wörtlich, der göttliche Wille ꝛc.

Wann ein beſtimmtes Beiwort mit ý, á, é, alſo hart: pekný, pekná, pekné, der, die, das ſchöne; und wann mit í, ia, ie, alſo weich: národní, národnia, národnie, der, die, das nationale, ſchließen ſoll, iſt in manchen Fällen ſchwer zu beſtim=men. In der böhmiſchen Rechtſchreibung macht man den Unter=ſchied zwiſchen adjectiva concreta, etwas in ſich faſſende (obsažné lebo skutočné) und relativa oder contracta, be=ziehende oder zuſammengezogene Beiwörter (požažné lebo slia-hnuté) und man ſtellt dann die Regel auf: die concreta wer=den ſtets hart, die relativa oder contracta aber weich ge=ſchloſſen; z. B. mladý, jung, faßt in ſich die Jugend, alſo kon=kret, folglich hart geſchloſſen; dnešní, heutig, bezieht ſich auf den heutigen Tag, alſo relativ oder kontrakt, folglich weich geſchloſſen. Allein dieſe Regel läßt ſich in der böhmiſchen Rechtſchreibung ſelbſt, wo ſie von größerer Wichtigkeit iſt als bei uns, mit aller Sicher=heit und in allen Fällen nicht anwenden. Wir wollen alſo auch hierin den Werken Hattala's folgen, der jene Fälle angibt, in welchen das Beiwort mit í, ia, ie, alſo weich geſchloſſen werden ſoll; ſelbſtverſtändlich muß dann bei allen übrigen Beiwörtern der harte Schluß vorausgeſetzt werden; die Fälle aber ſind:

*a)* Alle Beiwörter, die von den Hauptwörtern, welche be=lebte Weſen bezeichnen, beſonders Thiernamen abgeleitet werden, ſchließen mit í, ia, ie, oder wenn die vorletzte Sylbe ſchon lang iſt, im Sinne des §. 3. *B.* mit i, a, e; z. B. Boh, Gott, boží; človek, der Menſch, človečí; vlk, der Wolf, vlčí; ryba, der Fiſch, rybí; hus, die Gans, husí; pes, der Hund, psí; koza, die Ziege, kozí; had, die Schlange, hadí; jeleň, der Hirsch, jelení; knieža, der Fürst, kniežací; zviera, das Thier, zvierací; hieher gehört auch domáci, von dom, das Haus, und národný, von národ, die Nation.

Diese Form der slovakischen Beiwörter entspricht dem Gen. anderer Sprachen; z. B. božie slovo, verbum Dei, das Wort Gottes 2c. Im Deutschen werden außerdem diese Beziehungen durch ein anderes bestimmendes Hauptwort, das mit dem bestimmten zu einem neuen Begriffe zusammenschmilzt, gegeben; z. B. hovädzie mäso, das Rindfleisch; jelení roh, das Hirschgeweih 2c.

*b)* Manche Beiwörter, welche durch ní, nia, nie, und tí, tia, tie gebildet werden, als: predni, der vordere; sredni, der mittlere; zadni, der hintere; první, der erste; ostatni, der letzte; vrchni, der obere; spodni, der untere; všedni, der tägliche; treti, der dritte 2c.

*c)* Die von dem Mittelworte der gegenwärtigen und vergangenen Zeit gebildeten Beiwörter; z. B. nesúc, tragend, nesúc-i, -a, -e, der, die, das tragende; ležiac, liegend, ležiac-i, -a, -e, der, die, das liegende; byv, gewesen, von byť, sein, byvši, byvša, byvšie, der, die, das gewesene. 2c.

*d)* Die vom Infinitiv der Zeitwörter, das ť in c verwandelnd, gebildeten; z. B. ukazovať, zeigen, ukazovac-í, -ia, -ie, der, die, das zeigende; písať, schreiben, písac-í, -ia, -ie, der, die, das schreibende 2c.

*e)* Jene Beiwörter, welche von Nebenwörtern durch ší oder ejší gebildet werden; z. B. tuto, hier, tutejší, der hiesige; tam, dort, tamejší, der dortige. (Sieh §. 25. Bem.)

*f)* Die Steigerungen der Beiwörter sowohl in der ersten als auch in der zweiten Stufe (comparativus et superlativus); z. B. krásnejší, der schönere, najkrásnejší, der schönste 2c.

*g)* Endlich ist als Richtschnur zu beobachten, daß ein jedes bestimmte Beiwort, dessen vorletzter Mitlaut weich ist (§. 1. Bem. 2.) ohne alle andere Rücksichten weich schließen muß.

Alle übrigen Beiwörter werden, wenn sie sich in eine oder andere der hier aufgezählten Kathegorien nicht einreihen lassen, mit ý, á, é, und in Bezug auf den §. 3. B. mit y, a, e, also hart geschlossen; z. B. slep-ý, -á, -é, der, die, das blinde; úzk-y, -a, -e, der, die, das schmale 2c.

*B)* Die unbestimmten Beiwörter, welche man einst dort gebrauchte, wo in anderen Sprachen das Beiwort ohne Geschlechts-

wort ſtand; z. B. ja som zdrav, ich bin geſund, ſind in der ſlo=
vakiſchen Sprache beinahe gänzlich außer Gebrauch gekommen, und
ſchließen im männl. Geſchl. mit einem harten Mitlaut, im weibl.
mit a, und im ſächl. mit o. Solche gibt es eigentlich nur vier:
dlžen, dlžna, dlžno, ſchuldig; hoden, hodna, hodno, werth;
vinen, vinna, vinno, ſtrafbar, und rád, rada, rado, erfreut.

Außer dieſen gehören zu den unbeſtimmten noch die zueig=
nenden Beiwörter, welche ſo gebildet werden, wenn man zu dem
Hauptworte im männl. Geſchl. ov, ova, ovo, im weibl. aber,
mit Hinweglaſſung des letzten Lautes, in, ina, ino beifügt; z. B.
pán, der Herr, pán-ov, pán-ova, pán-ovo, dem Herrn eigen;
matka, die Mutter, matk-in, matk-ina, matk-ino, der Mutter
eigen ꝛc.

## §. 24.
### Von den Vergrößerungs- und Verkleinerungsformen der Beiwörter.

So wie die Hauptwörter (§. 7.) können auch die Beiwörter
in vergrößerter und verkleinerter Form gebraucht werden.

*A)* Die Vergrößerungen geſchehen:

Durch ižný, ižná, ižné, wo das k in č übergeht; z. B.
veliký, groß, velič-ižný, ſehr groß; vysoký, hoch, vysoč-ižný,
ſehr hoch ꝛc.

*B)* Die Verkleinerungen geſchehen:

*a)* Durch ičký oder učk-ý, -á, -é; z. B. malý, klein,
mal-ičký oder maľ-učký, ſehr klein; krátky, kurz, krát-učký,
ſehr kurz ꝛc.

*b)* Durch inký oder unk-ý, -á, -é; z. B. malý, mal-
inký; sladký, ſüß, slad-unký, ſehr ſüß; biely, weiß, biel-unký,
ſehr weiß ꝛc.

*c)* Durch ičičký, učičký, ilinký, ulinký mit Verdoppellung
der oben erwähnten; z. B. mal-ičičký, krát-učičký, mal-ilinký,
drobn-ulinký ꝛc.

## §. 25.

### Von der Steigerung der Beiwörter.

Man kann einem jeden Gegenstande die ihm zukommende Eigenschaft entweder unbedingt und ohne Vergleich, oder beziehungsweise und im Vergleiche mit anderen Gegenständen beilegen; z. B. ein Stoff kann an und für sich hart sein, aber ein anderer, mit dem man ihn vergleicht, kann mehr hart sein, und noch ein anderer kann im Vergleiche mit diesem und mehreren anderen am meisten hart sein. Dieser verschiedene Zustand der Eigenschaft wird Stufe (gradus, stupeň) und die Art, wie dieser Zustand den Regeln gemäß angedeutet werden soll, Steigerung (comparatio, stupňovanie) genannt.

Wird der Gegenstand mit keinem anderen verglichen, so befindet sich derselbe in dem natürlichen Zustande; z. B. slabý muž, ein schwacher Mann; stellt man aber einen Vergleich an, so entsteht die Steigerung, und dann ist Folgendes zu beobachten:

A) Die erste Stufe der Steigerung (gradus comparativus, stupeň prvý) entsteht, wenn die im natürlichen Zustande sich befindlichen Beiwörter im männl. Geschl. ší oder ejší, im weibl. šia oder ejšia, und im sächl. šie oder ejšie annehmen.

Die kürzere Form auf ší, šia, šie, vor welcher das s in š und z in ž übergeht, nehmen an:

a) Jene Beiwörter, welche mit ký, eký, oký endigen und diese Endungen in besagte Formen verwandeln; z. B. hlad-ký, der glatte, hlad-ší; ďal-eký, der entfernte, ďal-ší; vys-oký, der hohe, vyš-ší; níz-ky, der niedere, niž-ší, 2c., ausgenommen: horký, bitter; trpký, herbe; rezký, munter; krehký, zerbrechlich, welche die längere Form auf ejší verlangen: horkejší, trpkejší, rezkejší, krehkejší.

b) Jene, welche vor dem Auslaut ý oder y die Mitlaute b, d, h, ch, p haben; z. B. slabý, schwach, slabší; mladý, jung, mladší; drahý, theuer, drahší; suchý, trocken, suchší; tupý, abgestumpft, tupší. Dazu kommen: zdravý, gesund, zdravší; tmavý, finster, tmavší; starý, alt, starší; bohatý, reich, bohatší.

c) Die unregelmäßigen: dobrý, gut, lepší; zlý, schlecht, horší; malý, klein, menší; veľký, groß, vätší; dlhý, lang, delší oder dlhší.

Alle übrigen Beiwörter, die zu den oben angegebenen nicht gehören, nehmen die längere Form ejší, ejšia, ejšie an; z. B. pekný, hübsch, peknejší; hustý, dicht, hustejší. ꝛc.

Beide Formen sind gebräuchlich in: krásny, schön, krajší oder krásnejší; biely, weiß, belší oder belejší; milý, lieb, milší oder milejší; planý, wild, planší oder planejší.

*B)* Die **z w e i t e** S t u f e (gradus superlativus, stupeň druhý) entsteht, wenn vor den Komparativ die Sylbe naj, welche aus dem Vorworte nad, über, entstanden zu sein scheint, vorgesetzt wird; z. B krásnejší, der schönere, naj-krásnejší, der schönste; lepší, der bessere, naj-lepší, der beste ꝛc.

*C)* Jene Beiwörter, die insoweit eine bestimmte Eigenschaft besitzen, als man sich dabei einen höheren oder niederen Grad nicht denken kann, sind der Steigerung nicht unterworfen, solche sind:

*a)* Večný, ewig; časný, zeitlich; celý, ganz; mrtvý, todt; nemý, stumm; ústny, mündlich; písemný, schriftlich; jediný, einzig.

*b)* Alle durch ov und in gebildeten zueignenden, als: synov, dem Sohne; matkin, der Mutter gehörig; wie auch die von denselben abgeleiteten oder der Bedeutung nach ihnen ähnlichen auf ovský, inský und ský ausgehenden; z. B. bratovský, brüderlich; turinský, Turiner; pešťanský, Pešter ꝛc.

*c)* Alle Zahl- und Fürwörter beiwörtlicher Form; z. B. prvý, der erste; dvojaký, zweifach; každý, jeder; žiaden, keiner ꝛc.

*d)* Die stofflichen Beiwörter, als: zlatý, goldener; sricborný, silberner; železný, eiserner; drevený, hölzerner ꝛc.

*e)* Alle weich geschlossenen im §. 23. unter *A. a. b. c. d.* angeführten; z. B. boží, göttlich; zadní, der hintere; ležiaci, der liegende; ukazovací, der zeigende ꝛc.

### Bemerkung.

In der slovakischen Sprache gibt es mehrere Beiwörter, welche meistens von Nebenwörtern durch ší oder ejší, ähnlich der Steigerung, gebildet werden, die aber durchaus keinen vergleichenden Zustand ausdrücken, als: teraz, jetzt, terajší; včera, gestern, včerajší; zajtra, morgen, zajtrajší; tuto oder tuná, hier, tutejší oder tunajší; tam, dort, tamejší; nekdy, einst, nekdajší; vždy oder voždy, immer, vezdajší; inak, anders, inakší; iný, ein anderer, inší ꝛc.

## §. 26.

### Von der Abänderung der bestimmten Beiwörter.

Die bestimmten Beiwörter folgen zwei Abänderungsmustern, nämlich der **harten** und der **weichen**.

## I. Muster

### (der harten).

#### Einfache Zahl.

| Männl. | Weibl. | Sächl. |
|---|---|---|
| N. dobr-ý, der gute. | dobr-á, die gute. | dobr-é *), das gute. |
| G. dobr-ého, des guten. | dobr-ej, der guten. | dobr-ého, des guten. |
| D. dobr-ému, dem guten. | dobr-ej, der guten. | dobr-ému, dem guten. |
| A. dobr-ého, -ý, den guten | dobr-ú, die gute. | dobr-é, das gute. |
| V. dobr-ý. — | dobr-á. — | dobr-é. — |
| L. dobr-om. — | dobr-ej. — | dobr-om. — |
| I. dobr-ým. — | dobr-ou. — | dobrým. — |

#### Mehrfache Zahl.

| | | |
|---|---|---|
| N. dobr-í, -é, die guten. | dobr-é, die guten. | |
| G. dobr-ých, der guten. | dobr-ých, der guten. | |
| D. dobr-ým, den guten. | dobr-ým, den guten. | |
| A. dobr-ých, -é, die guten. | dobr-é, die guten. | **Wie weiblich.** |
| V. dobr-í, -é. — | dobr-é. — | |
| L. dobr-ých. — | dobr-ých. — | |
| I. dobr-ými. — | dobr-ými. — | |
| Dl. dobr-ýma. — | dobr-ýma. — | |

---

*) Einige schreiben dobro.

## II. Muſter

(der weichen).

### Einfache Zahl.

| Männl. | Weibl. | Sächl. |
|---|---|---|
| N. bož-í, der göttliche. | bož-ia, die göttliche. | bož-ie, das göttliche. |
| G. bož-ieho, des gött= lichen. | bož-ej, der göttli= chen. | bož-ieho, des gött= lichen. |
| D. bož-iemu, dem göttlichen. | bož-ej, der göttli= chen. | bož-iemu, dem gött= lichen. |
| A. bož-ieho, -í, den göttlichen. | bož-iu, die göttli= che. | bož-ie, das gött= liche. |
| V. bož-í. — | bož-ia. — | bož-ie. — |
| L. bož-om. — | bož-ej. — | bož-om. — |
| I. bož-ím. — | bož-ou. — | bož-ím. — |

### Mehrfache Zahl.

| | | |
|---|---|---|
| N. bož-í, -ie, die gött= lichen. | bož-ie, die göttli= chen. | |
| G. bož-ích, der gött= lichen. | bož-ích, der göttli= chen. | |
| D. bož-ím, den gött= lichen. | bož-ím, den göttli= chen. | |
| A. bož-ích, -ie, die göttlichen. | bož-ie, die göttli= chen. | Wie weiblich. |
| V. bož-í, -ie. — | bož-ie. — | |
| L. bož-ích. — | bož-ích. — | |
| I. bož-ími. — | bož-ími. — | |
| Dl. bož-íma. — | bož-íma. — | |

*A)* Nach dem I. Muſter werden abgeändert:

*a)* Alle beſtimmten Beiwörter, welche vor dem Auslaut ý, á, é, oder y, a, e, einen harten Mitlaut haben; z. B. slabý, der ſchwache; chorý, der Kranke; čierny, der ſchwarze; biely, der weiße ꝛc.

*b)* Jene Beiwörter, welche im hauptwörtlichen Sinne ge= braucht werden, ſolche ſind:

1. Familiennamen männlich auf ský, cký; weiblich auf ská, cká; z. B. Jelen-ský, -ská; Pala-cký, -cká.

2. Namen der Ämter; z. B. dôchodný, Rentmeiſter, dô= chodná, Rentmeiſters Frau; slúžny, Stuhlrichter ꝛc.

3. Gemeinschaftlich-männlichen, als: zlatý, Gulden; poddaný, Unterthan; -sächlichen, als: jarmačné, Marktgeschenk; putové, Wallfahrtsgeschenk; vstupné, Eintrittsgeld; prepitné, Trinkgeld; výslužné, Pensionsgehalt 2c.

*B)* Nach dem II. Muster werden abgeändert:

*a)* Alle jene bestimmten Beiwörter, welche im §. 23. unter *A. a. b. c. d. e.* aufgezählt worden sind; z. B. kniežací, der fürstliche; první, der erste; byvší, der gewesene; ukazovací, der zeigende; tutejší, der hiesige 2c.

*b)* Die Steigerung der Beiwörter z. B. krásnejší, der schönere, najkrásnejší, der schönste 2c.

### Bemerkungen.

1. In der Abänderung jener bestimmten Beiwörter, in welchen die vorletzte Sylbe lang ist, müssen, der im §. 3. *B.* angegebenen Regel nach, die Endungen, den Inst. in ou ausgenommen, kurz bleiben; z. B. krásny, krásneho, krásnemu.

2. Daß in derselben Abänderung d, l, n, t vor e in der Endung ausnahmsweise nicht erweicht wird, ist im §. 4. *C. b.* 2. gesagt worden.

3. Die beiwörtlichen Zunamen, hauptsächlich welche auf ey, ay, ni und ci ausgehen, statt ého, ému, om, ým, ieho, iemu, om, im, haben yho, ymu, ym, iho, imu, im; z. B. Sitkey, Sitkeyho; Rutkay, Rutkaymu; Kubáni, v Kubánim; Miškolci, s Miškolcim 2c.

### Aufgaben zum §. 26.

#### XXVIII.

Die Eigenschaft des scharfen Verstandes. — Dem ausgelassenen Menschen gehe aus dem Wege. — Kranke Leute stärken sich durch gute Suppe. — Dem Schwachen Weibe und den starken Männern. — Ihr befindet euch in einer schlechten Lage. — Rufe die folgsamen Kinder hieher. — Einen verständigen Rath verwerfe nicht. — Deinen leichtsinnigen Reden wird Niemand Glauben schenken.

| | |
|---|---|
| Ausgelassen, rozpustilý. | Verständig, rozumný. |
| Stärken sich, posilňujú sa. | Verwerfe nicht, nezavrhuj. |
| Ihr befindet euch, vy sa vynachádzate. | Leichtsinnig, ľahkomyslný. |
| Rufe — hieher, zavolaj semká. | Wird Niemand Glauben schenken, nikto neuverí. |

### XXIX.

Man hat den jüngsten Sohn des fürstlichen Beamten ausge=
wiesen. — Es ist nicht erlaubt die Nationalsprache zu unterdrücken.
— Aus dem oberen Stockwerke sind sie herabgefallen. — Man hat
dem hiesigen Kaufmanne Geld gestohlen. — Auf den höchsten Ge=
birgen pflegen sich die Adler aufzuhalten.

| | |
|---|---|
| Man hat — ausgewiesen, vypove-<br>dali. | Sind — herabgefallen, dolu zpadli. |
| Den jüngsten, najmladšieho. | Man hat — gestohlen, ukradli. |
| Es ist nicht erlaubt, neslobodno. | Auf den höchsten, na najvyšších. |
| Zu unterdrücken, utlačovať. | Das Gebirge, vrch. |
| Das Stockwerk, poschodie. | Pflegen sich — aufzuhalten, zdržie-<br>vajú sa. |

### XXX.

Vo vašej zahrade červené ruže poodtrhovali. — Pani
Kopeckej muža vyznačili. — Darovanému koňovi nehľadí sa na
zuby. — Daj sem tú ukazovaciu ruku. — Tamejšiemu voja-
kovi uši zamrzly. — V suchom roku očakávaj zlú žatvu. —
Statočného človeka všade radi vidia. — Majte čisté svedomie
a budete šťastliví.

| | |
|---|---|
| Vo, in (mit Lok.). | Suchý, trocken. |
| Červený, roth. | Očakávaj, warte. |
| Poodtrhovali, man hat — abgerissen. | Statočný, ehrlich. |
| Darovaný, geschenkt. | Všade, überall. |
| Nehľadí sa, schaut man nicht. | Radi vidia, sieht man gerne. |
| Na, auf (mit Akk.). | Majte, habet. |
| Daj sem, gib hieher. | Čistý, rein. |
| Zamrzly, sind gefroren. | Budete, ihr werdet — sein. |

### §. 27.

#### Von der Abänderung der unbestimmten Beiwörter.

Die einstige hauptwörtliche oder natürliche Abänderung der
unbestimmten Beiwörter ist jetzt, wenige Reste (§. 13. I. Bem. 4.)
ausgenommen, in der slov. Sprache gänzlich außer Gebrauch ge=
kommen, und unterscheidet sich nur durch kurze Auslaute von der
Abänderung der bestimmten Beiwörter.

## Muſter.

### Einfache Zahl.

| Männl. | Weibl. | Sächl. |
|---|---|---|
| N. synov, Sohn ſeiner. | synov-a, Sohn ſeine. | synov-o, Sohn ſein. |
| G. synov-ho, Sohn ſeines. | synov-ej, Sohn ſeiner. | synov-ho, Sohn ſeines. |
| D. synov-mu, Sohn ſeinem. | synov-ej, Sohn ſeiner. | synov-mu, Sohn ſeinem. |
| A. synov-ho, synov, Sohn ſeinen. | synov-u, Sohn ſeine. | synov-o, Sohn ſein. |
| V. synov. — | synov-a. — | synov-o. — |
| L. synov-om. — | synov-ej. — | synov-om. — |
| I. synov-ym. — | synov-ou. — | synov-ym. — |

### Mehrfache Zahl.

| Männl. | Weibl. | Sächl. |
|---|---|---|
| N. synov-i, -e, Sohn ſeine. | synov-e, Sohn ſeine. | |
| G. synov-ych, Sohn ſeiner. | synov-ych, Sohn ſeiner. | |
| D. synov-ym, Sohn ſeinen. | synov-ym, Sohn ſeinen. | Wie weiblich. |
| A. synov-ych, -e, Sohn ſeine. | synov-e, Sohn ſeine. | |
| V. synov-i, -e. — | synov-e. — | |
| L. synov-ych. — | synov-ych. — | |
| I. synov-ymi. — | synov-ymi. — | |
| Dl. synov-yma. — | synov-yma. — | |

Nach dieſem Muſter werden abgeändert alle unbeſtimmten zueignenden Beiwörter auf ov, ova, ovo, als: pán-ov, -ova, -ovo, dem Herrn eigen, und in, ina, ino, als: matk-in, -ina, -ino, der Mutter eigen.

Hieher gehören auch etliche weibliche Hauptwörter, als: kráľovna, die Königin; gazdina, die Wirthin ꝛc., wie im §. 13. I. Bem. 4. angedeutet worden iſt.

Die übrigen unbeſtimmten, nämlich: dlžen, hoden, vinen, folgen dieſem Muſter nur im Nom. und Aff. ſowohl der einf. als auch der mehrf. Zahl. In den übrigen Endungen werden ſie nach dem Muſter der beſtimmten „dobrý" (§. 26.) abgeändert, alſo: dlžného, dlžnému, ꝛc. Rád, gerne, und zuſammengeſetzt: nerád,

ungerne, nebenwörtlich gebraucht, werden nur im Nom. abgeän=
dert: einf. Zahl männl. rád, weibl. rada, fächl. rado; mehrf.
Zahl männl. radi, weibl. und fächl. rady.

### Bemerkung.

Daß in dieser Abänderung n vor e im Gen., Dat. und Lok. einf.
Zahl: matkinej, kráľovnej; dann im Nom., Akk. und Vok. mehrf. Zahl:
matkine, kráľovne, nicht erweicht wird, ist im §. 4. C. 3. gesagt worden.

## Aufgaben zum §. 27.

### XXXI.

Ich fürchte den Hund des Nachbarn. — Ich habe es dem
Kutscher des Pfarrers gegeben. — Das Wort des Menschen kann
sehr viel ausrichten. — Man tödtete den Sohn des Soldaten. —
Ich habe den Töchtern des Goldarbeiters etwas gesagt. — Mit
den Worten des Vaters bin ich zufrieden.

| | |
|---|---|
| Ich fürchte, bojím sa. | Man tödtete, zabili. |
| Ich habe — gegeben, dal som. | Ich habe — gesagt, povedal som. |
| Kann — ausrichten, môže vyko- | Der Goldarbeiter, zlatník. |
| nať. | Zufrieden, spokojný. |

### XXXII.

Die Tochter soll nichts thun ohne den Rath der Mutter. —
Dem Sohne der Bäuerin hat der Richter etwas befohlen. — Er
war stumm auf die Bitte der Witwe. — Das sind Spielereien der
Kinder der Gräfin. — Befehle den Mägden der Frau, daß sie in
den Garten gehen. — Das habe ich für die Gelder der Schwester
gekauft.

| | |
|---|---|
| Soll nichts thun, nemá nič ro- | Die Spielerei, hračka. |
| biť. | Befehle, rozkáž. |
| Hat — befohlen, rozkázal. | Daß sie — gehen, aby išly. |
| Er war, on bol. | Das habe ich — gekauft, to som |
| Auf, na (mit Akk.) | kúpil. |
| Das sind, to sú. | Für, za (mit Akk.). |

### XXXIII.

Zemänovho sluhu za vojaka nebrali. — Pri kňazovom
dome vypuknul oheň. — Tak som čítal v knihách Bernoláko-
vych. — Polož k otcovym listom i moje písmo. — Kuchárkina
čistota je nado všetko. — Bez kmotrinej pomoci bola by zahy-
nula. — Povedz sestrinym deťom, aby do úradníkovho dvora
nechodily.

Zemän, der Edelmann.
Za, zu (mit Aff.).
Nebrali, man hat — nicht genommen.
Pri, bei (mit Lok.).
Vypuknul, ist ausgebrochen.
Tak som čítal, so habe ich gelesen.
Polož, lege.
List, der Brief.
Písmo, das Schreiben.

Čistota, die Reinlichkeit.
Je nado všetko, ist über Alles.
Kmotra, die Gevatterin.
Pomoc, die Hilfe.
Bola by zahynula, wäre sie umge-
kommen.
Do, in (mit Gen.).
Aby — nechodily, daß sie — nicht
gehen.

# Viertes Kapitel.

## §. 28.
### Von dem Zahlworte.

Das Zahlwort (numerale, číselné) zeigt die Zahl und
Menge der Gegenstände an. Dieses geschieht entweder bestimmt
oder unbestimmt; es gibt daher bestimmte (determinata, určité)
und unbestimmte (indeterminata, neurčité) Zahlwörter.

Die bestimmten werden eingetheilt in Grundzahlen
(cardinalia, základné) auf die Frage: koľko? wie viel; z. B.
jeden, eins; dva, zwei ɲc.; und Ordnungszahlen (ordinalia,
riadové) auf die Frage: koľký? der wievielste; z. B. prvý,
der erste; druhý, der zweite ɲc.

Die unbestimmten, auch allgemeine Zahlwörter genannt,
drücken eine gewisse Menge der Dinge ohne genaue Angabe der
Anzahl aus; z. B. všetok, aller; mnohý, vieler ɲc.

## §. 29.
### Von den bestimmten Zahlwörtern.

A) Die erste Gattung der bestimmten Zahlwörter, nämlich
die Grundzahlen sind:

Jeden, jedna, jedno, eins.
Dva, dve, zwei.
Tri, drei.
Štyr-i, -y, vier.
Päť, fünf.
Šesť, sechs.
Sedem, sieben.
Osem, acht.
Deväť, neun.
Desať, zehn.

Jedenásť, eilf.
Dvanásť, zwölf.
Trinásť, dreizehn.
Štrnásť, vierzehn.
Pätnásť, fünfzehn.
Šestnásť, sechzehn.
Sedemnásť, siebzehn.
Osemnásť, achtzehn.
Devätnásť, neunzehn.
Dvacať, zwanzig.

| | |
|---|---|
| Jeden a dvacat ober | Devädesiat, neunzig. |
| Dvacat jeden, ein und zwanzig. | Sto, hunbert. |
| Trical, breißig. | Dve sto, zwei hunbert. |
| Štyrical (meru) vierzig. | Tisíc, tausenb. |
| Pädesiat, fünfzig. | Dve tisíc, zwei tausenb. |
| Šesdesiat, sechzig. | Milion, Million. |
| Sedemdesiat, siebzig. | Dva miliony, zwei Millionen. |
| Osemdesiat, achtzig. | 2c.  2c. |

Von den **Grundzahlen** werden abgeleitet:

*a)* **Sammelzahlen** (collectiva, hromadné) und zwar von dva, oba, beibe, und tri, brei, burch oje: dv-oje, ob-oje, tr-oje; von den übrigen burch oro: štv-oro, pät-oro 2c.

*b)* **Gattungszahlen** (specialia, druhové) burch aký: dvoj-aký, zweierlei; troj-aký, breierlei 2c.

*c)* **Vervielfältigungszahlen** (multiplicativa, množivé) burch násobný: dvoj-násobný, zweifach; troj-násobný, breifach 2c. Statt jednonásobný fagt man jednoduchý.

*d)* **Wieberholungszahlen** (iterativa, opakovacie) burch raz ober krát: jeden-raz, einmal; dva-razy, zweimal; tri-krát, breimal; štyri-krát, viermal 2c.

*e)* Von den Sammelzahlen werden burch ica und ka auch Hauptwörter gebilbet: troj-ica, Dreifaltigkeit; dvoj-ka, troj-ka, štvor-ka 2c.

*B)* Die zweite Gattung, nämlich die **Orbnungszahlen** werden — ausgenommen prvý, první ober prvší, ber erste, von prv, früher, und druhý, ber zweite, von druh, ber Geselle — von den Grunbzahlen gebilbet und lauten: tretí, ber britte; štvrtý, ber vierte; piaty, ber fünfte; šiesty, ber sechste; siedmy, ber siebente; ôsmy, ber achte; deviaty, ber neunte; desiaty, ber zehnte; jedenásty, ber eilfte; dvanásty, ber zwölfte 2c. dvaciaty, ber zwanzigfte; jeden a dvaciaty ober dvaciaty prvý, ber ein und zwanzigfte; triciaty, ber breißigfte; stý, ber hunbertfte; tisíci, ber tausenbfte 2c.

### §. 30.
### Von der Abänderung der bestimmten Zahlwörter.

Die bestimmten Zahlwörter werden verschiebenartig abgeänbert. Die Grunbzahlen nach folgenben brei Mustern:

## I. Muster.

### Einfache Zahl.

| Männl. | Weibl. | Sächl. |
|---|---|---|
| N. jed-en, einer. | jedn-a, eine. | jedn-o, eines. |
| G. jedn-oho, eines. | jedn-ej, einer. | jedn-oho, eines. |
| D. jedn-omu, einem. | jedn-ej, einer. | jedn-omu, einem. |
| A. jedn-oho, jed-en, einen. | jedn-u, eine. | jedn-o, eines. |
| L. jedn-om. — | jedn-ej. — | jedn-om. — |
| I. jedn-ým. — | jedn-ou. — | jedn-ým. — |

### Mehrfache Zahl.

| Männl. | Weibl. | Sächl. |
|---|---|---|
| N. jedn-i, -y ob. -e, einige. | jedn-y ob. -e, einige. | |
| G. jedn-ých, einiger. | jedn-ých, einiger. | |
| D. jedn-ým, einigen. | jedn-ým, einigen. | Wie weiblich. |
| A. jedn-ých, -y ob. -e, einige. | jedn-y ob. -e, einige. | |
| L. jedn-ých. — | jedn-ých. — | |
| I. jedn-ými. — | jedn-ými. — | |

## II. Muster.

### Zweifach-mehrf. Zahl.

| Männl. | Weibl. | Sächl. |
|---|---|---|
| N. dv-a, zwei. | dv-e, zwei. | |
| G. dv-och, zweier. | dv-och, zweier. | |
| D. dv-om, zweien. | dv-om, zweien. | Wie weiblich. |
| A. dv-och, -a, zwei. | dve, zwei. | |
| L. dv-och. — | dv-och. — | |
| I. dv-oma. — | dv-oma. — | |

## III. Muster.

### Nur mehrf. Zahl.

| | |
|---|---|
| N. tr-i, drei. | štyr-i, -y, vier. |
| G. tr-och, -ích, dreier. | štyr-och, štýr, vierer. |
| D. tr-om, dreien. | štyr-om, vieren. |
| A. tr-och, -i, drei. | štyr-och, -y, vier. |
| L. tr-och. — | štyr-och. — |
| I. tr-omi. — | štyr-mi. — |

### Bemerkungen.

1. Die unbestimmten Fürwörter: jedenkaždý, ein jeder; žiaden, keiner und sám, selbst, werden eines Theils nach dem I. Muster der Grundzahlen abgeändert, und zwar in dem zusammengesetzten jedenkaždý biegt man beide Theile, jeden nach seinem Muster und každý nach dem Muster „dobrý“ (§. 26.); z. B. jednohokaždého, jednomukaždému ꝛc. Žiaden und sám haben im Gen. žiadneho, sameho; Dat. žiadnemu, samemu; Akk. žiadneho oder žiaden, sameho oder sám. Die übrigen Endungen gleichen dem I. Muster: v žiadnom, v samom; žiadnych, samých ꝛc.

2. Oba, beide, folgt ganz dem II. Muster, nur wenn von Personen männl. Geschlechtes die Rede ist, pflegt man längere Formen zu gebrauchen; z. B. statt dva, obidva, sagt man: dvaja, obidvaja: dvaja chlapi, zwei Männer; obidvaja prišli, beide sind gekommen.

3. In tri und štyri sind bei Personen männl. Geschlechtes die längeren Formen ebenfalls im Gebrauche: traja chlapi; štyria odišli, viere sind weggegangen. Anstatt: tromi, štyrmi, hört man auch: troma, štyrma.

4. Die Zahlen von päť, fünf, angefangen, folgen diesem Muster: Nom. piati, Gen. Akk. u. Lok. piatich, Dat. piatim, Inst. piatimi. In dieser Abänderung geht das ä und a in ia, das e in ie, und das o in ô über; z. B. päť, piati; desať, desiati; šesť, šiesti; osem, ôsmi ꝛc. In den ohne Verbindung zusammengesetzten werden beide Theile, mit Verbindung bloß der letztere abgeändert; z. B. dvaciati siedmi, sedem a dvaciati ꝛc.

5. Sto wird abgeändert wie „delo“ (§. 14. I. Muster); tisíc wie „meč“ (§. 12. IV. Muster) und milion wie „dub“ (§. 12. II. Muster); und bedeuten in der einfachen Zahl ein Ganzes, in der mehrfachen aber mehrere ganze hunderte, tausende oder Millionen; z. B. šesť od sta, sechs von hundert; tvoje tisíce, deine Tausende; vaše miliony, euere Millionen ꝛc.

6. Die Gattungszahlen: dvojí, obojí, trojí haben im Gen. dvojího, obojího, trojího; im Dat. dvojímu, obojímu, trojímu ꝛc. Die übrigen auf aký, wie auch die Sammel- und Vervielfältigungszahlen folgen dem Muster „dobrý“; z. B. štvorakého, pätorakého, dvojnásobného ꝛc.

Die Ordnungszahlen harter Endung, als: prv-ý, -á, -é, druhý, štvrtý, desiaty, pädesiaty ꝛc. folgen dem beiwörtlichen Abänderungsmuster „dobrý“ (§. 26. I. Muster); welcher Endung aber, als: prvn-í, -ia, -ie; prvš-í, -ia, -ie; tret-í, -ia, -ie, folgen dem Muster „boží“ (§. 26. II. Muster).

## Aufgaben zum §. 30.

### XXXIV.

Ich habe es von einem Herrn und einer Frau gehört. — Ohne meine zwei Freunde wollte ich nicht leben. — Für drei Pferde habe ich genug Futter. — Zwischen zwei Bäumen liegt dein Vater begraben. — Gehet in das dritte Haus, dort werdet ihr den Tischler finden.

| | |
|---|---|
| Ich habe es — gehört, som to počul. | Genug Futter, dosť obroku. |
| Von, od (mit Gen.). | Zwischen, medzi (mit Inst.). |
| Wollte ich nicht leben, nechcel bych živý byť. | Liegt — begraben, leží pochovaný. |
| | Gehet, idte. |
| Für, pre (mit Akk.). | Werdet — finden, najdete. |

## XXXV.

Man hat beide in den Kampf gesendet. — Bis halb drei Uhr werden wir zu Hause sein. — Als ich durch den dritten Wald ging, kam ich zu einem See. — Deine Tausende verlange ich nicht. — Vor acht Jahren war ich in Frankreich. — Ich habe den zehnten Theil meines Vermögens verloren.

| | |
|---|---|
| Man hat — gesendet, poslali. | Kam ich, prišiel som. |
| In, do (mit Gen). | Verlange ich nicht, nežiadam. |
| Bis halb, až do pol. | Vor, pred (mit Inst.). |
| Werde — zu Hause sein, budem doma. | Frankreich, Francúzko. |
| Als ich — ging, keď som išiel. | Ich habe — verloren, ztratil som. |
| Durch, skrz (mit Akk.). | Der Theil, čiastka. |
| | Das Vermögen, majetok. |

## XXXVI.

Z piatich detí mi len jedno zostalo. — Pri jednom veľkom dome videl som vášho brata. — On vie lepšie jednou rukou bojovať nežli vy dvoma. — Ja nebudem za druhého robiť. — V treťom poschodí býva môj švagor. — Mal som už pätorakých sluhov, ale sa mi sotva jeden ľúbil. — Daj sa do tej jednoduchej roboty. — Dajte mu za štvornásobné unovanie aspoň dvojnásobnú odmenu.

| | |
|---|---|
| Z, aus (mit Gen.). | Mal som, ich hatte. |
| Len jedno zostalo, ist nur Eines geblieben. | Sa mi — ľúbil, gefiel mir. |
| Pri, bei (mit Lok.). | Sotva, kaum. |
| Videl som, habe ich — gesehen. | Daj sa do tej — roboty, verlege dich auf die — Arbeit. |
| On vie lepšie, er kann besser. | Dajte mu, gebet ihm. |
| Bojovať, kämpfen. | Za, für (mit Akk.). |
| Nežli, als. | Unovanie, die Bemühung. |
| Ja nebudem — robiť, ich werde — nicht arbeiten. | Aspoň, wenigstens. |
| | Odmena, die Belohnung. |

## §. 31.

### Von den unbestimmten Zahlwörtern und ihrer Abänderung.

Die unbestimmten Zahlwörter drücken entweder eine Allgemeinheit oder eine Mehrheit aus. Zu den ersteren gehören: všetok, všetka, všetko, aller; cel-ý, -á, -é, ganz; dann manche unbestimmte Fürwörter, als: každý, jeder; jeden-každý, ein jeder; všeliký, všelikerý, verschiedener; všelijaký, verschiedenartiger, und das verneinende: žiaden, keiner. Zu der zweiten Art gehören: mnoh-ý, -á, -é, vieler; nektor-ý, -á, -é, mancher ꝛc.

Die Abänderung ist folgende:

## Muſter.

### Einfache Zahl.

| Männl. | Weibl. | Sächl. |
|---|---|---|
| N. všet-ok, aller. | všetk-a, alle. | všetk-o, alles. |
| G. všetk-ého, alles. | všetk-ej, aller. | všetk-ého, alles. |
| D. všetk-ému, allem. | všetk-ej, aller. | všetk-ému, allem. |
| A. všetk-ého, všet-ok, allen. | všetk-u, alle. | všetk-o, alles. |
| L. všetk-om. — | všetk-ej. — | všetk-om. — |
| I. všetk-ým. — | všetk-ou. — | všetk-ým. — |

### Mehrfache Zahl.

| | | |
|---|---|---|
| N. všetc-i, všetk-y ob. -e, alle. | všetk-y ob. -e, alle. | |
| G. všetk-ých, aller. | všetk-ých, aller. | |
| D. všetk-ým, allen. | všetk-ým, allen. | |
| A. všetk-ých, -y ob. -e, alle. | všetk-y ob. -e, alle. | Wie weiblich. |
| L. všetk-ých. — | všetk-ých. — | |
| I. všetk-ými. — | všetk-ými. — | |
| Dl. všetk-ýma. — | všetk-ýma. — | |

### Bemerkung.

Alle übrigen unbeſtimmten Zahlwörter, als: celý, každý, všelijaký ꝛc. folgen in der Abänderung dem Muſter „dobrý" mit Abweichungen, von denen bereits im §. 30. Bem. 1. die Rede geweſen.

## Aufgabe zum §. 31.

### XXXVII.

Von Allem verſtehe ich etwas. — Man hat die ganze Schuld mir zugeſchrieben. — Man hat alle Räuber getödtet. — Ich be=ſchäftige mich mit vieler Arbeit. — Manche Leute urtheilen unge=recht. — Das hat zu vielen Thränen Anlaß gegeben.

Verſtehe, rozumiem.
Man hat — zugeſchrieben, pripísali.
Man hat — getödtet, zabili.
Ich beſchäftige mich, zapodievam sa.

Urtheilen, súda.
Ungerecht, nespravodlivo.
Hat — Anlaß gegeben, zavdalo príčinu.
Zu, k (mit Dat.).

## Fünftes Kapitel.

### §. 32.

### Von dem Zeitworte.

Das Zeitwort (verbum, sloveso) sagt von einer Person oder Sache ein Thun, oder ein Leiden, oder einen Zustand nebst der Zeitbestimmung aus. Es bezieht sich immer auf die erste Endung, welche deswegen sein Subjekt heißt.

A) Die Zeitwörter werden eingetheilt in subjektive und objektive.

Die subjektiven Zeitwörter (slovesá podmetné) drücken einen Zustand des Subjektes oder eine solche Thätigkeit aus, welche nicht unmittelbar auf einen anderen Gegenstand einwirkt; z. B. spat, schlafen; ležať, liegen; chodiť, gehen ꝛc

Die objektiven Zeitwörter (slovesá predmetné) hingegen bezeichnen eine Thätigkeit, die von dem Subjekte ausgehend, sich auf irgend einen Gegenstand bezieht; z. B. pán bije *sluhu*, der Herr schlägt den Diener ꝛc.

Diejenigen objektiven Zeitwörter, welche einen Akkusativ fordern, heißen übergehende (transitiva, prechodné) die übrigen objektiven aber sammt allen subjektiven heißen unübergehende (intransitiva, neprechodné).

Eine besondere Art der transitiven sind die faktitiven; z. B. pojiť, tränken, von piť, trinken; sadiť, setzen, von sedeť, sitzen.

Die subjektiven Zeitwörter, welche weder ein Thun, noch ein Leiden, sondern bloß einen ruhigen Zustand des Subjektes ausdrücken, nennt man sonst auch Mittelzeitwörter (neutra, srednie).

B) Die transitiven Zeitwörter können auf zweifache Art gebraucht werden. Entweder handelt oder wirkt das Subjekt selbst, als: učiteľ chváli, der Lehrer lobt; ja ťa milujem, ich liebe dich), dann sagt man, das Zeitwort steht in der thätigen Form (forma activa, podoba činná); oder das Subjekt handelt und wirkt nicht selbst, sondern es wird auf dasselbe gewirkt, es leidet etwas, als: učiteľ je chválený, der Lehrer ist gelobt; ja som milovaný, ich bin geliebt, dann sagt man, das Zeitwort steht in der leidenden Form (forma passiva, podoba trpná).

Die intransitiven Zeitwörter können kein Passivum bilden, weil sich bei ihnen kein leidender Gegenstand denken läßt; z. B.

aus spat, schlafen, kann man kein Passivum machen, weil man: ja budem spaný, ich werde geschlafen, nicht sagen kann.

Zwischen den transitiven Zeitwörtern stehen in der Mitte die rückwirkenden (reflexiva, zvratné) welche eine Handlung anzeigen, die auf das Subjekt selbst zurückgerichtet ist; z. B. umýval sa, sich waschen; kúpal sa, sich baden. Manche werden ohne sa sogar nie gebraucht; z. B. divil sa, sich wundern; bál sa, sich fürchten; radoval sa, sich freuen 2c.

Noch sind die wechselbezüglichen (reciproca, vzájemné) zu unterscheiden, in welchen das Thun mehrerer Subjekte als ein wechselseitig einwirkendes dargestellt wird; z. B. bil sa (medzi sebou) raufen (unter einander) 2c.

*C)* Alle Zeitwörter sind ferner entweder:

*a)* Persönliche (personalia, osobné) die in jeder der drei Personen gebraucht werden können, als: volám, voláš, volá, ich rufe, du rufest, er ruft 2c. oder

*b)* Unpersönliche (impersonalia, neosobné) durch welche ein Zustand ohne Bezeichnung eines wirkenden Gegenstandes in der dritten Person einf. Zahl ausgedrückt wird; z. B. prší, es regnet; hrmí, es donnert 2c.

Die Hilfszeitwörter (auxiliaria, pomocné) machen nur in Hinsicht ihres gewöhnlichen Gebrauches eine besondere Gattung aus. So werden die Unterschiede der Zeit und Form durch byť, sein, ausgedrückt; z. B. skočil som, ich bin gesprungen; budem skákať, ich werde springen; volaný som, ich bin gerufen 2c. Die Unterschiede der Redeweise oder des Modus werden ausgedrückt durch: môcť, können; chceť, wollen; voleť, mögen; museť, müssen; mať, sollen; smieť, dürfen; ráčiť, belieben; dať, lassen, und verneinend: nemôcť, nicht können; nechceť, nicht wollen 2c.; z. B. kto chce zarobiť, musí pracovať, wer verdienen will, der muß arbeiten; deti majú byť poslušné, die Kinder sollen folgsam sein 2c.

Das Hilfszeitwort byť wird auch das reine Zeitwort (verbum abstractum aut purum, sloveso odťažené lebo čisté) genannt; alle übrigen sind gemischte Zeitwörter (concreta aut mixta, skutočné lebo smiešané).

*D)* In Rücksicht auf die Zeit sind in der slov. Sprache die Zeitwörter entweder perfektive (exacta, dokonané) oder imperfektive (inexacta, nedokonané). Die ersteren drücken eine schnell vorübergehende Handlung aus, deswegen ihre gegenwärtige Zeit der zukünftigen entspricht; z. B. dám, ich werde geben; hodím, ich werde werfen; die vergangene Zeit aber entspricht der

6

vollkommen vergangenen; z. B. dal, er hat gegeben; hodil, er hat geworfen. Die letzteren dagegen, das heißt die imperfektiven drücken eine Handlung oder einen Zustand aus, welcher in der gegenwärtigen Zeit noch dauernd, und in der vergangenen Zeit noch nicht als geschlossen bedeutet wird; z. B. dávam, do, ich gebe (dauernd); hádžem, jacio, ich werfe (dauernd); dával, dabat, er gab (fortwährend); hádzal, jaciebat, er warf (fortwährend).

In den imperfektiven werden vier Arten unterschieden:

*a)* die beginnenden (inchoativa, počínacie); z. B. mladnúť, jung werden; starnúť, alt werden;

*b)* die dauernden (durativa, trvacie); z. B. sedím, ich sitze (fortwährend); bežím, ich laufe (fortwährend);

*c)* die veröfternden (frequentativa, pokračovacie); z. B. sedám, ich sitze (öfters); behám, ich laufe (öfters); und

*d)* die wiederholenden (iterativa, opakovacie) Zeitwörter; z. B. sedávam, ich pflege zu sitzen; behávam, ich pflege zu laufen.

### §. 33.

### Von der Bildung der Zeitwörter.

In Ansehung der Bildung sind die Zeitwörter:

*A)* Stammzeitwörter (primitiva, prvotné) die von keinem anderen Worte gebildet werden; z. B. piť, trinken; spať, schlafen &c.

*B)* Abgeleitete (derivata, odvodené) welche von anderen Wörtern abgeleitet werden, und zwar:

*a)* von den Hauptwörtern; z. B. končiť, endigen, von konec, das Ende; značiť, zeichnen, von znak, das Zeichen &c.

*b)* von den Beiwörtern; z. B. bieliť, weißnen, von biely, weiß; slabiť, schwächen, von slabý, schwach &c.

*c)* von den Zeitwörtern; z. B. vláčiť, schleppen pflegen, von vliecť, schleppen. Das Nähere hierüber ist in den Formen der Zeitwörter angegeben. (Sieh §. 34. IV. Form *a. b.*, V. Form A. B. C. D., VI. Form *b.*)

*C)* Zusammengesetzte (composita, složené) in welchen das Bestimmungswort sein kann:

*a)* ein Beiwort; z. B. zlo-rečiť, fluchen, wörtlich: übelreden, von zlý, übel, und rečiť, reden;

*b)* trennbare Vorwörter: do, na, nad, o, od, po, pod, pre, pred, pri, s, u, v, z, za, und untrennbare: ob, roz, vy. vz; z. B. do-dať, zugeben; na-duť, aufblasen; nad-hodiť, zuwerfen; o-močil, eintauchen; od-ťal, abhauen; po-znal, erkennen; pod-viesť, anführen; pre-niesť, übertragen; pred-ložiť, vor= fetzen; pri-ložiť, zufetzen; s-kúpiť, zusammenkaufen; u-viesť, einführen; v-liezl, hinein kriechen; z-rútil, zerstören; za-hodil, wegwerfen; ob-rezal, umschneiden; roz-trhal, zerreißen; vy= bral, ausnehmen; vz-nášal sa, sich emporheben;

    *c*) die verneinende Partikel ne; z. B. ne-veril, nicht glau= ben; ne-môcl, nicht können ꝛc.

## Bemerkung.

Wenn die Vorwörter: s, z, od, pod, pred, v, ob und roz mit einem wegen zwei oder mehreren Mitlauten schwer aussprechbaren Zeitworte zu verbinden sind, wird denselben ein euphonistisches o zugefügt; z. B. sobral, zusammenbringen, statt s-bral; so auch: zo-hnal, herunterjagen; odo-hnal, wegjagen; vo-vliecl, einschleppen; obohral, abgewinnen; rozo-slal, auseinander schicken ꝛc. Außerdem pflegt man, leichterer Aussprache halber, den ersten Wurzellaut v nach ob wegzulassen; z. B. anstatt ob-varil, abbrühen, sagt und schreibt man obaril; statt ob-vrátil, umkehren, obrátil ꝛc. Zusammengesetzte mit jal, so auch mit den Vorwörtern: v, vy, do, pri kön= nen statt j mit ň gebraucht werden; z. B. anstatt vy-jal, ausnehmen, vy= ňal; so auch: s-ňal, herunternehmen; v-nídem oder vo-ňdem, ich gehe hinein; vy-ňdem, ich gehe hinaus; do-ňdem, do-jdem, ich werde kommen ꝛc.

## §. 34.
### Von den Formen der Zeitwörter.

Die Abwandlung und Bedeutung des slov. Zeitwortes in Bezug auf die Handlung und Zeit hängt von seinen verschiedenen Formen ab, welche entstehen, indem die zeitwörtlichen Auslaute entweder unmittelbar, oder mittelst der Sylben und Laute: nú, ie, i, a, ova zu der Wurzel hinzugefügt werden.

Die mit einem Selbstlaut endigende Wurzel wird eine offene (radix aperta, koreň otvorený) genannt; z. B. da-ť, geben; bi-ť, schlagen. Endigt sie hingegen mit einem Mitlaut, so heißt sie geschlossen (clausa, zatvorený); z. B pás-ť, weiden; jes-ť, essen ꝛc.

Alle slovakischen Zeitwörter lassen sich auf sechs Formen zu= rückführen.

### I. Form -ť.

In dieser Form wird der Auslaut des Infinitiv ť un= mittelbar zu der Wurzel hinzugefügt; die hieher gehörigen Zeit= wörter sind:

*a)* Solche, die in der Wurzel auf a, i, y, u ausgehen; z. B.

da-ľ, geben; dá-m, ich gebe; da-l, er hat gegeben;
bi-ľ, schlagen; bi-jem, ich schlage; bi-l, er hat geschlagen;
kry-ľ, decken; kry-jem, ich decke; kry-l, er hat gedeckt;
du-ľ, blasen; du-jem, ich blase; du-l, er hat geblasen.

Solche sind auch: dbaľ, sich kümmern; hraľ, spielen; maľ, haben; pchaľ, čkaľ sa, sich drängen; tkaľ, weben; zdáľ sa, scheinen; znaľ, kennen; hniľ, faulen; piľ, trinken; šiľ, nähen; viľ, winden; výľ, heulen; ryľ, stechen; myľ, waschen; čuľ, hören; pľuľ, speien; obuľ, anschuhen; vyzuľ, ausschuhen; žuľ, kauen; kuľ, hammern; kľuľ, keimen; pluľ, schwimmen; snuľ, herabnehmen. Die vier letzteren gehen oft in die VI. Form über, als: kovaľ, kľovaľ, plovaľ oder plávaľ, snovaľ.

*b)* Jene, deren Wurzel endigt auf:

1) s und z;
2) d und t, im Infin. übergehend in s;
3) h, im Infin. übergehend unregelmäßig in c, regelmäßig in ž, und k, übergehend in c und č;
4) n und m, welche sich aber nur in der gegenwärtigen Zeit des Indik., Imper. und des Partizip erhielten; z. B.

pás-ľ, weiden; pas-iem, ich weide; pás-ol, er hat geweidet;
viez-ľ, führen; vez-iem, ich führe; viez-ol, er hat geführt;
klás-ľ, legen; klad-iem, ich lege; klád-ol, er hat gelegt;
mies-ľ, kehren; met-iem, ich kehre; miet-ol, er hat gekehrt;
striec-ľ, wachen; strež-iem, ich wache; strieh-ol, er hat gewacht;
piec-ľ, backen; peč-iem, ich backe; piek-ol, er hat gebacken;
ža-ľ, ernten; žn-em, ich ernte; ža-l, er hat geerntet;
(po)-ja-ľ, zu sich nehmen; (po)-jm-em, ich nehme zu mir; (po)-jal, er hat zu sich genommen.

Solche sind: niesľ, tragen; triasľ, schütteln; hrýzľ, beißen; liezľ, klettern; priasľ, spinnen; viesľ, begleiten; pliesľ, flechten; hniesľ, nisten; rásľ, wachsen; môcľ, können; riecľ, reden; liecľ, fließen; tlcľ, stoßen; vliecľ, schleppen; piaľ, spannen; počaľ, anfangen; ťaľ, hauen; zažaľ, anzünden, und der Analogie nach auch staľ, aufstehen; dann mit jaľ zusammengesetzte: najaľ, aufbingen; dojaľ, sich bemächtigen; vyjaľ oder vyňaľ ausnehmen; zajaľ, gefangen nehmen.

### Bemerkungen.

1. Aus den vorgeführten Beispielen ist zu erlernen, wo und wann die Stammselbstlaute zu verlängern sind. Eine Ausnahme macht môcľ, welches auch in der gegenwärtigen Zeit des Indik. ô behält; dasselbe gilt auch von ziabaľ, frieren; ziabem, ich friere.

2. Zu der I. Form gehören auch folgende unregelmäßige Zeitwörter:
is-ť, gehen; idem, ich gehe: šiel oder išol, er ist gegangen;
jes-ť, essen; jem, ich esse; jedol, er hat gegessen;
by-ť, sein; budem (som), ich bin; bol (byl), er ist gewesen.

## II. Form -nú-ť.

Zeitwörter, welche zu dieser Form gehören, nehmen vor dem Auslaut des Infin. ť die Sylbe nú an, und sind:

a) Offener Wurzel mit dem Indik. in niem; z. B.

hy-núť, vergehen; hy-niem, ich vergehe; hy-nul, er ist vergangen.

So auch: minúť, vorüber sein; tonúť, sinken; hrnúť, scharren; klnúť, fluchen; trnúť, zittern ꝛc.

b) Geschlossener Wurzel mit kurzem oder langem Selbstlaut und Indik. in nem; z. B.

krad-núť, stehlen; krad-nem, ich stehle; krad-nul, er hat gestohlen;
vlád-nuť, regieren; vlád-nem, ich regiere; vlád-nul, er hat regiert.

So auch: padnúť, fallen; kľaknúť, knieen; hnúť, bewegen; zivnúť, gähnen; dýchnuť, hauchen; viaznuť, stecken bleiben.

### Bemerkungen.

1. Im Indik. nehmen an niem, statt nem, auch diejenigen, die mit Halbselbstlauten l und r geschlossen sind; z. B. klniem, trniem ꝛc.

2. Zeitwörter der geschlossenen Wurzel die I. Form nachahmend, nehmen oft statt nu, o an; z. B. kradol, padol, kľakol, statt: kradnul, padnul, kľaknul.

3. Die Form in nú schließt in sich sowohl die transitiven; z. B. kradnúť, stehlen; tiahnuť, ziehen, als auch die intransitiven; z. B. padnúť, fallen; viaznuť, stecken bleiben. Minúť transitiv bedeutet: verbrauchen oder verzehren, intransitiv: vorübergehen.

4. Die von Namen, besonders Beiwörtern abgeleiteten haben eine inchoative Bedeutung; z. B. mladnúť, jung werden, von mladý, jung; chudnúť, mager werden, von chudý, mager.

## III. Form -ie-ť.

Zu dieser Form gehörige Zeitwörter sind dreierlei:

a) Welche vor dem Auslaut des Infin. ť den Doppellaut ie, der auch in der gegenwärtigen Zeit verbleibt, annehmen; z. B.

bd-ieť, wachen; bd-iem, ich wache; bd-el, er hat gewacht;
mn-ieť, meinen; mn-iem, ich meine; mn-el, er hat gemeint.

Solche sind auch: tlieť, glimmen; čnieť, vorstehen; znieť, klingen; nemieť, stumm werden; šedivieť, grau werden; černieť, schwarz werden; beliet, weiß werden; ozdraviet, gesund werden; rozumiet, verstehen; prispiet, beitragen ꝛc.

*b)* In welchen der Doppellaut ie im Infin. auf e und in der gegenwärtigen Zeit auf i abgekürzt wird; z. B.

hor-et, brennen; hor-ím, ich brenne; hor-el, er hat gebrannt;
vis-et, hängen; vis-ím, ich hänge; vis-el, er ist gehangen.

So auch: bolet, schmerzen; chybet, fehlen; letet, fliegen; hľadet, schauen; muset, müssen; mrzet, verdrießen; svrbet, jucken; trpet, dulten; smrdet, stinken; videt, sehen; volet, mögen; vrtet, drehen; sedet, sitzen ꝛc.

*c)* In welchen der Doppellaut ie nach den weichen č, š, ž, šť, die gegenwärtige Zeit auf ím ausgenommen, in a übergeht; z. B.

krič-at, schreien; krič-ím, ich schreie; krič-al, er hat geschrieen;
slyš-at, hören; slyš-im, ich höre; slyš-al, er hat gehört;
drž-at, halten; drž-im, ich halte; drž-al, er hat gehalten;
prašt-at, krachen; prašt-ím, ich krache; prašt-al er hat gekracht.

So auch: mlčat, schweigen; vrčat, knurren; pršat, regnen; čušat, still sein; bežat, laufen; ležat, liegen; blišťat sa, schimmern; vrešťat, lärmen ꝛc.

### Bemerkungen.

1. Zeitwörter, deren Wurzel auf r oder l ausgeht, nehmen statt ie gewöhnlich e an; z. B. tret, reiten; mret, sterben; vret, sieden; stret. strecken; mlet, mahlen; so auch chcet, wollen. — Zret, sehen und pret. stützen, sind verschieden von zriet, reif werden und priet, durch die Nässe verderben.

2. Das zusammengesetzte: odiet, anziehen; zodiet, ausziehen, wie auch plet, jäten; prispiet, beitragen, haben im Indik. odejem, zodejem, plejem, prispejem; mlet, mahlen, hat melem; vedet, wissen und zusammengesetzt povedet, sagen, haben: viem. poviem. und im Imper. vedz, povedz.

3. Zeitwörter dieser Form, wenige ausgenommen, als: držat. tret. stret, mlet, sind durchwegs intransitive.

### IV. Form -i-t.

Zeitwörter dieser Form nehmen vor dem Infin. Auslaut t den Selbstlaut i an, welcher nach einer kurzen Sylbe in der gegenwärtigen Zeit verlängert wird; z B.

rob-it, machen; rob-im, ich mache; rob-il, er hat gemacht;
súd-it, richten; súd-im, ich richte; súd-il, er hat gerichtet.

Außer mehreren Stammzeitwörtern, wie: chytit, fangen; činit, thun; pustit, lassen; kúpit, kaufen; menit, wechseln; kazit, verderben ꝛc. richten sich nach der IV. Form:

*a)* Die durativen, welche von manchen zur I. Form gehörigen gebildet werden, und zwar das ie in o, nach l in a od. á verwandelnd; z. B. nosiť, tragen, von niesť; voziť, führen, von viezť; laziť, klettern, von liezť; vláčiť, schleppen, von vliecť ꝛc. nosím, statt nesiem; vozím, statt veziem; lazím, statt leziem; vláčim, statt vlečiem ꝛc.

*b)* Die faktitiven, welche man ebenfalls von jenen zu den ersten drei Formen gehörigen Zeitwörtern bildet; z. B. pojiť, tränken, von piť, trinken; točiť, zapfen, von tiecť, fließen; hnojiť, düngen, von hniť, faulen; baviť sa, verweilen, von byť, sein; močiť, naß machen, von moknúť, naß werden; trápiť, plagen, von trpeť, leiden; sadiť, setzen, von sedeť, sitzen; povesiť, aufhängen, von viseť, hängen; položiť, niederlegen, von ležať, liegen; budiť, wecken, von bdieť, wachen; zastaviť, aufhalten, von stáť, stehen ꝛc.

*c)* Eine große Anzahl solcher, welche von anderen Redetheilen durch die Annahme des der Form eigenen i, und Verwandlung des h, ch, k, g in ž, š, č, dž gebildet werden; z. B. slúžiť, dienen, von sluha, der Diener; vážiť, wägen, von váha, die Wage; strašiť, schrecken, von strach, der Schreck; mučiť, quälen, von muka, die Qual; sušiť, trocknen, von suchý, trocken; dĺžiť, verlängern, von dlhý, lang; ženiť sa, heirathen, von žena, das Weib; ceniť, schätzen, von cena, der Preis; prisvojiť si, sich aneignen, von svoj, sein; protiviť sa, sich widersetzen, von proti, dagegen; zničiť, vernichten, von nič, nichts; ráčiť, belieben, von radšie, lieber ꝛc.

### Bemerkung.

Alle zu dieser Form gehörigen sind transitive; von den intransitiven werden hieher nur wenige, meistens solche, die eine Art Bewegung bedeuten, gerechnet; z. B. brodiť, waten; kročiť, treten; kvapiť, eilen; skočiť, springen ꝛc.

### V. Form -a-ť.

Hieher gehören viererlei Zeitwörter:

*a)* Jene, welche den Laut a nicht nur vor dem Auslaut des Infin. ť, sondern durchwegs behalten; z. B.

vol-ať, rufen; vol-ám, ich rufe; vol-al, er hat gerufen; čak-ať, warten; čak-ám, ich warte; čak-al, er hat gewartet.

Solche sind ferner: chovaľ, bewahren; dívaľ sa, schauen; chystaľ, bereiten; kochaľ sa, sich freuen; mataľ, tasten; skúmaľ, forschen; žehnaľ, segnen; hľadaľ, suchen; mátaľ, spucken; mrdaľ, webeln; motaí, wickeln; žiadaí, verlangen; rúhaí sa, läſtern; trhaí, reißen ꝛc.

*b)* Jene, welche das a in der gegenwärtigen Zeit regelmäßig in e, manchmal in ie verwandeln, und vor welchen h, ch, k, sk in ž, š, č, šť; d, t in dz, c; s, z, dz in š, ž, dž; l, n in ľ, ň übergehen; z. B.

> strúh-aí, raſpeln; strúž-em, ich raſple; strúh-al, er hat geraſpelt;
> vlád-aí, herrſchen; vládz-em, ich herrſche; vlád-al, er hat geherrſcht;
> plát-aí, flicken; plác-em, ich flicke; plát-al, er hat geflickt;
> pís-aí, ſchreiben; píš-em, ich ſchreibe; pís-al, er hat geſchrieben;
> hádz-aí, werfen; hádž-em, ich werfe; hádz-al, er hat geworfen.

Solche ſind auch: česaí, kämmen; driemaí, ſchlummern; chrápaí, ſchnarchen; hýbaí, bewegen; hrabaí, rechen; kázaí, befehlen oder predigen; kašľaí, huſten; kúsaí, beißen; kopaí, graben; klamaí, betriegen; lízaí, lecken; viazaí, binden ꝛc. Zeitwörter, deren Wurzel auf r endigt, und die von Namen auf t oder ot abgeleiteten, nehmen in der gegenwärtigen Zeit auch lieber e an; z. B. žobraí, betteln, žobrem; káraí, ſchelten, kárem; šepotaí, lispeln, šepcem; ligotaí sa, glänzen, ligocem sa.

*c)* Solche, die in der gegenwärtigen Zeit ein euphoniſtiſches e oder o erhalten; z. B.

> br-aí, nehmen; ber-em, ich nehme; br-al, er hat genommen;
> kl-aí, ſtechen; kol-em, ich ſteche; kl-al, er hat geſtochen.

So auch: draí, ſchinden; praí, waſchen; žraí, freſſen; stlaí, betten; zvaí, rufen hat zoviem oder zvem.

*d)* Solche, welche die Wurzellaute a, e, o nur in der gegenwärtigen Zeit beibehalten, anderswo aber das aje, eje in ia, und ojí in á zuſammenziehen; z. B.

> kl-iaí, fluchen; kľa-jem, ich fluche; kl-ial, er hat geflucht;
> hr-iaí, wärmen; hre-jem, ich wärme; hr-ial, er hat gewärmt;
> st-áí, ſtehen; sto-jím, ich ſtehe; st-ál, er iſt geſtanden.

So auch: priaí, gönnen; viaí, wehen; liaí, gießen; siaí, ſäen; smiaí sa, lachen; báí sa, ſich fürchten ꝛc. Spaí, ſchlafen, hat spím, ich ſchlafe; spal, er hat geſchlafen.

Außer den angegebenen, welche meiſtens Stammzeitwörter ſind, gehören zu der V. Form die **frequentativen**, welche mittelſt des a von den Zeitwörtern der erſten vier Formen folgendermaßen gebildet werden:

*A)* Von der I. Form:

1) Solche Zeitwörter, deren Wurzel auf i ausgeht, mit Einſchieben des j, die übrigen mit Einſchieben des v, nehmen an a, vor welchem die Wurzelſelbſtlaute gedehnt werden müſſen; z. B.

piť, trinken, píjať; biť, schlagen, bíjať; šiť, nähen und žiť, leben, machen eine Ausnahme und haben: vyšívať, užívať; dať, geben, dávať; mať, haben, mávať; čuť, hören, počúvať; kuť, hammern, kúvať; kryť, decken, pokrývať; myť, waschen, umývať; ryť, graben und výť, heulen, haben besser: rýjať, vyvýjať ꝛc.

2) In jenen Zeitwörtern, deren Wurzel geschlossen ist, ge= hen die weichen Mitlaute vor a in harte über, die Gaumenlaute und d, t gehen zurück, die Wurzelselbstlaute á, í, ý, ú bleiben ge= dehnt, ô wird in á, und ie gewöhnlich in e verwandelt; z. B. pásť, weiden, pásať; rásť, wachsen, dorástať; klásť, legen, sklá= dať; krasť, stehlen, okrádať; hrýzť, beißen, ohrýzať; jesť, essen, jedať; pliesť, flechten, zapletať; tiecť, fließen, utekať; vliecť, schleppen, zvliekať; piecť, backen, opekať; tlcť, stoßen, stlkať; môcť, können, pomáhať ꝛc.

*B)* Von der II. Form:

Zeitwörter der offenen Wurzel behalten gewöhnlich n, und verlängern vor demselben i und r; z. B. vinúť, rollen, svínať; minúť, verbrauchen, mínať; hrnúť, scharren, shrnať. Zeitwörter der I. Form unter 4. nehmen i vor n und m; z. B. počať, anfan= gen, počínať; zažať, anzünden, zažínať; pojať, zu sich nehmen, pojímať; klnúť, fluchen, hat preklínať und zvať, rufen, nazývať. Zeitwörter der geschlossenen Wurzel dagegen werfen regelmäßig das n weg, und die Wurzelsylbe wird bald verkürzt, bald verlängert; z. B. padnúť, fallen, padať; pichnúť, stechen, pichať; páchnuť, duften, zapáchať ꝛc.; es gibt aber auch hierin Ausnahmen, wo das n beibehalten wird; z. B. pohnúť, bewegen, pohýnať; zhas= núť, auslöschen, zhasínať; vyschnúť, austrocknen, vyschýnať; zamknúť, zuschließen, zamkýnať; dotknúť, berühren, dotkýnať ꝛc.

*C)* Von der III. Form:

1) Zeitwörter dieser Form unter *a.* werden durch Annahme der Sylbe va frequentative; z. B. bdieť, wachen, bdievať; znieť, klingen, znievať; prispieť, beitragen, prispievať. So auch die zur V. Form gehörigen unter *d.*; z. B. siať, säen, rozsievať; viať, wehen, zavievať; liať, gießen, nalievať; smiať sa, lachen, usmievať sa; spať, schlafen, spávať. Zeitwörter der III. Form, deren Wurzel auf r ausgeht, machen eine Ausnahme; z. B. mreť, sterben, umierať; streť, strecken, preslierať; treť, reiben, potie= rať; zreť, sehen, dozerať; zrieť, reif werden, dozierať oder do= zrievať; so auch: brať, nehmen, vyberať; drať, schinden, zdie= rať; žrať, fressen, zožierať; poslať, schicken, posielať.

2) Zeitwörter unter *b.* und *c.* werden meistens frequentative durch die unmittelbare Annahme des a, vor welchem die Zischlaute

in die Gaumenlaute übergehen, und etliche Selbstlaute verlängert
werden; z. B. sedeľ, sitzen, sedal; ležať, liegen, liehal; bežať,
laufen, behal; slyšať, hören, slýchal; pršať, regnen, popŕchal;
leteť, fliegen, lietal; horeť, brennen, vyháral; držať, halten,
zdŕžať oder zdržievať; mrzeť, verdrießen, omŕzal.

*D)* Von der IV. Form:

Zeitwörter dieser Form können auf zweierlei Art in frequen=
tative verwandelt werden:

1) Mit Hilfe des harten a, vor welchem die weichen Mit=
laute in harte, die Zischlaute in Gaumenlaute, o in á, e in ie,
u in ú übergehen; z. B. krojiť, schneiden, krájal; hovoriť, spre=
chen, shováral sa; dojiť, melken, vydájal; chytiť, fangen, chy=
tal; skočiť, springen, skákal; treštiť, zusammenschlagen, trie=
skal; plešiť, schmeißen, plieskal; luštiť, knacken, lúskal ⁊c.

2) Mit Hilfe des weichen ä nach den Lippenlauten, sonst a,
vor welchem ď, ť geht über in dz, c; s, z, sľ, sľ in š, ž, šľ, šľ;
o wird á, und die übrigen Selbstlaute werden gewöhnlich verlän=
gert; z. B. robiť, arbeiten, obrábäl; topiť, schmelzen, vytápäl;
praviť, sagen, rozprávä̈l; kropiť, spritzen, pokrápäl; chodiť,
gehen, vychádzal; vodiť, führen, uvádzal; platiť, zahlen, splá=
cal; soliť, stoßen, sácal; vrátiť, zurückgeben, vracal; zlatiť,
vergolden, pozlácal; honiť, jagen, sháňal; zvoniť, läuten, so=
zváňal; nosiť, tragen, snášal; hasiť, löschen, zahášal; skusiť,
erfahren, skúšal; kaziť, verderben, prekážal; pustiť, lassen,
púšťal; mysleť, denken, rozmýšľal.

*E)* Zeitwörter der IV. Form können mittelst ieva, und der
V. Form mittelst áva in iterative verwandelt werden; z. B. voziť,
führen, vozievať; točiť, drehen, točievať; nosiť, tragen, nosie=
vať; robiť, machen, robievať; volať, rufen, volávať; behať,
laufen, behávať; čítať, lesen, čitávať; plakať, weinen, oplaká=
vať ⁊c. Man kann, um die Wiederholung zu verstärken, das va auch
verdoppeln; z. B. volavávať, behavávať ⁊c.

## VI. Form -ova-ť.

Die zu dieser Form gehörigen Zeitwörter werden durch ova
vor dem Auslaut des Infin. ť gebildet, so jedoch, daß das ova
in der gegenwärtigen Zeit in uje verwandelt wird; z. B.

mil-ovať, lieben; mil-ujem, ich liebe; mil-oval, er hat geliebt;
kup-ovať, kaufen; kup-ujem, ich kaufe; kup-oval, er hat gekauft.

Hieher gehören:

*a)* Von Haupt=, Bei= und Fürwörtern abgeleitete, als: boj, der Kampf, bojovať, kämpfen; bubon, die Trommel, bubnovať, trommeln; pán, der Herr, panovať, herrschen; kríž, das Kreuz, križovať, kreuzigen; meno, der Name, menovať, nennen; nový, neu, obnovovať, erneuern; opak, verkehrt, opakovať, wiederholen 2c.

*b)* Von Zeitwörtern abgeleitete, und zwar: 1) Von Zeitwörtern der II. Form, als: hrnúť, scharren, shrňovať; tiahnuť, ziehen, odťahovať; dvihnúť, heben, podvihovať 2c. 2) Von Zeitwörtern der IV. Form mit Verwandlung des ď in dz, t in c (mit manchen Ausnahmen) und Verkürzung der langen Selbstlaute, als; hájiť, bewachen, obhajovať; brániť, vertheidigen, zabraňovať; plodiť, zeugen, zplodzovať; zarmútiť, betrüben, zarmucovať; vrátiť, zurückgeben, navracovať; shromaždiť, sammeln, hat shromažďovať 2c. 3) Von Zeitwörtern der V. Form durch Verkürzung der Selbstlaute, als: lámať, brechen, vylamovať; spievať, singen, prespevovať; písať, schreiben, spisovať: viazať, binden, sväzovať, 2c.

### Bemerkung.

Zeitwörter der V. und VI. Form sind transitive und iterative; die frequentativen und iterativen, welche von transitiven anderer Formen abgeleitet werden, bleiben transitive; von intransitiven abgeleitete bleiben intransitive; und von den faktitiven der IV. Form abgeleitete sind ebenfalls faktitive.

## §. 35.
### Von der Abwandlung der Zeitwörter.

Mit der **Abwandlung** (conjugatio, časovanie) wird die Biegung oder Veränderung der Zeitwörter durch die **Redeart** (modus, spôsob) die **Zeit** (tempus, čas) die **Zahl** (numerus, počet) und die **Person** (persona, osoba) angezeigt.

Die **Redeart**, das heißt die Art und Weise, wie man von einem Dinge etwas aussagt, ist dreifach:

*a)* Die **Wirklichkeitsform** oder anzeigende Art (modus indicativus, spôsob ukazovací) welche bezeichnet, daß die Thätigkeit oder der Zustand für den Sprechenden wirklich und gewiß ist; z. B. žiak píše, der Schüler schreibt; on sa neučí, er lernt nicht.

*b)* Die **Befehlsform** oder gebietende Art (modus imperativus, spôsob rozkazovací) welche bezeichnet, daß der

Sprechende will oder befiehlt, daß die Thätigkeit einer an=
gesprochenen Person wirklich werden soll; z. B. hovor hlasne,
sprich laut; poď k nám, komme zu uns.

c) Die Möglichkeitsform oder verbindende Art
(modus conjunctivus, spôsob spojovací) welche bezeichnet, daß
die Thätigkeit oder der Zustand für den Sprechenden nur möglich
und ungewiß ist; z. B. mohol bych sa učil, ich könnte lernen;
bol bych usilovný býval, ich wäre fleißig gewesen.

Die Zeit, worin das geschieht, was von dem Subjekte
ausgesagt wird, ist eigentlich auch nur dreifach:

1) die Gegenwart (tempus praesens, čas prítomný);
z. B. on pije, er trinkt;

2) die Vergangenheit (tempus praeteritum, čas mi=
nulý; z. B. on pil, er hat getrunken; und

3) die Zukunft (tempus futurum, čas budúci); z. B.
on bude piť, er wird trinken.

Die Zahl zeigt an, ob man von einer Person oder Sache,
oder von mehreren etwas aussagt; im ersten Falle heißt ein=
fache Zahl (numerus singularis, počet jednotný); z. B. ja
spievam, ich singe; im zweiten Falle heißt mehrfache Zahl
(numerus pluralis, počet množný); z. B. my spievame, wir
singen.

Das Subjekt, von dem man etwas aussagt, ist entweder die
Person selbst, welche spricht, das heißt die erste Person; z. B.
*ja* spievam, ich singe; *my* spievame, wir singen; oder eine Per=
son, zu der man spricht, das heißt die zweite Person;
z. B. *ty* spievaš, du singst; *vy* spievate, ihr singt; oder aber eine
Person oder Sache, von der man spricht, das heißt die
dritte Person; z. B. *on, ona, ono* spieva, er, sie, es singt; *oni,
ony* spievajú, sie singen. Jedes Hauptwort im Nom. ist als dritte
Person zu betrachten; z. B. oheň horí, das Feuer brennt.

In der vergangenen Zeit und in der passiven Form muß auf
das Geschlecht Rücksicht genommen werden; z. B. pil som, ich habe
getrunken (ein Mann) pila som (eine Frau) pilo som (ein Kind)
pili sme (Männer) pily sme (Frauen oder Kinder); chválený
som, ich bin gelobt (ein Mann) chválená som (eine Frau) chvá=
lené som (ein Kind) chválení sme (Männer) chválené sme
(Frauen oder Kinder).

## §. 36.

### Von der Bildung der Zeiten.

*A)* Der Indikativ hat drei Zeiten: die gegenwär=
tige, die vergangene und die zukünftige Zeit.

*a)* Die gegenwärtige Zeit ist sowohl aus den Formen
der Zeitwörter (§. 43.) als auch aus den Abwandlungsmustern
(§. 38—39.) ersichtlich.

*b)* Die vergangene Zeit ist zweierlei: vollendet= und
längstvergangene.

1) Die vollendetvergangene Zeit (praeteritum per-
fectum, minulý dokonaný) wird aus dem thätigen Mittelworte
der vergangenen Zeit (participium praeteriti activi, účastie činné
minulého času) und aus der gegenwärtigen Zeit des Hilfszeitwor=
tes som, ich bin, gebildet; z. B. padnul som, ich bin gefallen;
padnuli sme, wir sind gefallen 2c.

2) Die längstvergangene Zeit (plusquamperfectum,
dávno dokonaný) wird gebildet aus demselben Partizip und aus
der vergangenen Zeit desselben Hilfszeitwortes; z. B. bol som
padnul, ich war gefallen; boli sme padnuli, wir waren gefallen 2c.

*c)* Die zukünftige Zeit ist dreierlei: einfach=, zusam=
mengesetzt= und umgeschriebenzukünftige.

1) Die einfachzukünftige (futurum simplex, budúci
prostý) unterscheidet sich nicht in Hinsicht der Form von der gegen=
wärtigen, und wird deswegen ebenso, wie diese, abgewandelt; so
z. B. die Zeitwörter der I. Form: budem, ich werde sein und som,
ich bin; dám, ich werde geben und dávam, ich gebe; der II. Form:
bodnem, ich werde stechen und bodám, ich steche; súknem, ich
werde blasen und súkam, ich blase; padnem, ich werde fallen und
padám, ich falle; der IV. Form: hodím, ich werde werfen und
hádžem, ich werfe: chytím, ich werde fangen und chytám, ich
fange; so auch: kročím, kráčam, ich schreite; kúpim, kupujem,
ich kaufe; lapím, lapám, ich fange; pustím, púšťam, ich lasse;
ruším, rušám, ich störe; skočím, skáčem, ich springe; sľúbim,
sľubujem, ich verspreche; sotím, sácam oder sáčem, ich stoße;
strčím, strkám, ich schiebe; strelím, strielam, ich schieße; sta-
vím, staviam, ich halte auf oder ich baue; trafím, trafiam, ich
treffe; vrátim, vraciam, ich gebe zurück; der V. Form: nechám,
nechávam, ich lasse.

2) Die zusammengesetztzukünftige (futurum compo-
situm, budúci složený) entsteht, wenn ein einfaches Zeitwort mit

irgend einem Vorworte zusammengesetzt wird. Die am häufigsten zur Bildung der zukünftigen Zeit vorkommenden Vorwörter sind: u, po, za; z. B. myjem, ich wasche, umyjem, ich werde abwaschen; nesiem, ich trage, ponesiem, ich werde tragen; volám, ich rufe, zavolám, ich werde rufen.

3) Die umgeschriebenzukünftige (futurum circumscriptum, budúci opísaný). Es gibt nämlich in der slovakischen Sprache mehrere imperfektive Zeitwörter, denen es an den entsprechenden perfektiven fehlt; z. B. mai, haben; musei, müssen; chcei, wollen; smiei, dürfen ꝛc. Um diese und ähnliche in der zukünftigen Zeit gebrauchen zu können, muß man sie mit der zukünftigen Zeit des Hilfszeitwortes budem verbinden, somit umschreiben; z. B. budem mai, ich werde haben; budem smiei, ich werde dürfen. Diese letztere zukünftige Zeit deutet auf einen längeren Zustand, während die ersteren etwas schnell Vorübergehendes andeuten; z. B. budem volai, ich werde rufen, mehrmals oder durch längere Zeit; zavolám, ich werde rufen, nämlich einmal.

B) Der Imperativ hat nur eine, nämlich die gegenwärtige Zeit, wobei zu merken ist, daß in derselben für die dritte Person sowohl der einf. als auch der mehrf. Zahl keine besondere Form vorhanden ist, dieselbe also durch die dritte Person der gegenwärtigen Zeit des Indikativ und das Bindewort nech umgeschrieben werden muß; z. B. pi. trinke du; nech pije, er soll trinken; pime, trinken wir; pite, trinket ihr; nech pijú, sie sollen trinken.

C) Der Konjunktiv hat zwei Zeiten: die fortdauernd- und die längstvergangene Zeit.

a) Die fortdauerndvergangene (imperfectum, nedokonaný) wird aus dem thätigen Partizip der vergangenen Zeit und aus der veralteten vergangenen Zeit des Hilfszeitwortes: bych, bys', by, by sme, by ste, by (§. 38.) zusammengesetzt; z. B. pil bych od. pil by som, ich würde trinken; pil bys' od. pil by si, du würdest trinken; pil by, er würde trinken ꝛc.

b) Die längstvergangene (plusquamperfectum, dávno dokonaný) ist zusammengesetzt aus dem Imperfektum des Hilfszeitwortes: bol, bola, bolo bych, ich würde sein, und aus dem thätigen Partizip der vergangenen Zeit; z. B. bol bych pil, ich würde getrunken haben; bol bys' pil, du würdest getrunken haben ꝛc.

c) Die gegenwärtige und zukünftige Zeit des Konjunktiv wird in der slov. Sprache durch Bindewörter, die den Zeiten des Indikativ vorausgehen, ersetzt; z. B. verím, že ma miluješ, ich glaube, daß du mich liebst; úfam, že to obsiahnem, ich hoffe, daß ich es erreichen werde ꝛc.

## §. 37.
### Von den Nennformen der Zeitwörter.

Diejenigen Biegungsformen der Zeitwörter, welche die Art und Weise, die Zeit der Thätigkeit, die Zahl und die Person aus= drücken, und die im vorhergehenden §. erwähnt worden sind, nennt man Rede formen (formae sententiales, podoby výpo-vedetvorné); diejenigen dagegen, denen die Kraft der Aussage fehlt, werden Nennformen (nominales, menotvorné) genannt, und sind zwei: die unbestimmte Art (modus infinitivus, spó-sob neurčitý) und das Mittelwort (participium, účastie).

Der Infinitiv nennt die Thätigkeit oder den Zustand, welcher den Inhalt des Zeitwortes ausmacht, in hauptwörtlicher Gestalt, was am besten aus der deutschen Sprache ersichtlich ist, wo der Infinitiv als Hauptwort gebraucht werden kann; z. B. bit, schlagen, bitie, das Schlagen; volať, rufen, volanie, das Rufen.

Das Partizipium stellt den Inhalt des Zeitwortes in beiwörtlicher Form dar, indem es die Thätigkeit oder den Zustand als eine einem Gegenstande beizulegende Eigenschaft bezeichnet; z. B. umierajúc povedal, sterbend sagte er; milovaný syn, der geliebte Sohn.

In der slov. Sprache werden folgende Arten der Partizipien unterschieden:

*a)* Das Mittelwort der gegenwärtigen Zeit (participium praesentis, účastie prítomného času) welches in allen drei Geschlechtern und in beiden Zahlen auf úc oder iac, nach vorhergehenden langen aber auf uc oder ac ausgeht, und am leich= testen von der dritten Person mehrf. Zahl der gegenwärtigen Zeit durch Hinzufügen des Lautes c gebildet wird; z. B. milujú, sie lieben, milujúc, liebend; chodia, sie gehen, chodiac, gehend; píšu, sie schreiben, píšuc, schreibend; vráťa, sie geben zurück, vráťac, zurückgebend ꝛc.

*b)* Das thätige Mittelwort der vergangenen Zeit (participium praeteriti activi, účastie činné minulého času) in welchem das Geschlecht ebenso wie bei den unbestimmten Beiwörtern (§. 27.) angezeigt werden muß; auch wird bei den Zeitwörtern der I. Form und geschlossener Wurzel das o vor dem Auslaut in weib= licher und sächlicher Bedeutung, wie auch in der mehrf. Zahl, weg= gelassen, und das ie in e abgekürzt; z. B. viezol, vezla, vezlo, er, sie, es hat geführt; vezli, vezly, sie haben geführt.

*c)* Das leidende Mittelwort der vergangenen Zeit (participium praeteriti passivi, účastie trpné minulého času)

welches auf n und t ausgeht, und das Geschlecht so wie die bestimm=
ten Beiwörter (§. 26.) unterscheidet; z. B. milovan-ý, -á, -é,
der, die, das Geliebte, milovan-í, -é, die Geliebten; bit-ý, -á,
-é, der, die, das Geschlagene, bil-í, -é, die Geschlagenen.

Wenn dieses Partizip aus den intransitiven Wörtern gebildet
wird, so hat es nicht eine passive, sondern die Bedeutung des Zu=
standes, den das intransitive Zeitwort ausdrückt; z. B. vyspat-ý,
-á, -é, der, die, das Ausgeschlafene; uschnut-ý, -á, -é, der, die,
das Ausgetrocknete ꝛc.

### Bemerkungen.

1. Das thätige Mittelwort der zukünftigen Zeit unterscheidet
sich von dem Mittelworte der gegenwärtigen Zeit nur durch ein be=
stimmtes Suffix; z. B. milujúc, liebend, milujúc-i, -a, -e, der, die, das
Liebende; píšuc, schreibend, píšuc-í, -ia, -ie, der, die, das Schreibende.

2. Das lebende Mittelwort der gegenwärtigen Zeit auf mý, má, mé;
z. B. vedo-mý, -má, -mé, bekannt; vido-mý, -má, -mé, sichtbar, hat sich
nur hie und da erhalten.

3. Das thätige Mittelwort der vergangenen Zeit in der einf. Zahl
auf v und vši: vola-v, -vši, der, die, das gerufen hat, und in der mehrf.
Zahl auf vše; vola-vše, die gerufen haben, kommt jetzt bei den Slovaken
nur in dem Hilfszeitworte byl, sein, vor. (Sieh §. 38.)

### §. 38.
### Abwandlung des Hilfszeitwortes byť, sein.

#### Anzeigende Art
(modus indicativus, spôsob ukazovací).

#### Gegenwärtige Zeit
(tempus praesens, čas prítomný).

| Einf. Zahl. | Mehrf. Zahl. |
|---|---|
| 1. Person: som, ich bin; | sme, wir sind; |
| 2. „ si, du bist; | ste, ihr seid; |
| 3. „ je ob. jest, er ist. | sú ob. jesú, sie sind. |

#### Vergangene Zeit
(tempus praeteritum, čas minulý).

| Einf. Zahl. | | | Mehrf. Zahl. |
|---|---|---|---|
| männl. | weibl. | sächl. | männl. weibl. u. sächl. |
| 1. bol, | bola, | bolo som, ich bin gewesen; | boli, boly sme, wir sind ge=wesen; |
| 2. bol, | bola, | bolo si, du bist gewesen; | boli, boly ste, ihr seid gewe=sen; |
| 3. bol, | bola, | bolo, er, sie, es ist gewesen. | boli, boly, sie sind gewesen. |

## Zukünftige Zeit
### (tempus futurum, čas budúci).

**Einf. Zahl.**
1. budem, ich werde sein;
2. budeš, du wirst sein;
3. bude, er wird sein.

**Mehrf. Zahl.**
budeme, wir werden sein;
budete, ihr werdet sein;
budú, sie werden sein.

## Gebietende Art
### (modus imperativus, spôsob rozkazovací).

**Einf. Zahl**
1. — —
2. buď, sei du;
3. nech je, -bude, sei er.

**Mehrf. Zahl.**
buďme, seien wir;
buďte, seid ihr;
nech sú, -budú, seien sie.

## Verbindende Art
### (modus conjunctivus, spôsob spojovací).

## Fortdauerndvergangene Zeit
### (tempus imperfectum, čas nedokonaný).

**Einf. Zahl.**
männl. weibl. sächl.
1. bol, bola, bolo bych oder by som, ich wäre;
2. bol, bola, bolo bys' oder by si, du wärest;
3. bol, bola, bolo by, er, sie, es wäre.

**Mehrf. Zahl.**
männl. weibl. u. sächl.
boli, boly by sme, wir wären;
boli, boly by ste, ihr wäret;
boli, boly by, sie wären.

## Unbestimmte Art
### (modus infinitivus, spôsob neurčitý).

### byť, sein.

## Mittelwort der gegenwärtigen Zeit
### (participium praesentis, účastie prítomného času).

### súc, seiend.

## Mittelwort der vergangenen Zeit
### (participium praeteriti, účastie minulého času).

**Einf. Zahl.**
männl. weibl. u. sächl.
by-v, -vši, der, die, das gewesen ist.

**Mehrf. Zahl.**
männl. weibl. u. sächl.
by-vše, die gewesen sind.

## Zeitwörtliches Hauptwort

(nomen substantivum verbale, meno podstatné slovesné).

### bytie, das Sein.

## Zeitwörtliche Beiwörter

(nomina adjectiva verbalia, mená prídavné slovesné).

súc-i, -a, -e; budúc-i, -a, -e, der, die, das Seiende.
byvš-í, -ia, -ie, der, die, das Gewesene.

### Bemerkungen.

1. Das Imperfektum des Indikativ wird gebildet, wenn dem frequentativen býval die gegenwärtige Zeit zugefügt wird; z. B. býval som, ich war; býval si, du warst 2c.

2. Das selten vorkommende Plusquamperfektum des Indikativ entsteht, wenn man die vergangene Zeit mit dem Partizip bol verbindet; z. B. bol som bol, ich war gewesen; bol si bol, du warst gewesen 2c.

3. Ebenso entsteht aus dem Imperfektum des Konjunktiv und aus dem Partizip bol das Plusquamperfektum des Konjunktiv; z B. bol bych bol oder bol by som bol, ich wäre gewesen 2c.

4. Das si als Hilfszeitwort wird öfters, wenn es nach anderen Redetheilen steht und mit ihnen verbunden ist, in s abgekürzt und mit dem Auslassungszeichen ' versehen; z. B. tys' to povedal, statt: ty si to povedal, du hast es gesagt; myslím, žes' to ty, statt: myslím, že si to ty, ich denke, daß du es seiest 2c.

5. In der verneinenden Form (negative, záporne) der gegenwärtigen Zeit wird dem Hilfszeitworte statt ne die Partikel nej oder nie vorgesetzt, und die Abwandlung bleibt unverändert; z. B. nejsom oder niesom, ich bin nicht; nejsme oder niesme, wir sind nicht 2c. In der dritten Person einf. Zahl jedoch wird neben dem regelmäßigen nieje, auch není ob. nenie ob. niet gebraucht; z. B. nieje, ob. není, ob. nenie, ob. niet doma, er ist nicht zu Hause 2c.

## Aufgabe zum §. 38.

### XXXVIII.

Ich bin ein gerechter Mensch, ihr aber seid ungerecht. — Warum sind wir so traurig? — Unsere Brüder sind zu Hause. — Wir sind im Theater gewesen. — Ich werde glücklich sein, wenn ich es erhalten werde. — Ihr werdet für schuldig erklärt. — Seid vorsichtig. — Wir wären schon längst gekommen. — Er ist kein guter Mensch. — Du bist ein großer Verschwender. — Ich bin nicht derjenige, den man sucht. — Sein oder nicht sein, das ist jetzt die Frage.

§. 39.

**Abwandlung der konkreten oder gemischten Zeitwörter.**

Nach den im §. 34. angegebenen Formcharakteren kann man die Biegung aller Zeitwörter, deren erste Person einf. Zahl im Allgemeinen mit m schließt — das einzige reku, ich sage, ausgenommen — auf folgende sechs Abwandlungsmuster zurückführen:

## I. Abwandlung.

1. Muster.                    2. Muster.

### Indikativ präs. *)

#### Einf. Zahl.

| | |
|---|---|
| 1. bi-jem, ich schlage; | vez-iem, ich führe; |
| 2. bi-ješ, du schlägst; | vez-ieš, du führst; |
| 3. bi-je, er schlägt. | vez-ie, er führt. |

#### Mehrf. Zahl.

| | |
|---|---|
| 1. bi-jeme, wir schlagen; | vez-ieme, wir führen; |
| 2. bi-jete, ihr schlaget; | vez-iete, ihr führet; |
| 3. bi-jú, sie schlagen. | vez-ú, sie führen. |

### Imperativ.

#### Einf. Zahl.

| | |
|---|---|
| 2. bi, schlage du; | vez, führe du; |
| 3. nech bi-je, schlage er. | nech vez-ie, führe er. |

#### Mehrf. Zahl.

| | |
|---|---|
| 1. bi-me, schlagen wir; | vez-me, führen wir; |
| 2. bi-te, schlaget ihr; | vez-te, führet ihr; |
| 3. nech bi-jú, schlagen sie. | nech vez-ú, führen sie. |

### Infinitiv.

| | |
|---|---|
| bi-ť, schlagen. | viez-ť führen. |

### Partizip präs.

| | |
|---|---|
| bi-júc, schlagend. | vez-úc, führend. |

---

*) Da schon mehrmals, namentlich in der Abwandlung des Hilfs-zeitwortes (§. 38.) alle lateinischen Ausdrücke, die am häufigsten gebraucht werden, deutsch und slavisch angegeben worden sind, so habe ich mich in den Abwandlungsmustern der gemischten Zeitwörter bloß der bekannten lateinischen Art- und Zeitbenennungen bedient.

7*

### Partizip prät. aktiv.

#### Einf. Zahl.

| männl. weibl. sächl. | männl. weibl. sächl. |
|---|---|
| bil, bila, bilo, er, fie, es hat geschlagen. | viezol, vezla, vezlo, er, fie, es hat geführt. |

#### Mehrf. Zahl.

| bili, bily, bily, fie haben geschlagen. | vezli, vezly, vezly, fie haben geführt. |
|---|---|

### Partizip prät. passiv.

#### Einf. Zahl.

| bit-ý, -á, -é, er, fie, es ist geschlagen worden. | vezen-ý, -á, -é, er, fie, es ist geführt worden. |
|---|---|

#### Mehrf. Zahl.

| bit-í, -é, -é, fie sind geschlagen worden. | vezen-í, -é, -é, fie sind geführt worden. |
|---|---|

### Substantiv verbal.

| bit-ie, das Schlagen. | vezen-ie, das Führen. |
|---|---|

*A)* Nach dem 1. Muster werden abgewandelt die Zeitwörter der I. Form unter *a.* offener Wurzel auf i und y, die auf u, ausgenommen des Imperativ mit j: duj, blase; kuj, schmiere; dujme, kujme ꝛc. Die der V. Form unter *d.*, ausgenommen des Imperativ auf j: hrej, wärme; stoj, stehe, und des Infinitiv auf ia oder á: hriať, stáť.

*B)* Dem 2. Muster folgen die Zeitwörter der I. Form unter *b.* geschlossener Wurzel, ausgenommen die unter 4. auf n und m.

### Bemerkungen.

1. Die Kehllaute h und k bleiben nur im Partizip der Gegenwart und der thätig. Vergangenheit unverändert: mohúc, könnend, mohol, er hat können; pekúc, backend, piekol, er hat gebacken; sonst werden sie in Zischlaute verwandelt (§. 34. I. Form *b.* 3.): môžem, ich kann; pečieme, wir backen ꝛc.

2. Die vergangenen Zeiten müssen sowohl im Indikativ als auch im Konjunktiv durch alle Abwandlungen nach dem §. 36. *A. b.* 1. 2. *C. a. b.* aus den betreffenden Partizipien mit dem Hilfszeitworte abgeleitet werden; z. B.

### Indikat. prät. Perfekt.

| bil som, ich habe geschlagen ꝛc. | viezol som, ich habe geführt ꝛc. |
|---|---|

## Plusquamperfekt.

bol som bil, ich hatte geschlagen ꝛc. | bol som viezol, ich hatte geführt ꝛc.

## Konjunkt. Imperfekt.

bil bych ob. bil by som, ich schlagte | viezol bych ob. viezol by som, ich
ꝛc. | führte ꝛc.

## Plusquamperfekt.

bol bych bil ob. bol by som bil, ich | bol bych viezol ob. bol by som
hätte geschlagen ꝛc. | viezol, ich hätte geführt ꝛc.

3. Die zusammengesetzte zukünftige Zeit (§. 36. *A. c.* 2.) wird ebenso wie die ihr entsprechende gegenwärtige abgewandelt, also: ponesiem, ich werde tragen, so wie nesiem, ich trage; in der umgeschriebenen zukünftigen Zeit aber (§. 36. *A. c.* 3.) wird bloß das budem abgewandelt, und das andere Zeitwort bleibt stets im Infinitiv; z. B. budem bil, ich werde schlagen; budeš bil, du wirst schlagen ꝛc. budeme musel, wir werden müssen; budete musel, ihr werdet müssen ꝛc.

## Aufgaben zum §. 39. I. Abwandlung.

### XXXIX.

Du trinkst Wasser, und ich trinke Wein. — Trinken wir beide Wasser. — Ihr nähet schöne Kleider. — Er heult wie ein Hund. — Wir haben eine traurige Neuigkeit gehört. — Der Ochs kauet den ganzen Tag hindurch. — Er hat dieses Bild in Stahl gestochen. — Wer gesund lebt, der fault nicht. — Ich werde meine Hände waschen. — Wir gießen Öl in die Lampe. — Wir säen, und ihr wehet.

### XL.

My pasieme kone, a vy pasiete voly. — Čo to trasieš? — Oni kladú drevo na oheň. — Sestra dobrý chlieb napiekla. — Tak rastieš jako huba z vody. — Hus vlečie krídlo za sebou. — Tvoje sestry uplietly štyry koše a môj brat len jeden. — Pri Prešporku tečie Dunaj. — Je to príjemné pasenie.

### II. Abwandlung.

1. Muster.                    2. Muster.

#### Indikativ präs.

#### Einf. Zahl.

1. vi-niem, ich winde; | tiah-nem, ich ziehe;
2. vi-nieš, du windest; | tiah-neš, du ziehest;
3. vi-nie, er windet. | tiah-ne, er ziehet.

**Mehrf. Zahl.**

1. vi-nieme, wir winden;      | tiah-neme, wir ziehen;
2. vi-niete, ihr windet;      | tiah-nete, ihr ziehet;
3. vi-nú, sie winden.         | tiah-nu, sie ziehen.

### Imperativ.

**Einf. Zahl.**

2. vi-ň, winde du;            | tiah-ni, ziehe du;
3. nech vi-nie, winde er.     | nech tiah-ne, ziehe er.

**Mehrf. Zahl.**

1. vi-ňme, winden wir;        | tiah-nime, ziehen wir.
2. vi-ňte, windet ihr;        | tiah-nite, ziehet ihr;
3. nech vi-nú, winden sie.    | nech tiah-nu, ziehen sie.

### Infinitiv.

vi-nút, winden.               | tiah-nut, ziehen.

### Partizip präs.

vi-núc, windend.             | tiah-nuc, ziehend.

### Partizip prät. aktiv.

**Einf. Zahl.**

männl. weibl. sächl.         | männl. weibl. sächl.
vinul, -a, -o, er, sie, es hat | tiahnul, -a, -o ob. tiahol, tiahla,
gewunden.                    | tiahlo, er, sie, es hat gezogen.

**Mehrf. Zahl.**

vinul-i, -y, -y, sie haben ge- | tiahnul-i, -y, -y ob. tiahl-i,
wunden.                       | -y, -y, sie haben gezogen.

### Partizip prät. passiv.

**Einf. Zahl.**

vinut-ý, -á, -é, er, sie, es ist | tiahnut-ý, -á, -é, er, sie, es
gewunden worden.              | ist gezogen worden.

**Mehrf. Zahl.**

vinut-í, -é, -é, sie sind gewun- | tiahnut-í, -é, -é, sie sind ge-
den worden.                    | zogen worden.

### Substantiv verbal.

vinut-ie, das Winden. | tiahnut-ie, das Ziehen.

*A)* Nach dem 1. Muster werden abgewandelt die Zeitwörter der II. Form unter *a.* offener Wurzel, wie auch die mit l oder r, also mit Halbselbstlauten geschlossenen.

*B)* Dem 2. Muster folgen die Zeitwörter derselben Form unter *b.* geschlossener Wurzel; und in der gegenwärtigen Zeit des Indikat., Imperat und Partizip auch die der I. Form unter *b.* 4. auf n und m ausgehenden: poč-nem, ich fange an; poč-ni, fange du an; poč-núc, anfangend 2c.

### Bemerkungen.

1. Der Laut ú im 2. Muster dritter Person mehrf. Zahl gegenwärtiger Zeit, so auch im Infin. und Partizip muß nach dem §. 3. *B.* kurz verbleiben: tiahnu, tiahnuť, tiahnuc.

2. Die zusammengesetzten: zhyniem, ich werde zu Grunde gehen; zmoknem, ich werde naß; začnem, ich werde anfangen; potiahnem, ich werde ziehen; potisknem, ich werde schieben; ukradnem, ich werde stehlen; uschnem, ich werde trocknen; uviaznem, ich werde stecken bleiben 2c. haben eine den einfachen: hyniem, ich gehe zu Grunde; tisknem, ich schiebe 2c. entsprechende zukünftige Bedeutung.

3. Die inchoativen mit dem Vorworte o bedeuten die zukünftige Zeit; z. B. slepnem, ich fange an blind zu sein; oslepnem, ich werde blind, so auch: ohluchnem, ich werde taub; oslabnem, ich werde schwach 2c.

## Aufgaben zum §. 39. II. Abwandlung.

### XLI.

Meine Jugend vergeht. — Jenes Schiff ist gesunken — Wir werden nicht fluchen, aber ihr fluchet auch nicht. — Sie zittern vor Angst, und du zitterst nicht. — Auch schlechte Zeiten werden vorübergehen. — Er scharrt Alles zusammen. — Zittere, der du ungerecht bist.

### XLII.

Vy kradnete, jako aj vaša služka kradnula. — Volakedy ste nad mnohými krajinami vládnuli, ale už nevládnete. — Keď padneme, budeme ležať. — Kľakni, dieťa moje, a modli sa! — Z miesta sa nehnite! — Kto prv zívne, ten to obsiahne. — Dýchnul doňho dušu nesmrteľnú. — Tu hľa, sme všetci zaviaznuli.

## III. Abwandlung.

1. Muster.                    2. Muster.

### Indikativ präs.

#### Einf. Zahl.

| | |
|---|---|
| 1. bd-iem, ich wache; | hľad-ím, ich schaue; |
| 2. bd-ieš, du wachst; | hľad-iš, du schaust; |
| 3. bd-ie, er wacht. | hľad-í, er schaut. |

#### Mehrf. Zahl.

| | |
|---|---|
| 1. bd-ieme, wir wachen; | hľad-íme, wir schauen; |
| 2. bd-iete, ihr wachet; | hľad-íte, ihr schauet; |
| 3. bd-ejú, sie wachen. | hľad-ia, sie schauen. |

### Imperativ.

#### Einf. Zahl.

| | |
|---|---|
| 2. bd-ej, wache du; | hľaď, schaue du; |
| 3. nech bd-ie, wache er. | nech hľad-í, schaue er. |

#### Mehrf. Zahl.

| | |
|---|---|
| 1. bd-ejme, wachen wir; | hľaď-me, schauen wir; |
| 2. bd-ejte, wachet ihr; | hľaď-te, schauet ihr; |
| 3. nech bd-ejú, wachen sie. | nech hľad-ia, schauen sie. |

### Infinitiv.

| | |
|---|---|
| bd-ieť, wachen. | hľad-eť, schauen. |

### Partizip präs.

| | |
|---|---|
| bd-ejúc, wachend. | hľad-iac, schauend. |

### Partizip prät. aktiv.

#### Einf. Zahl.

| männl. weibl. sächl. | männl. weibl. sächl. |
|---|---|
| bdel, -a, -o, er, sie, es hat gewacht. | hľadel, -a, -o, er, sie, es hat geschaut. |

#### Mehrf. Zahl.

| | |
|---|---|
| bdel-i, -y, -y, sie haben gewacht. | hľadel-i, -y, -y, sie haben geschaut. |

### Substantiv verbal.

bden-ie, das Wachen. | hľaden-ie, das Schauen.

*A)* Nach dem 1. Muster werden abgewandelt die Zeitwörter der III. Form unter *a.*

*B)* Dem 2. Muster folgen die Zeitwörter derselben Form unter *b. c.*

### Bemerkungen.

1. Jene Zeitwörter, deren Wurzel auf l oder r ausgeht, haben in der dritten Person mehrf. Zahl gegenwärtiger Zeit statt ejú bloß ú, und folglich auch im Partizip statt ejúc bloß úc; z. B. melú, sie mahlen, melúc, mahlend; mrú, sie sterben, mrúc, sterbend. Daß dieselben in den übrigen Zeiten statt ie bloß e bekommen, ist (§. 34.) bei der III. Form Bem. 1. angegeben. Chcei, wollen, hat chcú oder chcejú; musel, müssen, hat besser musia als musejú.

2. Aus den inchoativen wird auch hier durch das Vorwort o die zukünftige Zeit abgeleitet; z. B. šediviem, ich fange an grau zu werden, ošediviem, ich werde grau 2c. Die übrigen bekommen am besten ihr Futurum entweder durch die Vorwörter po und u; z. B. letím, ich fliege, poletím, ich werde fliegen; mrem, ich sterbe, umrem, ich werde sterben; oder wird dasselbe nach Art der II. Form gebildet; z. B. kľačím, ich kniee, kľaknem, ich werde knieen; ležím, ich liege, ľahnem, ich werde liegen. Das futurum circumscriptum entsteht nach §. 36. *A. c.* 3. mittelst des budem; z. B. budem kľačať, budem ležať 2c.

### Aufgaben zum §. 39. III. Abwandlung.

### XLIII.

Das Feuer glimmt noch im Ofen. — Er meinte, daß es nicht gut wäre. — Euere Reden klingen angenehm in unseren Ohren. — Du wirst schon ziemlich grau. — Wenn wir wieder gesund werden, dann werden wir euch auslachen. — Das verstehst du nicht, mein Sohn! — Zu diesem Zwecke haben auch wir beigetragen.

### XLIV.

Zbojníci visia na šibenici. — My sme v povetrí leteli. — Musíte dať pozor na svoje skutky. — On sa nad tou prípadnosťou veľmi namrzel. — Mňa svrbia oči, a teba včera nesvrbely? — Už sme mnoho trpeli, ešte trpíme, a aj budeme trpeť, dokiaľ nezmudrieme. — Volíme nebyť, nežli byť Neslovania. — Chlapci bežali, a dievčence ležaly. — Naše domy blištia sa jako by boly zo zlata.

## IV. Abwandlung.

### Muster.

#### Indikativ präs.

| Einf. Zahl. | Mehrf. Zahl. |
|---|---|
| 1. čin-ím, ich thue; | čin-íme, wir thun; |
| 2. čin-íš, du thust; | čin-íte, ihr thut; |
| 3. čin-í, er thut. | čin-ia, sie thun. |

#### Imperativ.

| Einf. Zahl. | Mehrf. Zahl. |
|---|---|
| 1. — | čiň-me, thuen wir; |
| 2. čiň, thue du; | čiň-te, thuet ihr; |
| 3. nech čin-í, thue er. | nech čin-ia, thuen sie. |

#### Infinitiv.

čin-iť, thun.

#### Partizip präs.

čin-iac, thuend.

#### Partizip prät. aktiv.

| Einf. Zahl. | Mehrf. Zahl. |
|---|---|
| männl. weibl. sächl. | männl. weibl. sächl. |
| činil, -a, -o, er, sie, es hat gethan. | činil-i, -y, -y, sie haben ge= than. |

#### Partizip prät. passiv.

| Einf. Zahl. | Mehrf. Zahl. |
|---|---|
| činen-ý, -á, -é, er, sie, es ist gemacht worden. | činen-í, -é, -é, sie sind ge= macht worden. |

#### Substantiv verbal.

činen-ie, das Thun.

Nach diesem Muster werden alle Zeitwörter der **IV.** Form abgewandelt.

### Bemerkungen.

1. In der gegenwärtigen Zeit und im Partizip wird das i und ia nach dem §. 3. *B.* in i und a, dieses letztere nach Lippenlauten in ä verwan= delt; z. B. súdim, ich richte, súda, sie richten, súdac, richtend; kúpim, ich kaufe, kúpä, sie kaufen, kúpäc, kaufend.

2. Die zukünftigen Zeiten hieher gehörigen Zeitwörter werden im Sinne der Bem. 2. vorhergehender Abwandlung durch Vorwörter und Umschreibung gebildet; z. B. žením sa, ich heirathe, ožením sa, ich werde heirathen; verím, ich glaube, uverím, ich werde glauben; teším sa, ich freue mich, potěším sa, ich werde mich freuen; nosím, ich trage, budem nosit, ich werde tragen ꝛc.

## Aufgaben zum §. 39. IV.Abwandlung.

### XLV.

Ausgelassene Buben verderben die Bäume. — Richtet nicht eueren Nächsten. — Unsere Mutter hat den lieben Vogel hinausgelassen. — Er wechselt jedes Vierteljahr seine Wohnung. — Kaufe dir einen neuen Hut. — Deine Großmutter hat schon diese Kleider getragen.

### XLVI.

My točíme víno, a vy točíte pivo. — Každý človek bude svojím telom zem hnojiť. — Nebavte sa tam dlho. — Darmo sa, človeče, trápiš! — Tieto knihy vaše sestry sem položily. — To dieťa u nás slúžilo. — Sušili sme vlhké snopy. — Zničíme vás, keď budeme môcť.

## V. Abwandlung.

1. Muster.                    2. Muster.

### Indikativ präs.

#### Einf. Zahl.

| | |
|---|---|
| 1. vol-ám, ich rufe; | maž-em, ich schmiere; |
| 2. vol-áš, du rufest; | maž-eš, du schmierst; |
| 3. vol-á, er ruft. | maž-e, er schmiert. |

#### Mehrf. Zahl.

| | |
|---|---|
| 1. vol-áme, wir rufen; | maž-eme, wir schmieren; |
| 2. vol-áte, ihr rufet; | maž-ete, ihr schmieret; |
| 3. vol-ajú, sie rufen. | maž-ú, sie schmieren. |

### Imperativ.

#### Einf. Zahl.

| | |
|---|---|
| 2. vol-aj, rufe du; | maž, schmiere du; |
| 3. nech vol-á, rufe er. | nech maž-e, schmiere er. |

**Mehrf. Zahl.**

| | |
|---|---|
| 1. vol-ajme, rufen wir; | maž-me, schmieren wir. |
| 2. vol-ajte, rufet ihr; | maž-te, schmieret ihr. |
| 3. nech vol-ajú, rufen sie. | nech maž-ú, schmieren sie. |

### Infinitiv.

| | |
|---|---|
| vol-ať, rufen. | maz-ať, schmieren. |

### Partizip präs.

| | |
|---|---|
| vol-ajúc, rufend. | maž-úc, schmierend. |

### Partizip prät. aktiv.

**Einf. Zahl.**

| männl. weibl. sächl. | männl. weibl. sächl. |
|---|---|
| volal, -a, -o, er, sie, es hat gerufen. | mazal, -a, -o, er, sie, es hat geschmiert. |

**Mehrf. Zahl.**

| volal-i, -y, -y, sie haben ge- rufen. | mazal-i, -y, -y, sie haben ge- schmiert. |
|---|---|

### Partizip prät. passiv.

**Einf. Zahl.**

| volan-ý, -á, -é, er, sie, es ist gerufen worden. | mazan-ý, -á, -é, er, sie, es ist geschmiert worden. |
|---|---|

**Mehrf. Zahl.**

| volan-í, -é, -é, sie sind geru- fen worden. | mazan-í, -é, -é, sie sind ge- schmiert worden. |
|---|---|

### Substantiv verbal.

| volan-ie, das Rufen. | mazan-ie, das Schmieren. |
|---|---|

*A)* Nach dem 1. Muster werden abgewandelt die Zeitwörter der V. Form unter *a.*, wie auch alle frequentativen und iterativen derselben Form unter *A. B. C. D.* Ferner die Zeitwörter der I. Form unter *a.* offener Wurzel, welche mit a endigen; z. B. dať, geben; mať, haben rc.

*B)* Dem 2. Muster folgen jene der V. Form unter *b. c.* gänzlich, die unter *d.* auf a und e ausgehenden aber nur im Infi- nitiv und im Partizip prät.; z. B. kliať, fluchen; klial, hat ge- flucht; kliaty, verflucht werden.

### Bemerkungen.

1. In den Wörtern mit vorletzter langer Sylbe wird das á und ú verkürzt; z. B. čítam, ich lese, čítaš, du liesest, číta, er lieset; píšu, sie schreiben, píšuc, schreibend ꝛc. (§. 3. B.).

2. Die von den Zeitwörtern der IV. Form (V. Form D.) abgeleiteten frequentativen, welche in der Wurzel auf Lippenlaute (§. 1. C. a.) ausgehen, haben in der dritten Person der mehrf. Zahl des Indikat., dann im Imperat. und Partizip. präf. anstatt a oder ia das weiche ä; z. B. obrábam, ich bearbeite, obrábäjú, sie bearbeiten, obrábäj, bearbeite du, obrábäjúc, bearbeitend, so auch: staviam, ich baue, staväjú, staväj, staväjúc ꝛc.

3. Die zukünftigen Zeiten aller drei Arten (§. 36. A. c. 1. 2. 3.) werden nach der bereits in den vier ersten Abwandlungen angegebenen Weise abgeleitet; z. B. dám, ich werde geben; uvidím, ich werde sehen; obrobím, ich werde bearbeiten; zavolám, ich werde rufen; zamažem, ich werde zuschmieren; budem čítal, ich werde lesen ꝛc.

## Aufgaben zum §. 39. V. Abwandlung.

### XLVII.

Wir bereiten euch eine Feierlichkeit. — Freuen wir uns des Lebens. — Alles haben sie durchgesetzt und dabei nichts gewonnen. — Sie verlangen, was ihnen gebührt. — Sie pflegen eine garstige Gewohnheit zu haben. — Ihr werdet das Bild öfters berühren. — Sieh, wie sie lächelt. — Wir sprechen von den heutigen Ereignissen. — Der Kirchendiener wird schon zusammenläuten.

### XLVIII.

My ešte len driememe, a ten už chrápe. — Vy kážete, a robotnici hrabú. — Jeden druhého kúše. — Klamete nás i seba samých. — Od toľko rokov žobreme a nič nemáme. — Berete zlato a dávate sriebro. — Kačice perú sa na vode. — Prečo tie kone nežerú? — Jako sa tvoj syn zovie?

## VI. Abwandlung.

### Muster.

### Indikativ präs.

| Einf. Zahl. | Mehrf. Zahl. |
|---|---|
| 1. mil-ujem, ich liebe; | mil-ujeme, wir lieben; |
| 2. mil-uješ, du liebst; | mil-ujete, ihr liebet; |
| 3. mil-uje, er liebt. | mil-ujú, sie lieben. |

### Imperativ.

| Einf. Zahl. | Mehrf. Zahl. |
|---|---|
| 1. — — | mil-ujme, lieben wir; |
| 2. mil-uj, liebe du; | mil-ujte, liebet ihr; |
| 3. nech mil-uje, liebe er | nech mil-ujú, lieben sie. |

### Infinitiv.

mil-ovať, lieben.

### Partizip präs.

mil-ujúc, liebend.

### Partizip prät. aktiv.

| Einf. Zahl. | Mehrf. Zahl. |
|---|---|
| männl. weibl. sächl. | männl. weibl. sächl. |
| miloval,. -a, -o, er, sie, es hat geliebt. | miloval-i, -y, -y, sie haben geliebt. |

### Partizip prät. passiv.

| Einf. Zahl. | Mehrf. Zahl. |
|---|---|
| milovan-ý, -á, -é, er, sie, es ist geliebt worden. | milovan-i, -é, -é, sie sind geliebt worden. |

### Substantiv verbal.

milovan-ie, das Lieben.

Nach diesem Muster werden alle Zeitwörter der VI. Form, und manche der I. Form, deren Wurzel auf u ausgeht, abgewandelt; z. B. kujem, ich schmiede; kovať statt kuť, schmieden; kovaný, geschmiedet ꝛc.

### Aufgaben zum §. 39. VI. Abwandlung.

### XLIX.

Wir kämpfen für das Recht, und ihr kämpfet für das Unrecht. — Wer trommelt auf der Gasse? — Die Menschen herrschen über die Thiere. — Die Juden haben Jesum von Nazareth gekreuziget. — Wir nennen uns Slaven, und diejenigen dort, wie nennen sie sich? — Die Wiener erneuern den Stephansthurm. — Wir wiederholen unsere Bitte.

L.

Shrňuje peniazc a nevie pre koho. — My sa neodľahu-
jeme, ale ani vy sa neodľahujte. — Jakožto šlechetný vlaste-
nec obhajoval česť národa svojho. — Čo ste nám vzali, to nám
teraz navracujete. — My sa z dobrých úmyslov shromažďuje-
me. — Odpisujte starodávne rukopisy. — Slovenské dievčencc
rady v poli vyspevujú.

### §. 40.
### Abwandlung der unregelmäßigen Beitwörter.

#### I. Jesť, effen.

#### Indikativ präf.

| Einf. Zahl. | Mehrf. Zahl. |
|---|---|
| 1. jem, ich effe ; | jeme, wir effen ; |
| 2. ješ, du iffeft ; | jete, ihr effet ; |
| 3. je, er ißt. | jedia, fie effen. |

#### Imperativ.

| Einf. Zahl. | Mehrf. Zahl. |
|---|---|
| 1. —    — | jedzme, effen wir ; |
| 2. jedz, iß du ; | jedzte, effet ihr ; |
| 3. nech je, effe er. | nech jedia, effen fie. |

#### Infinitiv.
jesť, effen.

#### Partizip präf.
jediac, effend.

#### Partizip prät. aktiv.

| Einf. Zahl. | Mehrf. Zahl. |
|---|---|
| männl. weibl. fächl. | männl. weibl. fächl. |
| jedol, jedla, jedlo, er, fie, es hat gegeffen. | jedli, jedly, jedly, fie haben gegeffen. |

#### Substantiv verbal.
jedenie, das Effen.

## II. Vedet, wiſſen.

### Indikativ präſ.

| Einf. Zahl. | Mehrf. Zahl. |
|---|---|
| 1. viem, ich weiß; | vieme, wir wiſſen; |
| 2. vieš, du weißt; | viete, ihr wiſſet; |
| 3. vie, er weiß. | vedia, ſie wiſſen. |

### Imperativ.

| Einf. Zahl. | Mehrf. Zahl. |
|---|---|
| 1. — | vedzme, wiſſen wir; |
| 2. vedz, wiſſe du; | vedzte, wiſſet ihr; |
| 3. nech vie, wiſſe er. | nech vedia, wiſſen ſie. |

### Infinitiv.

vedet, wiſſen.

### Partizip präſ.

vediac, wiſſend.

### Partizip prät. aktiv.

| Einf. Zahl. | Mehrf. Zahl. |
|---|---|
| männl. weibl. ſächl. | männl. weibl. ſächl. |
| vedel, -a, -o, er, ſie, es hat gewußt. | vedel-i, -y, -y, ſie haben ge= wußt. |

### Partizip präſ. paſſiv.

| Einf. Zahl. | Mehrf. Zahl. |
|---|---|
| vedom-ý, -á, -é, er, ſie, es iſt bewußt. | vedom-í, -é, -é, ſie ſind be= wußt. |

### Subſtantiv verbal.

vedenie, das Wiſſen.

## III. íst, gehen.

### Indikativ präſ.

| Einf. Zahl. | Mehrf. Zahl. |
|---|---|
| 1. idem, ich gehe; | ideme, wir gehen; |
| 2. ideš, du gehſt; | idete, ihr gehet; |
| 3. ide, er geht. | idú, ſie gehen. |

**Imperativ.**

| Einf. Zahl. | Mehrf. Zahl. |
|---|---|
| 1. — — | iďme, gehen wir; |
| 2. iď, gehe du; | iďte, gehet ihr; |
| 3. nech ide, gehe er. | nech idú, gehen sie. |

**Infinitiv.**

íst, gehen.

**Partizip präs.**

idúc, gehend.

**Partizip prät. aktiv.**

Einf. Zahl.

männl.         weibl.         sächl.

šiel ob. išol, šla ob. išla, šlo ob. išlo, er, sie, es ist gegangen.

Mehrf. Zahl.

šli ob. išli, šly ob. išly, šly ob. išly, sie sind gegangen.

**Substantiv verbal.**

idenie (itie, chodenie) das Gehen.

## §. 41.
### Abwandlung in passiver Form.

In der slovakischen Sprache gibt es keine besondere Form, welcher nach die Zeitwörter in passiver Bedeutung abzuwandeln wären, ausgenommen das **leidende Mittelwort der vergangenen Zeit**, aus welchem mittelst des Hilfszeitwortes som und des frequentativen bývam die passiven Arten und Zeiten folgendermaßen abgeleitet werden:

### I. Mit som, ich bin.

**Indikativ präs.**

Einf. Zahl.

männl.         weibl.         sächl.

| | | | |
|---|---|---|---|
| 1. volaný, | volaná, | volané som, | ich bin gerufen; |
| 2.    „ | „ | „ si, | du bist gerufen; |
| 3.    „ | „ | „ je, | er, sie, es ist gerufen. |

8

**Mehrf. Zahl.**

männl.   weibl.    sächl.

1. volaní, volané, volané sme, wir sind gerufen;
2.   „      „      „  ste, ihr seid gerufen;
3.   „      „      „  sú, sie sind gerufen.

### Präterit Perfekt.

**Einf. Zahl.**

1. bol som volaný, bola som volaná, bolo som volané, ich bin gerufen gewesen;
2. bol si volaný, bola si volaná, bolo si volané, du bist gerufen gewesen;
3. bol volaný, bola volaná, bolo volané, er, sie, es ist gerufen gewesen.

**Mehrf. Zahl.**

1. boli sme volaní, boly sme volané, boly sme volané, wir sind gerufen gewesen;
2. boli ste volaní, boly ste volané, boly ste volané, ihr seid gerufen gewesen;
3. boli volaní, boly volané, boly volané, sie sind gerufen gewesen.

### Plusquamperfekt.

**Einf. Zahl.**

Männl. 1. bol som bol volaný, ich war gerufen gewesen ꝛc.

**Mehrf. Zahl.**

Männl. 1. boli sme boli volaní, wir waren gerufen gewesen ꝛc.

### Futurum.

**Einf. Zahl.**

Männl. 1. budem volaný, ich werde gerufen sein ꝛc.

**Mehrf. Zahl.**

Männl. 1. budeme volaní, wir werden gerufen sein ꝛc.

### Imperativ.

**Einf. Zahl.**

Männl. 2. volaný buď, sei du gerufen;
  „   3. nech je volaný, sei er gerufen.

Mehrf. Zahl.

Männl. 1. volaní buďme, seien wir gerufen;
„ 2. „ buďte, seiď ihr gerufen;
„ 3. nech sú volaní, seien sie gerufen.

### Konjunktiv Imperfekt.

Einf. Zahl.

Männl. 1. bol bych ob. bol by som volaný, ich wäre gerufen ꝛc.

Mehrf. Zahl.

Männl. 1. boli by sme volaní, wir wären gerufen ꝛc.

### Plusquamperfekt.

Einf. Zahl.

Männl. 1. bol bych ob. bol by som býval volaný, ich wäre gerufen gewesen ꝛc.

Mehrf. Zahl.

Männl. 1. boli by sme bývali volaní, wir wären gerufen gewesen ꝛc.

### Infinitiv.

Männl. volaný byť, gerufen sein ꝛc.

### Partizip präs.

Männl. volaný súc, gerufen seiend ꝛc.

### II. Mit býۅam, ich pflege zu sein.

### Indikativ präs.

Einf. Zahl.

| männl. | weibl. | sächl. | | |
|---|---|---|---|---|
| 1. volaný, | volaná, | volané | bývam, | ich pflege gerufen zu sein. |
| 2. „ | „ | „ | bývaš, | du pflegest „ „ „ |
| 3. „ | „ | „ | býva, | er, sie, es pflegt „ „ „ |

Mehrf. Zahl.

| | | | | |
|---|---|---|---|---|
| 1. volaní, | volané, | volané | bývame, | wir pflegen gerufen zu sein. |
| 2. „ | „ | „ | bývate, | ihr pfleget „ „ „ |
| 3. „ | „ | „ | bývajú, | sie pflegen „ „ „ |

8*

## §. 42.
### Abwandlung der unperſönlichen Zeitwörter.

Die unperſönlichen Zeitwörter, als: pršať, regnen; hrmeť, donnern; svitať, tagen; mrkať sa, dämmern; bliskať sa, blitzen, welche bloß in der dritten Perſon einf. Zahl gebräuchlich ſind, behalten jene Abwandlungsform, die den entſprechenden perſönlichen zukommt; z. B. pršať, wie in der III. Abwandlung: hľadeť, ſchauen; bliskať sa, wie in der V. Abwandlung: volať, rufen.

<table>
<tr><td>1. Muſter.</td><td>2. Muſter.</td></tr>
</table>

### Indikativ präſ.

| | |
|---|---|
| prší, es regnet. | bliská sa, es blitzt. |

### Präteritum.

| | |
|---|---|
| pršalo, es hat geregnet. | bliskalo sa, es hat geblitzt. |

### Futurum.

| | |
|---|---|
| bude pršať, es wird regnen. | bude sa bliskať, es wird blitzen. |

### Imperativ.

| | |
|---|---|
| nech prší, es regne. | nech sa bliská, es blitze. |

### Infinitiv.

| | |
|---|---|
| pršať, regnen. | bliskať sa, blitzen. |

### Partizip präſ.

| | |
|---|---|
| pršiac, regnend. | bliskajúc sa, blitzend. |

### Subſtantiv verbal.

| | |
|---|---|
| pršanie, das Regnen. | bliskanie, das Blitzen. |

### Bemerkungen.

1. Zu den unperſönlichen Zeitwörtern gehört auch die Beſchreibung der Witterung, als: teplo je, es iſt warm; zima je, es iſt kalt ꝛc.; wie auch folgende Redensart: bije tri hodiny, es ſchlägt drei Uhr; v krčme sa pije, in der Schenke wird getrunken ꝛc.

2. Die unperſönlichen praj und vraj, man ſagt, welche aus pravil und vravel, ſagen, entſtanden ſind, werden als Partikeln gebraucht.

## Sechstes Kapitel.

### §. 43.

### Von dem Nebenworte.

Das Nebenwort (adverbium, príslovka) ist jener un=
biegsame Redetheil, durch welchen die Art und Weise oder der
Nebenumstand eines Thuns, Zustandes oder einer Eigenschaft
ausgedrückt und näher bestimmt wird; z. B. *zle* hovoriť, schlecht
sprechen; *teraz* som prišiel, jetzt bin ich gekommen ꝛc.

*A)* In Rücksicht der Bildung sind die Nebenwörter entweder
ursprüngliche, oder abgeleitete, oder zusammengesetzte
Wörter.

*a)* Die ursprünglichen oder Stammwörter (primiti-
va, prvotné) sind: ano, ja; nie, nein; tu, hier; hen, dort;
už, schon; až, bis ꝛc.

*b)* Die abgeleiteten (derivata, odvodené) sind, und
zwar:

1) Gebildet von den Beiwörtern durch die Laute o, e,
und in den auf cký, ský, zký geendigten durch das Verwandeln
des langen ý in ein kurzes y; z. B. často, oft; mnoho, viel; ďa-
leko, weit; čerstvo, frisch; pekne, schön; múdre, gescheidt;
stále, standhaft; turecky, türkisch; rusky, russisch; kňazky, prie=
sterlich ꝛc.; diesen letzteren wird öfters das po vorgesetzt; z. B.
po turecky, po slovensky ꝛc. Der Analogie der beiwörtlichen Ne=
benwörter nach ist auch das pomaly, langsam und potichy oder po-
tichu, leise, gebildet.

2) Von den Hauptwörtern; z. B. doma, zu Hause;
dneska, heute; včera, gestern; dolu, unten; troška, bischen;
veru, wahrhaftig; medzi, zwischen; celkom, gänzlich; letom,
flugs; náhodou, zufällig; razom, auf einmal ꝛc.

3) Von den Zeitwörtern; z. B. darmo, umsonst; ukra-
domky, stehlend; stojačky, stehend ꝛc.; hieher gehören auch die
Zeitwörter: tuším, ich ahne; hádam, ich errathe; myslím, ich
denke, welche statt des Nebenwortes snaď, vielleicht, gebraucht
werden; z. B. tuším príde, vielleicht kommt er; hádam nenie tu,
vielleicht ist er nicht hier ꝛc.

4) Von den fürwörtlichen Wurzeln; z. B. kedy, wann;
nikdy, niemals; vždy, immer; indy, ein anderesmal; vtedy, da=
mals; dokiaľ od. dokuď, wielange; dotiaľ od. dotuď, solange;
kde, wo; inde, anderswo; všade, überall; kade, welchen Weg;

tade, dort durch; kam, wohin; tam, dort; sem, hieher; inam, anderswohin ꝛc.

*c)* Die zusammengesetzten (composita, složené) sind, und zwar:

1) Mit den Partikeln: ni, ne, da, raz, koľvek, si, s, to; z. B. nikde, nirgend; nikam, nirgendhin; nikdy od. nikedy, niemals; nedobre, nicht gut; nekedy od. dakedy, dann und wann; nekoľko od. dakoľko, etliche; nekto od. dakto, jemand; toraz (statt tenraz) jetzt; jedenraz, einmal; ktokoľvek, wer immer; kamkoľvek, wo immerhin; kedysi, einst; dnes, heute; ztadialto, von hieraus ꝛc.

2) Mit den Vorwörtern; z. B. dopoly od. odpoly, zur Hälfte; odrazu, auf einmal; zdola, von unten; zhora, von oben; zaslnca, beim Sonnenschein; donaha, nackt; zaživa, bei Lebzeiten; znovu, von Neuem; zriedka, selten; zastarodávna, vor Alters; zhusta, oft; docela, gänzlich; dojista od. dozajista, gewiß; napred, vorwärts; nazad, rückwärts; napriek od. navzdory, zu Trotz; naschval, zu Fleiß; naopak, umgekehrt; nazpät, zurück; nazpamät, auswendig; nahlas, laut; vjedno, in Einem; vôbec, überhaupt; vôkol, um; prečo, warum; preto, darum; začo, weswegen; zato, deswegen; načo, wozu; nato, dazu; vnútri, inwendig; vonku, draußen; vlani od. vloni, voriges Jahr; pozajtra, übermorgen; potom, nachher; poznovu, neuerdings; predtým, vordem; predvčerom, vorgestern; medzitým, inzwischen; spolu, mit einander ꝛc.

*B)* In Rücksicht der Bedeutung und eines leichteren Überblickes wegen können die Nebenwörter in verschiedene Klassen eingetheilt werden, und zwar:

### 1. Nebenwörter der Zeit.

Kedy, wann.
Kedykoľvek, wann immer.
Teraz, včul, jetzt.
Hned, gleich.
Skoro, geschwind.
Zas, zase, abermals.
Zavčasu, zeitlich.
Náhle, eilends.
Volho, nach Muße.
Vždy, immer.
Zadňa, beim Tage.
Stále, beständig.
Večne, ewig.
Zriedka, selten.

Nedávno, unlängst.
Dosiaľ, posiaľ, bis jetzt.
Volakedy, einst.
Ešte, noch.
Predtým, vordem.
Už, schon.
Zastarodávna, vor Alters.
Medzitým, inzwischen.
Onehdy, neulich.
Odteraz, von jetzt an.
Ledva, kaum.
Potom, alsdann.
Včera, gestern.
Včasne, früh.
Predvčerom, vorgestern.
Dnes, heute.

Napoludnie, mittags.
Zajtra, morgen.
Pozajtra, übermorgen.
Večer, zvečera, abends.
Zpolnoci, um Mitternacht.
Rano, zarana, morgens.
Načas, rechtzeitig.
Zaraz, alsogleich.
Cvalom, eilends.
Jaknáhle, sobald.
Neprileżito, zur Unzeit.
Často, oft.
Neskoro, spät.
Nenadále, unversehens.
Ročite, jährlich.
Mesačne, monatlich.
Týdenne, wochentlich.
Denne, täglich.

## 2. Nebenwörter des Ortes.

Kam, wohin.
Odkiaľ, odkud, woher.
Dotiaľ, dotud, bis dahin.
Dotialto, bis hieher.
Tu, tuná, hier.
Okolo, herum.
Preč, fort.
Sem, semká, hieher.
Prosto, gerade.
Tadeto, hier durch.
Odtialto, odtudto, von hier aus.
Tam, dort.
Ta, dorthin.
Dočista, rein.
Tu i tam, hie und da.
Inde, anderswo.
Mimo, vorbei.
Odinakiaľ, anderswoher.
Až, bis.
Blízo, nahe.
Ďaleko, weit.
Zdaleka, aus der Weite.
Vnútri, inwendig.
Znútra, von innen.
Zvonku, von außen.
Kdekoľvek, wo immer.
Hore, oben.
Dolu, unten.
Všade, überall.
Napravo, rechts.
Naľavo, links.

Ďalej, weiter.
Dokoráň, angelweit.
Voskrz, naskrz, durch und durch.
Zvláste, insbesonders.
Nekde, dakde, irgendwo.
Nikde, nirgend 2c.

## 3. Nebenwörter des Überflußes, Mangels und der Beschaffenheit.

Koľko, wie viel.
Mnoho, veľa, viel.
Nemnoho, neveľa, nicht viel.
Málo, wenig.
Trochu, troška, ein wenig.
Dosi, genug.
Asi, etwa.
Zbytočne, überflüßig.
Nekonečne, unendlich.
Celkom, gänzlich.
Všetko, alles, ganz.
Jako, ako, wie.
Dobre, gut.
Zle, schlecht.
Obyčajne, gewöhnlich.
Silno, stark.
Ochotne, vdačne, bereitwillig.
Dopoly, zur Hälfte.
Dobrovoľne, freiwillig.
Úmyselne, vorsätzlich.
Nerozvážlive, unbesonnen.
Naschvál, nápoky, mit Fleiß.
Nevdojak, unversehens.
Peší, zu Fuß.
Potajomky, heimlich.
Verejne, öffentlich.
Lahko, leicht.
Pohodlne, gemächlich.
Darmo, zdarma, umsonst 2c.

## 4. Nebenwörter der Vergleichung, Ordnung und der Anzahl.

Viac, viacej, mehr.
Najviac, am meisten.
Menej, weniger.
Najmenej, am wenigsten.
Síc, sice, zwar.
Aspoň, wenigstens.
Bezmála, beinahe.
Následovne, folglich.
Navzdory, napriek, zu Trotz.

Velmi, ſehr.
Temer, faſt, beinahe.
Teda, tedy, alſo.
Toľko, ſo viel.
Lež, aber.
Len, nur.
Ani, nicht einmal.
K vôli, zum Gefallen.
K čomu, wozu.
K tomu, dazu.
S tým, damit.
V tom, darin, dabei.
Najprv, zuerſt.
Spolu, mit einander.
Dohromady, insgeſammt.
Krokom, Schritt für Schritt.
Predovším, vor Allem.
Z čiastky, theils.
Konečne, endlich.
Koľkoráz, wie vielmal.
Jedenraz, Jedenkrát, einmal.
Dvaraz, zweimal.
Toľkoráz, ſo oftmal.
Prvýraz, das erſtemal.
Posledníraz, das letztemal.
Ešteraz, noch einmal.
Menovite, namentlich.
Znovu, von Neuem
        ꝛc.

## 5. Frage=, Bejahungs= und Ver= neinungs=Nebenwörter.

Prečo, warum.
Odkedy, ſeit wann.
Začo, wofür.
Či, ob.
Snad, asnad, vielleicht.
Ano, hej, ja.
Myslím, ich denke.
Istotne, zajiste, gewiß.
Bezpečne, ſicher.
Veru, in Wahrheit.
Bezpochyby, ohne Zweifel.
Nepochybne, unfehlbar.
Predca, dennoch.
Ozaj, im Ernſt.
Skutočne, wirklich.
Ovšem, allerdings.
Opravdu, wahrhaftig.
Bodaj (Boh daj) gebe Gott.
Sotva, kaum.
Nie, nein.
Nijako, keineswegs.
Ťažko, ſchwerlich.
Nič, nichts.
Naopak, im Gegentheil.
Naruby, verkehrt.
Nemožno, unmöglich ꝛc.

### Bemerkung.

Einige unter den Nebenwörtern ſind auch als Bindewörter zu betrach=
ten, daher ſind etliche hier und dort (§. 47.) angegeben worden.

### §. 44.
### Von der Steigerung der Nebenwörter.

Diejenigen Nebenwörter, welche eine Eigenſchaft bezeichnen,
können ebenſo wie die Beiwörter, von denen ſie abgeleitet wurden,
den im §. 25. *A. B.* angegebenen Regeln nach, durch den Auslaut
šic oder ejšie, und den Anlaut naj geſteigert werden; z. B. sladko,
ſüß; sladšie, ſüßer; najsladšie, am ſüßeſten; pekne, ſchön;
peknejšie, ſchöner; najpeknejšie, am ſchönſten ꝛc.

Etliche ſind, deren Steigerung unregelmäßig gebildet wird,
als:

Dobre, gut; lepšie, beſſer; najlepšie, am beſten.
Zle, ſchlecht; horšie, ſchlechter; najhoršie, am ſchlechteſten.
Mnoho, viel; viac oder viacej, mehr; najviac, am meiſten.

Málo, wenig; menej, weniger; najmenej, am wenigſten.
Skoro, bald; skôr oder skorej, früher; najskôr, am frühſten.
Rád, gerne; radnej oder radšie, lieber; najradšie, am liebſten.
Ďaleko, weit; ďalej, weiter; najďalej, am weiteſten.

## Siebentes Kapitel.

### §. 45.
#### Von dem Vorworte.

Das Vorwort (praepositio, predložka) ſo genannt, weil es meiſtens vor dem Hauptworte oder deſſen Stellvertreter ſteht und eine gewiſſe Endung deſſelben verlangt, iſt jener unbiegſame Redetheil, wodurch vermittelſt des Zeitwortes angezeigt wird, wie ſich zwei Gegenſtände auf einander beziehen oder gegen einander verhalten; z. B. pes leží *pri* dome, der Hund liegt bei dem Hauſe; sedí *vedľa* mňa, ſitzt neben mir.

*A)* Die Vorwörter werden rückſichtlich ihrer Entſtehung eingetheilt in:

*a)* Urſprüngliche; z. B. bez, do, na ꝛc.

*b)* Abgeleitete; z. B. mimo, straniva, proti ꝛc. und

*c)* Zuſammengeſetzte Wörter; z. B. okolo, podľa, naproti ꝛc.

*B)* Der Verrichtung nach in:

*a)* Trennbare (separabiles, rozlučiteľné) welche den Haupt- und Fürwörtern vorgeſetzt werden, als: bez, do, k, na, nad, o, od, po, pod, pre, pred, prez oder cez, pri, s, u, v, z, za; und

*b)* Untrennbare (inseparabiles, nerozlučiteľné) die nur in den zuſammengeſetzten Wörtern vorkommen, als: ob, pa, pra, pro, roz, ráz, vy, vý, vz; z. B. obchod, der Handel; parohy, das Hirſchgeweih; praded, der Urgroßvater; prorok, ein Prophet; rozbor, die Zergliederung; rázporok, der Schlitz; vydanie, die Ausgabe; výrok, der Ausſpruch; vznik, die Entſtehung ꝛc.

### §. 46.
#### Von der Rektion der Vorwörter.

Die trennbaren Vorwörter, indem ſie den Haupt- oder Fürwörtern vorgeſetzt werden, verlangen (regunt, žiadajú) eine oder auch mehrere beſtimmte Endungen nach ſich.

*A)* Eine Endung verlangen, und zwar:

*a)* Den **Genitiv**:

**bez**, ohne; z. B. bez chleba, ohne Brod; bez toho niet, daran fehlt es nicht;

**do**, in, nach, bis; z. B. do domu, in das Haus; do Viedne, nach Wien; do večera, bis Abend;

**krem, okrem**, außer; z. B. krem Boha, außer Gott; okrem nás, außer uns;

**kolo, okolo**, um, gegen; z. B. kolo stola, um den Tisch; okolo troch hodín, gegen drei Uhr;

**mimo, pomimo**, außer, neben; z. B. mimo nádeje, außer der Hoffnung; pomimo mesta, neben der Stadt;

**dľa, podľa, vedľa**, nach, neben, gemäß; z. B. dľa zákona, dem Gesetze nach; podľa mňa, neben mir; vedľa zvyku, der Gewohnheit gemäß;

**od** (odo) von, als, seit; z. B. list od sestry, ein Brief von der Schwester; silnejší od teba, stärker als du; od toho času; seit der Zeit;

**u**, bei; z. B. u otca, bei dem Vater; u vás, bei euch;

**z**, aus, in Zusammensetzungen, als: znad, zponad, zpod, zpopod, zmedzi, zpomedzi, zpoza, zpred, zpopred, zpopri; z. B. zponad dverí, aus dem oberen Theile der Thür; zpopod domu, aus dem unteren Theile des Hauses; zpred brány, aus dem vorderen Theile des Thores ꝛc.

Dieselbe Endung verlangen auch etliche Adverbien, wenn sie anstatt der Vorwörter gebraucht werden; z. B. blízo domu, in der Nähe des Hauses; konča ulice, am Ende der Gasse; kraj potoka, am Rande des Flußes; strany poriadku, in Hinsicht der Ordnung; prosried nebezpečenstva, in der Mitte der Gefahr; výše nás, ober uns; niže kostola, unter der Kirche; miesto brata, anstatt des Bruders.

*b)* Den **Dativ** verlangen:

**k** (ku) zu, gegen; z. B. k nám, zu uns; láska k Bohu, die Liebe gegen Gott; ku korune, zur Krone;

**proti, oproti**, gegen, wider; z. B. proti Bohu, gegen Gott; oproti nám, gegen uns; proti rozkazom, wider die Befehle oder den Befehlen zuwider.

Dieselbe Endung verlangen auch manche nebenwörtlich gebrauchte Ausdrücke; z. B. jemu k vôli, ihm zu lieb; bratovi v ústrety oder naprotiva, dem Bruder entgegen.

*c)* Den **Akkusativ** verlangen:

**pre**, für, wegen; z. B. pre ženu, für das Weib; pre vás, wegen euch;

**prez, cez,** über, durch; z. B. prez most, über die Brücke; cez mesto, durch die Stadt;

**kroz, skrz, skrze,** durch, wegen, mittelst; z. B. kroz priateľov, durch die Freunde; skrz nerozum, wegen des Unver= standes; skrze prímluvu, mittelst der Fürsprache;

*d)* Den **Lokal** verlangt:

**pri, popri,** bei, neben; z. B. pri moste, bei der Brücke; pri koňoch, bei den Pferden; popri dome, neben dem Hause.

*e)* Den **Instrumental** verlangt:

**s** (so) mit; z. B. s otcom, mit dem Vater; so ženou, mit dem Weibe.

*B)* Zwei Endungen, und zwar:

I. Den **Akkusativ** und **Lokal** verlangen:

**na,** auf, über:

*a)* Den Akkusativ 1) Auf die Frage kam? wohin; z. B. na strom, auf den Baum; na Nitru, über Neutra. 2) Auf die Frage jako? wie; z. B. na žiaden spôsob, auf keinen Fall. 3) Wenn von der Zeit die Rede ist; z. B. na veky, auf immer; na veľkú noc, auf Ostern.

*b)* Den Lokal auf die Frage kde? wo; z. B. na strome, auf dem Baume.

**o,** um, von:

*a)* Mit Akkusativ in verschiedener Bedeutung; z. B. o život prísť, um das Leben kommen; o rok sa vrátiť, nach einem Jahre zurückkehren; o míľu ďalej, um eine Meile weiter.

*b)* Mit Lokal entspricht es dem deutschen von; z. B. o kom je reč? von wem ist die Rede; o Bohu, von Gott. In der Beschreibung der Gegenstände kommt es auch vor; z. B. voz o dvoch kolesách, ein Wagen von zwei Rädern.

**po,** bis, durch, nach:

*a)* Mit Akkusativ; z. B. po pás, bis zum Gürtel; po všetky časy, durch alle Zeiten.

*b)* Mit Lokal; z. B. po svete, durch die Welt; po reči poznať, der Sprache nach erkennen; po obede, nach Mittag.

**v** (vo) in:

*a)* Mit Akkusativ; z. B. premeniť sa v nečo, in etwas sich verwandeln; v Boha veriť, an Gott glauben.

*b)* Mit Lokal; z. B. v zahrade, im Garten; v dome, im Hause; vo vode, im Wasser; und wenn von der Zeit die Rede ist; z. B. v týdni, in der Woche.

**II.** Den **Akkusativ** auf die Frage kam? wohin, und den **Instrumental** auf die Frage kde? wo, verlangen:

**medzi,** zwischen:

*a)* Mit Akkusativ; z. B. padnul medzi kone, er ist zwischen die Pferde gefallen.

*b)* Mit Instrumental; z. B. je medzi koňmi, er ist zwischen den Pferden.

**nad** (nado) über:

*a)* Mit Akkusativ; z. B. polož nad obraz, lege über das Bild.

*b)* Mit Instrumental; z. B. nad vodou, über dem Wasser; nad nami, über uns.

**pod** (podo) unter, gegen:

*a)* Mit Akkusativ; z. B. pod strechu, unter das Dach; pod večer, gegen Abend.

*b)* Mit Instrumental; z. B. pod stromom, unter dem Baume.

**pred** (predo) vor:

*a)* Mit Akkusativ; z. B. pred súd volať, vor das Gericht rufen.

*b)* Mit Instrumental; z. B. pred Bohom, vor Gott; pred svetom, vor der Welt.

**III.** Den **Genitiv** und **Akkusativ** verlangt:

**z** (zo) aus:

*a)* Den Genitiv auf die Frage odkiaľ? woher; z. B. z otčiny, aus dem Vaterlande; jeden z nich, einer aus ihnen.

*b)* Im Akkusativ entspricht es dem deutschen **ungefähr**; z. B. z holbu vína vypiť, ungefähr eine halbe Wein austrinken.

*C)* D r e i Endungen, und zwar den **Genitiv, Akkusativ** und **Instrumental** verlangt:

**za,** zu, in, für, hinter:

*a)* Den Genitiv zur Bezeichnung der Zeit; z. B. za tmy, zur Zeit der Finsterniß; za času Ladislava, zur Zeit des Ladislaus.

*b)* Den Akkusativ 1) Auf die Frage kam? wohin und za-čo? wofür; z. B. za stôl sadnúť, sich zum Tische setzen; za zlatý, für einen Gulden. 2) Von der Zeit z. B. za hodinu, in einer Stunde; za rok, in einem Jahre. Hieher gehören auch folgende

Redensarten: chytiť za nečo, bei etwas fangen; prosiť za neko-
ho, für Jemand bitten; za nič mať, für nichts halten; za ženu
vziať, zum Weibe nehmen; za kráľa vyvolil, zum Könige wählen.

c) Den **Instrumental** auf die Frage kde? wo; z. B.
za mestom, hinter der Stadt.

In den fragenden Redensarten steht es entweder einfach mit
**Nominativ**, oder auch mit **Genitiv**; z. B. čo to za človek oder
za človeka? was ist das für ein Mensch.

## Bemerkungen.

1. Die meisten Vorwörter, welche mit Konsonanten schließen, müssen
vor den Redetheilen, wenn diese mit einem oder mehreren schwer aussprech-
baren Konsonanten anfangen, das euphonistische o annehmen; z. B. rozo-
hnať, auseinander treiben, anstatt: rozhnať; podozrelý, verdächtig, an-
statt: podzrelý; so sestrou, mit der Schwester, anstatt: s sestrou; nado
dvermi, über der Thür, anstatt: nad dvermi; zo spolku, aus dem Vereine,
anstatt: z spolku 2c.

Das k macht insofern eine Ausnahme, indem es meistens u statt o
annimmt; z. B. ku kostolu, zur Kirche; und der kurze Akkusativ ň einf.
Zahl dritter Person der persönlichen Fürwörter (§. 17. II. Muster) welcher
mit e statt mit o verbunden wird; z. B. prezeň, durch ihn, nicht prezoň;
nadeň, über ihn, nich nadoň 2c. In diesem Falle ist der Laut e hart, folglich
wird das vorhergehende d nicht erweicht.

2. Die Vorwörter: do, na, pre, pri, so, u, vy, za müssen, wenn
sie mit Hauptwörtern oder von diesen abgeleiteten Beiwörtern zusammen-
gesetzt sind, in: dô, ná, prie, prí, sú, ú, vý, zá verlängert werden; z. B.
dôchodný, Rentmeister; národ, die Nation; prielaz, der Steig über einen
Zaun; príchod, die Ankunft; súsed, der Nachbar; úrad, das Amt; vý-
pad, der Ausfall; závej, die Windwehe; po wird bald verlängert; z. B.
in pôvod, der Ursprung, bald nicht; z. B. in potok der Fluß.

3. Wenn die Vorwörter mit den Zeitwörtern zusammengesetzt sind,
so verwandeln sie nicht nur die gegenwärtige Zeit in die zukünftige, vielmehr
bilden sie aus den **intransitiven transitive** Zeitwörter; z. B. môžem,
ich kann, pomôžem, ich werde helfen, premôžem, ich werde überwinden;
liezť, klettern, preliezť, übersteigen; padnúť, fallen, napadnúť, überfallen;
smiať sa, lachen, vysmiať sa, auslachen 2c.

Auch ist wohl zu merken, daß die mit Zeitwörtern vorkommenden
Vorwörter nie getrennt, sondern mit einander verbunden erscheinen; z. B.
písať, schreiben, vpísať, hineinschreiben, nicht v písať; so auch: hodiť,
werfen, zahodiť, wegwerfen; pustiť, lassen, zpustiť, herablassen, vypustiť,
auslassen 2c.

## Achtes Kapitel.

### §. 47.

#### Von dem Bindeworte.

Das Bindewort (conjunctio, spojka) ist jener unbiegsame Redetheil, durch welchen der Kürze, Deutlichkeit und des Wohlklanges halber gleichartige Satzglieder eines Satzes, oder einzelne Sätze zu einem zusammengesetzten verbunden werden; z. B. anstatt: pes šteká, pes hryzie, der Hund bellt, der Hund beißt, sagt man: pes šteká a hryzie, der Hund bellt und beißt.

A) Der Form nach sind die Bindewörter:

a) Ursprüngliche, als: a, i, bo, že, či :c.

b) Abgeleitete, als: jestli, ježeli, veď, vraj :c.

c) Zusammengesetzte, als: aj, lebo, až, ale, ani, lež, leda :c.

B) Der Bedeutung nach können die Bindewörter ebenfalls in verschiedene Klassen eingetheilt werden, ich will sie jedoch leichterer Übersicht halber bloß in alphabetischer Ordnung anführen, und zwar:

A, und.
Aby, daß.
Ačpráve, wenn gleich.
Aj, auch.
Ale, aber.
Alebo, abo, oder.
Aneb, anebo, oder.
Ani, auch nicht.
Ani — ani, weder — noch.
Až, bis.
Ba, sogar.
Bár, bars, wenn.
Bo, lebo, denn, oder.
Bud — budto, entweder — oder.
By, daß.
Či — či, ob — oder.
Čili — čili, ob — oder.
Čím — tým, jemehr — desto.
Čo aj, und wenn auch.
Hoc, wenn gleich.
Hoc kto, wer immer.
I, auch, und.
I — i, sowohl — als auch.
Jako — tak, wie — so.
Jako by, jako keby, als wenn.

Jak by, wenn vielleicht.
Jak nie, wenn nicht.
Jakožto, als.
Jestli, wenn.
Ježeli, ob.
Keby, ked by, wenn.
K tomu, dazu.
Krem, kremä, außer.
Kým, bis.
Lebo — lebo, entweder — oder.
Leda, außer.
Ledva, kaum.
Len, nur.
-li, denn.
Nakoľko — natoľko, in wie weit — in so weit.
Nasledovne, folglich.
Nato, darauf.
Nežli, neželi, als.
Nielen — ale i, nicht nur — sondern auch.
Ničmenej, nichtsdestoweniger.
Podobne, gleichfalls.
Pokiaľ, wofern.
Poneváč, weil.

Potom, hernach.
Preto, darum.
Síc, sice, sonst, zwar.
Sťa, als, wie.
Tak, so.
Teda, tedy, also, demnach.
Tiež, auch.
Totižto, das heißt, nämlich.

Trebars, trebas, wenn gleich.
Tým, desto.
Už, schon.
Ved, doch.
Však, dennoch.
Zato, deswegen.
Že, že by, daß doch.

## Neuntes Kapitel.

### §. 48.
### Von dem Empfindungslaute.

Der Empfindungslaut (interjectio, výkriknik) ist ein Ausbruch des Gefühls, drückt keine Begriffe oder Vorstellungen aus, und steht mit den übrigen Wörtern des Satzes in keinem Zusammenhange.

Der Bildung nach sind die eigentlichen Interjektionen bloße Laute, es werden aber auch einzelne Redetheile als uneigentliche Interjektionen gebraucht.

Die in der slovakischen Sprache am meisten vorkommenden Interjektionen sind:

O!
Ah, ach!
Ej!
Jaj, joj, juj!
Fuj!
Ha!
Ha, ha, ha!
Hej!
Hejsa, hejsasa!
Hoj!
Hopsa!
Hm!
Ľa, nuž ľa, ľaľa!
Na!
No, ale no!
Nunu!
Bác!

Pif, paf!
Pst!
Šic! (zu den Katzen).
Heš! (zu den Hennen).
Kač! (zu den Enten).
Haj! (zu den Gänsen).
Kšo! (zu den Schweinen).
Hy, čihý, hot! (zu den Pferden).
Sasa! (zu den Ochsen).
Ejhľa! sieh da!
Bodaj, kýž! daß doch!
Beda, prebeda! o weh!
Hore, hore sa! auf!
Veru! in Wahrheit!
Bohužiaľ! leider!
Do zbroja! zu den Waffen!
Sláva! lebe hoch! vivat! ꝛc.

# Dritter Haupttheil.

## Die Satzlehre.

---

### §. 49.

#### Von dem Satze im Allgemeinen.

Ein Satz (enunciatio, veta) ist ein mit Worten ausgedrück=
ter Gedanke.

In einem jeden Satze muß vorkommen:

*a)* Ein Gegenstand, von dem etwas gedacht oder aus=
gesagt wird: das Subjekt (subjectum, podmet).

*b)* Etwas, das von dem Subjekte gedacht oder ausgesagt
wird: das Prädikat (praedicatum, prísudok).

*c)* Das, wodurch das Prädikat auf das Subjekt bezogen
wird: das Satzband (copula, spojka); z. B. pes je strážny,
der Hund ist wachsam, pes ist das Subjekt, strážny das Prädikat,
und je das Satzband.

Wenn der Satz bloß aus dem Subjekte und Prädikate besteht,
so heißt ein solcher Satz ein nackter Satz (enunciatio pura,
veta holá); z. B. matka je chorá, die Mutter ist krank; otec
chváli, der Vater lobt. Aber die Sprache bleibt bei dem nackten
Satze nicht stehen, sondern sie erweitert und vervollkommnet ihn
durch Ergänzungen und Bestimmungen; z. B. otec chváli *svojeho
syna*, der Vater lobt seinen Sohn, syna ist eine Ergänzung,
und svojeho eine nähere Bestimmung, durch welche der nackte Satz
ausgebildet wird, und deswegen ein ausgebildeter oder erwei=
terter Satz (enunciatio affecta, veta rozvinutá) heißt.

### Bemerkungen.

1. Sowohl das Subjekt als auch das Prädikat können durch verschiedene Redetheile ausgedrückt werden, nur muß ein jedes Wort, das als Subjekt stehen soll, substantivische, und das als Prädikat steht, verbale Natur annehmen, weil die Hauptwörter und die persönlichen Fürwörter die ursprünglichen Subjektswörter, die Zeitwörter aber die ursprünglichen Prädikatswörter sind.

2. Das Satzband, unter welchem eigentlich das Hilfszeitwort byť, wodurch das Prädikat mit dem Subjekte verbunden wird, zu verstehen ist, kommt oft nicht deutlich zum Vorschein, sondern ist bald im Subjekte, bald im Prädikate eingeschlossen.

## §. 50.
### Von der Übereinstimmung des Prädikates mit dem Subjekte.

Das Prädikat, sei es welcher Redetheil immer, muß mit seinem Subjekte übereinstimmen. So stimmt das Prädikatsverbum mit seinem Subjekte in der Person und Zahl überein; z. B. ja milujem, ich liebe; oni milujú, sie lieben. Das Prädikatssubstantiv, Adjektiv, Pronomen, Numerale und Partizipium aber muß mit dem Subjekte in der Endung, Zahl und in dem Geschlechte übereinstimmen; z. B. pes je zviera, der Hund ist ein Thier; lúbim čierne kone, ich liebe schwarze Pferde; moje knihy, meine Bücher; siedme dieťa, das siebente Kind; milovaným synom, den geliebten Söhnen ꝛc.

Außer dieser allgemeinen Regel ist noch auf folgende besondere Fälle zu achten:

a) Ein Prädikat, das mehreren in der einf. Zahl sich befindlichen Subjekten gemein ist, muß der Regel nach in die mehrf. Zahl gesetzt werden; z. B. nebe a zem *pominú* (nicht pominie) der Himmel und die Erde werden vergehen; matka a dcéra *boly* u nás (nicht bola) die Mutter und die Tochter waren bei uns. In Gedichten jedoch darf, wo es nöthig ist, das Prädikat auch in diesem Falle in der einfachen Zahl stehen, doch soll es dann im Geschlechte mit dem letzten Subjekte übereinstimmen.

b) Wenn aus mehreren Subjekten eines eine männliche Person bedeutet, muß sich das Prädikat im Geschlechte nach demselben richten; z. B. otec a matka *zomreli* (nicht zomrely) der Vater und die Mutter sind gestorben. Sind die Subjekte von verschiedener Person, so wird die erste vor der zweiten und diese vor der dritten berücksichtigt; z. B. ja a ty *pôjdeme* (nicht pôjdete) ich und du werden gehen; ty a on *pôjdete* (nicht pôjdu) du und er werdet gehen.

*c)* Zwei Subjekte, die mit s verbunden find, verlangen ein in mehrf. Zahl stehendes Prädikat; z. B. brat s bratom tu *boli* (nicht bol) der Bruder mit dem Bruder waren hier.

*d)* Mit einem unbestimmten oder unbekannten Subjekte setzt man das Zeitwort in die einf. Zahl des sächlichen Geschlechtes, obgleich das hauptwörtliche Prädikat eines anderen Geschlechtes ist; z. B. keď tma *bolo* (nicht bola) als es finster war. Auf dieselbe Art werden gebraucht: 1) Die Adverbien: mnoho, viacej, málo, menej, nečo, nič, dosť, koľko, toľko ꝛc.; z. B. mnoho nás bolo, wir waren Viele; nič smrti neušlo, nichts ist dem Tode entgangen. 2) Die Grundzahlen von päť kollektiv genommen; z. B. šesť padlo a osem zostalo, sechse find gefallen und achte find geblieben. 3) Die kollektiven Zahlwörter; z. B. štvoro jich hladom zomrelo, viere find aus Hunger gestorben. 4) Pol, die Hälfte; z. B. pol mesta vyhorelo, die Hälfte der Stadt ist abgebrannt.

## §. 51.
### Von dem Gebrauche einzelner Endungen.

#### A) Nominativ.

Der Nominativ ist die Endung des Subjektes. In Bezug auf den Gebrauch des Nominativs ist zu berücksichtigen:

*a)* Das Hauptwort, welches sich auf das Subjekt bezieht, muß die Endung des Nominativs annehmen; z. B. rieka **Dunaj.** der Fluß Donau.

*b)* Im Falle, daß sich im Nominativ zwei oder mehrere Hauptwörter befinden, richtet sich das Geschlecht nach dem ersten Hauptworte; z. B. *mesto* Trnava *vykorelo* (nicht vyhorela) die Stadt Tirnau ist abgebrannt.

*c)* Wenn das Zeitwort byl mit zwei Nominativen vorkommt, richtet sich das Geschlecht nach dem Nominativ des Subjektes; der Nominativ des Prädikates kann auch mit dem Instrumental ausgedrückt werden; z. B. jeho bohatstvo *boly* dobré *knihy*, oder jeho *bohatstvom* boly dobré knihy, seine Reichthümer waren gute Bücher.

*d)* Bei dem verneinenden Zeitworte nenie oder niet, nebolo, nebude ꝛc. wird statt des Nominativs meistens der Genitiv gebraucht; z. B. kde nenie *rady*, nenie *pomoci*, anstatt: kde nenie *rada*, nenie *pomoc*, wo kein Rath, ist keine Hilfe, eigentlich: wem nicht zu rathen, dem ist nicht zu helfen.

## B) Genitiv.

Der Genitiv wird gebraucht:

a) Wenn eine Eigenschaft der Person oder auch der Sache beschrieben wird; z. B. človek *dobrého svedomia*, ein Mensch von gutem Gewissen; zlatý *rakúskej ceny*, ein Gulden österreichischer Währung.

b) In der Angabe eines bestimmten Zeitabschnittes während dessen etwas geschieht; z. B. *roku pätnásteho* panovania Tiberia, im fünfzehnten Jahre der Regierung des Tiberius. So wird auch die gewöhnliche Jahres= und Tagesangabe mit dem Genitiv gegeben; z. B. roku tisíc osem sto dvaciateho druhého, dvanásteho marca, im Jahre 1822 den 12. März; oder roku bežiaceho, im Laufe des Jahres.

c) Die Person oder Sache, welche wirklich etwas besitzt, oder welcher etwas als ihr gehörig angeeignet wird, muß in den Genitiv gesetzt werden; z. B. zámok *Ladislava kráľa*, das Schloß des Königs Ladislaus; nauka *Ježiša Nazaretského*, die Lehre Jesu von Nazareth.

d) Jene Hauptwörter, welche einen Theil, eine Zahl, eine Menge, ein Maß oder ein Gewicht bezeichnen, verlangen, daß die Sache, auf welche sie sich beziehen, in den Genitiv gesetzt werde; solche sind: časť oder čiastka, ein Theil; počet, die Zahl; množstvo, sila, moc, die Menge; kŕdeľ, der Trupp; hajno, der Schwarm; hromada, kopa, der Haufe; holba, die Halbe; okov, der Eimer; siaha, die Klafter; cent, ein Zentner ꝛc.; z. B. čiastka *života*, ein Theil des Lebens; počet *peňazí*, die Zahl des Geldes; množstvo *vojakov*, die Menge der Soldaten; kŕdeľ *jeleňov*, ein Trupp Hirsche; kopa *domov*, ein Haufe von Häusern; holba *vína*, eine Halbe Wein; okov *piva*, ein Eimer Bier; siaha *dreva*, eine Klafter Holz; cent *železa*, ein Zentner Eisen ꝛc.

e) Die im Nominativ und Akkusativ stehenden Grundzahlen von fünf angefangen und alle Sammelnamen verlangen, daß die Sache, auf welche sie sich beziehen, in den Genitiv gesetzt werde; z. B. bolo tu šesť *chlapcov*, es waren hier sechs Knaben; daj mi päť *zlatých*, gib mir fünf Gulden.

f) Die Nebenwörter: mnoho, málo, dosť, plno, trochu, koľko, toľko ꝛc. und die Fürwörter: čo, nič, nečo, dačo verlangen den Genitiv; z. B. mnoho *psoty*, viel Elend; málo *rozumu*, wenig Verstand; dosť *všetkého*, Alles in Überfluß; plno *hostí*, voll von Gästen; koľko *hodín*? wie viel Uhr? čo u vás *nového*? was ist bei Ihnen Neues? ꝛc.

9*

*g)* Der verneinende Satz steht meistens mit dem Genitiv; z. B. nemáme *žiadneho miesta,* wir haben keinen Platz; kde nenie *bázne,* tam nenie *kázne,* wo keine Furcht, ist keine Zucht. Ausgenommen *nič,* welches im Nominativ bleibt; z. B. niet u vás *nič* nového? ist bei euch nichts Neues? In allen Fällen ferner, wo der Gegenstand durch den Genitiv bestimmt, oder durch die Fürwörter: čo, volačo ausgedrückt wird, oder wo sich die Verneinung bloß auf ein Wort und nicht auf den ganzen Satz bezieht, gebraucht man den Akkusativ z. B. nikto nezná *počet* dní svojich, Niemand kennt die Zahl seiner Tage; nemáme *čo* jesť, wir haben nichts zu essen.

*h)* Außer manchen zeitwörtlichen Hauptwörtern werden auch: škoda, der Schade; treba, potreba, die Noth; žiaľ, die Wehmuth; ľúto mi, es ist mir leid ꝛc. unpersönlich mit dem Genitiv gesetzt; z. B. škoda *peňazi,* Schade um das Geld; netreba ti *ženy,* du hast ein Weib nicht von Nöthen; ľúto mi *rodičov,* es ist mir leid um die Eltern.

*i)* Die Beiwörter: plný, prázny, schopný, hoden, vinen, povedomý, účastný, žiadostivý nehmen den Genitiv; z. B. plný *jedu,* voll des Zornes; prázny *chýb,* fehlerfrei; schopný *vraždy,* fähig des Mordes; hoden *vyznačenia,* würdig der Auszeichnung; vinen *smrti,* schuldig des Todes; povedomý *svojich cnosti,* bewußt seiner Tugenden; žiadostivý *hodnosti,* verlangensvoll nach Würden; účastný *odboja,* theilhaftig an der Empörung. Hoden wird auch, wenn es sich um einen Preis handelt, mit dem Akkus., und plný manchmal mit dem Instrum. konstruirt z. B. moja kniha je hodna *tri zlaté,* mein Buch ist drei Gulden werth; plný *duchom svätým,* voll des heiligen Geistes.

*j)* Ein unbestimmter Theil eines Ganzen wird mit dem Genitiv gebraucht; z. B. daj mi *chleba* (kus) gib mir (ein Stück) Brod; das Ganze aber steht im Akkusativ; z. B. daj mi *chlieb.*

*k)* Ferner verlangen den Genitiv folgende Zeitwörter:

| | |
|---|---|
| Zbavil sa, sich entledigen. | Hanbil sa, sich schämen. |
| Zprostil sa, los werden. | Pýtal sa, fragen. |
| Bál, ľakal sa, sich fürchten. | Odriecl sa, entsagen. |
| Chránil, varoval sa, sich schützen. | Týkal sa, berühren. |
| Dočkal sa, wartend erreichen. | Napil sa, trinken. |
| Dožil sa, lebend erreichen. | Najesl sa, sich sattessen. |
| Dopustil sa, sich erlauben. | Objesl sa, sich übereffen ꝛc. |

z. B. zbavil sa *života,* sich des Lebens entledigen; zprostil sa *nepriateľov,* von den Feinden los werden; napil sa *vody,* Wasser trinken; najesl sa *mäsa,* sich mit Fleisch sattessen ꝛc. Hieher gehören auch den Slovaken eigene Ausdrücke, als: *všetkého sa mi odnechcelo*, Alles ist mir zuwider geworden; chce sa mi *mäsa*, ich habe ein Verlangen nach Fleisch; *žiadam si slobody*, ich sehne mich nach der Freiheit; *pribylo mi peňazí*, mein Geld hat sich vermehrt ꝛc.

*l)* Die mit dem Vorworte na zusammengesetzten und eine Menge bedeutenden Zeitwörter endlich nehmen den Genitiv des Objektes an; z. B. narobil *chýb*, er hatte (Menge) Fehler gemacht; nasypal *prachu*, er hatte (Menge) Staub gestreut.

### Bemerkung.

Wenn nicht die Eigenschaft einer Person beschrieben, wie oben unter *a.* gesagt worden ist, sondern die Person selbst als Besitzerin einer Sache ohne nähere Angabe angedeutet wird, muß die Person anstatt des hauptwörtlichen Genitivs in Form der Beiwörter gebraucht werden; z. B. syn *boží* (nicht Boha) der Sohn Gottes; učenie *Sokratovo* (nicht Sokrata) die Lehre des Sokrates; ruka *človekova* oder *ľudská* (nicht človeka) die menschliche Hand. Wenn dagegen der Name des Besitzers näher bestimmt wird, tritt der Genitiv abermals hervor; z. B. syn *Boha živého*, der Sohn des lebendigen Gottes; učenie *Sokrata múdreho*, die Lehre des weisen Sokrates; ruka *človeka mocného*, die Hand des mächtigen Menschen ꝛc.

## C) Dativ.

*a)* Im Allgemeinen steht die Regel, daß der Dativ auf die Frage komu oder čomu? gebraucht werden muß; z. B. *pánovi* pracoval, dem Herrn arbeiten; *svetu* dobre prial, der Welt wohl gönnen. Insbesondere gehören hieher 1) Die Redensart: dal sa komu oder čomu mit dem Infinitiv gebraucht; z. B. nedám sa *ti* oklamať, ich lasse mich von dir nicht betriegen. 2) Der Gebrauch des Fürwortes sebe oder si; z. B. zapime *si*, trinken wir ein wenig; rob *si*, čo chceš, mache, was du willst. 3) Mehrere unpersönliche Ausdrücke, als: ľúto *mi*, es ist mir leid; zima *mi*, es ist mir kalt; náhlo *mi*, ich habe Eile; bolo *ti* tu zostať, hättest sollen hier bleiben; beda *vám*, wehe euch! ꝛc. 4) Die Bestimmung des Alters einer Person, oder der Zeit einer Begebenheit; z. B. mne je tricať rokov, ich bin 30 Jahre alt; minulo *mi* desai rokov, ich habe 10 Jahre zurückgelegt; bude *tomu* osem rokov a päť mesiacov, es werden sein 8 Jahre und 5 Monate.

*b)* Mehrere Zeitwörter verlangen den Dativ, als:

| | |
|---|---|
| Dať, geben. | Hoviel, wohl thun. |
| Divil ob. čudoval sa, sich wundern. | Kázať, befehlen. |
| Ďakoval, danken. | Prial ob. žičil, gönnen. |
| Hrozil, drohen. | Slúžil, dienen. |
| Hnusil sa, eckeln. | Škodil, schaden. |

Osožil, nützen.  
Patril, gehören.  
Radil, rathen.  
Určil, bestimmen.  
Sľúbil, versprechen.  
Tešil sa, sich freuen.  
Veril, glauben.  
Kľaňal sa, sich beugen.  
Ľúbil, páčil sa, gefallen.  
Zdál sa, scheinen.  
Blahoslavil, lobpreissen.  
Zlorečil, fluchen.

Poručil, hinterlassen.  
Doručil, einhändigen.  
Prislúchal, gehören.  
Požičal, borgen.  
Pomôcl, helfen.  
Sveril, vertrauen.  
Utrhoval, verleumden.  
Odpustil, verzeihen.  
Posmieval sa, spotten.  
Ublížil, beleidigen.  
Ujísl, durchgehen.  
Závidel, beneiden ꝛc.

z. B. dajte *Bohu*, čo je božie, gebet Gott, was Gottes ist; divím sa *tvojmu bratovi*, ich bewundere deinen Bruder; ďakuj *otcovi*, danke dem Vater ꝛc.

c) Auch jene Beiwörter, welche mit vorhergehenden Zeitwörtern im Zusammenhange stehen, wie auch andere, die eine Nützlichkeit, Unterwürfigkeit, einen Vergleich und überhaupt verschiedene Beziehungen des Gemüthes gegen Jemand andeuten, werden mit dem Dativ konstruirt, als:

Napomocný, beihilflich.  
Osožný, užitočný, nützlich.  
Škodlivý, schädlich.  
Prajný, gewogen.  
Poslušný, gehorsam.  
Poddaný, unterthänig.  
Potrebný, nothwendig.  
Oddaný, ergeben.  
Verný, treu.  
Sverený, anvertraut.

Vzácny, willkommen.  
Milý, lieb.  
Milostivý, gnädig.  
Protivný, widerwärtig.  
Príjemný, angenehm.  
Vlastný, eigen.  
Povdačný, dankbar.  
Podobný, ähnlich.  
Rád, erfreut.  
Rovný, gleich ꝛc.

z. B. napomocný *rodičom*, den Eltern beihilflich; užitočný *sebe*, sich nützlich; poslušný *vrchnosti*, gehorsam gegen die Obrigkeit; oddaný *svojej žene*, seinem Weibe ergeben; podobný *bratovi*, dem Bruder ähnlich ꝛc.

## D) Akkusativ.

Der Akkusativ wird gebraucht:

a) Auf die Frage koho oder čo? z. B. vidím *človeka*, ich sehe einen Menschen; podpálim *slamu*, ich werde das Stroh anzünden.

b) Wenn eine Entfernung, ein Zeitmaß oder ein Gewicht angedeutet wird; z. B. *jednu míľu* od Trnavy, eine Meile von Tirnau; *túto noc* prišli, diese Nacht sind sie gekommen; váži *dva centy*, wiegt zwei Zentner.

c) Die intransitiven Zeitwörter: bolel, schmerzen; stál, stehen; mrzel, verdrießen; svrbel, jucken; oziabal, frieren, verlangen den Akkusativ der Person; z. B. *moju sestru* hlava bolí, meine Schwester hat Kopfschmerzen; táto kniha *ma päť zlatých* stojí, dieses Buch kostet mich fünf Gulden; mrzí *ma* život, es verdrießt mich das Leben; svrbia *ma* oči, es jucken mich die Augen ꝛc.

## E) Vokativ.

Der Vokativ wird gebraucht, wenn ein Gegenstand angesprochen wird; z. B. milá matko! liebe Mutter; oder wenn überhaupt eine Exklamation stattfindet; z. B. o Bože môj! o mein Gott.

Die Familien= und Eigennamen mit vorgesetztem pane oder pani bleiben im Nominativ; z. B. pane Bernolák! Panno Maria! Ausgenommen: Pane Ježiši Kriste! wo, der böhmischen Sprache gleich, alle drei Namen im Vokativ stehen.

## F) Lokal.

Der Lokal, welcher den Ort, wo etwas geschieht, oder den durch das Zeitwort ausgedrückten Stand bezeichnet, wird stets mit den betreffenden Vorwörtern gebraucht; die Regeln über die Anwendung des Lokals sind somit im §. 46. A. d. B. I. b. b. b. b. nachzuschlagen.

## G) Instrumental.

Der Instrumental wird gebraucht:

*a)* Wenn das Subjekt durch das Prädikat beschrieben oder näher bezeichnet wird; z. B. každý musí byť *vojakom*, ein jeder muß Soldat werden.

*b)* Die Zeitwörter: zdáť oder videť sa, scheinen; ukázať oder preukázať sa, sich zeigen, verlangen den Instrumental; z. B. prítomný čas zdá sa byť *dlhým*, minulý ale *krátkym*, die gegenwärtige Zeit scheint lang, die vergangene aber kurz zu sein; mnohí preukazujú sa byť oproti rozumu *nevďačnými*, Viele zeigen sich gegen die Vernunft undankbar.

*c)* Die Zeitwörter: stal sa, mit der Zeit werden; zostať oder ostať, bleiben; z. B. stane sa *tvojím priateľom*, er wird dein Freund werden; vôl zostane *volom*, ein Ochs bleibt Ochs.

*d)* Manche Zeitwörter, die in anderen Sprachen mit zwei Akkusativen stehen, werden in der slovakischen Sprache in Rücksicht des zweiten Objektes mit dem Instrum. konstruirt; solche sind: zvať, heißen; volať, rufen; nazývať, menovať, nennen; urobiť, učiniť, spraviť, machen ꝛc.; z. B. všetko, čo človek *žitím* menuje, Alles, was der Mensch Leben nennt; budeš zvať sa *ženou*, du wirst ein Weib genannt werden; capa *zahradníkom* spravil, einen Bock zum Gärtner machen.

*e)* Manche in anderen Sprachen mit einem Akkuſ. vorkom=menden Zeitwörter konstruirt man in dem Slovakiſchen mit einem Instrum.; ſolche ſind: hnúť, bewegen; triasť, ſchütteln; kývať, nicken; hodiť, werfen; strčiť, ſtecken; sotiť, ſtoßen; vládnuť, be=ſitzen; pohrdnúť, verſchmähen; pýšiť sa, ſich rühmen; obdariť, beſchenken; zapodievať, zaneprázňovať sa, ſich beſchäftigen; vo=ňať, riechen; smrdeť, ſtinken ꝛc.; z. B. hodiť *klobúkom*, den Hut werfen; nemôže *sebou* hnúť, kann ſich nicht bewegen; *ničím* ne=vládze, er beſitzt nichts ꝛc.

*f)* Die Art, nach welcher etwas geſchieht, wird mit dem In=strumental gegeben; z. B. nemilujme *slovom* ale *skutkom*, lieben wir nicht mit dem Worte ſondern mit der That. Hieher gehören auch folgende Ausdrücke: príkladom, mit Beiſpiel; celkom, gänz=lich; následkom toho, in Folge deſſen; razom, auf einmal; von=koncom, durchaus; krížom krážom, kreuzweiſe; právom, mit Recht; menom, dem Namen nach; krokom, Schritt für Schritt; cvalom bežať, ſchnell laufen; úhorom ležať, brach liegen ꝛc. Fer=ner der Instrumental auf die Frage v jakom ohľade? in welcher Hinſicht; z. B. Slavian *rodom*, všeobčan *krajinou*, der Geburt nach ein Slave, dem Lande nach ein Kosmopolit. Ebenſo wird der Ort, in welchem ſich das Subjekt befindet, und eine unbeſtimmte Zwiſchenzeit, in welcher etwas geſchieht, durch den Instrumental ausgedrückt; z. B. idem *krásnou dolinou*, ich gehe durch ein ſchö=nes Thal; hľadím *oknom*, ich ſchaue durch das Fenſter; trápim sa *dňom* i *nocou*, ich plage mich den Tag und die Nacht hindurch.

*g)* Das Mittel oder die Urſache, durch welche etwas ge=ſchieht, wird ebenfalls mit dem Instrumental ausgedrückt; z. B. pole *suchotou* na vnivoč prišlo, das Feld iſt durch die Trockenheit zu Grunde gegangen; spievam *peknotou* nadšený, ich ſinge durch die Schönheit entflammt.

*h)* Endlich muß auch das Instrument, mittelſt welchem etwas ausgeführt wird, durch den Instrumental angedeutet werden; z. B. mečom zrúbať, mit dem Schwerte niederhauen; zabitý *hromom*, durch den Blitz getödtet.

### Bemerkungen.

**1.** In dieſer Anweiſung über den Gebrauch einzelner Endungen iſt ſelbſtverſtändlich nur von jenen Fällen die Rede geweſen, wo die betreffenden

Endungen ohne Vorwörter stehen. Wann und wie die Endungen in Folge der Vorwörter zu gebrauchen sind, ist im §. 46. ausführlich angegeben.

2. Daß die Bei-, Für-, Zahl- und Mittelwörter mit ihren Hauptwörtern außer dem Geschlechte und der Zahl auch in der Endung übereinstimmen, und welche besondere Fälle dabei zu beobachten sind, ist im §. 50. gesagt worden.

## §. 52.
### Von dem Gebrauche der Fürwörter.

Außer dem, was an seiner Stelle von den Fürwörtern im Allgemeinen und in den Bemerkungen zum §. 17. und 18. insbesondere angegeben wurde, ist über die Verwendung einzelner Fürwörter noch Folgendes zu merken:

a) Die persönlichen Fürwörter: ja, ty, on, my, vy, oni ꝛc. werden gewöhnlich vor den Zeitwörtern weggelassen; z. B. pracujem, ich arbeite; zahálaš, du faulenzest; soll jedoch der Nachdruck auf den Fürwörtern ruhen, dann müssen sie angegeben werden; z. B. ja pracujem a ty zahálaš, ich (mit Nachdruck) arbeite und du faulenzest.

b) Von dem rückwirkenden seba oder sa, und dem zueignenden svoj ist ebenfalls im §. 17. und in den Bemerkungen 2. 3. 4. zum §. 18. gesprochen worden; hier noch folgende zur leichteren Auffassung dienende Einzelnheiten:

1) Seba oder sa wird gebraucht, wo durch dasselbe eine und dieselbe Person mit der des Zeitwortes angedeutet wird; und hierin weicht die slavische von anderen Sprachen ab, weil sich das seba oder sa bei uns auch auf die erste und zweite Person beziehen kann, was weder in der deutschen, noch in der lateinischen Sprache vorkommt; z. B. ja sám seba, ich mich (sich) selbst; ty sám seba, du dich (sich) selbst; on sám seba, er sich selbst; myjem sa, ich wasche mich (sich); myješ sa, du wäschest dich (sich); myje sa, er wäscht sich ꝛc.

2) Das zueignende svoj kann sich ebenfalls auf alle drei Personen beziehen, wenn dadurch dasselbe Subjekt angezeigt wird; z. B. tam najdem svojho otca, dort werde ich meinen (seinen) Vater finden; uvidíš svoju matku, du wirst deine (seine) Mutter sehen ꝛc. Es läßt sich übrigens nicht läugnen, daß manchmal schwer zu bestimmen ist, ob svoj, oder wie in anderen Sprachen, môj und tvoj besser zu gebrauchen sind.

3) Svoj, sein, suus, und jeho, sein, ejus, sind durchaus nicht zu verwechseln. Svoj bezieht sich auf das Subjekt selbst; z. B.

prišiel so *svojou* sestrou, er ist mit seiner (eigenen) Schwester gekommen, venit cum *sua* sorore; jeho dagegen bezieht sich auf eine dritte Person; z. B. prišiel s *jeho* sestrou, er ist mit seiner (eines anderen) Schwester gekommen, venit cum *ejus* sorore.

4) Ebenso ist der Unterschied zwischen jich und jejich zu beobachten. Jich ist der Genitiv und Akkusativ mehrf. Zahl aus on; z. B. vidíme *jich* nekoľko, wir sehen ihrer etliche; vidíme *jich*, wir sehen sie; jejich aber ist das zueignende Fürwort der dritten Person (§. 18.); z. B. boli sme v *jejich* zahrade, wir waren in ihrem Garten.

*c)* Das sächliche to, das oder es, vertritt manchmal die Stelle des Subjektes; in diesem Falle muß das Zeitwort nicht mit dem Subjekte, sondern mit dem Prädikate im Geschlechte und in der Zahl übereinstimmen; z. B. to bola hańba (nicht bolo) es war eine Schande; to boly dobré časy, das waren gute Zeiten. Dasselbe wird auch frageweise gebraucht, bei welcher Gelegenheit das Hilfszeitwort ausgelassen werden kann; z. B. čo to za človek; anstatt: čo *je* to za človek? was ist das für ein Mensch; čo to za obyčaje? anstatt: čo *sú* to za obyčaje? was sind das für Gewohnheiten c.

*d)* Daß die fragenden Fürwörter kto? und čo? öfters als beziehende verwendet werden, ist im §. 21. gesagt worden; z. B. *kto* svoju materinskú reč nemiluje, nezaslúži meno statočného človeka, wer seine Muttersprache nicht liebt, verdient nicht den Namen eines ehrlichen Menschen; anstatt: ten, *ktorý* svoju c.; rečník, čo najprv hovoriť započal, ein Redner, der zuerst zu sprechen anfing; anstatt: rečník, *ktorý* c. So geschieht auch die Umschreibung durch čo und das gebührende Fürwort der dritten Person; z. B. matka, čo jej dieťa zomrelo, die Mutter, der das Kind starb; anstatt: matka, *ktorej* c. Endlich manche Neben- und Bindewörter können durch čo gegeben werden; z. B. dnes je rok, čo som tam nebol, heute ist ein Jahr, seit ich dort nicht war; anstatt: dnes je rok, *odkedy* c.; vôl zostane volom, čo ho aj do Viedne poženú, ein Ochs bleibt Ochs, wenn man ihn auch nach Wien treiben würde; anstatt: vôl zostane volom, *trebars* c.; čierny, čo uhoľ, schwarz, wie die Kohle; anstatt: čierny, *jako* uhoľ c.

### §. 53.

#### Von dem Gebrauche der Zeitwörter.

##### A) Die passive Konstruktion.

Außer dem, was von der Abwandlung in passiver Form (§. 41.) bereits gesagt wurde, ist in dieser Hinsicht zu wissen:

*a)* Der passive Ausdruck kann durch ein rückwirkendes Zeitwort, welches aus einem transitiven vermittelst sa gebildet worden ist, gegeben werden; z. B. menujem sa, ich werde geheißen; kryjem sa, ich werde gedeckt ꝛc. Jedoch ist diese Ausdrucksweise wegen der Zweideutigkeit, die dabei leicht entstehen könnte, seltener zu gebrauchen.

*b)* Öfters wird das rückwirkende Zeitwort unpersönlich gebraucht, als: vie sa, zná sa, es ist bekannt; rozumie sa, es versteht sich; prosi sa, es wird gebeten; slyší oder čuje sa, es wird gehört; je sa, es wird gegessen; pije sa, es wird getrunken ꝛc. Diese Art der Konstruktion wird im Deutschen gewöhnlich mit dem Fürworte man gegeben, während sich der Slave folgender Ausdrücke bedient: 1) Der Formen: možno, man kann; treba, man muß; potreba, man bedarf; z. B. možno si mysleť, man kann sich denken; treba sa učiť, man muß lernen; k vojne potreba peňazí, zum Kriege bedarf man Gelder. 2) Der dritten Person mehrf. Zahl; z. B. povedajú, že, man sagt, daß ꝛc. 3) Des Hauptwortes človek; z. B. človek by to ani neveril, man möchte es nicht einmal glauben.

##### B) Die Zeiten.

*a)* Die gegenwärtige Zeit kann, besonders in einer lebhaften Erzählung, statt der geschichtlichen Vergangenheit gesetzt werden; z. B. učedlníci Kristovi pristupujú k nemu a budia ho, die Jünger Christi treten zu ihm und wecken ihn auf, statt: pristúpili a zbudili ho; zrazu ohlási sa a takú dá odpoveď, auf einmal läßt er sich hören und gibt eine solche Antwort, statt: ohlásil sa a dal ꝛc.

*b)* Über den Gebrauch und die Bedeutung der vergangenen und zukünftigen Zeiten ist im §. 32. *D.* und §. 36. *A. b. c.* ausführlich gesprochen worden.

##### C) Der Imperativ, Infinitiv und das Partizipium.

*a)* Die zweite Person des Imperativs wird nicht selten statt der dritten gebraucht; z. B. daj vám Pán Boh zdravia, Gott gebe euch Gesundheit, statt: nech vám dá ꝛc. ; posväľ sa meno tvoje, geheiliget werde dein Name, statt: nech je posvätené ꝛc.

*b)* Der Infinitiv kommt öfters mit: je, nenie, bolo, nebolo ꝛc. vor, wobei diese letzteren unpersönlich genommen werden, das weggelassene je aber zu verstehen ist; z. B. všade (je) počuľ chváliť toho, überall hört man den loben; po obede nenie dobre spať, nach Mittag ist nicht gut schlafen; bolo počuľ, es war zu hören; nebolo vidať, es war nicht zu sehen ꝛc.

*c)* Durch das Mittelwort der gegenwärtigen Zeit werden zwei auf dasselbe Subjekt sich beziehende Sätze in einen zusammengezogen; z. B. sediac zaspal, sitzend schlief er ein, anstatt: sedel a zaspal; dohoniac brata oslovil ho, den Bruder erreichend sprach er ihn an, anstatt: keď dohonil brata ꝛc.

*d)* Ebenso werden durch die unmittelbar aus den Partizipien hergeleiteten Beiwörter zwei verschiedene Sätze in einen verbunden; z. B. zmiznú tône letiacich osudov, die Schatten der fliegenden Schicksale werden verschwinden, statt: zmiznú tône osudov, ktoré letia ꝛc.

## §. 54.
### Von der Verneinung.

*a)* Die Verneinung wird durch die Beihilfe der Partikel ne, welche mit den Zeitwörtern, wie auch mit den Bei= und Nebenwörtern zu verbinden ist, ausgedrückt; z. B. nemôžem, ich kann nicht; nemúdry, nicht gescheidt; nemilo, unlieb ꝛc.

Was die Verbindung der verneinenden Partikel mit dem Hilfszeitworte anbelangt, so ist zu merken:

1) In der gegenwärtigen Zeit der aktiven Form wird nej oder nie dem Hilfszeitworte, in der vergangenen Zeit aber ne dem Mittelworte vorgesetzt; z. B. nejsom oder niesom, ich bin nicht; nebol som, ich bin nicht gewesen; nepil som, ich habe nicht getrunken. In der passiven Form geschieht die Verbindung stets mit dem Hilfszeitworte; z. B. niesom volaný, ich bin nicht gerufen; nebol som volaný, ich bin nicht gerufen worden. So auch in der zukünftigen Zeit beider Formen; z. B. nebudem volať, ich werde nicht rufen; nebudem volaný, ich werde nicht gerufen sein.

2) In der kaumvergangenen Zeit der verbindenden Art wird das ne stets dem Mittelworte vorgesetzt; z. B. nepil bych, ich möchte nicht trinken. In der längstvergangenen Zeit dagegen wird die Partikel mit dem Hilfszeitworte verbunden; z. B. nebol bych pil, ich hätte nicht getrunken.

3) Wenn das ne den ganzen Satz verneinet, wird dasselbe dem bestimmten Zeitworte vorgesetzt; z. B. nemám čo jest, ich habe nichts zu essen; bezieht sich aber die Verneinung bloß auf den Infinitiv, so muß auch die Partikel damit verbunden werden; z. B. mohli ste nechodiť, ihr hättet nicht gehen können, was verschieden ist von dem Satze, wenn die Partikel mit dem bestimmten Zeitworte verbunden wäre: nemohli ste chodiť, ihr habet nicht können gehen.

b) In der slavischen Sprache, abweichend von der deutschen oder lateinischen, hat eine doppelte Verneinung keine bejahende Bedeutung, deswegen muß in einem verneinenden Satze die Partikel ne dem Zeitworte vorgesetzt werden, auch wenn schon andere verneinende Redetheile, wie am meisten die mit ni zusammengesetzten Für- und Nebenwörter, als: nikto, nič, nikde, nikam, nikdy, nikedy, ferner: ani, ani-ani, žiaden ꝛc. in demselben Satze vorkommen; z. B. nikto nezná hodinu smrti svojej, Niemand kennt die Stunde seines Todes; nič ti nepomôže, es hilft dir nichts; nikam nepôjdeš, wirst nirgendhin gehen; ani nevie, ani nerozumie, weder weiß er's, noch versteht er's; žiaden nepríde, keiner wird kommen; nikto si nič nevezme so sebou, Niemand wird etwas mit sich nehmen ꝛc. Wenn aber die Partikel ne in einem und demselben Satze wiederholt wird, tritt ein bejahender Ausdruck hervor; z. B. nenie nemožno, es ist nicht unmöglich; nebol neznámy, er war nicht unbekannt ꝛc.

## §. 55.
### Von der Wortfolge.

In der slovakischen und überhaupt in einer jeden slavischen Sprache herrscht in Ansehung der Wortfolge (syntaxis ordinis, slovosled) die größte Freiheit. Es ist demnach wenig, was man als eine beständige und feste Regel, welcher nach die verschiedenen Redetheile auf einander folgen sollen, anführen kann. Folgendes diene zur allgemeinen Richtschnur:

a) In einem bejahenden oder verneinenden **nackten** Satze (§. 49.) steht in der Regel am ersten Platze das Subjekt, am zweiten das Prädikat und das Satzband in der Mitte; z. B. matka je chorá, die Mutter ist krank; brat nebol volaný, der Bruder war nicht gerufen. Das Objekt folgt der Regel nach dem Prädikate; z. B. otec tresce syna, der Vater straft den Sohn. Es kann aber auch der Absicht des Sprechenden gemäß das Prädikat vor das Subjekt, oder das Objekt vor das Prädikat gesetzt werden, nur muß in diesem Falle der aus seiner natürlichen Lage herausgenommene Redetheil mit dem sogenannten Redetone (§. 3. A. d.) belegt werden; z. B. *láska* je Boh, die Liebe (mit Nach= druck) ist Gott. Eine solche Verwechslung darf nicht stattfinden, wo ein Zweifel entstehen könnte, was eigentlich Subjekt, Prädikat oder Objekt ist; z. B. *dievča* bije *dieťa*, das Mädchen schlägt das Kind.

Bei den Fragen setzt man dasjenige Wort an den ersten Platz, um welches es sich eigentlich handelt; z. B. *otec* miluje syna? der Vater liebt den Sohn; oder: *miluje* otec syna? liebt der Vater den Sohn; oder: *syna* miluje otec? den Sohn liebt der Vater; Die fragenden Für= und Nebenwörter nehmen stets den ersten Platz ein; z. B. *čo* je človek? was ist der Mensch; *kde* býva kráľ? wo wohnt der König ꝛc.

*b)* In einem **erweiterten** Satze (§. 49.) stehen:

1) Die näheren Bestimmungen des Subjektes, als da sind die Bei=, Für= und Zahlwörter, der Regel nach am ersten Platze, und nur ausnahmsweise werden sie nachgesetzt; z. B. *dobrý* človek je *všetkej* cti hoden, ein **guter** Mensch ist aller Ehre würdig; *celý* náš dom je plný *vzácnych* hostí, unser **ganzes** Haus ist voll von willkommenen Gästen; *štyroch* synov mu zabili, **vier** Söhne hat man ihm getödtet. Ausnahmen sind: duch svätý, der heilige Geist; slovo božie, das Wort Gottes; život večný, das ewige Leben; milosť božia, die Gnade Gottes; cti otca svojho i matku svoju, ehre deinen Vater und deine Mutter ꝛc.

Außerdem können die Beiwörter von jenen Namen, auf welche sie sich beziehen, durch ein, zwei, in der gebundenen Sprache sogar durch mehrere Wörter getrennt werden; z. B. *veľká* nás *bieda* potkala, großes Elend ist uns zugestoßen; *kráľovskú* zbrojstvom snažil si sa *berlu* dosiahnuť, das königliche Szepter hast du mit den Waffen zu erreichen getrachtet. Sonst wird die logische Ord= nung, das heißt, wie sich die Gedanken reihenweise entwickeln, be= obachtet; z. B. Boh, stvoriteľ neba i zeme, je všemohúci; Gott, Schöpfer des Himmels und der Erde, ist allmächtig.

2) Ein Genitiv, der als solcher durch ein Wort regiert wird, muß nachgesetzt werden; z. B. kus *chleba*, ein Stück Brod; päť *pánov*, fünf Herren. Die gebundene Sprache macht auch hier Aus= nahmen; und ebenso kann derselbe Genitiv durch einsylbige Wörter von dem ihn regierenden Worte getrennt erscheinen; z. B. mnoho nám *škody* narobil, vielen Schaden hat er uns zugefügt ꝛc.

*c)* Wenn der Satz mit einem Zeitworte anfängt, so steht das Hilfszeitwort demselben nach; z. B. pracoval som, ich habe ge= arbeitet; chytili sme vtáka, wir haben einen Vogel gefangen.

Ebenſo wenn vor dem Zeitworte das Bindewort a oder i ſteht'; z. B. spal som a nedal si mi pokoj, ich habe geſchlafen und du haſt mir keine Ruhe gegeben.

Dieſelbe Regel gilt auch von dem rückwirkenden sa und den abgekürzten Formen der perſönlichen Fürwörter: ma, mi, ťa ti, si, ho, mu; z. B. zdá sa nám, es ſcheint uns; vidím ťa, ich ſehe dich ꝛc.

Wenn aber der Satz mit einem Bindeworte (ausgenommen a oder i) oder einem anderen Redetheile anfängt, ſteht zuerſt das Hilfszeitwort, dann das rückwirkende sa, und endlich die perſönli= chen Fürwörter; z. B. viem, že si sa ho bál, ich weiß, daß du dich vor ihm gefürchtet hatteſt; nikdy som sa ťa nebál, ich habe mich nie vor dir gefürchtet.

Das Hilfszeitwort und das rückwirkende sa können von dem Zeitworte, auf welches ſie ſich beziehen, auch bedeutend entfernt ſein; z. B. viem, že sme sa tu celý deň bez všetkého prospe-chu ustávali, ich weiß, daß wir uns da den ganzen Tag hindurch ohne allen Erfolg abgemüht haben.

Vor allen aber ſteht die Partikel des Konjunktivs by, welche theils mit verſchiedenen Redetheilen verbunden, theils ſelbſtändig vorkommt; z. B. smial by som sa, ich möchte lachen; nikdy by si sa mu neľúbil, du würdeſt ihm nie gefallen.

Das bedingende und fragende -li geht auch .der Partifel by vor; z. B. nechcel-li by si sa umyť? wollteſt du dich nicht abwaſchen; ſo auch že, mittelſt welchem eine Frage mit Nachdruck geſtellt wird; z B. jakože by som sa nemal hnevať? wie ſollte ich mich nicht ärgern.

d) Das beſtimmte Zeitwort geht der Regel nach dem unbe= ſtimmten vor; z. B. môžem pracovať, ich kann arbeiten; bude-me spievať, wir werden ſingen. Liegt aber der Nachdruck auf dem unbeſtimmten Zeitworte, ſo muß daſſelbe vorangehen; z. B. pra-covať musím, nio zahálať, arbeiten muß ich, nicht faulenzen. Wenn ſich das Zeitwort, mit welchem die unbeſtimmte Art zu ver= binden iſt, auch im Infinitiv befindet, geht dasjenige vor, welches den Infinitiv verlangt; z. B. nechce sa učiť pisal, er will nicht ſchreiben lernen; nemal sa dať oklamať, er hätte ſich ſollen nicht betriegen laſſen. Man ſieht, daß hier der ſlaviſche Ausdruck von dem deutſchen abweicht.

## §. 56.

### Von der Redensart im Slovakischen.

In der Ansprache einzelner Personen bedient man sich bei den Slovaken ebenso wie bei den meisten übrigen Slaven, oder bei den Franzosen, der zweiten Person mehrfacher Zahl; z. B. jako sa máte? pane! wie befinden Sie sich? mein Herr! wörtlich: wie befindet Ihr euch? comment vous portez vous? Vám na službu, zu Ihrem Dienste, wörtlich: zu Euerem Dienste, à votre service; to sie, pane, draho zaplatili, das haben Sie, mein Herr, theuer bezahlt.

Die böhmische Rechtschreibung weicht hierin von der slovakischen in soweit ab, daß man dort in diesem Falle das thät. Mittelwort der verg. Zeit nicht in der mehrfachen, sondern in der einfachen Zahl gebraucht; z. B. anstatt des slovakischen: to sie, pane, draho *zaplatili*, müßte den böhmischen Regeln gemäß: to sie, pane, draho *zaplatil*, geschrieben werden.

Bei hohen Persönlichkeiten pflegt man — mit dem bezüglichen Titel des Angesprochenen — die dritte Person einfacher Zahl zu gebrauchen; z. B. Vaša Milosľ ustanovila, Euer Gnaden hat angeordnet; Vaše Veličestvo dovolil ráčilo, Euer Majestät hat zu erlauben geruht.

# Gespräche.

## 1.

| | |
|---|---|
| Guten Morgen, Herr N. | Dobré rano, pane N. |
| Wie befinden Sie sich? | Jako sa máte? |
| Sehr wohl, und wie geht es Ihnen? | Veľmi dobre; a jako sa Vám vodí? |
| Ich danke, auch gut. | Ďakujem, tiež dobre. |
| Sie waren lange nicht bei mir. | Dávno ste neboli u mňa. |
| Ich gehe jetzt selten aus. | Teraz zriedka vychádzam. |
| Wie befindet sich Freund N.? | Jako sa má priateľ N.? |
| Wie ich höre, gut. | Jako čujem, dobre. |
| Wann wollen Sie mich besuchen? | Kedy ma navštivíte? |
| Künftigen Sonntag. | Budúcu nedeľu. |
| Des Morgens oder des Nach= mittags? | Rano alebo po poludní? |
| Nach dem Mittagessen. | Po obede. |
| Ich werde Sie also erwarten. | Budem Vás teda očakávať. |
| Ich empfehle mich. | Porúčam sa. |
| Leben Sie wohl! | S Bohom! |

## 2.

| | |
|---|---|
| Guten Abend, mein theurer Freund! | Dobrý večer, priateľ môj drahý! |
| Wohin so geschwind? | Kam tak náhlo? |
| Ich eile nach Hause. | Ponáhlam sa domov. |
| Und wo kommen Sie her? | A odkiaľ idete? |
| Ich komme vom Kaffeehause. | Idem z kaviarny. |
| Was gibt's dort Neues? | Čo tam nového? |
| Nichts Besonderes. | Nič zvláštneho. |
| Haben Sie die Zeitungen nicht gelesen? | Či ste časopisy nečítali? |
| Ja, ich habe sie gelesen. | Hej, čítal som. |

10

Nun, was melden sie von den neuesten politischen Ereignissen?

Teda čo oznamujú o najnovších politických udalosťach?

So viele widersprechende Sachen, daß man nicht weiß, was man davon glauben soll.

Toľko odporných vecí, že človek nevie, čo z toho veriť má.

**3.**

Ihr Diener, Fräulein!

Služobník, slečna!

Ach, willkommen, mein Herr!

Ah, vítajte, pane!

Ich komme, um zu sehen, wie Sie sich befinden; denn man hat gesagt, Sie seien unwohl.

Prichádzam, abych videl, jako sa máte; bo sa hovorilo, že ste nezdravistá.

Es ist wahr, ich war ein wenig krank, allein ich bin glücklich wieder hergestellt.

Je pravda, bola som trochu nemocná, ale som sa už šťastlivo zotavila.

Das freuet mich herzlich.

Z toho sa srdečne radujem.

Ich bitte, setzen Sie sich.

Prosím, ráčte sa posadiť.

Ich danke sehr.

Ďakujem pekne.

Ist es wahr, daß diesen Abend Ball bei der „Slavischen Linde" ist?

Je-li pravda, že tohoto večera bude tanečná zábava u „Slovanskej Lipy?"

Ja, Fräulein.

Ano, slečna.

Werden Sie auch hingehen?

I Vašnosť ta pôjde?

Das hängt von Ihnen ab.

To od Vašnosti závisí.

Wie so, von mir?

Jako, odo mňa?

Ich würde hingehen, wenn ich die Aussicht hätte, Sie dort zu finden.

Ja bych ta šiel, kebych mal výhľad, že Vás tam najdem.

**4.**

Wie viel Uhr ist es?

Koľko je hodín?

Es ist noch frühe.

Ešte je privčas.

Wie viel also?

Koľko teda?

Halb drei.

Pol tretej.

Geht Ihre Uhr recht?

Idú Vaše hodinky dobre?

Allerdings, Sie können sich beruhigen.

Ovšem, môžete sa uspokojiť.

Und was für ein Wetter ist heute?

A jaké je dnes počasie?

Kein sehr günstiges; es ist windig und vielleicht wird es auch regnen.

Nie veľmi priaznivé; je vetor a snaď bude aj pršať.

Ich muß ausgehen; wo ist mein Regenschirm?

Ja musím von ísť; kde je môj dážďnik?

Mir scheint, es wird doch nicht regnen.

Mne sa zdá, že predca nebude pršať.

Desto besser.

Tým lepšic.

### 5.

Es ist heute eine außerordentliche Hitze.

Dnes je mimoriadna pálčivosť.

In der That, gestern war es nicht so heiß.

V skutku, včera nebolo tak horúco.

Wir bekommen ein Gewitter.

Bude búrka.

Das ist leicht möglich.

To je ľahko možno.

Sehen Sie, was dort für schwarze Wolken aufsteigen.

Hľaďte, jaké tam čierne mračná vystupujú.

Gewiß, das Gewitter ist nicht weit.

Opravdu, búrka je už nie ďaleko.

Ich höre schon donnern.

Ja čujem už hrmenie.

Ach, sehen Sie, wie es blitzt!

Pohliadnite, jako sa bliská!

Wären wir doch zu Hause!

Keby sme radšie doma boli!

Die Luft hat sich auch abgekühlt.

Ale i povetrie ochladlo.

Lassen Sie uns in diese Strohhütte gehen, um uns vor dem Gewitter zu schützen.

Iďme do tejto slamenej búdky, aby sme sa pred víchricou zachránili.

### 6.

Wie alt sind Sie?

Koľko Vám je rokov?

Ich bin vierzig Jahre alt.

Mne je štyricať rokov.

Man würde Ihnen kaum dreißig geben.

Človek by myslel, že Vám je sotva tricať.

Mein schönstes Alter ist schon vorüber.

Moje najkrajšie letá už sa minuly.

Sie können noch auf ein langes Leben rechnen.

Vy sa ešte mnoho rokov môžete dožiť.

Was Gott will, früh oder spät; aber die verflossene Zeit ist immer wie ein Nichts.

Jako Bohu vôľa, skôr lebo neskôr; ale čas minulý je vždy jako nič.

Nicht doch, denn wenn auch die Zeit vergeht, so bleiben doch die Handlungen.

Nie tak, bo trebars čas pominie, ostanú skutky.

Hätte ich nur meine Zeit besser benützt.

Kebych len bol svoj čas lepšie upotreboval.

10*

| | |
|---|---|
| Das Vergangene kann nicht mehr gut gemacht werden; laſſen Sie uns lieber bedacht ſein, das Gegenwärtige beſſer anzuwenden. | Minulosť viacej napraviť sa nedá; starajme sa radšie, aby sme prítomnosť lepšie vynakladali. |

## 7.

| | |
|---|---|
| Iſt Herr N. zu Hauſe? | Je pán N. doma? |
| Nein, er iſt eben weggegangen. | Niet, priam odišiel. |
| Wiſſen Sie nicht, ob er heute zu Hauſe ſpeiſen wird? | Neviete, zdáliž dnes doma obedovať bude? |
| Heute ſpeiſt er nicht zu Hauſe. | Dnes doma neobeduje. |
| Hat er nicht geſagt, wann er zurück kommt? | Nepovedal, kedy sa navráti? |
| Er hat zwar nichts geſagt, ich glaube aber, daß er vor ſechs Uhr zurückkehren werde. | On sice nič nepovedal, myslím ale, že sa pred šiestou hodinou navráti. |
| Könnte ich nicht mit der gnädigen Frau ſprechen? | Nemohol bych s pani veľkomožnou rozprávať? |
| Sie hat eben einen Beſuch. | Má práve návštevu. |
| Ich bitte, melden Sie mich bei ihr an. | Prosím, oznámte ma u nej. |
| Darf ich Sie um Ihren werthen Namen bitten? | Smiem-li sa pýtať na Vaše čestné meno? |
| Mein Name iſt N. | Moje meno je N. |

## 8.

| | |
|---|---|
| Wollten Sie nicht morgen bei mir zu Mittag ſpeiſen? | Neľúbilo by sa Vašnosti zajtra u mňa obedovať? |
| Sehr gerne, aber ich weiß nicht, ob ich werde abkommen können. | Veľmi rád, ale neviem, zdáliž sa budem môcť oddialiť. |
| Warum ſollten Sie nicht können? | Prečo by ste nemohli? |
| Weil ich einen wichtigen Beſuch erwarte. | Poneváč dôležitú návštevu očakávam. |
| Aber wenigſtens Abends werden Sie frei ſein. | Ale večer aspoň budete slobodný. |
| Das wohl, und ich gebe Ihnen mein Wort, um acht Uhr bei Ihnen zu ſein. | To už hej, a tu máte moje slovo, že budem o ôsmej hodine u Vás. |
| Auch werde ich einige Freunde einladen. | I nektorých priateľov povolám. |
| Deſto beſſer! Jetzt leben Sie recht wohl. | Tým lepšie! Teraz dobre sa majte. |

### 9.

| | |
|---|---|
| Wie theuer verkaufen Sie die Elle von diesem Tuche? | Jak draho predávate ríf z tohoto súkna? |
| Zu zehn Gulden. | Po desať zlatých. |
| Das ist zu viel. | To je mnoho. |
| Ich kann höchstens fünfzig Kreuzer nachlassen. | Najviac môžem pädesiat krajciarov zpustiť. |
| Zu acht Gulden würde ich zwanzig Ellen nehmen. | Po osem zlatých bych vzal dvacať rífov. |
| Es thut mir leid, aber ein solches Tuch kann ich um das Geld nicht geben; ich müßte dabei verlieren. | Ľúto mi, ale také súkno nemôžem dať za tie peniaze; musel bych pritom škodovať. |
| Ich werde bei einem anderen Kaufmanne dasselbe Tuch billiger bekommen. | U iného kupca to isté súkno lacnejšie obsiahnem. |
| Ich zweifle, daß dies möglich sei. | Pochybujem, že by to možné bolo. |

### 10.

| | |
|---|---|
| Sind Sie der Schneider, von dem Herr N. mit mir gesprochen hat? | Ste Vy ten krajčír, o ktorom mi pán N. rozprával? |
| Ja, zu dienen. | Tak jest, na službu. |
| Wollen Sie mir wohl das Maß zu einem Kleide nehmen? | Vezmete mi mieru na šatu? |
| Sehr bereitwillig. | Veľmi ochotne. |
| Aber Sonntag muß ich es haben. | Ale v nedeľu ju mať musím. |
| Die Zeit dazu ist zwar sehr kurz, doch will ich mein Möglichstes thun. | Čas k tomu je sice veľmi krátky, ale všemožné vykonám. |
| Versprechen Sie mir es nicht, wenn Sie nicht Wort halten können. | Nesľubujte, jestli ste nie v stave slovo zadržať. |
| Ich werde mein Versprechen gewiß erfüllen. | Ja svoj sľub iste vyplním. |

### 11.

| | |
|---|---|
| Sind Sie im Theater gewesen? | Boli ste v divadle? |
| Ja, ich hatte aber einen schlechten Platz, so daß ich nicht recht sehen konnte. | Ano, ale som mal zlé miesto, tak že som dobre nevidel. |

Was sagen Sie zu der Oper? | Čo hovoríte k tej spevohre?

Ich bin damit vollkommen zufrieden gewesen; man hat sie gut gegeben. | Ja som bol úplne spokojný; dobre ju provodzovali.

Haben Sie auch das neue Schauspiel gesehen? | I tú novú činohru ste videli?

Allerdings, ich bin Zeuge seines Falles gewesen. | Ovšem, bol som svedkom jej pádu.

Es ist also nicht gut aufgenommen worden? | Teda nebola dobre prijatá?

Es ist gänzlich durchgefallen. Man mußte noch vor der Entwickelung den Vorhang fallen lassen. | Celkom prepadla. Ešte pred vyvinutím museli oponu zpustiť.

Und war es denn wirklich so schlecht? | A bolo to skutočne tak ničomné?

Unausstehlich. Das Stück ist an und für sich ein wahrer Unsinn. Dann wußten die Schauspieler ihre Rollen nicht, und haben sich dabei sehr ungeschickt benommen. | K nevystaniu. Kus ten je sám v sebe opravdivý nerozum. Potom hercovia svoje zástoje nevedeli, a pritom si veľmi nemotorne počínali.

So verliere ich nichts, wenn ich es nicht sehen werde? | Teda nič nestratím, keď sa naň nepodívam?

Ich muß Ihr Vorhaben nur loben. | Vašnostine predsavzatie len chváliť musím.

## 12.

Ist es schon lange, daß Sie die slovakische Sprache lernen? | Je tomu už dávno, čo učíte sa slovensky?

Nein, es ist nur ein halbes Jahr. | Nie, tomu je len pol roka.

Es ist nicht möglich! Sie reden ziemlich gut für so kurze Zeit, | Nenie možno! Na tak krátky čas dosť dobre hovoríte.

Sie scherzen, ich spreche noch sehr fehlerhaft. | Vy žartujete, ešte veľmi chybne hovorím.

Verzeihen Sie, aber Sie können sich schon geläufig ausdrücken. | Odpustite, ale Vy už obratne viete sa vysloviť.

Ich wünschte Gelegenheit zu haben öfters zu sprechen, um mir die vollkommene Geläufigkeit der Zunge zu erwerben. | Ja bych si k častejšiemu rozhovoru príležitosť mať prial, abych dokonalú obratnosť jazyka nadobudnul.

Sie haben Recht, doch, um gut sprechen zu lernen, muß man sich nicht scheuen fehlerhaft zu sprechen. Und sind Ihnen die Hauptregeln der Sprache schon bekannt?

Ich kenne sie meistens auswendig.

Würden Sie schon auch poetische Werke verstehen?

Ich lese jetzt eine Sammlung prosaischer Aufsätze; die Gedichte sind mir noch nicht ganz verständlich.

Und wie gefällt Ihnen überhaupt diese Sprache?

In wie weit ich urtheilen darf, so hat das Slovakische viele Vorzüge; nur muß man es verstehen und davon ohne Vorurtheil seine Meinung äußern.

Ein solches Urtheil von Ihnen zu hören, macht mir große Freude; und glauben Sie mir, man müßte über das Slaventhum im Allgemeinen anders urtheilen, wenn die fremden Völker die guten Eigenschaften der Slaven genauer kennen würden.

Auch das wird mit der Zeit kommen; wir wollen hoffen auf eine wechselseitige Verständigung und Verbrüderung aller gebildeten Nationen; und dann werden sie mit „Vereinten Kräften" zum gemeinschaftlichen Zwecke der menschlichen Aufklärung und Glückseligkeit wirken.

Máte pravdu, ale aby človek naučil sa dobre hovoriť, nesmie sa ostýchať chybne hovoriť. A sú Vám hlavné pravidlá reči už známe?

Viem jich zvätša nazpamäť.

Rozumeli by ste už i básnickým dielam?

Teraz čítam výbor z prosaických pojednaní; básňam ešte celkom nerozumiem.

A jako sa Vašnosti vôbec táto reč páči?

Nakoľko ja súdiť smiem, má slovenčina mnohé prednosti; len ju musí človek znať a o nej bez predpojatosti svoju mienku vysloviť.

Taký výrok počuť od Vašnosti, veľkú mi radosť spôsobuje; a verte mi, všeobecne by sa o Slovanstve ináč súdiť muselo, keby dobré vlastnosti Slovanov národom cudzím dôkladnejšie známe boly.

I to príde časom; majme nádej, že všetke vzdelané národy usrozumejú a spriatelia sa vzájemne; a potom budú „spojenými silami" účinkovať ku spoločnému cieľu osvety a blaženosti ľudskej.

## Titulaturen.

### a) Weltliche.

| | |
|---|---|
| Allerdurchlauchtigster Kaiser und König! Gnädigster Herr! | Najjasnejší Cisár a Kráľ! Najmilostivejší Pane! |
| Euere Königlich Apostolische Majestät! | Vaše Kráľovsko Apoštolské Veličestvo! |
| Euer Majestät! | Vaše Veličestvo! |
| Euere Kaiserliche Hoheit! | Vaša Cisárska Vyvýšenosť! |
| Durchlauchtigster Erzherzog! | Najjasnejší Arciknieža! |
| Euer Durchlaucht! | Vaša Jasnosť! |
| Euere Fürstliche Gnaden! | Vaša Kniežacia Milosť! |
| Euer Erzellenz! | Vaša Excelencia! |
| Hochgeborner Herr! | Vysokourodzený Pane! |
| Euer Hochwohlgeboren! | Vaše Vysokoblahorodie! |
| Gnädiger Herr! | Milostivý *lebo* Veľkomožný Pane! |
| Euer Wohlgeboren! | Vaše Blahorodie! |
| Euer Gnaden! | Vaša Milosť! |
| Hochgeehrter Herr! | Vysokovážny Pane! |
| Hochgeschätzter Herr! | Vysokoctený Pane! |
| Hochgelehrter Herr! | Vysokoučený *lebo* Slovutný Pane! |
| Geehrter Herr! | Vážny Pane! |
| Mein Herr! | Pane! |

### b) Geistliche.

| | |
|---|---|
| Hochgeborner und Hochwürdigster Herr! | Osvietený a Najdôstojnejší Pane! |
| Euere Bischöfliche Gnaden! | Vaša Biskupská Milosť! |
| Euer Hochwürden! | Vaša Prevelebnosť! |
| Hochwürdiger oder Ehrwürdiger Herr! | Velebný Pane! |

### c) Ämter.

| | |
|---|---|
| Hohe Regierung! | Vysoká Vláda! |
| Hohes Ministerium! | Vysoké Ministerstvo! |
| Hochlöbliche Statthalterei! | Vysokoslavné Miestodržiteľstvo *lebo* Námestníctvo! |
| Hochwürdiges Konsistorium! | Prevelebné Konsistorium! |
| Löbliches Komitatsgericht! | Slavný Stoličný Súd! |
| Löbliche Gemeinde! | Slavná Obec! |

# Wörterverzeichniß.

## A.

Abend, m. večer, m.
Abendbrod, n. večera, f.
Abenteuer, n. dobrodružstvo, n.
Aberglaube, m. povera, f.
Abfall, m. odpadnutie, n.
Abgabe, f. daň, f.
Abgeschmackt, a. nechutný,
Abglanz, m. odblesk, m.
Abgötterei, f. modloslužba, f.
Abgrund, m. prepasť, f.
Abhandlung, f. pojednanie, n.
Abhängig, a. odvislý.
Abkömmling, m. potomok, m.
Ablaß, m. odpustky, pl.
Ablaßjahr, n. milostivé leto, n.
Ablaut, m. stupňovanie, n.
Abnorm, a. nepravidelný.
Abscheu, m. ošklivosť, f.
Abschied, m. rozlúčenie, n.
Abschrift, f. odpis, m.
Absicht, f. úmysel, m.
Abstrakt, a. odtažený.
Abt, m. opát, m.
Abtheilung, f. oddelenie, n.
Abwesend, a. neprítomný.

Achse, f. os, f.
Achsel, f. plece, n.
Achtbar, a. vážny.
Achtung, f. vážnosť, f.
Ächzen, v. stonať.
Acker, m. roľa, f.
Ackerbau, m. roľníctvo, n.
Ackern, v. orať.
Addition, f. spočítanie, n.
Adel, m. šľachta, f. zemianstvo, n.
Ader, f. žila, f.
Adler, m. orol, m.
Adresse, f. nápis, m.
Advokat, m. pravotár, m.
Affe, m. opica, f.
Affekt, m. náruživosť, f.
Afterweisheit, f. mudrlantstvo, n.
Agent, m. jednateľ, m.
Ahle, f. šidlo, n.
Ahn, m. praotec, m.
Ahnfrau, f. pramati, f.
Ähnlichkeit, f. podobnosť, f.
Ahnung, f. tušenie, n.
Ahorn, m. javor, m.
Ähre, f. klas, m.
Akkord, m. súhlasie, n.
Akt, m. jednanie, dejstvo, n.

Anmerkung. In diesem Wörterverzeichnisse sind nur diejenigen Haupt-Bei- und Zeitwörter angegeben, welche — gegen 3300 an der Zahl — im gewöhnlichen Leben am öftersten vorkommen. Die übrigen Redetheile, als: die Für-, Neben-, Vor- und Bindewörter, wie auch der Empfindungslaut, sind in den betreffenden Kapiteln der Grammatik mitgetheilt worden. Auch haben viele Wörter dem verschiedenen Gebrauche nach eine verschiedene Bedeutung (synonima); dieser Umstand jedoch konnte in einem lexikalischen Anhang zur Grammatik nicht wohl berücksichtigt werden.

Aktiv, a. činný.
Alaun, m. kamenec, m.
Albernheit, f. pošetilosť, f.
Alkohol, m. lieh, m.
Alkoven, m. výpustok, m.
Allee, f. stromorad, m.
Allein, a. samotný.
Alleinherrschaft, f. samovláda, f.
Allgemein, a. všeobecný.
Allmacht, f. všemohúcnosť, f.
Almosen, n. almužna, f.
Alphabet, n. abeceda, f.
Alt, a. starý.
Altar, m. oltár, m.
Alter, n. staroba, f.
Alterthum, n. starobylosť, f.
Altgläubiger, m. staroverec, m.
Amboß, m. nákova, f.
Ameise, f. mravec, m.
Amme, f. dojka, f.
Amsel, f. kos, m.
Amt, n. úrad, m.
Analogie, f. obdoba, f.
Analyse, f. rozbor, m.
Anarchie, f. bezvláda, f.
Anathema, n. kľatba, f.
Anatomie, f. pitva, f.
Anbeten, v. vzývať.
Andacht, f. pobožnosť, f.
Andrang, m. nával, m.
Anfang, m. počiatok, m.
Anführer, m. náčelník, m.
Angabe, f. udanie, n.
Angeber, m. udavač, m.
Angeblich, a. domnelý.
Angeboren, a. prirodzený.
Angel, f. udica, f.
Angelegenheit, f. záležitosť, f.
Angemessen, a. primeraný.
Angenehm, a. príjemný.
Angesicht, n. tvár, f.
Angriff, m. nápad, m.
Angst, f. tesklivosť, f.
Anker, m. kotva, f.
Anklage, f. obvinenie, n.
Ankunft, f. príchod, m.
Anlaß, m. príčina, f.
Anleihe, f. požička, f.
Anmerkung, f. poznamenani
Anmuth, f. ľúbeznosť, f.
Anrüchig, a. zlopovestný.
Ansicht, f. mienka, f.

Ansiedler, m. osadník, m.
Anspielung, f. narážka, f.
Anstalt, f. ústav, m.
Antheil, m. účastenstvo, n.
Anthologie, f. kvetovýbor, m.
Antlitz, n. obličaj, m.
Antrag, m. návrh, m.
Antwort, f. odpoveď, f.
Anzahl, f. počeť, m.
Anzeige, f. oznámenie, n.
Apfel, m. jablko, n.
Apotheke, f. lekárna, f.
April, m. dubeň, m.
Arbeit, f. práca, f.
Arbeitsam, a. pracovitý.
Ärgerniß, n. pohoršenie, n.
Argwohn, m. podozrenie, n.
Arm, m. ramä, n.
Arm, a. chudobný.
Armee, f. vojsko, n.
Ärmel, m. rukáv, m.
Armuth, f. chudoba, f.
Art, f. spôsob, m.
Artikel, m. člán, článok, m.
Arznei, f. liek, m.
Arzt, m. lekár, m.
Asche, f. popol, m.
Ast, m. haluz, ratolesť, f.
Athem, m. dech, m.
Äther, m. vzduch, m.
Athmen, v. dýchať.
Auerhahn, m. hlucháň, m.
Aufgabe, f. úloha, f.
Aufgang, m. východ, m.
Aufgeklärt, a. osvietený.
Aufklären, v. vysvetliť.
Aufleben, v. ožiť.
Aufmachen, v. otvoriť.
Aufmerksamkeit, f. pozorlivosť, f.
Aufputz, m. okrasa, f.
Aufrichtig, a. uprimný.
Aufruf, m. vyzvanie, n.
Aufruhr, m. odboj, m.
Aufschrift, f. nápis, m.
Aufseher, m. dozorca, m.
Aufstand, m. povstanie, n.
Auftrag, m. narídzenie, n.
Auftritt, m. výstup, m.
Aufwand, m. náklad, m.
Aufwarten, v obslúžiť.
Aufwiegler, m. burič, m.
Aufwurf, m. násyp, m.

Augapfel, *m.* zrenica, *f.*
Auge, *n.* oko, *n.*
Augenblick, *m.* okamih, *m.*
Augenbraunen, *pl.* obočie, *n.*
Augenglas, *n.* okuliare, *pl.*
Augenlieb, *n.* mihavica, *f.*
August, *m.* srpeň, *m.*
Ausbesserung, *f.* oprava, *f.*
Ausbluten, *v.* vykrvácať.
Ausdauer, *f.* vytrvalosť, *f.*
Ausdenken, *v.* vymysleť.
Ausdruck, *m.* výraz, *m.*
Ausfall, *m.* výpad, *m.*
Ausflug, *m.* výlet, *m.*
Ausfluß, *m.* výtok, *m.*
Ausfuhr, *f.* vývoz, *m.*
Ausführlich, *a.* obšírný.
Ausgabe, *f.* výloha, *f.* vydanie, *n.*
Ausgangssylbe, *f.* koncovka, *f.*
Ausgelassenheit, *f.* rozpustilosť, *f.*
Ausgezeichnet, *a.* vyznačený.
Ausgiebig, *a.* výnosný.
Ausharren, *v.* vytrvať.
Auskunft, *f.* poučenie, *n.*
Ausland, *n.* cudzozemsko, *n.*
Ausleger, *m.* vykladač, *m.*
Auslöschen, *v.* zahasiť.
Ausnahme, *f.* výjimka, *f.*
Ausrede, *f.* výhovorka, *f.*
Ausrichten, *v.* vykonať.
Aussage, *f.* výpoveď, *f.*
Ausschließlich, *a.* výhradný.
Ausschuß, *m.* výbor, *m.*
Äußerlich, *a.* vonkajší.
Aussicht, *f.* výhľad, *m.*
Aussöhnung, *f.* smierenie, *n.*
Aussprache, *f.* výmluva, *f.*
Ausspreizen, *v.* rozkročiť.
Auswandern, *v.* vystehovať sa.
Ausweis, *m.* výkaz, *m.*
Auswittern, *v.* vyvetriť.
Auszehrung, *f.* suchá nemoc, *f.*
Autor, *m.* pôvodca, *m.*
Axt, *f.* sekera, *f.*

### B.

Bach, *m.* potok, *m.*
Bachstelze, *f.* trasoritka, *f.*
Backe, *f.* líce, *n.*
Backen, *v.* smažiť.
Bäcker, *m.* pekár, *m.*

Bad, *n.* kúpeľ, *m.*
Bahn, *f.* cesta, *f.*
Bahre, *f.* máry, *pl.*
Balg, *m.* kožka, *f.*
Balken, *m.* trám, *m.*
Balkon, *m.* pavlač, *f.*
Ball, *m.* ples, *m.* tanečná zábava, *f.*
Band, *n.* sväzok, *m.*
Bändigen, *v.* krotiť.
Bandit, *m.* zbojník, *m.*
Bangigkeit, *f.* tesklivosť, *f.*
Bank, *f.* lavica, *f.*
Bann, *m.* kľatba, *f.*
Bär, *m.* medveď, *m.*
Barbier, *m.* holiač, *m.*
Barbieren, *v.* holiť.
Barbiermesser, *n.* britva, *f.*
Barfuß, *a.* bosý.
Barmherzig, *a.* milosrdný.
Barometer, *m.* tlakomer, *m.*
Baron, *m.* slobodný pán, *m.*
Bart, *m.* brada, *f.*
Base, *f.* tetka, *f.*
Bastei, *f.* bašta, *f.*
Bau, *m.* stavba, *f.*
Bauch, *m.* brucho, *n.*
Bauer, *m.* sedliak, *m.*
Baum, *m.* strom, *m.*
Baumwolle, *f.* bavlna, *f.*
Beamte, *m.* úradník, *m.*
Becher, *m.* pohár, *m.*
Bedarf, *m.* potrebnosť, *f.*
Bedauern, *v.* ľutovať.
Bedienung, *f.* obsluha, *f.*
Bedingen, *v.* vyjednať.
Bedrängniß, *f.* súženie, *n.*
Bedürfen, *v.* potrebovať.
Beenden, *v.* dokončiť.
Beerdigen, *v.* pochovať.
Befehl, *m* rozkaz, *m.*
Befehlshaber, *m.* veliteľ, *m.*
Beflecken, *v.* poškvrniť.
Befreien, *v.* oslobodiť.
Befreunden, *v.* spriateliť.
Befruchten, *v.* zúrodniť.
Betasten, *v.* omatať.
Begebenheit, *f.* udalosť, *f.*
Begehr, *n.* žiadosť, *f.*
Begeisterung, *f.* nadchnutie, *n.*
Begierde, *f.* baženie, *n.*
Beginn, *m.* začiatok, *m.*
Begleiten, *v.* sprevádzať.

Begnügsam, a. spokojuý.
Begraben, v. zakopať.
Begräbniß, n. pohrab, m
Begrenzen, v. ohraničiť.
Begriff, m. pochop, m.
Begründen, v. odôvodniť.
Begründer, m. zakladateľ, m.
Behaglichkeit, f. pohovenie, n.
Behaupten, v. tvrdiť.
Behörde, f. vrchnosť, f.
Behutsam, a. opatrný.
Beiblatt, n. príloha, f.
Beichte, f. spoveď, f.
Beichtstuhl, m. spovednica, f.
Beifall, m. pochvala, f.
Beil, n. sekera, f.
Beilage, f. príloha, f.
Beikleid, n. spoluútrpnosť, f.
Bein, n. kosť, f.
Beiname, m. priezvisko, n.
Beinkleid, n. nohavice, pl.
Beispiel, n. príklad, m.
Beißen, v. hrýzť, kúsať.
Beitrag, m. príspevok, m.
Beize, f. luh, m.
Bekannt, a. známy.
Bekanntmachung, f. oznámenie, n.
Bekanntschaft, f. známosť, f.
Bekennen, v. vyznať.
Bekenner, m. vyznavač, m.
Bekenntniß, n. vyznanie, n.
Bekleidung, f. šatstvo, n.
Beklemmung, f. skľúčenosť, f.
Bekommen, v. dostať.
Belagern, v. dobývať.
Belagerung, f. obleženie, n.
Belangen, v. obžalovať.
Beleben, v. oživiť.
Belehrung, f. poučenie, n.
Beleidigen, v urazit.
Belieben, v. ráčiť.
Beliebt, a. obľúbený.
Bellen, v. štekať, blavkať.
Belletristik, f. krásopísemnosť, f.
Belohnung, f. odmena, f.
Bemerken, v. zbadať.
Benedeien, v. blahoslaviť.
Beneiden, v. závidel.
Bequemlichkeit, f. pohodlnosť, f.
Bereben, v. nahovoriť.
Beredtsamkeit, f. výrečnosť, f.
Bereiten, v. pripraviť.

Bereitwilligkeit, f. ochotnosť, f.
Berg, m. vrch, m.
Bergabhang, m. strmina, f.
Bergen, v. tajiť.
Berghauer, m. haviar, m.
Bergstadt, f. banské mesto, n.
Bericht, m. zpráva, f.
Bernstein, m. jantar, m.
Bersten, v. puknúť.
Berüchtigt, a. zlopovestný.
Beruf, m. povolanie, n.
Beruhigen, v. uspokojiť.
Berühmt, a. slavný, slovutný.
Berühren, v. dotknúť sa.
Besagt, a. dotčený.
Besatzung, f. posiadka, f.
Beschaffenheit, f. povaha, f.
Beschäftigen, v. zaneprázniť.
Beschämen, v. zahaňbiť.
Beschatten, v. zastieniť.
Beschauen, v. ohliadnuť.
Bescheiden, a. skromný.
Beschränkt, a. obmedzený.
Beschreibung, f. opis, m.
Beschwerde, f. žaloba, f. ponos, m.
Beschwerlich, a. obtížny.
Beschwichtigen, v. uchlácholiť.
Beschwören, v. zaklínať.
Beseelen, v. oduševniť.
Beseitigen, v. odstrániť.
Beseligen, v. oblažiť.
Besen, m. metla, f.
Besiegen, v. premôcť.
Besoffenheit, f. opilstvo, n.
Besorgt, a. starostlivý.
Beständig, a. stály.
Bestechen, v. podkúpiť.
Bestimmen, v. určiť.
Besuch, m. návšteva, f.
Betäuben, v. ohlušiť.
Beten, v. modliť sa.
Betonung, f. prízvuk, m.
Betrogen, a. oklamaný.
Betrübt, a. zarmútený.
Betrug, m. klamstvo, n.
Bett, n. posteľ, f.
Betteln, v. žobrať.
Bettler, m. žobrák, m.
Beute, f. lúpež, f.
Beutel, m. vrece, n.
Bevollmächtigung, f. plnomocenstvo.
Bewahren, v. zachovať.

Bewegen, v. hýbať.
Beweis, m. dôvod, m.
Bewilligen, v. dovoliť.
Bewohner, m. obyvateľ, m.
Bewußtsein, n. povedomie, n.
Bezirk, m. okolie, n.
Bibel, f. biblia, f. písmo sväté. n.
Bibliographie, f. knihopis, m.
Bibliothek, f. knihovna, f.
Bieder, a. poctivý.
Biegen, v. ohnúť.
Biene, f. včela, f.
Bienenhaus, n. včelín, m.
Bienenkorb, m. úl, m.
Bier, n. pivo, n.
Bierbräuer, m. sládok, m.
Bild, n. obraz, m.
Bildhauer, m. rezbár, sochár, m.
Bildung, f. vzdelanosť, f.
Binde, f. viazačka, f.
Binden, v. viazať.
Binder, m. bednár, m.
Binse, f. rohoža, f.
Biographie, f. životopis, m.
Birke, f. brez, m.
Birn, f. hruška, f.
Bischof, m. biskup, m.
Biß, m. hryz, m.
Bitte, f. prosba, f.
Bitten, v. prosiť.
Bitter, a. horký, trpký.
Blase, f. mechúr, m.
Blasen, v. fúkať.
Blatt, n. list, m.
Blatter, f. osypky, pl.
Blau, a. modrý.
Blei, n. olovo, n.
Bleiben, v. zostať.
Bleich, a. bľadý.
Bleistift, m. olovko, n
Blick, m. pohľad, m.
Blind, a. slepý.
Blindheit, f. slepota, f.
Blinzeln, v. mihať.
Blitz, m. blesk, hrom, m.
Block, m. balván, m.
Blond, a. belasý.
Bloßfüßig, a. bosý.
Blühen, v. kvitnúť.
Blume, f. kvet, m.
Blut, n. krev, f.
Blutbürstig, a. krvežížnivý.

Blutegel, m. pijavica, f.
Bluten, v. krvácať.
Bock, m. cap, m.
Boden, m. dno, n.
Bohing, m. kad, f
Bogen, m. hárok, m. dúha, f.
Bohne, f. bôb, m.
Bohren, v. vŕtať.
Bohrer, m. nebozec, m.
Bombe, f. puma, f.
Boot, n. lodka, f. čln, m.
Borgen, v. požičať.
Börse, f. mešec, m.
Borste, f. štetina, f.
Borstwisch, m. smeták, m.
Böse, a. zlý.
Bösewicht, m. zločinec, zlosyn, m.
Boshaft, a. zlobivý.
Bosheit, f. zlosť, zloba, f.
Botanik, f. bylinárstvo, n.
Bote, m. posol, m.
Brachfeld, n. úhor, m.
Brand, m. zapálenie, n.
Brandleger, m. podpaľač, m.
Branntwein, m. pálenie, n.
Braten, m. pečienka, f.
Braten, v. piecť.
Bratspieß, m. rážeň, m.
Bratwurst, f. klbása, f.
Brauchbar, a. užitočný.
Bräuhaus, n. pivovár, m.
Braun, a. barnavý.
Braut, f. nevesta, f.
Brautführer, m. družba, m.
Bräutigam, m. ženích, m.
Brautjungfer, f. družica, f.
Brautwerbung, f. námluvy, pl.
Brechen, v. zlomiť.
Brechstange, f. sochor, m.
Brei, m. kaša, f.
Breit, a. široký.
Brettschulterig, a. plecnatý.
Brennen, v. páliť, horeť.
Brennnessel, f. žihlava, f.
Bresche, f. prólom, m.
Brett, n. daska, f.
Brettschneiber, m. pilár, m.
Brief, m. list, m.
Brille, f. okuliare, pl.
Bringen, v. priniesť.
Bröckeln, v. drobiť.
Brod, n. chlieb, m.

Bruchſtück, *n.* zlomok, *m.*
Brücke, *f.* most, *m.*
Bruder, *m.* brat, *m.*
Brüderſchaft, *f.* bratstvo, *n.*
Brühe, *f.* omáčka, *f.*
Brummeiſen, *n.* drumbľa, *f.*
Brummen, *v.* dudľať.
Brunnen, *m.* studňa, *f.*
Bruſt, *f.* prse, *pl.*
Bruthenne, *f.* kvočka, *f.*
Buch, *n.* kniha, *f.*
Buchbinder, *m.* knihár, *m.*
Buchdrucker, *m.* kníhtlačiar, *m.*
Buche, *f.* buk, *m.*
Buchhalter, *m.* účtovník, *m.*
Buchhandel, *m.* kníhkupectvo, *n.*
Buchsbaum, *m.* zimozel, *m.*
Büchſe, *f.* puška, *f.*
Buchſtabe, *m.* písmena, *f.*
Bucht, *f.* zátoka, *f.*
Buchweizen, *m.* pohanka, *f.*
Buckel, *m.* hrb, *m.*
Bucklig, *a.* hrbatý.
Bude, *f.* búda, *f.*
Büffel, *m.* byvol, *m.*
Bügel, *m.* strmeno, *n.*
Bund, *m.* záväzok, *m.*
Bündel, *n.* uzlík, *m.* otep, *f.*
Bürde, *f.* bremä, *n.*
Burg, *f.* hrad, *m.*
Bürge, *m.* ručiteľ, *m.*
Bürger, *m.* mešťan, *m.*
Bürgermeiſter, *m.* mešťanosta, *m.*
Bürgerthum, *n.* mešťanstvo, *n.*
Bürgſchaft, *f.* rukojemstvo, *n.*
Burſche, *m.* chasník, *m.*
Bürſte, *f.* kefa, *f.*
Buſch, *m.* ker, *m.* krovie, *n.*
Buſen, *m.* ňadrá, *pl.*
Buße, *f.* pokanie, *n.*
Büſte, *f.* poprsie, *n.*
Butter, *f.* maslo, *n.*

## C.

(Sieh K und Z.)

## Ch.

Charakter, *m.* ráz, *m.*
Charfreitag, *m.* veľký piatok, *m.*
Charwoche, *f.* svätý týdeň, *m.*
Chemie, *f.* lučba, *f.*

Chriſt, *m.* kreslan, *m.*
Chriſtabend, *m.* štedrý večer, *m.*
Chriſtenthum, *n.* kresťanstvo, *n.*
Chroniſch, *a.* počasný.

## D.

Dach, *n.* strecha, *f.*
Dachs, *m.* jazvec, *m.*
Damm, *m.* násyp, *m.* hať, *f.*
Dämmern, *v.* rozodnievať sa.
Dämmerung, *f.* svitanie, *n.*
Dämon, *m.* das, zloboh, *m.*
Dampf, *m.* para, *f.*
Dampfboot, *n.* paroloď, *f.*
Dampfmaſchine, *f.* parostroj, *m.*
Dankbar, *a.* vďačný.
Danken, *v.* ďakovať.
Darangabe, *f.* závdavok, *m,*
Darlehen, *n.* požička, *f.*
Darm, *m.* črevo, *n.*
Darſtellen, *v.* predstaviť.
Daſein, *n.* bytie, jestvovanie, *n.*
Dauer, *f.* trvanie, *n.*
Daumen, *m.* palec, *m.*
Dezember, *m.* prosinec, *m.*
Dechant, *m.* dekan, *m.*
Decke, *f.* prikryvadlo, *n.*
Deckel, *m.* pokrývka, *f.*
Dedikation, *f.* obetovanie, *n.*
Degen, *m.* kord, *m.*
Deichſel, *f.* oje, *n.*
Demokrat, *m.* ľudovládca, *m.*
Demuth, *f.* pokora, *f.*
Denken, *v.* mysleť.
Denkmal, *n.* pomník, *m.*
Denkwürdig, *a.* pamätihodný.
Denunziant, *m.* udavač, *m.*
Deputirter, *m.* vyslanec, *m.*
Deutlich, *a.* patrný.
Deutſch, *a.* nemecký.
Diakon, *m.* jahen, *m.*
Dialekt, *m.* nárečie, *n.*
Dialog, *m.* rozmluva, *f.*
Dicht, *a.* hustý.
Dichter, *m.* básnik, *m.*
Dichtung, *f.* báseň, *f.*
Dick, *a.* tlstý.
Diktator, *m.* samovládca, *m.*
Dlbaktik, *f.* naukoslovie, *n.*
Dieb, *m.* zlodej, kmín, *m.*
Diebſtahl, *m.* krádež, *f.*

Dienen, v. slúžil.
Diener, m. sluha, m.
Dienſt, m. služba, f.
Dienſtag, m. utorok, m.
Ding, n. vec, f.
Direktor, m. správca, m.
Diſtel, f. bodlák, m.
Divan, m. pohovka, f.
Docht, m. knot, m.
Doktor, m. lekár, m.
Doktrin, f. nauka, f.
Dolch, m. dýka, f.
Dolmetſcher, m. tlumočník, m.
Domherr, m. kanonik, m.
Donner, m. hrom, m.
Donnerſtag, m. štvrtok, m.
Doppelſinn, m. dvojsmysel, m.
Dorf, n. osada, ves, f.
Dorn, m. trn, m.
Doſe, f. pyksla, f.
Dotter, m. žltok, m.
Drache, m. drak, m.
Draht, m. drôt, m.
Drahtbinder, m. drotár, m.
Drama, n. činohra, f.
Drechsler, m. tokár, m.
Drehen, v. točil.
Dreieinigkeit, f. trojica, f.
Dreifuß, m. trojnoha, f.
Dreſcher, m. mlatec, m.
Dreſchflegel, m. cepy, pl.
Dröhnen, v. duňal.
Drohung, f. hrozba, f.
Druck, m. tlač, f.
Duckmäuſer, m. potmeluch, m.
Dudelſack, m. gajdy, pl.
Duell, m. súboj, m.
Duft, m. zápach, m.
Dulden, v. trpel.
Dummheit, f. sprostosl, f.
Dünger, m. hnoj, m.
Dunkel, a. tmavý.
Dünn, a. tenký.
Dunſt, m. para, f. výpach, m.
Durchbringen, v. preniknúl.
Durchlaucht, f. jasnosl, f.
Durchſtich, m. prekop m.
Dürfen, v. smiel.
Dürftig, a. núdzny.
Dürre, f. suchota, f.
Durſt, m. žížeň, f. smäd, m.
Düſter, a. zádumčivý.

# E.

Eben, a. rovný.
Ebene, f. rovina, f.
Eber, m. kanec, m.
Echo, n. ozvena, f.
Echt, a. opravdivý.
Ecke, f. roh, uhol, m.
Eckhaus, n. dom nárožný, m.
Edel, a. výborný, šlechetný.
Edelgeboren, a. urodzený.
Edelmann, m. šlachtic, zemän, m.
Edelmuth, m. šlechetnomyselnosl, f.
Effekt, m. dojem, účinok, m.
Egoismus, m. sebectvo, n.
Ehe, f. manželstvo, n.
Ehefrau, f. manželka, žena, f.
Ehegatte, m. manžel, muž, m.
Eheſtand, m. stav manželský. m.
Ehrbar, a. poctivý.
Ehrbegierig, a. ctižiadostivý.
Ehre, f. česl, f.
Ehrfurcht, f. úcta, f.
Ehrſucht, f. ctižiadosl, f.
Ehrwürdig, a. ctihodný.
Ei, n. vajce, n.
Eiche, f. dub, m.
Eichel, f. žalud, m.
Eichhorn, n. veverica, f.
Eid, m. prísaha, f.
Eibam, m. zal, m.
Eibechſe, f. jašterica, f.
Eifer, m. horlivosl, f.
Eiferſucht, f. žiarlivosl, f.
Eigen, a. vlastný.
Eigenheit, f. zvláštnosl, f.
Eigenliebe, f. samoláska, f.
Eigenname, m. meno vlastné, n.
Eigennuß, m. ziskuchtivosl, f.
Eigenſchaft, f. vlastnosl, f.
Eigenſinn, m. hlavatosl, f.
Eigenthum, n. majetok, m.
Eiland, n. ostrov, m.
Eilen, v. pospiechal.
Eimer, m. okov, m.
Einband, m. väzba, f.
Einbildung, f. vyobrazenie, n.
Einfach, a. jednoduchý, prostý.
Einfalt, f. prostota, f.
Einfluß, m. vplyv, m.
Einförmig, a. jednotvárny.
Eingang, m. vchod, m.

Eingeweide, n. črevá, pl.
Eingeweidewurm, m. hlísta, f.
Einhalt, m. zdržovanie, n.
Einhorn, n. jednorožec, m.
Einkerkern, v. uväznil.
Einklang, m. súzvuk, m.
Einlage, f. vklad, m.
Einlassen, v. vpustil.
Einnahme, f. príjem, m.
Einöde, f. pustatina, f.
Einsam, a. samotný.
Einsegnen, v. posvätil.
Einseitig, a. jednostranný.
Einsicht, f. náhľad, m.
Einsiedler, m. pústovník, m.
Einstimmig, a. jednohlasý.
Eintracht, f. svornosl, f.
Einverständniß, n. dorozumenie, n.
Einwendung f. námitka, f.
Einwohner, m. obyvateľ, m.
Eis, n. ľad, m.
Eisen, n. železo; n.
Eisenbahn, f. železnica, f.
Eisgrube, f. ľadovna, f.
Eitelkeit, f. márnosl, f.
Eiter, m. hnojovica, sokrvica, f.
Eiterbeule, f. vred, m.
Eitern, v. hnojil sa.
Eiweiß, n. bielok, m.
Eckel, m. ošklivosl, f.
Elastizität, f. pružnosl, f.
Elbogen, m. lokel, m.
Elektrisch, a. mlunný.
Element, n. živel, m.
Elementar, a. počiatočný.
Elend, n. bieda, f.
Elephant, m. slon, m.
Elle, f. lokel, ríf, m.
Elster, f. straka, f.
Eltern, rodičia, pl.
Emigrant, m. vystehovalec, m.
Empfang, m. príjem, m.
Empfängniß, f. počatie, n.
Empfehlen, v. porúčal.
Empfinden, v. cítil.
Empörer, m. povstalec, m.
Encyklopädie, f. všenauka, f.
Ende, n. konec, m.
Eng, a. úzky.
Engel, m. anjel, m.
Engpaß, m. užina, f.
Enkel, m. vnuk, m.

Entdecken, v. odokryl.
Ente, f. kačena, f.
Entehren, v. zneuctil.
Enterich, m. káčer, m.
Entfernung, f. vzdialenosl, f.
Entgegnen, v. odvetil.
Enthaltsam, a. zdržanlivý.
Enthauptet, a. slatý.
Entnationalisiren, v. odnárodnil.
Entnerven, v. vysilil.
Entschädigung, f. náhrada, f.
Entscheid, m. rozhodnutie, n.
Entschlossen, a. odvažný.
Entschuldigung, f. výmluva, f.
Entslavisiren, v. odslovanil.
Entsprechen, v. vyhoviel.
Entstehen, v. povstal.
Entwerfen, v. navrhnúl.
Entwickelung, f. vývin, m.
Entwurf, m. návrh, m.
Erbarmen sich, v. smiloval sa.
Erbärmlich, a. ničomný.
Erbe, m. dedič, m.
Erbschaft, f. dedictvo, n.
Erbse, f. hrach, m.
Erbsünde, f. hriech dedičný, m.
Erdapfel, m. zemiak, m.
Erdbeben, n. zemetrasenie, n.
Erdbeere, f. jahoda, f.
Erdbeschreibung, f. zemepis, m.
Erde, f. zem, f.
Erdharz, n. živica, f.
Erdkreis, m. okres zemský, m.
Erdrosseln, v. zadávil, zaškrtil.
Ereigniß, n. udalosl, f. príbeh, m.
Erfahrung, f. skusenosl, f.
Erfindung, f. vynálezok, m.
Erfolg, m. výsledok, m.
Erfreulich, a. radostný.
Erfrieren, v. zmrznúl.
Ergötzlich, a. rozkošný.
Erguß, m. výlev, m.
Erinnerung, f. pamiatka, f.
Erker, m. pavlač, f.
Erklären, v. vysvetlil.
Erlauben, v. dovolil.
Erlaucht, a. osvietený.
Erle, f. jalša, f.
Erlöser, m. vykupiteľ, m.
Ernst, m. vážnosl, f.
Ernte, f. žatva, f.
Erobern, v. vybojoval.

Erreichen, v. dosiahnuť.
Ersatz, m. náhrada, f.
Erschaffen, v. stvoriť.
Erscheinen, v. zjaviť sa.
Ersetzen, v. nahradiť.
Ertrag, m. výnos, m.
Ertrinken, v. utopiť.
Erwerb, m. výrobok, m.
Erz, n. ruda, f.
Erzählung, f. povesť, rozprávka, f.
Erzbischof, m. arcibiskup, m.
Erzherzog, m. arcivojvoda, m.
Erzieher, m. vychovateľ, m.
Erziehung, f. výchova, f.
Erzkunde, f. kovoslovie, n.
Esche, f. jaseň, m.
Esel, m. osol, somár, m.
Espe, f. osika, f.
Essen, v. jesť.
Essig, m. ocet, m.
Ethnographie, f. národopis, m.
Etymologie, f. slovozpyt, m.
Eule, f. sova, f.
Euter, n. vymä, n.
Ewigkeit, f. večnosť, f.
Examen, n. skúška, f.
Exyl, n. vyhnanstvo, n.

### F.

Fabel, f. bájka, f.
Fabellehre, f. bájoslovie, n.
Fabrik, f. dielna, f.
Fächer, m. ohaňka, f.
Faden, m. niť, f.
Fähig, a. schopný.
Fahne, f. zástava, f.
Fahren, v. viezľ sa.
Faktum, n. skutok, m.
Falke, m. sokol, m.
Fall, m. pád, m.
Falle, f. sieť, f.
Fallen, v. padnúť.
Falsch, a. falešný, podvodný.
Falte, f. záhyb, m.
Familie, f. rodina, f.
Fanatiker, m. ztreštenec, m.
Fangen, v. lapiť, chytiť.
Farbe, f. barva, f.
Farce, f. fraška, f.
Fasan, m. bažant, m.
Faschine, f. hať, f.

Fasching, m. mäsopôst, m.
Faser, f. vlákno, n.
Faß, n. sud, m.
Faste, f. pôst, m.
Faul, a. hnilý, lenivý.
Faum, m. pena, f.
Faust, f. päsť, f.
Feber, m. únor, m.
Fechten, v. šermovať.
Feder, f. pero, n.
Federmesser, n. peronožík, m.
Fee, f. vila, f.
Fegefeuer, n. očistec, m.
Fehler, m. chyba, f. omyl, m.
Feier, f. slavnosť, f.
Feiertag, m. sviatok, m.
Feig, a. bojazlivý.
Feige, f. fíka, f.
Feile, f. pilník, m.
Feilspäne, piliny, pl.
Feind, m. nepriateľ, vrah, m.
Feld, n. pole, n.
Feldbau, m. orba, f.
Fell, n. koža, f.
Fels, m. skala, f.
Fenster, n. okno, n. oblok, m.
Ferkel, n. prasa, n.
Ferne, f. diaľka, f.
Fernrohr, n. ďalekohľad, m.
Ferse, f. päta, f.
Fertig, a. hotový.
Fessel, f. puto, n.
Festung, f. pevnosť, f.
Fett, a. masný.
Fetzen, m. handra, f.
Feucht, a. vlhký.
Feuer, n. oheň, m.
Feuerzeug, n. kresivo, n.
Fichte, f. smrk, m.
Fieber, n. hodonka, zimnica, f.
Figur, f. postava, f.
Finden, v. najsť.
Finger, m. prst, m.
Fingerhut, m. náprstok, m.
Fink, m. pinkavka, f.
Finster, a. temný.
Finsterniß, f. tma, f.
Firmament, n. obloha nebeská, f.
Firmeln, v. birmovať.
Fisch, m. ryba, f.
Fischer, m. rybár, m.
Fischotter, f. vydra, f.

Fischreiher, m. volavica, f.
Fisole, f. fazuľa, f.
Fistel, f. píšťaľka, f.
Fittig, m. perutie, n.
Fläche, f. planina, f.
Flachs, m. ľan, m.
Flackern, v. plápolať.
Flagge, f. zástava na lodi, f.
Flamme, f. plameň, m.
Flasche, f. fľaška, sklenica, f.
Flaschenzug, m. škripec, m.
Flaum, m. páperie, n.
Flechtschuh, m. bačkor, krpec, m.
Fleck, m. záplata, f.
Fledermaus, f. netopýr, m.
Fleisch, n. mäso, n.
Fleischbank, f. jatka, f.
Fleischer, m. mäsiar, m.
Fleischlich, a. telesný.
Fleiß, m. pilnosť, snaha, f.
Fleißig, a. usilovný.
Flieder, m. bez, m.
Fliege, f. mucha, f.
Fliegen, v. letieť.
Fließen, v. tiecť.
Flink, a. hybký.
Flinte, f. flinta, puška, f.
Flittergold, n. pozlátka, f.
Floh, m. blcha, f.
Floß, n. plť, f.
Flöte, f. flavta, f.
Fluch, m. kľatba, f.
Flucht, f. útek, m.
Flüchtling, m. ubehlík, m.
Flügel, m. krídlo, n.
Flur, f. niva, f.
Fluß, m. rieka, f.
Flußbeet, n. riečište, n.
Flüßigkeit, f. tekutina, f.
Flüstern, v. šuškať.
Fluth, f. povodeň, f.
Fohlen, n. žriebä, n.
Föhre, f. borovica, f.
Folge, f. následok, m.
Folgen, v. nasledovať.
Folgsam, a. poslušný.
Foltern, v. mučiť.
Fond, n. základ, m.
Fördern, v. napomáhať.
Fordern, v. požadovať.
Forelle, f. pstruh, m.
Form, f. podoba, f.

Formular, n. predpis, m.
Forschen, v. skúmal, zpytoval.
Forst, m. les, m.
Fortsetzung, f. pokračovanie, n.
Fracht, f. náklad, m.
Frage, f. otázka, f.
Fragen, v. pýtal sa.
Fraß, m. žranie, n.
Fratze, f. potvora, f.
Frau, f. pani, manželka, f.
Fräulein, n. slečna, f.
Frech, a. nestydatý.
Frei, a. slobodný, voľný.
Freidenker, m. slobodomyseľník, m.
Freigebig, a. štedrý.
Freiheit, f. sloboda, volnosť, f.
Freimann, m. kat, ras, m.
Freistaat, m. slobodná obec, f.
Freitag, m. piatok, m.
Freiwilliger, m. dobrovoľník, m.
Fremde, f. cudzina, f.
Fressen, v. žrať.
Freude, f. radosť, f.
Freund, m. priateľ, m.
Friede, m. pokoj, m.
Friedfertig, a. pokojný,
Friedhof, m. hrobitov, m.
Frieren, v. oziabal,
Frisch, a. čerstvý.
Frist, f. lehota, f.
Fröhlich, a. veselý.
Fröhnen, v. robotoval.
Frohnleichnam, m. božie telo, n.
Fromm, a. pobožný.
Frosch, m. žaba, f.
Frost, m. mráz, m.
Frucht, f. úroda, f.
Fruchtbar, a. úrodní.
Fruchtbaum, m. strom ovocný, m.
Fruchtbringend, a. plodonosný.
Frühe, f. rano, n.
Frühjahr, n jaro, n.
Frühstück, n. sniedanie, n.
Fuchs, m. liška, f.
Fühlen, v. cítiť.
Führer, m. vodca, m.
Fuhrwerk, n. povoz, m.
Fundament, n. základ, m.
Funke, m. iskra, f.
Fürbitte, f. prímluva, f.
Furche, f. brázda, f.
Furcht, f. bázeň, f. strach, m.

Fürchten sich, v. bál sa.
Fürchterlich, a. strašný.
Furchtsam, a. bojazlivý.
Fürst, m. knieža, n.
Fuß, m. noha, f.
Fußboden, m. dlážka, f.
Fußgänger, m. pešiak, m.
Fußsteig, m. chodník, m.
Futter, n. obrok, m.

**G.**

Gabel, f. vidličky, pl.
Gabelast, m. rázsocha, f.
Gähnen, v. zívať sa.
Gähren, v. kysnúť.
Galgen, m. šibenice, pl.
Gallapfel, m. dubovka, f.
Galle, f. žlč, f.
Gans, f. hus, f.
Gänserich, m. húser, m.
Ganz, a. celý.
Garbe, f. snop, m.
Garn, n. priadza, f.
Garten, m. zahrada, f.
Gas, n. plyn, m.
Gasse, f. ulica, f.
Gast, m. hosť, m.
Gastfreundschaft, f. pohostinstvo, n.
Gastgeber, m. hostinský, m.
Gasthaus, n. hostinec, m.
Gastmahl, n. hostina, f.
Gatte, m. manžel, choť, m.
Gattung, f. rod, m. pokolenie, n.
Gaukler, m. mamič, m.
Gaumen, m. hrdlo, n.
Gauner, m. zlodej, m.
Gebäck, n. pečivo, n.
Gebären, v. rodiť,
Gebärerin, f. rodička, f.
Gebäu, n. stavanie, n.
Geben, v. dať.
Gebet, n. modlitba, f.
Gebieten, v. rozkázať, veleť.
Gebot, n. príkaz, m.
Gebrauch, m. obyčaj, m.
Geburt, f. porod, m.
Gebüsch, n. húština, f.
Gebächtniß, n. pamäť, f.
Gebanke, m. myšlienka, f.
Gebicht, n. báseň, f.
Gebuld, f. trpezlivosť, f.

Gefahr, f. nebezpečenstvo, n.
Gefangener, m. väzeň, m.
Gefängniß, n. žalár, m.
Gefäß, n. nádoba, f.
Gefrornes, n. sladoľad, m.
Gefühl, n. cit, m.
Gegend, f. okolie, n. vidiek, m.
Gegenstand, m. predmet, m.
Gegenwart, f. prítomnosť, f.
Gegner, m. protivník, m.
Gehalt, m. plat, m.
Gehege, n. obora, f.
Geheim, a. tajný.
Geheimniß, n. tajemstvo, n.
Gehen, v. ísť.
Gehirn, n. modzgy, pl.
Gehör, n. sluch, m.
Gehorchen, v. poslúchať.
Geige, f. husle, pl.
Geil, a. bujný.
Geiß, f. koza, f.
Geist, m. duch, m.
Geistlicher, m. duchovný, m.
Geistlichkeit, f. duchovenstvo, n.
Geiz, m. skúposť, f.
Gelächter, n. smiech, m.
Geländer, n. držadlo, n.
Gelb, a. žltý.
Geld, n peniaz, m.
Gelegenheit, f. príležitosť, f.
Gelehrsamkeit, f. učenosť, f.
Gelehrt, a. učený.
Geleise, n. koľaj, f.
Gelingen, v. podariť sa.
Gelse, f. komár, m.
Geltung, f. platnosť, f.
Gemälde, n. malba, f.
Gemeinde, f. obec, f.
Gemisch, n. miešanina, f.
Genesen, v. vyzdravieť.
Genick, n. tylo, n.
Genießen, v. požívať.
Genuß, m. požívanie, n.
Geographie, f. zemepis, m.
Geräusch, n. šramot, m.
Gerechtigkeit, f. spravodlivosť, f.
Gericht, n. súd, m.
Gering, a. drobný, chatrný.
Gerippe, n. kostlivec, m.
Gern, a. rád.
Gerste, f. jačmen, m.
Gerstel, n. krúpy, pl.

11*

Geruch, m. vôňa, f.
Gerücht, n. povesť, f. chýr, m.
Geruhen, v. ráčiť.
Gerüst, n. lešenie, n.
Gesammtheit, f. všeobecnosť, f.
Gesandter, m. poslanec, m.
Gesang, m. spev, m.
Geschäft, n. zanepráznenie, n.
Geschäftsmann, m. obchodník, m.
Geschehen, v. stať, diať sa.
Gescheidt, a. rozumný.
Geschenk, n. dar, m.
Geschichte, f. dejepis, m.
Geschickt, a. obratný.
Geschirr, n. nádoba, f.
Geschlecht, n. pokolenie, n.
Geschmack, m. chuť, f. vkus, m.
Geschöpf, n. tvor, m.
Geschrei, n. krik, m.
Geschwätz, n. žvatlanina, f.
Geschwind, a. rýchly.
Geschworener, m. prísažný, m.
Geschwulst, f. opuchlina, f.
Geschwür, n. vred, m.
Gesell, m. tovaryš, m.
Gesellschaft, f. spoločnosť, f.
Gesetz, n. zákon, m.
Gesetzgeber, m. zákonodarca, m.
Gesicht, n. tvár, f. obličaj, m.
Gesims, n. podvlak, m.
Gesinde, n. čeľaď, f.
Gesindel, n. sberba, f.
Gesinnung, f. smýšľanie, n.
Gesittung, f. mravnosť, f.
Gespan, m. išpán, župan, m.
Gespenst, n. strašidlo, n.
Gespräch, n. rozhovor, m.
Gestade, n. primorie, n.
Gestalt, f. postava, f.
Geständniß, n. vyznanie, n.
Gestank, m. smrad, m.
Gestell, n. podstavok, m.
Gesundheit, f. zdravie, n.
Getränk, n. nápoj, m.
Getreide, n. obilie, n.
Gevatter, m. kmotor, m.
Gewächs, n. bylina, f.
Gewalt, f. moc, f. násilie, n.
Gewand, n. rúcho, n.
Gewebe, n. tkanina, f.
Gewehr, n. zbroj, f.
Geweih, n. parohy, pl.

Gewicht, n. váha, f.
Gewimmel, n. hemženie, n.
Gewinn. m. zisk, m.
Gewiß, a. istý.
Gewissen, n. svedomie, n.
Gewißheit, f. istota, f.
Gewitter, n. búrka, f.
Gewohnheit, f. zvyk, m.
Gewölbe, n. sklepenie, n.
Gewölk, n. mračno, n.
Gicht, f lámanie údov, n.
Gießen, v. liať.
Gift, n. jed, m. otrova, f.
Gipfel, m. vrchol, m.
Gitter, n. mreža, f.
Glanz, m. blesk, m.
Glas, n. sklo, n. pohár, m.
Glatt, a. hladký.
Glatze, f. plešina, f.
Glaube, m. viera, f.
Glaubenslehre, f. učenie viery, n.
Glaubwürdig, a. hodnoverný.
Gleichgewicht, n. rovnováha, f.
Gleichheit, f. rovnosť, f.
Gleichmaß, n. rovnomiera, f.
Gleichniß, n. podobenstvo, n.
Gletscher, m. ľadovec, m.
Glied, n. úd, člen, m.
Glocke, f. zvon, m.
Glockengießer, m. zvonár, m.
Glorreich, a, slavný.
Glück, n. šťastie, n.
Glückselig, a. blahoslavený.
Gluth, f. žiar, m.
Gnade, f. milosť. f.
Gold, n. zlato, n.
Golf, n. zátoka, f.
Gondel, f. lodka, f.
Gönnen, v. priať, žičiť.
Gosche, f papuľa, f.
Gott, m. Boh, m.
Gottesfurcht, f. bohabojnosť, f.
Gottesläugner, m. neznaboh, m.
Gotteslehre, f. bohoslovie, n.
Gottesraub, m. svätokrádež, f.
Göttin, f. bohyňa, f.
Gottlos, a. bezbožný.
Gottmensch, m. bohočlovek, m.
Götzenbild, n. modla, f.
Götzenpriester, m. žrec, m.
Grab, n. hrob, m.
Graben, v. kopať.

Grabmal, *n.* mohyla, *f.*
Grab, *m.* stupeň, *m.*
Graf, *m.* hrabä, *m.*
Grammatik, *f.* mluvnica, *f.*
Granit, *m.* žula, *f.*
Gras, *n.* tráva, *f.*
Grasfelb, *n.* pažiť, *f.*
Grau, *a.* šedivý.
Gräuel, *m.* obavnosť, *f.*
Grausam, *a.* ukrutný.
Greifen, *v.* chytiť.
Grenze, *f.* hranica, *f.*
Gries, *m.* krupica, *f.*
Grille, *f.* švrčok, *m.*
Grind, *m.* chrasta, *f.*
Grobheit, *f.* nezdvorilosť, *f.*
Groß, *a.* veľký.
Großfürst, *m.* veľkoknieža, *n.*
Großmuth, *f.* veľkodušnosť, *f.*
Grotte, *f.* jaskyňa, *f.*
Grube, *f.* jama, *f.*
Gruft, *f.* hrobka, *f.*
Grummet, *n.* otava. *f.*
Grün, *a.* zelený.
Grund, *m.* základ, *m.*
Grundherr, *m.* zemský pán, *m.*
Gründlich, *a.* dôkladný.
Grundsatz, *m.* zásada, *f.*
Gruß, *m.* pozdravenie, *n.*
Gulden, *m.* zlatý, *m.*
Gunst, *f.* priazeň, *f.*
Gurgel, *f.* hrdlo, *n.*
Gurke, *f.* oharok, *m.*
Gürtel, *m.* pás, *m.*
Gut, *a.* dobrý.
Gyps, *m.* sádra, *f.*

### H.

Haar, *n.* vlas, *m.*
Haarflechte, *f.* vrkoč, *m.*
Habe, *f.* majetok, *m.*
Haben, *v.* mať.
Habicht, *m.* jastrab, *m.*
Habsucht, *f.* lakomstvo, *n.*
Hacken, *v.* rúbať.
Hafen, *m.* prístav, *m.*
Hafer, *m.* ovos, *m.*
Hafner, *m.* hrnčiar, *m.*
Hagelschlag, *m.* krúpobitie, *n.*
Hahn, *m.* kohút, kokoš, *m.*
Hacken, *m.* hák; *m.*

Halbe, *f.* polovica, holba, *f.*
Halfter, *f.* ohlávka, *f.*
Halm, *m.* steblo, *n.*
Hals, *m.* krk, *m.*
Halten, *v.* držať, trímať·
Halunke, *m.* darebák, *m.*
Hammel, *m.* škop, *m.*
Hammer, *m.* kladivo, *n.*
Hamster, *m.* chrčok, *m.*
Hand, *f.* ruka, *f.*
Handel, *m.* kupectvo, *n.*
Handfläche, *f.* dlaň, *f.*
Handgeld, *n.* závdavok, *m.*
Handlung, *f.* čin, *m.*
Handschrift, *f.* rukopis, *m.*
Handschuh, *m.* rukavička, *f.*
Handwerk, *n.* remeslo, *n.*
Hanf, *m.* konope, *pl.*
Hang, *m.* náklonnosť, *f.*
Hangen, *v.* viseť.
Harmonie, *f.* súhlasie, *n.*
Harn, *m.* moč, *m.*
Hart, *a.* tvrdý.
Harz, *n.* smola, živica, *f.*
Hase, *m.* zajac, *m.*
Haselnuß, *f.* lieskovec, *m.*
Haspel, *f.* motovidlo, *n.*
Haß, *m.* nenávisť, *f.*
Hassen, *v.* nenávideť.
Häßlich, *a.* ošklivý.
Haube, *f.* čepec, *m.*
Hauch, *m.* dych, *m.*
Hauchen, *v.* dýchať.
Haue, *f.* motyka, *f.*
Haufe, *m.* hromada, *f.*
Haupt, *n.* hlava, *f.*
Häuptling, *m.* náčelník, *m.*
Haus, *n.* dom, *m.*
Hausen, *m.* vyza, *f.*
Haushaltung, *f.* hospodárstvo, *n.*
Hausmeister, *m.* domovník, *m.*
Haut, *f.* koža, *f.*
Hebamme, *f.* baba, *f.*
Hebel, *m.* zdvihadlo, *n.*
Heben, *v.* dvihnúť.
Hechel, *f.* hachľa, *f.*
Hecht, *m.* šťuka, *f.*
Heer, *n.* vojsko, *n.*
Hefe, *f.* kvasnice, *pl.*
Heft, *n.* sväzok, *m.*
Heftig, *a.* prudký.
Hehlen, *v.* tajiť.

Heide, *m.* pohan, *m.*
Heil, *n.* spasenie, *n.*
Heiland, *m.* spasiteľ, *m.*
Heilen, *v.* liečiť.
Heilig, *a.* svätý.
Heiligthum, *n.* svätyňa, *f.*
Heimath, *f.* vlasť, otčina, *f.*
Heirathen, *v.* ženiť sa.
Heiser, *a.* zachripnutý.
Heiß, *a.* horúci.
Heißen, *v.* nazývať.
Heiter, *a.* veselý.
Heizen, *v.* kúriť.
Held, *m.* víťaz, hrdina, *m.*
Heldenmuth, *m.* hrdinstvo. *n.*
Helfen, *v.* pomôcť.
Hell, *a.* jasný.
Helm, *m.* šišák, *m.*
Helvetisch, *a.* kalvinský.
Hemd, *n.* košeľa, *f.*
Hemmen, *v.* hamovať.
Henker, *m.* kat. *m.*
Henne, *f.* sliepka, *f.*
Herberge, *f.* hospoda, *f.*
Herbst, *m.* jaseň, *f.*
Herb, *m.* ohnište, *n.*
Herde, *f.* stádo, *n.*
Herr, *m.* pán, *m.*
Herrschaft, *f.* panstvo, *n.*
Herrscher, *m.* panovník, *m.*
Herz, *n.* srdce, *n.*
Herzhaft, *a.* zmužilý.
Herzlich, *a.* srdečný.
Heu, *n.* seno, *n.*
Heubaum, *m.* pavúz, *m.*
Heuchelei, *f.* pokrytstvo, *n.*
Heuernte, *f.* kosba, *f.*
Heulen, *v.* výť.
Heuschrecke, *f.* kobylka, *f.*
Hexe, *f.* bosorka, *f.*
Hexerei, *f.* čary, *pl.*
Hilfe, *f.* pomoc, *f.*
Himbeere, *f.* malina, *f.*
Himmel, *m.* nebe, *n.*
Hindern, *v.* prekaziť.
Hinken, *v.* krívať.
Hinrichtung, *f.* odprava. *f.*
Hinterlassen, *v.* zanechať.
Hirn, *n.* modzog, *m.*
Hirsch, *m.* jeleň, *m.*
Hirse, *f.* proso, *n.*
Hirt, *m.* pastier, *m.*

Hitze, *f.* horúčosť, *f.*
Hobel, *m.* hoblík, *m.*
Hoch, *a.* vysoký.
Hochamt, *n.* veľká mša, *f.*
Hochmuth, *m.* vysokomyselnosť, *f.*
Hochwürdig, *a.* velebný.
Hochzeit, *f.* svadba, *f.*
Hof, *m.* dvor, *m.*
Hoffart, *f.* pýcha, *f.*
Hoffen, *v.* dúfať.
Hoffnung, *f.* nádej. *f.*
Höflich, *a.* zdvorilý.
Hofmann, *m.* dvoranin, *m.*
Hofrichter, *m.* úradník, *m.*
Höhe, *f.* výška, *f.*
Hohl, *a.* prázny.
Höhle, *f.* jaskyňa, *f.*
Hohn, *m.* posmech, *m.*
Holen, *v.* priniesť.
Hölle, *f.* peklo, *n.*
Holz, *n.* drevo, *n.*
Honig, *m.* mäd, *m.*
Hopfen, *m.* chmeľ, *m.*
Horchen, *v.* počúvať.
Horde, *f.* sberba, *f.*
Hören, *v.* slyšať, čuť.
Hörer, *m.* posluchác, *m.*
Horizont, *m.* obzor, *m.*
Horn, *n.* roh, *m.*
Horniß, *f.* sršeň, *m.*
Hose, *f.* nohavice, *pl.*
Hospital, *n.* nemocnica, *f.*
Hübsch, *a.* kalávny, driečny.
Huf, *m.* kopyto, *n.*
Hufeisen, *n.* podkova, *f.*
Hügel, *m.* briežok, kopec, *m.*
Huld, *f.* prívetivosť, *f.*
Hülse, *f.* lupina, *f.*
Hummel, *f.* čmeľ, *m.*
Hund, *m.* pes, *m.*
Hundswuth, *f.* besnota, *f.*
Hunger, *m.* hlad, *m.*
Husten, *m.* kašeľ, *m.*
Hut, *m.* klobúk, *m*
Hüten, *v.* pásť.
Hütte, *f.* chalupa, *f.*
Hutweide, *f.* paša, *f.*
Hyder, *f.* saň, *f.*

## J.

Ideal, *n.* vzor, *m.*
Idee, *f.* pojem, *m.* vidina, *f.*

Identität, f. totožnosť, f.
Idiom, n. nárečie, n.
Idol, n. modla, f.
Igel, m. jež, m.
Iltis, m. tchor, m.
Immergrün, n. zimozel, m.
Impfen, v. štepiť.
Individual, a. osoblivý.
Inhalt, m. obsah, m.
Innigkeit, f. vrúcnosť, f.
Innung, f. cech, m.
Inschrift, f. nápis, m.
Insekt, n. žížala, f.
Insel, f. ostrov, m.
Inspektor, m. dozorca, m.
Institut, n ústav, m.
Instruktion, f. návod, m.
Instrument, n. nástroj, m.
Interessant, a. zajímavý.
Irren, v. mýliť sa, blúdiť.
Irrlicht, n. svetlonos, m.
Irrthum, m. omyl, blud, m.
Isthmus, m. užina morská, f.

## J. (Jot.)

Jagd, f. hoňba, poľovka, f.
Jäger, m. poľovník, m.
Jäh, a. náhly.
Jahr, n. rok, m.
Jahrbuch, n. letopis, m.
Jahrhundert, n. stoletie, n.
Jammer, m. kvílenie, n.
Jänner, m. ľadeň, m.
Joch, n. jarmo, n.
Jubel, m. plesanie, n.
Jucken, v. svrbeť.
Jude, m. žid, m.
Jugend, f. mladosť, mládež, f.
Julius, m. červenec, m.
Jung, a. mladý.
Jungfer, f. panna, f.
Jüngling, m. mládenec, junoš, m.
Junius, m. červen, m.

## K.

Kabale, f. úklad, m.
Käfer, m. chrobák, m.
Kaffee, m. káva, f.
Kaffehaus, n. kaviarna, f.
Käfig, m. klietka, f.

Kahl, a. plechavý.
Kahn, m. čln, m. loďka, f.
Kaiser, m. cisár, m.
Kalb, n teľa, n.
Kalk, m. vápno, n.
Kalligraphie, f. krasopis, m.
Kalt, a. studený.
Kälte, f. zima, f.
Kameel, n. ťava, f.
Kamerad, m. spoločník, druh, m.
Kamin, m. komín, m.
Kamm, m. hrebeň, m.
Kampf, m. boj, m. bitka, f.
Kanal, m. žľab, m.
Kanapé, n. pohovka, f.
Kanne, f. konva, f.
Kanone, f. delo, n. kus, m.
Kanzel, f. kazateľnica, f.
Kapaun, m. kopún, m.
Kapital, n. istina, f.
Kapitel, n. oddelenie, n. hlava, f.
Kappe, f. čiapka, f.
Kapuze, f. kukľa, f.
Karneval, m. mäsopôst, m.
Karpfen, m. kaper, m.
Karren, m. kára, f.
Kasus, m. pád, m.
Käse, m. sýr, m.
Kastanie, f. kaštan, m.
Kasteien, v. trýzniť.
Kater, m. kocúr, m.
Katze, f. kočka, f.
Kauen, v. žuť.
Kaufen, v. kúpiť.
Kaufmann, m. kupec, m.
Keckheit, f. drzosť, f.
Kegel, m. homoľa, f.
Kehle, f. hrtán, m.
Kehren, v. miesť.
Keil, m. klin, cvik, m.
Keim, m. zárodok, m.
Kelch, m. kalich, m. čaša, f.
Keller, m. pivnica, f.
Kelter, f. preš, m.
Kennen, v. znať.
Kenntniß, f. známosť, f.
Kerker, m. žalár, m.
Kern, m. jadro, n.
Kerze, f. svieca, f.
Kessel, m. kotol, m.
Kette, f. reťaz, f.
Ketzer, m. kacier, m.

Keule, f. kyjak, m.
Keuschheit, f. čistota, f.
Kibitz, m. čajka, f.
Kiefer, f. borovica, f.
Kiel, m. brko, n.
Kiesel, m kremen, m.
Kind, n. dieťa, n.
Kinn, n. brada, f.
Kirche, f. kostol, m. cirkev, f.
Kirchendiener, m. kostolník, m.
Kirchgang, m. úvod, m.
Kirsche, f. čerešňa, f.
Kissen, n. poduška, f.
Kiste, f. truhla, f.
Kittel, m. halena, f.
Kitzeln, v. šteglit.
Klafter, f. siaha, f.
Klage, f. žaloba, f. ponos, m.
Klang, m. zvuk, m.
Klar, a. čistý.
Klasse, f. trieda, f.
Klaue, f. pazúr, m.
Klee, m. datelina, f.
Kleid, n. šata, odev, f.
Kleie, f. otruby, pl.
Klein, a. malý.
Kleinigkeit, f. maličkosť, f.
Klemme, f. úzkosť, f.
Klingel, f. zvonček, m.
Klippe, f. skalina, f.
Klopfen, v. klopať.
Kloster, n. kláštor, m.
Klotz, m. klát, m.
Kluft, f. medzera, f.
Klug, a. rozsúdny.
Knabe, m. chlapec, m.
Knall, m. buch, m.
Knechtschaft, f. otroctvo, n.
Knie, n. koleno, n.
Knieen, v. kľačať.
Knoblauch, m. česnek, m.
Knochen, m. hnát, m.
Knopf, m gombík, m.
Knospe, f. puk, m.
Knoten, m. uzol, m.
Koch, m. kuchár, m.
Kochen, v. variť.
Koder, m. lalok, m.
Kohle, f. uhoľ, m.
Komitat, n. stolica, f.
Komité, n. výbor, m
Kommandant, m. veliteľ, m.

Kommentar, m. výklad, m.
Kommunion, f. prijímanie, n
Kompagnon, m. spojenec, m.
Kompliment, n. poklona, f.
Komplot, n. spiknutie, n.
Komponist, m. skladateľ, m.
Konkurrenz, f. závod, m.
Konkurs, m. súbeh, m.
Konferenz, f. porada, f.
Konfession, f. vyznanie, n.
Konfirmation, f. potvrdenie, n.
Konfiskation, f. zhabanie, n.
Kongreß, m. snem, sjezd, m.
Konsonant, m. spoluhláska, f.
Konstitution, f. ústava, f.
Kontrakt, m. záväzok, m.
Kontribution, f. poplatok, m.
Konvent, m. shromaždenie, n.
Konvention, f. úmluva, f.
König, m. kráľ, m.
Können, v. môcť.
Kopf, m. hlava, f.
Kopie, f. odpis, m.
Kopulation, f sobáš, m.
Korb, m. koš m.
Korn, m. žito, zrno, n.
Korrespondent, m. dopisovateľ, m.
Körper, m. telo, n.
Kost, f. strava, f.
Kostbar, a. drahocenný.
Koth, m. blato, n.
Kotze, f. koberec, m.
Kouvert, n. obálka, f.
Krach, m. prask, m.
Kraft, f. moc, sila, f.
Kragen, m. límec, m.
Kräbe, f. vrana, f.
Kralle, f. pazúr, m.
Krampf, m. krč, m.
Krank, a. nezdravý,
Krankheit, f. choroba, nemoc, f.
Kranz, m. venec, m.
Krätze, f. svrab, m.
Kratzen, v. škriabať.
Kraut, n. zelina, kapusta, f.
Krebs, m. rak, m.
Kreide, f krieda, f.
Kreis, m. okruh, m.
Kreuz, n. kríž, m.
Kreuzigen, v. križovať.
Krieg, m. vojna, f.
Krippe, f. jasle, pl.

Krone, f. koruna, f.
Kröte, f. ropucha, f.
Krücke, f. barla, f.
Krug, m. žbán, krčah, m.
Krumm, a. krivý.
Küche, f. kuchyňa, f.
Kugel, f. guľa, f.
Kuh, f. krava, f.
Kühl, a. chladný.
Kühn, a. smelý.
Kultur, f. vzdelanosť, f.
Kummer, m. starosť, f.
Kummet, n. chomút, m.
Kunde, f. známosť, vedomosť, f.
Kundig, a. vedomý.
Kunst, f. umenie, n.
Künstler, m. umelec, m.
Kupfer, n. med, f.
Kuppe, f. vrchol, m.
Kuppler, m. svodník, m.
Kürbiß, m. tekvica, f.
Kürschner, m. blanár, m.
Kurz, a. krátky.
Kuß, m. bozk, m. polúbenie, n.
Küste, f. breh, m.
Kutsche, f. kočiar, m.
Kutscher, m. kočiš, vozka, m.

## L.

Lachen, v. smiať sa.
Lade, f. truhla, f.
Laben, m. krám, m.
Labung, f. náklad, m.
Lage, f. položenie, n.
Lahm, a. chromý.
Lallen, v. blbotať.
Lamm, n. jahňa, n.
Land, n. krajina, f.
Landkarte, f. zemevid, m.
Landsee, m. jazero, n.
Landsmann, m. krajan, m.
Landstraße, f. krajinská cesta, f.
Landtag, m. zemský snem, m.
Lang, a. dlhý.
Langmuth, f. shovievavosť, f.
Lärm, m. hluk, m.
Larve, f. kukla, f.
Lassen, v. nechať.
Last, f. ťarcha, f.
Laster, n. neprávosť, f.
Lästig, a. obťažný.

Lau, a. vlažný.
Laub, n. listie, n.
Lauf, m. bch, m.
Laufen, v. bežať.
Lauge, f. luh, m.
Läugnen, v. zapreť.
Laune, f. rozmar, m.
Laus, f. voš, f.
Lauschen, v. načúvať.
Laut, a. hlasný.
Läuten, v. zvoniť.
Leben, n. život, m.
Lebendig, a. živý.
Leber, f. jatrá, pl.
Leder, n. koža, f.
Leer, a. prázny.
Legen, v. položiť.
Lehm, m. hlina, f.
Lehne, f. operadlo, n.
Lehre, f. učenie, n. nauka, f.
Lehren, v. učiť.
Lehrer, m. učiteľ, m.
Lehrling, m. učeň, m.
Leib, m. telo, n.
Leibbinde, f. opasok, m.
Leibesfrucht, f. plod, m.
Leiche, f. mrtvola, f.
Leicht, a. ľahký.
Leichtgläubig, a. ľahkoverný.
Leichtsinn, m. ľahkomyseľnosť, f.
Leiden, v. trpeť.
Leidenschaft, f. náružívosť, f.
Leier, f. varyto, n. lýra, f.
Leihen, v. požičať.
Leim, m. glej, m.
Leintuch, n. plachta, f.
Leinwand, f. plátno, n.
Leisten, m. kopyto, n.
Leiter, f. rebrík, m.
Leitfaden, m. návod, m.
Lenz, m. jaro, m.
Lerche, f. škrovánok, m.
Lernen, v. učiť sa.
Lesen, v. čítať.
Leser, m. čitateľ, m.
Leuchten, v. svietiť.
Leuchter, m. svietnik, m.
Leute, ľudia, pl.
Lexikon, n. slovár, m.
Licht, n. svetlo, n.
Lichtmesse, f. hromnice, pl.
Lichtstrahl, m. paprsok, m.

Lieb, *a.* milý.
Liebe, *f.* láska, *f.*
Lieben, *v.* milovať, lúbiť.
Lieblich, *a.* lúbezný.
Liebling, *m.* miláček, *m.*
Lied, *n.* pieseň, *f.*
Liederlich, *a.* roztopašný.
Liegen, *v.* ležať.
Linde, *f.* lipa, *f.*
Linie, *f.* čiara, *f.*
Link, *a.* ľavý.
Linse, *f.* šošovica, *f.*
Lippe, *f.* perna, *f.*
Lispeln, *v.* šepotať.
List, *f.* podvod, *m.*
Literatur, *f.* písemnosť, *f*
Lob, *n.* chvála, *f.*
Loben, *v.* chváliť.
Loch, *n.* diera, *f.*
Locke, *f.* kučera, *f.*
Lokomotive, *f.* rušeň, *m.*
Löffel, *m.* ližica, *f.*
Lohn, *m.* mzda, *f.* plat, *m.*
Loos, *n.* žreb, *m.* sudba, *f.*
Lorbeer, *m.* vavrín, *m.*
Löschen, *v.* hasiť.
Losung, *f.* heslo, *n.*
Löwe, *m.* lev, *m.*
Luchs, *m.* ostrovid, *m.*
Luder, *n.* mrcha, švandra, *f.*
Luft, *f.* povetrie, *n.*
Lüge, *f.* lož, *f.*
Lump, *m.* darebák, *m.*
Lunge, *f.* pľúca, *pl.*
Lust, *f.* chuť, *f.*
Lustspiel, *n.* veselohra, *f.*

### M.

Machen, *v.* robiť.
Macht, *f.* moc, vláda, *f.*
Mädchen, *n.* dievča, *n.*
Magd, *f.* služka, *f.*
Magen, *m.* žalúdok, *m.*
Mager, *a.* chudý.
Mahlen, *v.* mleť.
Mähne, *f.* hriva, *f.*
Mahnen, *v.* napomenúť.
Mährchen, *n.* báchorka, *f.*
Mai, *m.* kveteň, *m.*
Majestät, *f.* veličestvo, *n.*
Mackel, *m.* škvrna, špina, *f.*

Malen, *v.* maľovať.
Malz, *n.* slad, *m.*
Mangel, *m.* nedostatok, *m.*
Manifest, *n.* provolanie, *n.*
Mann, *m.* muž, *m.*
Mantel, *m.* plášť, kepeň, *m.*
Marder, *m.* kuna, *f.*
Marine, *f.* námorstvo, *n.*
Mark, *n.* špik, *m.*
Markt, *m.* trh, *m.*
Marktflecken, *m.* mestečko, *n.*
Marsch, *m.* pochod, *m.*
Marter, *f.* trápenie, *n.*
Märtyrer, *m.* mučedlník, *m.*
März, *m.* brezeň, *m.*
Maschine, *f.* stroj, *m.*
Maser, *f.* osypky, *pl.*
Maß, *n.* miera, *f.*
Mäßig, *a.* mierny.
Maßregel, *f.* pravidlo, *n.*
Mast, *m.* stežeň, *m.*
Mästen, *v.* krmiť.
Materie, *f.* látka, hmota, *f.*
Mattigkeit, *f.* mdloba, *f.*
Mauer, *f.* stena, *f.*
Maul, *n.* papuľa, *f.*
Maulesel, *m* mulica, *f.*
Maurer, *m.* murár, *m.*
Maus, *f.* myš, *f.*
Mauth, *f.* mýto, *n.*
Meer, *n.* more, *n.*
Mehl, *n.* múka, *f.*
Meile, *f.* miľa, *f.*
Meineid, *m.* krivoprísaha, *f.*
Meinung, *f.* mienka, *f.*
Meise, *f.* sýkorka, *f.*
Meißel, *m.* dláto, *n.*
Melden, *v.* oznámiť.
Melken, *v.* dojiť.
Melodie, *f.* nápev, *m.*
Melone, *f.* dyňa, *f.*
Menagerie, *f.* zverinárna, *f.*
Mensch, *m.* človek, *m.*
Menschenfreund, *m.* ľudomil, *m.*
Menschheit, *f.* človečenstvo, *n.*
Merken, *v.* pozorovať.
Merkwürdig, *a.* pamätihodný.
Messe, *f.* mša, *f.*
Messen, *v.* merať.
Messer, *n.* nôž, *m.*
Messing, *n.* mosadz, *f.*
Metall, *n.* kov, *m.*

Metzen, m. merica, f.
Metzelei, f. rúbanina, f.
Mieder, n. živôtok, m.
Miethen, v. najať.
Miethling, m. nájemník, m.
Milbe, f. moľ, m.
Milch, f. mlieko, n.
Milderung, f. uľavenie, n.
Milz, f. slezina, f.
Mineral, n. nerost, m.
Minne, f. milosť, f.
Mischung, f. miešanina, f.
Mißbrauch, m. nadužívanie. n.
Mitarbeiter, m. spolupracovník, m.
Mitglied, n. spoluúd, člen, m.
Mittag, m. poludnie, n.
Mittagsmahl, n. obed, m.
Mitte, f. sredok, m.
Mittel, n. prosredok, m.
Mitternacht, f. polnoc, f.
Mittwoche, f. sreda, f.
Möbel, n. náradie, n.
Mode, f. kroj, m.
Modell, n. vzorka, f.
Moder, m. zpráchnivelosť, f.
Mögen, v. voleť.
Möglich, a. možný.
Mohn, m. mak, m.
Mohr, m. murín, m.
Molke, f. syrvatka, f.
Molkenbrühe, f. žinčica, f.
Monarch, m. mocnár, m.
Monat, m. mesiac, m.
Mönch, m. mních, m.
Mond, m. mesiac, m.
Montag, m. pondelok, m.
Moos, n. mäch, m.
Morast, m. močarina, f.
Morb, m. vražda, f.
Mörber, m. vrah, m.
Morgen, m. rano, jutro, n.
Morgenröthe, f. zora, f.
Morgenstern, m. jutrenka, f.
Morsch, a. zpráchnivelý.
Mörser, m. mažiar, m.
Mücke, f. muška, f.
Müde, a. ustatý.
Mühle, f. mlyn, m.
Muhme, f. stryna, f.
Müller, m. mlynár, m.
Mund, m. ústa, pl. huba, f.
Mundart, f. nárečie, n.

Mündig, a. dospelý.
Munter, a. bystrý.
Münze, f. peniaz, m.
Murmeln, v. mumlať.
Muse, f. Múza, Umka, f.
Musik, f. hudba, f.
Müssen, v. museť.
Müßiggang, m. zahálka, f.
Muster, n. vzorka, f.
Muth, m. odvážlivosť, f.
Mutter, f. matka, f.
Muttersprache, f. materčina, f.
Mütze, f. čiapka, f.
Mythologie, f. bájoslovie, n.

## N.

Nabel, m. pupok, m.
Nachbar, m. súsed, m.
Nachfolgen, v. nasledovať.
Nachgiebig, a. povoľný.
Nachkommenschaft, f. potomstvo, n.
Nachlaß, m. pozostalosť, f.
Nachlässig, a. nedbanlivý.
Nachmittag, m. popoludnie, n.
Nachrede, f. pomluva, f.
Nachricht, f. náveštie, n. zpráva, f.
Nachschrift, f. prípis, m.
Nachsicht, f. shovievanie, n.
Nacht, f. noc, f.
Nachtigall, f. slávik, m.
Nachtisch, m. pospas, m.
Nachtlager, n. nocľah, f.
Nachtmahl, n. večera, f.
Nachtrag, m. dodatok, m.
Nackt, a. nahý.
Nadel, f. ihla, f.
Nagel, m. klinec, m.
Nagen, v. hrýzť.
Nahe, a. blízky.
Nahrhaft, a záživný.
Nahrung, f. potrava, f.
Naht, f. šev, m.
Name, m. meno, n.
Narr, m. blázon, m.
Naschen, v. mlsať.
Nase, f. nos, m.
Nashorn, n. nosorožec, m.
Naß, a. vlhký.
Nation, f. národ, m.
Nationalität, f. národnosť, f.
Natur, f. príroda, f.

Nebel, *m.* mhla, *f.*
Necken, *v.* drážiť.
Neffe, *m.* synovec, *m.*
Negativ, *a.* záporný.
Nehmen, *v.* vziať, brať.
Neid, *m.* závisť, *f.*
Neigung, *f.* náklonnosť, *f.*
Nelke, *f.* hrebíček, *m.*
Nennen, *v.* menovať.
Nerv, *m.* žila, *f.*
Nest, *n.* hniezdo, *n.*
Netz, *n.* sídlo, *n.*
Neu, *a.* nový.
Neugierig, *a.* zvedavý,
Neuigkeit, *f.* novina, *f.*
Nichte, *f.* vnučka, *f.*
Nicken, *v.* kývnuť.
Nieder, *a.* nízky.
Niederträchtig, *a.* podlý.
Nieblich, *a.* ladný.
Niere, *f.* ladvenka, *f.*
Niesen, *v.* kýchnuť.
Nix, *m.* vodný muž, *m.*
Nonne, *f.* mníška, *f.*
Nord, *m.* sever, *m.*
Nordlicht, *n.* severná žiara, *f.*
Noth, *f.* núdza, potreba, *f.*
Nöthig, *a.* potrebný.
November, *m.* listopad, *m.*
Nubel, *f.* slíž, *m.*
Nummer, *f.* číslo, *n.*
Nuß, *f.* orech, *m.*
Nutzen, *m.* užitok, zisk, *m.*
Nymphe, *f.* rusalka, vila, *f.*

### O.

Obbach, *n.* prístrešie, *n.*
Oberfläche, *f.* površie, *n.*
Obers, *n.* smetana, *f.*
Obhut, *f.* ochrana, *f.*
Oblate, *f.* oplatka, *f.*
Obrigkeit, *f.* vrchnosť, *f.*
Obst, *n.* ovocie, *n.*
Ochs, *m.* vôl, *m.*
Ofen, *m.* pec, *f.*
Ofenhocker, *m.* pecivál', *m.*
Offenbar, *a.* zjavný.
Offenbarung, *f.* zjavenie, *n.*
Offenherzig, *a.* prostosrdečný.
Öffentlich, *a.* verejný.
Oheim, *m.* strýco, *m.*

Ohm, *m.* vedro, *n.*
Ohnmacht, *f* mdloba, *f.*
Ohr, *n.* ucho, *n.*
Ohrfeige, *f.* zaucho, *n.*
Ohrring, *m.* naušnica, *f.*
Oktober, *m.* rujeň, *m.*
Öl, *n.* olej, *m.*
Oper, *f.* spevohra, *f.*
Opfer, *n.* obeť, žertva, *f.*
Orden, *m.* riad, *m.*
Ordensregel, *f.* rehola, *f.*
Ordentlich, *a.* poriadny.
Ordnung, *f.* poriadok, *m.*
Organist, *m.* varhaník, *m.*
Orient, *m.* východ, *m.*
Ort, *m.* miesto, *n.*
Ostern, *pl.* veľká noc, *f.*
Otter, *f.* jašter, *m.*
Oxygen, *n.* kyslík, *m.*

### P.

Pacht, *m.* nájem, *m.*
Pächter, *m.* nájemník, *m.*
Pack, *n.* balík, *m.*
Palast, *m.* palác, *m.*
Panorama, *n.* svetozor, *m.*
Papagei, *m.* papúšok, *m.*
Papier, *n.* papier, *m.*
Papst, *m.* pápež, *m.*
Parabies, *n.* raj, *m.*
Parteigänger, *m.* stranník, *m.*
Pathe, *m.* kmotor, *m.*
Patriot, *m.* vlastenec, *m.*
Pech, *n.* smola, *f.*
Pein, *f.* súženie, *n.*
Peitsche, *f.* bič, *m.*
Pelz, *m.* kožuch, *m.*
Perle, *f.* perla, *f.*
Person, *f.* osoba, *f.*
Petschaft, *f.* pečať, *f.*
Pfand, *n.* záloha, *f.*
Pfanne, *f.* panvica, *f.*
Pfarrer, *m.* farár, *m.*
Pfau, *m.* páv, *m.*
Pfeffer, *m.* korenie, *n.*
Pfeife, *f.* fajka, *f.*
Pfeil, *m.* strela, *f.*
Pfeiler, *m.* stĺp, *m.*
Pferd, *n.* kôň, *m*
Pfingsten, turice, *pl.*
Pfirsich, *f.* breskyňa, *f.*

Pflanze, f. bylina, f.
Pflaſter, n. dlažba, f.
Pflaume, f. sliva, f.
Pflege, f. opatera, f.
Pflicht, f. povinnosť, f.
Pflock, m. kôl, m.
Pflug, m. pluh, m.
Pforte, f. brána, f.
Pfote, f. tlapa, f.
Pfund, n. funt, m.
Philoſoph, m. ľubomudrc, m.
Phönix, m. samolet, m.
Pilger, m. pútnik, m.
Piſſen, v. močiť, scať.
Plage, f. trápenie, n.
Pochen, v. klopať.
Poeſie, f. básnictvo, n.
Polſter, m. poduška, f.
Portrait, n. podobizňa, f.
Poſſe, f. fraška, f.
Poſt, f. počta, f.
Pracht, f. nádhera, f.
Prächtig, a. skvostný.
Prahlen, v. vypínať sa.
Präſident, m. prednosta, m.
Praſſer, m. márnotratník, m.
Predigen, v. kázať.
Predigt, f. kázeň, f.
Preis, m. cena, f.
Preiſen, v. velebiť.
Preſſe, f. tlač, f.
Prieſter, m. kňaz, m.
Prinzip, n. zásada, f.
Privat, a. súkromný.
Probe, f. skúška, f.
Prolog, m. proslov, m.
Prophet, m. prorok, m.
Pſalm, m. žalm, m.
Publikum, n. obecenstvo, n.
Pulver, n. prach, m.
Pumpen, v. čreť.
Putz, m. okrasa, f.

# Q.

Quackſalber, m. mastičkár, m.
Quaken, v. kvákať.
Qual, f. muka, f.
Qualität, f. jakovosť, f.
Quantität, f. kolikosť, f.
Quark, m. tvaroh, m.
Quarz, m. kremeň, m.

Quatember, m. suché dni, pl.
Queckſilber, n. živé sriebro, n.
Quelle, f. prameň, m.
Quittung, f. pojistenie, n.

# R.

Rabat, m. odrážka, f.
Rabe, m. havran, m.
Race, f. plemä, n.
Rache, f. pomsta, f.
Rad, n. kolo, n.
Rahm, m. smetana, f.
Rahmen, m. rámec, m.
Rand, m. kraj, m.
Rang, m. hodnosť, f.
Raſch, a. rýchly, rezký.
Raſen, m. pažiť, f.
Raſen, v. zúriť.
Raſerei, f. šialenosť, f.
Rath, m. rada, f.
Rathhaus, n. radný dom, m.
Räthſel, n. pohádka, f.
Ratte, f. potkan, m.
Raub, m. lúpež, f.
Räuber, m. zbojník, m.
Rauch, m. dým, m.
Rauchfang, m. komín, m.
Raufen, v. biť sa.
Raum, m. priestor, m.
Raupe, f. húsenica, f.
Rauſchen, v. šuslať.
Rebe, f. rievä, n.
Rebell, m. burič, m.
Rechen, m. hrable, pl.
Rechnung, f. účty, pl.
Recht, n. právo, n.
Rechtgläubiger, m. pravoverec, m.
Rechtſchreibung, f. pravopis, m.
Rede, f. reč, f.
Reden, v. hovoriť.
Redlich, a. poctivý.
Redner, m. rečník, m.
Reform, f. oprava, f.
Regel, f. pravidlo, n.
Regen, m. dážd, m.
Regenbogen, m. dúha, f.
Regenſchirm, m. dáždnik, m.
Regierung, f. vláda, f.
Reh, n. srna, f.
Reich, a. bohatý.
Reich, n. država, f.

Reif, *a.* zralý.
Reif, *m.* inoval, *f.*
Reim, *m.* rým, *m.*
Rein, *a.* čistý.
Reinbel, *n.* randlík, *m.*
Reise, *f.* cesta, púľ, *f.*
Reisen, *v.* cestovať.
Reißen, *v.* trhať.
Reiter, *m.* jazdec, *m.*
Reiz, *m.* lákavosť, *f.* púvab, *m.*
Reizen, *v.* drážiť.
Relativ, *a.* polažný.
Religion, *f.* náboženstvo, *n.*
Renner, *m.* behún, *m.*
Republik, *f.* slobodná obec, *f.*
Retten, *v.* ochrániť.
Reue, *f.* pokanie, *n.* ľútosť, *f.*
Revolution, *f.* prevrat obce, *m.*
Rezension, *f.* úvaha, *f.*
Richter, *m.* sudca, *m.*
Richtplatz, *m.* popravište, *n.*
Richtung, *f.* smer, *m.*
Riechen, *v.* voňať.
Riegel, *m.* zápora, *f.*
Riemen, *m.* remen, *m.*
Riese, *m.* obor, *m.*
Rinde, *f.* kôra, *f.*
Rindfleisch, *n.* hovädzina, *f.*
Ring, *m.* prsten, *m.*
Rinnen, *v.* tiecť.
Rippe, *f.* rebro, *n.*
Ritter, *m.* ritier, *m.*
Röcheln, *v.* chrčať.
Rock, *m.* kabát, *m.*
Roggen, *m.* raž, *f.*
Roh, *a.* surový.
Rohr, *n.* trstena, *f.*
Rollen, *v.* gúľať.
Rose, *f.* ruža, *f.*
Roß, *n.* kôň, *m.*
Rost, *m.* zrdzavina, *f.*
Roth, *a.* červený.
Rotz, *m.* sopeľ, *m.*
Rücken, *m.* chrbet, *m.*
Ruder, *n.* veslo, *n.*
Ruf, *m.* volanie, *n.*
Ruhe, *f.* pokoj, *m.*
Ruhen, *v.* spočívať.
Ruhm, *m.* sláva, *f.*
Ruine, *f.* rozvalina, *f.*
Rund, *a.* guľatý, okruhlý.
Rundschau, *f.* obzor, *m.*

Ruß, *m.* sadza, *f.*
Ruthe, *f.* prut, *m.*

## S.

Säbel, *m.* šabľa, *f.*
Sache, *f.* vec, *f.*
Sack, *m.* mech. *m.* vrece, *n.*
Säen, *v.* siať.
Saft, *m.* štiava, *f.*
Sage, *f.* povesť, *f.*
Säge, *f.* pila, *f.*
Sagen, *v.* riecť.
Saite, *f.* struna, *f.*
Sakrament, *n.* sviatosť, *f.*
Salbe, *f.* masť, *f.*
Salbung, *f.* pomazanie, *n.*
Salz, *n.* soľ, *f.*
Same, *m.* semä, *n.*
Sammeln, *v.* sbierať.
Sammlung, *f.* sbierka, *f.*
Samstag, *m.* sobota, *f.*
Sand, *m.* piesok, *m.*
Sänger, *m.* spevec, *m.*
Sarg, *m.* rakev, *f.*
Satan, *m.* diabol, *m.*
Sattel, *m.* sedlo, *n.*
Satz, *m.* sada, *f.*
Sau, *f.* sviňa, *f.*
Sauerteig, *m.* kvas, *m.*
Saufen, *v.* srebať.
Saugen, *v.* cucať.
Säugen, *v.* nadájať.
Säule, *f.* socha, *f.* stĺp, *m.*
Saum, *m.* obruba, *f.*
Saustall, *m.* chliev, *m.*
Schabe, *f.* moľ, *m.*
Schächer, *m.* lotor, *m.*
Schachtel, *f.* škatula, *f.*
Schade, *m.* škoda, *f.*
Schaf, *n.* ovca, *f.*
Schaffen, *v.* tvoriť.
Schälen, *v.* lúpať.
Schall, *m.* zvuk, *m.*
Scham, *f.* stud, *m.*
Schamlos, *a.* nestydatý.
Schande, *f.* haňba, *f.*
Schar, *f.* hajno, *n.*
Scharf, *a.* ostrý.
Scharfsinnig, *a.* ostrovtipný.
Scharte, *f.* štrbina, *f.*
Schatten, *m.* tôňa, *f.* tieň, *m.*

Schatz, m. poklad, m.
Schatzkammer, f. pokladnica, f.
Schaubühne, f. divadlo, n.
Schaudern, v. hrozil sa.
Schauen, v. hľadeť.
Schaufel, f. lopata, f.
Schaum, m. pena, f.
Scheibe, f. pošva, f.
Scheiden, v. rozlúčiť.
Scheinbar, a. zdánlivý.
Scheinen, v. zdáť sa.
Schelm, m. štverák, m.
Schemel, m. podnožie, n.
Schenke, f. krčma, f.
Schenkel, m. stehno, n.
Schenken, v. darovať.
Scherbe, f. črep, m.
Schere, f. nožnice, pl.
Scheren, v. strihať.
Scherz, m. žart, m.
Scheuchen, v. plašiť.
Scheuer, f. stodola, f.
Schicht, f. vrstva, f.
Schicken, v. poslať.
Schicksal, n. osud, m.
Schielen, v. škúliť.
Schießen, v. streliť.
Schiff, n. loď, f.
Schild, m. štít, m.
Schilderung, f. vyobrazenie, n.
Schildkröte, f. korytňačka, f.
Schimmel, m. plesnina, f.
Schimmer, m. blesk, m.
Schimpf, m. pohanenie, n.
Schimpfen, v. haniť.
Schinden, v. drať.
Schinken, m. šunka, f.
Schlacht, f. bitka, f.
Schlachtfeld, n. bojište, n.
Schlaf, m. sen, m.
Schlafen, v. spať.
Schlag, m. uderenie, n.
Schlagen, v. biť.
Schlagfluß, m. mrtvica, f.
Schlamm, m. bahno, n.
Schlange, f. had, m.
Schlank, a. švihlý.
Schlecht, a. ničomný, zlý.
Schleichen, v. plaziť sa.
Schleier, m. závoj, m.
Schleifstein, m. brús, m.
Schleppen, v. vliecť.

Schließen, v. zavreť.
Schlimm, a. rozpustilý.
Schlinge, f. osidlo, n.
Schlingen, v. pohltnúť.
Schlitten, m. sane, pl.
Schlitz, m. rázporok, m.
Schloß, n. zámok, m.
Schlosser, m. zámočník, m.
Schlucht, f. úžľabina, f.
Schluchzen, v. stukať.
Schlucken, v. hltať.
Schlummer, m. driemota, f.
Schlüpfrig, a. klzký.
Schluß, m. dokončenie, n.
Schlüssel, m. kľúč, m.
Schmach, f. potupa, f.
Schmal, a. úzky.
Schmalz, n. omasta, f.
Schmeichler, m. pochlebník, m.
Schmelzen, v. roztopiť.
Schmer, n. sadlo, n. tuk, m.
Schmerz, m. bolesť, f.
Schmetterling, m. motýľ, m.
Schmied, m. kováč, m.
Schmieden, v. kovať.
Schmieren, v. mastiť.
Schmuck, m. šperk, m.
Schmutz, m. špina, f.
Schnabel, m. dzobák, m.
Schnalle, f. zápinka, f.
Schnarchen, v. chrápať.
Schnauben, v. ffkať.
Schnecke, f. slimák, m.
Schnee, m. sňah, m.
Schneide, f. ostrie, n.
Schneiden, v. rezať.
Schneider, m. krajčír, m.
Schnell, a. náhly.
Schnepfe, f. sluka, f.
Schnitter, m. žnec, m.
Schnitterfest, n. obžinky, pl.
Schnupfen, m. nátcha, f.
Schnur, f. šnôra, f.
Scholle, f. hruda, f.
Schön, a. pekný, krásny.
Schonen, v. šetriť.
Schönheit, f. krása, f.
Schooß, m. lono, n.
Schopf, m. štica, f.
Schöpfer, m. stvoriteľ, m.
Schöps, m. škop, m.
Schotter, m. štrk, m.

Schramme, f. šev, m.
Schranke, f. ohrada, f.
Schrecken, v. strašiť.
Schrecklich, a. strašný.
Schreiben, v. písať.
Schreien, v. kričať.
Schrift, f. písmo, n.
Schriftsteller, m. spisovateľ, m.
Schritt, m. krok, m.
Schrot, m. broky, pl.
Schuh, m. črevica, f.
Schuhsohle, f. podošva, f.
Schuld, f. vina, f.
Schuldig, a. vinen.
Schule, f. škola, f.
Schüler, m. žiak, m.
Schullehrer, m. učiteľ, m.
Schulter, f. plece, n.
Schürze, f. zástera, f.
Schuß, m. strela, f.
Schüssel, f. misa, f.
Schuster, m. švec, m.
Schutz, m. ochraňa, f.
Schütze, m. strelec, m.
Schwach, a. slabý.
Schwager, m. švagor, m.
Schwalbe, f. lastovička, f.
Schwamm, m. morská huba, f.
Schwan, m. labuť, f.
Schwarm, m. roj, m.
Schwarz, a. čierny.
Schwefel, m. sirka, f.
Schweif, m. ocas, m.
Schweigen, v. mlčať.
Schwein, n. sviňa, f.
Schweiß, m. pot, m.
Schwelle, f. prah, m.
Schwer, a. ťažký.
Schwermuth, f. ťažkomyseľnosť, f.
Schwert, n. meč, m.
Schwester, f. sestra, f.
Schwiegersohn, m. zať, m.
Schwimmen, v. plávať.
Schwindel, m. závrat, m.
Schwinden, v. minúť.
Schwindsucht, f. suchotiny, pl.
Schwinge, f. opálka, f.
Schwören, v. prisahať.
Schwulst, f. opuchlina, f.
Schwung, m. vzlet, m.
See, f. more, n.
See, m. jazero, n.

Seele, f. duša, f.
Segen, m. požehnanie, n.
Segnen, v. žehnať.
Sehen, v. videť.
Sehnlich, a. túžobný.
Seibe, f. hodbáb, m.
Seidel, n. žajdlík, m.
Seife, f. mydlo, n.
Seil, n. provaz, m.
Seite, f. strana, f.
Sekretär, m. tajemník, m.
Selbstmord, m. samovražda, f.
Selbständig, a. samostatný.
Selig, a. blahoslavený.
Semmel, f. žemľa, f.
Senden, v. poslať.
Sense, f. kosa, f.
September, m. zári, m.
Setzer, m. sadzač, m.
Seuche, f. nákaz, f.
Seufzen, v. vzdychať.
Sichel, f. kosák, m.
Sicherheit, f. bezpečnosť, f.
Sieb, n. sito, n.
Sieden, v. vreť.
Sieg, m. vílazstvo, n.
Siegel, m. pečať, f.
Sieger, m. vílaz, m.
Silber, n. sriebro, n.
Singen, v. spievať.
Sinken, v. padať.
Sinn, m. smysel, m.
Sitte, f. mravy, pl.
Sittsam, a. cnostný.
Sitz, m. sedadlo, n.
Sitzen, v. sedeť.
Sitzung, f. zasadnutie, n.
Skelet, n. kostra, f.
Skizze, f. nástin, m.
Sohle, f. podošva, f.
Sohn, m. syn, m.
Sold, m. plat, m.
Soldat, m. vojak, m.
Sommer, m. leto, n.
Sonne, f. slnce, n.
Sonnet, n. znelka, f.
Sonntag, m. nedeľa, f.
Sorge, f. starosť, f.
Spalten, v. kálať.
Spanne, f. piad, f.
Sparkasse, f. sporiteľna, f.
Spaß, m. žart, m.

Spatz, m. vrabec, m.
Spazlergang, m. prechádzka, f.
Specht, m. dateľ, m.
Speck, m. slanina, f.
Speichel, m. slina, f.
Speichellecker, m. slínlizač, m.
Speicher, m. sýpka, f.
Speien, v. dáviť.
Speise, f. jedlo, n.
Spiegel, m. zrkadlo, n.
Spiel, n. hra, f.
Spiessen, v. bodnúť.
Spindel, f. vreteno, n.
Spinne, f. pavúk, m.
Spinnen, v. priasť.
Spinnengewebe, n. pavučina, f.
Spion, m. vyzvedač, m.
Spitzen, v. končiť.
Spitzmaus, f. sysel, m.
Splitter, m. trieska, f.
Sporn, m. ostroha, f.
Spott, m. posmech, m.
Sprache, f. reč, f.
Sprachlehre, f. mluvnica, f.
Sprechen, v. rozprávať.
Spreu, f. pleva, f.
Sprichwort, n. porekadlo, n.
Springen, v. skočiť.
Spritzen, v. strieknuť.
Sprössling, m. potomok, m.
Sprung, m. skok, m.
Spucken, v. pľuť.
Spur, f. šľapaj, stopa, f.
Stachel, m. žihadlo, n.
Stahl, m. oceľ, f.
Stall, m. maštaľ, f.
Stamm, m. peň, kmen, m.
Stampfen, v. dupnúť.
Stand, m. stav, m.
Standbild, n. socha, f.
Stange, f. žrd, f.
Stark, a. silný.
Stärke, f. sila, f.
Starrsinn, m. svojhlavosť, f.
Statthalter, m. miestodržiteľ, m.
Staub, m. prach, m.
Staunen, v. diviť sa.
Stechen, v. pichnúť, ryť.
Steg, m. lávka, f.
Stehen, v. stáť.
Stehlen, v. krasť.
Steif, a. ztuhlý.

Steig, m. chodník, m.
Steil, a. príkry.
Stein, m. kameň, m.
Steinbock, m. kozorožec, m.
Steinbruch, m. kameňotisk, m.
Stelle, f. miesto, n.
Stemmholz, n. záporník, m.
Stempel, m. kolok, m.
Sterben, v. mreť.
Sterblich, a. smrteľný.
Stern, m. hviezda, f.
Steuer, f. daň, f.
Steuermann, m. veslár, m.
Sticheln, v. špičkovať.
Sticken, v. vyšívať.
Stiefel, m. čižma, f.
Stiefmutter, f. macocha, f.
Stiefvater, m. očim, m.
Stiege, f. schódy, pl.
Stieglitz, m. stehlík, m.
Stier, m. bujak, býk, m.
Stiften, v. založiť, nadať.
Stille, f. ticho, n.
Stimme, f. hlas, m.
Stinken, v. smrdeť.
Stock, m. palica, f.
Stoff, m. látka, hmota, f.
Stöhnen, v. stonať.
Stolpern, v. potknúť sa.
Stolz, a. pyšný.
Storch, m. bogdáľ, čáp, m.
Stossen, v. sotiť.
Strafe, f. pokuta, f.
Strafen, v. trestať.
Strasse, f. cesta, f.
Strauss, m. kytka, f.
Streben, v. snažiť sa.
Strecke, f. diaľka, f.
Streichen, v. hladiť.
Streit, m. zvada, f.
Streng, a. prísny.
Streu, f. mrva, f.
Strich, m. čiara, f.
Strick, m. provaz, m.
Strofe, f. sloka, f.
Stroh, n. slama, f.
Strom, m. rieka, f.
Stube, f. izba, f.
Stück, n. kus, m.
Student, m. žiak, m.
Stufe, f. stupeň, m.
Stuhl, m. stolica, f.

Stumm, *a.* nemý.
Stunde, *f.* hodina, *f.*
Sturm, *m.* búrka, *f.*
Sturmwind, *m.* víchor, *m.*
Sturz, *m.* pád, *m.*
Stute, *f.* kobyla, *f.*
Stütze, *f.* podpora, *f.*
Styl, *m.* sloh, *m.*
Suchen, *v.* hľadať.
Süd, *m.* juh, *m.*
Sulze, *f.* rosol, *m.* huspenina, *f.*
Summe, *f.* súčet, *m.*
Sumpf, *m.* bahnište, *n.*
Sünde, *f.* hriech, *m.*
Sünder, *m.* hriešnik, *m.*
Sündflut, *f.* potopa, *f.*
Sündigen, *v.* zhrešiť.
Suppe, *f.* polievka, *f.*
Süß, *a.* sladký.
Sympathie, *f.* súcit, *m.*
System, *n.* sústava, *f.*
Szepter, *n.* berla, *f.* žezlo, *n.*

## T.

Tabak, *m.* tabák, *m.*
Tag, *m.* deň, *m.*
Tagebuch, *n.* denník, *m.*
Taglöhner, *m.* nádenník, *m.*
Tanne, *f.* jedľa, *f.*
Tanz, *m.* ples, tanec, *m.*
Tapete, *f.* čalún, *m.*
Tapfer, *a.* údatný.
Tasche, *f.* kapsa, *f.*
Tasten, *v.* matať.
Taub, *a.* hluchý.
Taube, *f.* holub, *m.*
Taubstumm, *a.* hluchonemý.
Tauchen, *v.* zahrúžiť, zanoriť.
Taufe, *f.* krst, *m.*
Taufen, *v.* krstiť.
Taumel, *m.* závrat, *m.*
Tausch, *m.* zámena, *f.*
Täuschung, *f.* šalba, *f.*
Teich, *m.* rybník, *m.*
Teig, *m.* cesto, *n.*
Teller, *m.* tanier, *m.*
Tendenz, *f.* zámer, *m.*
Teufel, *m.* čert, *m.*
Thal, *n.* dolina, *f.*
That, *f.* skutok, čin, *m.*
Thau, *m.* rosa, *f.*

Theater, *n.* divadlo, *n.*
Thee, *m.* čaj, *m.*
Theer, *m.* kolomaz, *f.*
Theil, *m.* diel, *m.*
Theilhaftig, *a.* účastný.
Theogonie, *f.* bohorodstvo, *n.*
Theolog, *m.* bohoslovec, *m.*
Theorie, *f.* skumnosť, *f.*
Thermometer, *m.* teplomer, *m.*
Theuer, *a.* drahý.
Thier, *n.* zviera, *n.*
Thon, *m.* hlina, *f.*
Thor, *m.* blázon, *m.*
Thor, *n.* brána, *f.*
Thräne, *f.* slza, *f.*
Thron, *m.* trón, prestol, *m.*
Thun, *v.* činiť.
Thür, *f.* dverc, *pl.*
Thurm, *m.* váža, *f.*
Tief, *a.* hlboký.
Tinte, *f.* černidlo, *n.*
Tisch, *m.* stôl, *m.*
Tischtuch, *n.* obrus, *m.*
Titel, *m.* název, *m.*
Toast, *m.* zdravica, *f.*
Toben, *v.* zúriť.
Tochter, *f.* dcéra, *f.*
Tod, *m.* smrť, *f.*
Todt, *a.* mrtvý.
Todtengräber, *m.* hrobár, *m.*
Todtengruft, *f.* hrobka, *f.*
Todtenhügel, *m.* mohyla, *f.*
Todtschlag, *m.* vražda, *f.*
Toleranz, *f.* snášanlivosť, *f.*
Toll, *a.* vzteklý.
Tollhaus, *n.* blázinec, *m.*
Ton, *m.* zvuk, *m.*
Tonne, *f.* bečka, *f.*
Topf, *m.* hrnec, *m.*
Topographie, *f.* miestopis, *m.*
Tracht, *f.* kroj, *m.*
Tragen, *v.* niesť.
Tragödie, *f.* smutnohra, *f.*
Trank, *m.* nápoj, *m.*
Traube, *f.* hrozno, *n.*
Trauen, *v.* dôveriť.
Trauer, *f.* smútok, *m.*
Traufe, *f.* odkap, *m.*
Traum, *m.* sen, *m.*
Traurig, *a.* smutný.
Trennen, *v.* rozlúčiť.
Treppe, *f.* schody, *pl.*

Treten, v. stúpiť.
Treu, a. verný.
Treubrüchig, a. verolomný.
Treue, f. vernosť, f.
Treulos, a. neverný.
Trinken, v. piť.
Trinkgeld, n. prepitné, n.
Tritt, m. krok, m.
Triumph, m. víťazosláva, f.
Trocken, a. suchý.
Trog, m. koryto, n,
Trommel, f. buben, m.
Trompete, f. trúba, f.
Tropfen, m. kapka, f.
Trost, m. potecha, f.
Trösten, v. tešiť.
Trotz, m. vzdor, m.
Trotzen, v. vzdorovať.
Trüben, v. kaliť.
Trug, m. klam, m.
Truhe, f. truhla, f.
Trupp, m. stádo, n.
Tuch, n. súkno, n.
Tugend, f. cnosť, f.
Tunken, v. namočiť.
Typhus, m. hlavnička, f.
Tyrann, m. ukrutník, m.

## U.

Übel, a. zlý.
Übelthäter, m. zločinec, m.
Üben, v. cvičiť.
Überdruß, m. omrzlosť, f.
Übereinstimmung, f. shoda, f.
Überfahrt, f. prievoz, m.
Übergewicht, n. prevaha, f.
Überraschen, v. prekvapiť.
Überschwemmung, f. povodeň, f.
Übersetzung, f. preklad, m.
Übersicht, f. prehľad, m.
Überspannt, a. prepjatý.
Überwinken, v. premôcť.
Überzeugen, v. presvedčiť.
Überzug, m. pokrov, m.
Übung, f. cvičenie, n.
Ufer, n breh, m.
Uhr, f. hodiny, pl.

Umfang, m. obvod, objem, m.
Umgegend, f. okolie, n.
Umkehren, v. obrátiť.
Umlauf, m. obeh, m.
Umsatz, m. odbyt, m.
Umschlag, m. obálka, f.
Umsicht, f. obozrelosť, f.
Umstand, m. okoličnosť, f.
Unbild, n. obluda, f.
Undank, m. nevďačnosť, f.
Unfall, m. nehoda, f.
Ungeheuer, a. potvorný.
Ungehobelt, a. nemotorný.
Ungeziefer, n. hmyz, m. háveď, f.
Unglück, n. nešťastie, n.
Unheil, n. zkáza, f.
Unlust, f. nechuť, f.
Unmittelbar, a. bezprosrední.
Unnütz, a. daromný.
Unschlitt, n. loj, m.
Unschuld, f. nevinnosť, f.
Unsinn, m. nesmysel, m.
Unterbrücken, v. utlačiť.
Untergang, m. západ, m.
Unterhaltung, f. zábava, f.
Unterjochen, v. podmaniť.
Unternehmen, v. podujať.
Unterscheiden, v. rozoznať.
Unterschied, m. rozdiel, m.
Unterschrift, f. podpis, m.
Untersuchung, f. vyšetrovanie, n.
Unterthan, m. poddaný, m.
Unwissenheit, f. nevedomosť, f.
Urbild, n. pravzor, m.
Urheber, m. pôvodca, m.
Urkunde, f. listina, f.
Urne, f. popolnica, f.
Ursache, f. príčina, f.
Ursprung, m. pôvod, m.
Urtheil, n. výrok, m.
Urtheilen, v. súdiť.
Urwelt, f. pravek, m.

## V.

Vagabund, m. tulák, m.
Vater, m. otec, m.
Vaterland, n. vlasť, otčina, f.
Vaterunser, n. otčenáš, m.
Veilchen, n. fijala, f.
Verachten, v. opovrhnúť,
Veranstalten, v. pripraviť.

**12***

Verband, m. obväzok, m.
Verbannter, m. vyhnanec, m.
Verbieten, v. zapovedať.
Verbindung, f. spojenie, n.
Verbot, n. zákaz, m.
Verbrecher, m. zločinec, m.
Verdacht, m. podozrenie, n.
Verdammniß, f. zatratenie, n.
Verdauen, v. zažiť.
Verderben, v. zhubiť.
Verdienst, n. zásluha, f.
Verdruß, m mrzutosť, f.
Verehrung, f. uctivosť, f.
Verein, m. spolok, m.
Vereinigen, v. sjednotiť.
Verfasser, m. skladateľ, m.
Verfassung, f. ústava, f.
Verfinstern, v. zatemniť.
Vergeben, v. odpustiť.
Vergelten, v. odplatiť.
Vergessen, v. zabudnúť.
Vergiften, v. otráviť.
Vergleich, m. porovnanie, n.
Verhaften, v. zatvoriť.
Verhältniß, n. pomer, m.
Verhaßt, a. nenávidený.
Verheeren, v. pleniť.
Verheißen, v. sľúbiť.
Verkauf, m. predaj, m.
Verkehr, m. obchod, m.
Verlag, m. náklad, m.
Verlangen, v. žiadať.
Verlegenheit, f. rozpaky, pl.
Verleger, m. nakladateľ, m.
Verletzung, f. urážka, f.
Verleumder, m. utrháč, m.
Verlieren, v. ztratiť.
Verlobung, f. zasnúbenie, n.
Vermählung, f. sňatok, m.
Vermeintlich, a. domnelý.
Vernichten, v. zničiť.
Vernunft, f. rozum, m.
Verrath, m. zrada, f.
Verräther, m. zradca, m.
Verrückt, a. pomätený.
Versammlung, f. shromaždenie, n.
Verschaffen, v. zaopatriť.
Verschwender, m. márnotratník, m.
Versetzen, v. zastaviť.
Versorgen, v. zaopatriť.
Verstand, m. rozum, m.
Verstehen, v. rozumieť.

Verstellung, f. pretváranie, n.
Versuch, m. pokus, m.
Vertheidigen, v. brániť.
Vertrag, m. smlúva, f.
Vertreter, m. zástupca, m.
Verwalter, m. správca, m.
Verwandeln, v. premeniť.
Verwandt, a. pokrevný.
Verwüsten, v. zpustošiť.
Verzeihen, v. odpustiť.
Verzweifeln, v. zúfať.
Viaduft, m. cestovod, m.
Vieh, n. hovädo, n.
Visite, f. návšteva, f.
Vogel, m. vták, m.
Volk, n. ľud, m.
Voll, a. plný.
Vollenden, v. dokonať.
Vollkommen, a. dokonalý.
Vollmacht, f. plnomocenstvo, n.
Vollständig, a. úplný.
Vollstrecken, v. vyplniť.
Vorbitte, f. primluva, f.
Vorbote, m. predchodca, m.
Vorhang, m. opona, f.
Vormund, m. poručník, m.
Vorrath, m. zásoba, f.
Vorrede, f. predmluva, f.
Vorsatz, m. úmysel, m.
Vorschlag, m. návrh, m.
Vorschrift, f. predpis, m.
Vorsehung, f. prozreteľnosť, f.
Vorsichtig, a. opatrný.
Vorspiel, n. predihra, f.
Vorstadt, f. predmestie, n.
Vorstellen, v. predstaviť.
Vortheil, m. výhoda, f.
Vortrag, m. prednáška, f.
Vortrefflich, a. výborný.
Vorurtheil, n. predsudok, m.
Vorwand, m. výmluva, zástera, f.
Vorwelt, f. prasvet, m.
Vorwurf, f. výčitka, f.
Vorzeigen, v. preukázať.
Vorzimmer, n. predizba, f.
Vorzug, m. prednosť, f.

# W.

Waare, f. tovar, m.
Wache, f. stráž, f.
Wachs, n. vosk, m.

Wachſen, v. rásť.
Wachtel, f. krepelka, f.
Wächter, m. strážny, m.
Wade, f. lýtko, n.
Waffe, f. zbraň, f.
Wage, f. váha, f.
Wagen, m. voz, kočiar, m.
Wagerecht, a. vodorovný.
Wagner, m. kolár, m.
Wahl, f. volenie, n. voľba, f.
Wahlſpruch, m. heslo, n.
Wahnſinn, m. šialenosť, f.
Wahr, a. pravý.
Wahrheit, f. pravda, f.
Wahrnehmen, v. zpozorovať.
Wahrſager, m. veštec, m.
Währung, f. cena, f.
Wahrzeichen, n. známka, f.
Waiſe, f. sirota, f.
Wald, m. les, háj, m.
Wall, m. násyp, m.
Wallfahrten, v. putovať.
Wallfiſch, m. velryba, f.
Walze, f. válec, m.
Wand, f. stena, f.
Wanderer, m. pútnik, m
Wange, f. líce, n.
Wanken, v. klátiť sa.
Wanze, f. ploštica, f.
Wappen, n. címer, m.
Wärme, f. teplo, n
Warnung, f. výstraha, f.
Warten, v. čakať.
Warze, f. bradavica, f.
Waſchen, v. umývať.
Waſſer, n. voda, f.
Waſſerleitung, f. vodovod, m.
Webe, f. tkanina, f.
Weber, m. tkáč, kadlec, m.
Wechſel, m. smenka, f.
Wecken, v. budiť.
Weg, m. cesta, f.
Wegweiſer, m. ukazovateľ cesty, m.
Wehmuth, f. skormútenosť, f.
Weib, n. žena, f.
Weich, a. mäkký.
Weichſel, f. višňa, f.
Weiden, v. pásť.
Weiſe, f. motovidlo, n.
Weihe, f. posviacka, f.
Weihen, v. posvätiť.
Weihnacht, f. vianoce, pl.

Weihwedel, m. kropáč, m.
Weile, f. chvíľa, f.
Wein, m. víno, n.
Weinberg, m. vinohrad, m.
Weinen, v. plakať.
Weinleſe, f. vinobranie, n.
Weiſe, a. múdry.
Weisheit, f. múdrosť, f.
Weiß, a. biely.
Weisſagung, f. proroctvo, n.
Weit, a. daleký.
Weizen, m. pšenica, f.
Welken, v. vädnúť.
Welle, f. vlna, f.
Welt, f. svet, m.
Weltall, n. vesmír, m.
Weltbürger, m. svetoobčan, m.
Wendung, f. obrat, m.
Werfen, v. hodiť.
Werft, f. u. m. lodiareň, f.
Werg, n. kúdeľ, f.
Werk, n. dielo, n.
Werkzeug, n. nástroj, m.
Werth, a. hoden.
Weſen, n. bytnosť, f.
Weſenheit, f. podstata, f.
Weſpe, f. sršeň, m.
Weſt, m. západ, m.
Wette, f. závod, m. stávka, f.
Wetter, n. počasie, n.
Wichtig, a. dôležitý.
Widder, m. bäran, m.
Widerlich, a. odporný.
Widerſtand, m. odpor, m.
Widmen, v. venovať.
Wiederhall, m. ozvena, f.
Wiederholen, v. opakovať.
Wiege, f. kolíska, f.
Wiegen, v. kolísať.
Wieſe, f. lúka, f.
Wieſel, n. lasica, f.
Wild, a. divoký.
Wildbret, n. divočina, f.
Wille, m. vôľa, f.
Willkühr, f. svevoľnosť, f.
Wind, m. vetor, m.
Windel, f. plienka, f.
Winden, v. točiť.
Windſpiel, n. chrt, m.
Windsbraut, f. víchrica, f.
Windwehe, f. závej, m.
Wink, m. kyvnutie, n.

Winkel, m. kút, uhol, m.
Winseln, v. skučať.
Winter, m. zima, f.
Wipfel, m. vrchol, m.
Wirken, v. pôsobiť.
Wirklich, a. skutočný.
Wirth, m. hospodár, gazda, m.
Wirthshaus, n. krčma, f.
Wischen, v. utreť.
Wißbegier, f. zvedavosť, f.
Wissen, v. vedeť.
Wissenschaft, f. veda, f.
Wittwe, f. vdova, f.
Witz, m. vtip, m.
Woche, f. týdeň, m.
Woge, f. vlnobitie, n.
Wohlfeil, a. laciný.
Wohlgeboren, a. blahorodý.
Wohlstand, m. zámožnosť, f.
Wohlthat, f. dobrodenie, n.
Wohnen, v. bývať.
Wohnung, f. obydlie, n.
Wölbung, f. klenutie, n.
Wolf, m. vlk, m.
Wolke, f. oblak, m.
Wolle, f. vlna, f.
Wonne, f. rozkoš, f.
Wort, n. slovo, n.
Wörterbuch, n. slovár, m.
Wucherer, m. úžerník, m.
Wuchs, m. zrast, m.
Wühler, m. rypál, m.
Wunde, f. rana, f.
Wunder, n. zázrak, m.
Wunsch, m. želanie, n.
Wünschen, v. želať.
Würde, f. dôstojnosť, f.
Würfel, m. kostka, f.
Wurfgarn, n. sak, m.
Würgen, v. hrdúsiť.
Wurm, m. červ, m.
Wurst, f. klbása, f.
Würze, f. korenie, n.
Wurzel, f. koreň, m.
Wüste, f. púšť, f.
Wuth, f. besnota, f.

## X.

Xylograph, m. drevorezec, m.

## Z.

Zahl, f. číslo, n. počet, m.
Zahlen, v. platiť.
Zählen, v. počítať.
Zahlung, f. výplata, f.
Zahm, a. krotký.
Zahn, m. zub, m.
Zange, f. kliešte, pl.
Zank, m. zvada, f.
Zar, m. cár, m.
Zart, a. útly.
Zauberei, f. čarodejníctvo, n.
Zauberhaft, a. váhavý,
Zaum, m. uzda, f.
Zaumgebiß, n. zubadlo, n.
Zaun, m. plot, m.
Zehent, m. desiatok, m.
Zehren, v. tráviť.
Zeichen, n. znamenie, n.
Zeichnen, v. kresliť.
Zeigen, v. ukázať.
Zeile, f. riadok, m.
Zeit, f. čas, m.
Zeitschrift, f. časopis, m.
Zeitung, f. noviny, pl.
Zeitwort, n. sloveso, n.
Zelt, n. šiator, m.
Zement, m. malta, f.
Zensur, f. censúra, f.
Zentaur, m. polkôň, m.
Zentifolie, f. ruža stolistá, f.
Zentner, m. cent, m.
Zentrum, n. sredok, m.
Zeremonie, f. obrady, pl.
Zerknirschung, f. skrúšenosť, f.
Zettel, n. ceduľa, f.
Zeuge, m. svedok, m.
Zeugen, v. plodiť; svedčiť.
Zeugniß, n. svedectvo, n.
Ziege, f. koza, f.
Ziegel, m. cihla, f.
Ziehen, v. tiahnuť.
Ziel, n. cieľ, m.
Zierde, f. ozdoba, f.
Zigeuner, m. cigáň, m.
Zilinder, m. válec, m.
Zimmer, n. izba, chyža, f.
Zimmermann, m. tesár, m.
Zimmt, m. škorica, f.
Zinsen, úroky, pl.
Zirkel, m. kolo, n.

Zischen, v. syčať.
Zittern, v. triasť sa.
Zivil, a. občanský.
Zögern, v. meškať.
Zögling, m. chovanec, m.
Zöllbat, n. bezmanželstvo, n.
Zone, f. pásmo, n.
Zorn, m. hnev, m.
Zucker, m. cukor, m.
Zudringlich, a. dotieravý.
Zufall, m. náhoda, f.
Zuflucht, f. utočište, n.
Zufrieden, a. spokojný.
Zug, m. ťah, vlak, m.
Zugabe, f. nádavok, m.
Zugang, m. vchod, m.
Zügel, m. oprata, f.
Zukunft, f. budúcnosť, f.
Zuname, m. priezvisko, n.
Zünden, v. páliť.
Zuneigung, f. náchylnosť, f.

Zunge, f. jazyk, m.
Zupfen, v. šklbať.
Zürnen, v. hnevať sa.
Zurückkehr, f. návrat, m.
Zuschrift, f. prípis, m.
Zustand, m. postavenie, n.
Zutritt, m. prístup, m.
Zuverlässig, a. bezpečný.
Zuwachs, m. prírast, m.
Zwang, m. násilie, n.
Zweck, m. zámer, m.
Zweckmäßig, a. primeraný.
Zweideutig, a. dvojsmyselný.
Zweifel, m. pochybnosť, f.
Zweifeln, v. pochybovať.
Zweig, m. ratolesť, f.
Zwiebel, f. cibuľa, f.
Zwiespalt, m. rozdvojenie, n.
Zwingen, v. nútiť.
Zwirn, m. niť, f.
Zwist, m. roztržitosť, f.

## Sammlung

von einigen mit dem Deutschen nicht ganz übereinstimmenden Taufnamen.

Adalbert, Vojtech.
Andreas, Andrej.
Beatrix, Blažena.
Elisabeth, Alžbeta.
Felix, Blahoslav.
Franz, Fraňo.
Friedrich, Bedrich.
Georg, Ďord.
Gottfried, Bohumír.
Gottgab, Bohdal.
Gottlieb, Bohumil.
Heinrich, Jindrich.

Johann, Ján.
Karl, Karol.
Leo, Lev.
Lorenz, Vavrinec.
Ludwig, Ludevít.
Mathias, Matiaš.
Mathäus, Matúš.
Nikolaus, Mikuláš.
Paul, Pavel.
Siegbert, Víťazoslav.
Theodor, Bohdan.
Wenzel, Václav.

## Sammlung

von einigen Volks-, Land-, Fluß- und Städtenamen.

Abriatisches Meer, Jadarské More.
Afrikaner, Afrikančan.
Agram, Záhreb.
Albanien, Albania.
Allslaventhum, Všeslovanstvo.
Alsó-Kubin, Dolní Kubín.
Altenburg, Staré Hrady, pl.
Alt-Ofen, Starý Budín.
Altsohl, Zvolen.

Amerikaner, Amerikančan.
Araber, Arabčan.
Arabien, Arabia.
Arabischer Meerbusen, Červené More.
Armenier, Arminčan.
Arva, Orava.
Asien, Asia.
Asiate, Asiatčan.
Athen, Atény, pl.

Auſterliß, Slavkov.
Auſtralier, Avstralčan.
Baier, Bavorčan.
Baiern, Bavorsko.
Barſch, Tekov.
Belgrad, Bielohrad.
Böhme, Čech.
Böhmen, Česko.
Böhmin, Češka.
Bosnien, Bosna.
Brandenburg, Branibor.
Braſilien, Brasilia.
Bremen, Brem.
Breslau, Vratislav.
Bries, Brezno.
Brünn, Brno.
Budweis, Budejovice, pl.
Bukkari, Bukovar.
Bulgar, Bulhar.
Bulgarien, Bulharsko.
China, Kytajsko.
Chineſe, Kytajčan.
Dǎne, Dánčan.
Dǎnemark, Dánsko.
Deutſcher, Nemec.
Deutſchland, Nemecko.
Donau, Dunaj.
Drau, Dráva.
Dresden, Drážďany, pl.
Eger, Cheb.
Elbe, Labe.
England, Anglicko.
Engländer, Angličan.
Eperjes, Prešov.
Erlau, Jager.
Europäer, Evropčan.
Finne, Čud.
Flume, Rieka.
Frankreich, Francúzsko.
Frankfurt, Frankobrod.
Franzoſe, Francúz.
Fünfkirchen, Päťkostolov, pl.
Galgoß, Hlohovec, Frajšták.
Galizien, Halič.
Galizier, Haličan.
Genf, Geneva.
Germane, Nemec.
Gothe, Got.
Göding, Hodonin.
Görz, Gorica.
Graß, Hradec.
Grieche, Grék.

Griechenland, Grécko.
Großwardein, Veľký Varadín.
Gran (Fluß) Hron; — (Stadt) Ostrihom.
Hermannſtadt, Sibiň.
Holland, Holandsko.
Holländer, Holandčan.
Hradiſch, Hradište.
Hradſchin, Hradčany, pl.
Illyrien, Illyrsko.
Indien, India.
Indianer, Indiančan.
Joſefſtadt, Josefov.
Irland, Irsko.
Irländer, Irčan.
Italien, Taliansko.
Italiener, Talian.
Jonien, Jonsko.
Karlowiß, Karlovice.
Karlsbad, Karlove Vary, pl.
Karlſtadt, Karlovec.
Kärnthen, Korutansko.
Karpfen, Krupina.
Kaſchau, Košice, pl.
Kattaro, Kotar.
Kirchdrauf, Podhradie.
Klagenfurt, Celovec.
Klauſenburg, Kološ.
Köln, Kolín.
Komorn, Komárno.
Konſtantinopel, Carihrad.
Königgräß, Kráľov Hradec.
Königsberg, Kráľovec.
Konſtanz, Kostnica.
Krain, Krajinsko.
Krainer, Krajinčan.
Krakau, Krakov.
Kremſier, Kromeríž.
Kroate, Chorvát.
Kroatien, Chorvátsko.
Kuttenberg, Kutná Hora.
Laibach, Lublaň.
Lauſiß, Lužice, pl.
Leipzig, Lipsko.
Lemberg, Lvov.
Leutſchau, Levoča.
Liptau, Liptov.
Litthauen, Litva.
Lombardie, Lombardsko.
London, Londýn.
Lübeck, Bukovec.
Lundenburg, Bretislav.

| | |
|---|---|
| Magyar, Madar. | Ragusa, Dubrovnik. |
| Mähren, Morava (krajina). | Regensburg, Rezno. |
| Mährer, Moravan. | Rhein, Rýn. |
| Mailand, Milano. | Riesengebirge, Krkonoše, pl. |
| March, Morava (rieka). | Rimaßombat, Rimavská Sobota. |
| Marienbad, Lázeň Marie. | Rom, Rím. |
| Merseburg, Medzibor. | Romane, Rumun. |
| Mittelländisches Meer, Sredozemné More. | Romanien, Rumunsko. |
| Modern, Modra. | Römer, Riman. |
| Moldau (Fluß) Vltava. | Rügen, Rana. |
| Montenegro, Čierna Hora. | Russe, Rus, Rossianin. |
| Montenegriner, Černohorec. | Rußland, Rusko, Rossia. |
| Moskau, Moskva. | Saale, Sála. |
| München, Mníchov. | Sachse, Sas. |
| Neapolitaner, Neapolitančan. | Sachsen, Sasko. |
| Neograd, Novohrad. | Sardinien, Sardinsko. |
| Neuhäusel, Nové Zámky, pl. | Sarmate, Sarmata. |
| Neusatz, Nový Sad. | Sau, Sáva. |
| Neusohl, Banská Bystrica. | Savoyard, Savojčan. |
| Neustadt, Nové Mesto. | Savoyen, Savojsko. |
| Neutra, Nitra. | Schemnitz, Štiavnica. |
| Niederlande, Nizozemsko. | Schlesien, Slezsko. |
| Nordsee, Severné More. | Schlesier, Slezák. |
| Norwegen, Norvegsko. | Schotte, Škot. |
| Nürnberg, Norimberg. | Schottland, Škotsko. |
| Ödenburg, Šopron. | Schwarzwald, Čierny Les. |
| Oder, Odra. | Schwede, Švéd. |
| Ofen, Budín. | Schweden, Švédsko. |
| Olmütz, Holomúc. | Schweiz, Švajcarsko. |
| Österreich, Rakúsko. | Schweizer, Švajcar. |
| Ostindien, Východnia India. | Semlin, Zemún. |
| Perser, Peršan. | Serbe, Srb. |
| Persien, Persia. | Serbien, Srbsko. |
| Pest, Pešť. | Siebenbürgen, Sedmohradsko. |
| Petersburg, Petrohrad. | Silein, Žilina. |
| Pilsen, Plzeň. | Skalitz, Skalica. |
| Plattensee, Blatoň. | Slave, Slovan, Slavian. |
| Podolien, Podolsko. | Slaventhum, Slovanstvo. |
| Pole, Poliak. | Slavonien, Slavonsko. |
| Polen, Poľsko. | Slovak, Slovák. |
| Pommer, Pomoran. | Slovakei, Slovensko. |
| Pommern, Pomoransko. | Slovakin, Slovenka. |
| Portugal, Portugalsko. | Spalato, Split. |
| Portugiese, Portugalčan. | Spanien, Španielsko. |
| Posen, Pozňansko. | Spanier, Španielčan. |
| Pösing, Pezinok. | Spree, Spreva. |
| Pöstény, Piešťany, pl. | Steierer, Štyrčan. |
| Prag, Praha. | Steiermark, Štyrsko. |
| Preßburg, Prešporok. | Straßnitz, Strážnice, pl. |
| Preußen, Prusko. | Stuhlweißenburg, Stolný Bielohrad. |
| Preuße, Prušiak. | Syrmien, Sriemsko. |
| | Theresienstadt, Terezinov. |

Teschen, Tešín.
Theiß, Tisa.
Tirnau, Trnava.
Trave, Travna.
Triest, Trst.
Troppau, Opava.
Türke, Turek.
Türkei, Turecko.
Ukraine, Ukrajina.
Ungar, Uhor.
Ungarn, Uhorsko.
Venedig, Benátky, *pl.*
Wag, Váh.

Walzen, Vacov.
Walachei, Valasko.
Warschau, Varšava.
Weichsel, Visla.
Weißrußland, Bielorusko.
Westindien, Západnia India.
Wien, Viedeň.
Wieselburg, Mošon.
Zara, Zadar.
Zipser, Spišiak.
Zipserland, Spišská Zem.
Znaim, Znojem.

---

## Abkürzungen.

| | | |
|---|---|---|
| *a.* | bedeutet | *adjectivum.* |
| *f.* | „ | *foemininum.* |
| *m.* | „ | *masculinum.* |
| *n.* | „ | *neutrum.* |
| *pl.* | „ | *plural.* |
| *v.* | „ | *verbum.* |

---

# Chrestomathia

## z literatúry slovenskej*).

### I.

### Z pojednania: ŽIVOTOPIS CYRILLA A METHODA.

("Básňe *Gana Hollého.* Widané od Spolku Milowňíkow Reči a Literaturi Slowenskég. We štiroch Zwazkoch. W Budíňe. M.DCCC.XLI.—XLII." Sväzok III. strana 92. a nasledujúce.)

Rastislav, knieža z vätšej stránky už pokrstených Slovákov, vystrojil k cisárovi Michalovi vyslancov s prosbou: aby mu poslal učiteľov, ktorí by Slovákov vo viere kresťanskej lepšie vynaučovali a písmo sväté jim prekladali. Cisár prosbe Rastislavovej zadosť urobiac, Konštantína a brata jeho Methoda roku 863. k nemu odoslal. Tu s veľkou vďačnosťou prijatí, za polpiata roka vyučovali, modly, kde ktoré sa nachádzaly, porážali, písmo sväté diaľ prekladali, bohoslužbu v reči slovenskej usporadovali, písmu slovenskému učili, mladíkov na kňazstvo pripravovali, chrámy božie stavali a na cestu spasenia všetkých viedli.

Keď to počul s veľkým potešením o bratoch tých pápež Mikuláš, r. 867. jich do Ríma povolal. Oni vezmúc so sebou nektorých svojich učedlníkov, vydali sa na púť a do Ríma odcestovali. Medzitým pápež Mikuláš roku 867. 13. nov. zomrel, a 14. dec. nastúpil po ňom Adrián. Tento slyšiac, že bratia Konštantín a Method telo sv. Klementa, ktoré prvší z nich pri meste Chersone našiel, so sebou nesú, veľkou radosťou naplnený, von z mesta s kňazmi a s ľudom oproti nim vyšiel a uctive jich prijal. Na poďakovanie oba bratia za biskupov, ostatní učedlníci ale, ktorých so sebou priviedli, za kňazov

---

*) Z ohľadu jednotvárnosti podávam chrestomathiu pravopisom už teraz ustáleným; len vo výpiskoch z básni *Hollého* držím sa osnovy tej, ktorá nachádza sa v treťom vydaní (1863.) jeho básnických spisov.

a jahnov vysvätení boli. Konštantín však za biskupa vysvätený
nenavrátil sa viac do Veľkej Moravy, lež do nemoce upadnúc
a blízky konec života svojeho tušiac, s povolením pápežovym
do kláštora vstúpil, meno Cyrilla — pod ktorým teraz známejší
je — prijal, a po štyriciatich dňoch r. 868. zomrel. Z tohoto
vidno, že Cyrill biskupom u Slovákov nebol.

Method po smrti brata svojeho za arcibiskupa moravské-
ho a panonského ustanovený, roku 868. navrátil sa z Ríma do
Veľkej Moravy. — — Poneváč ale bohoslužbu rečou slovenskou
vykonával a pohodlnosťam kňazov nemeckých prekážal, ne-
prestávali títo u pápeža na neho žalovať: že od učenia pravej
cirkve odstupuje, ľud do bludu uvádza a ináč učí, nežli ústne
a písemne pred apoštolskou stolicou prisľúbil. Následkom po-
dobných žalôb pápež Ján VIII. r. 878. Methodovi mšu v reči
slovenskej slúžiť zakázal a ho nasledujúceho roku do Ríma ku
sodpovedaniu sa povolal.

Method do Ríma príduc, v rade pápežovej, keď zo všet-
kého, v čom od protivníkov svojich obviňovaný bol, náležite sa
očistil, za pravoveriaceho uznaný jest, a mšu jako aj inú
bohoslužbu v chráme rečou slovenskou vykonávať slobodu ob-
siahnul. — — —

Po smrti Methoda (r. 885.) Wichín biskup nitranský,
rodom Nemec, obrady slovenské potlačoval a vytískal. Napo-
máhali mu bavorskí biskupi, ktorí moravských a panonských
Slovákov pod svoje právo a duchovnú vládu usilovali sa priviesť.
Okolo roku 899. — za času Mojmíra — posli pápeža Jána IX.
prišli do Veľkej Moravy, a tam jednoho arcibiskupa a troch je-
mu podriadených biskupov posvätili a ustanovili. Títo samých
latinského obradu kňazov dosadzovali, a tak s vymierajúcimi
od Methoda ustanovenými kňazmi i slovenský obrad vymieral.

Písmo slovenské vynaleznul mudrc Konštantín, kláštor-
ným menom Cyrill nazvaný, ktoré po ňom zovie sa cyrillicou.
Videl on totižto, že všetky a jednykaždé hlasy reči slovenskej
ani gréckymi ani latinskými písmenami nedajú sa vysloviť:
preto aby dokonalú abecedu sostavil, grécke písmeny, jaké
tenkrát v behu boly, za základ položil, nenachádzajúce sa u
Grékov znamenia hlások z abecedy iných národov dosadil, pís-
menám miesto gréckych alebo fenických mien názvy slovenské:
*az, buky, viedy, glagol* dal, preto abeceda tá menuje sa *azbuka.*
Z tohoto písma u Rusov za času Petra Velikého povstalo písmo
mešťanské (graždanské) ktoré neskôr aj Srbi prijali.

## OBRÁZOK AZBUKY.

| Písmo cyrillské | Mená písmen staršie | Písmo latinské | Písmo graždanské antikva | Písmo graždanské kursiva | Mená písmen novejšie |
|---|---|---|---|---|---|
| А | azъ | a | А a | *A a* | азъ |
| Б | buky | b | Б б | *Б б* | буки |
| В | viede | v | В в | *В в* | вѣди |
| Г | glagolь | g | Г г | *Г г* | глаголь |
| Д | dobro | d | Д д | *Д д* | добро |
| Е | estь | e | Е е | *Е е* | есть |
| Ж | živete | ž | Ж ж | *Ж ж* | живете |
| Ѕ | zielo | (z) | | | зѣло |
| З | zemlja | z | З з | *З з* | земля |
| И | iže | i | И и | *И и* | иже |
| I | i | (i) | I i | *I i* | i |
| | | j | Й й | *Й й* | |
| К | kako | k | К к | *К к* | како |
| Л | ljudije | l | Л л | *Л л* | люди |
| М | myslite | m | М м | *М м* | мыслете |
| Н | našь | n | Н н | *Н н* | нашъ |
| О | onъ | o | О о | *О о* | онъ |
| П | pokoj | p | П п | *П п* | покой |
| Р | rьci | r | Р р | *Р р* | рцы |
| С | slovo | s | С с | *С с* | слово |
| Т | tvrъdo | t | Т т | *Т т* | тверло |
| ОУ | ukъ | u | У у | *У у* | укъ |
| Ф | frъtъ | f | Ф ф | *Ф ф* | фертъ |
| Х | chierъ | ch | Х х | *Х х* | хѣръ |
| Ѡ | otъ | (o) | | | |
| Ц | ci | c | Ц ц | *Ц ц* | цы |
| Ч | črъvь | č | Ч ч | *Ч ч* | червь |
| Ш | ša | š | Ш ш | *Ш ш* | ша |
| Щ | šťa | šť (šč) | Щ щ | *Щ щ* | ща |
| Ъ | jerъ | *pol* y | Ъ ъ | *Ъ ъ* | еръ |
| Ы | jery | y | Ы ы | *Ы ы* | еры |
| Ь | jerь | *pol* i | Ь ь | *Ь ь* | ерь |
| Ѣ | jatь | ie (ja) | Ѣ ѣ | *Ѣ ѣ* | ять |
| | | e | Э э | *Э э* | |
| Ю | jusъ | ju | Ю ю | *Ю ю* | ю |
| Ꙗ | ja | ja (ä) | Я я | *Я я* | я |
| Ѧ | esь | e | | | |

| Písmo cyrillské | Mená písmen staršie | Písmo latinské | Písmo graždanské antikva | Písmo graždanské kursiva | Mená písmen novejšie |
|---|---|---|---|---|---|
| Ѧ | asъ | a | | | |
| Ѯ | ksi | ks | | | |
| Ѱ | psi | ps | | | |
| Ѳ | thita | th (f) | Ѳ ѳ | Ѳ ѳ | ѳнта |
| Ѵ | ižica | y | Ѵ ѵ | Ѵ ѵ | ижица |

Krem' písmen tuto uvedených užívajú Srbovia od nepamäti ešte týchto : Ђ=d́, Ћ=ć, Џ=dž; a dielom i Vukom Št. Karadžićom zavedených : .Ь=lj, Њ=ň (nj) a latinského j.

### Čítanie z evanjelia sv. Jána,

Kapitola 10. verš 11—13.

#### Osnova cyrillská.

Азъ єсмь пастырь до́брый : пастырь до́брый дꙋшꙋ свою̀ полага́єтъ за̀ о́вцы.

И наѐмникъ, и́же нѣ́сть па́стырь, є́мꙋ́же нє сꙋ́ть о́вцы своѧ̀, бидитъ во́лка грѧдꙋ́ща, и ѿставлѧ́єтъ о́вцы, и бѣ́гаєтъ : и волкъ расхи́титъ ихъ, и распꙋ́дитъ о́вцы.

И наѐмникъ бѣжи́тъ, ꙗ́кѡ наѐмникъ єсть, и нє ради́тъ ѡ о́вцахъ.

#### Osnova cyrillská písmenami latinskými.

Az jesm pástyr dóbrij: pástyr dóbrij dúšu svojú polagájet za óvci.

A najémnik, iže niesť pástyr, jemúže ne súť óvci svojá, vídit vólka grjadúšťa, i ostavljajet óvci, i biegajet : i vólk raschýtit ich, i raspúdit óvci.

A najémnik biežít, jako najémnik jesť, i ne radít o ovcách.

#### Osnova ruská.

Я есмь Пастырь добрый: пастырь добрый полагаетъ жизнь свою за овецъ.

А наемникъ, не пастырь, которому овцы не свои, видитъ приходящаго волка, и оставляетъ овецъ, и вѣжитъ : и волкъ расхищаетъ овецъ, и разгонняетъ ихъ.

А наемникъ бѣжитъ, потому что наемникъ, и нерадитъ объ овцахъ.

#### Osnova slovenská.

Ja som pastier dobrý: pastier dobrý dušu svoju dáva za ovce.

A nájemník, ktorý niet pastier, jehož nie sú ovce vlastné, vidi vlka prihodiaceho, a opúšťa ovce i uteká: a vlk chytá i rozháňa ovce.

A nájemník uteká, bo nájemník jest, i nestará sa o ovce.

Reč staroslovenská, do ktorej Cyrill a Method písmo
sväté preložili, ináč cirkevná rečená, nebola matkou ostatních
slovanských nárečí, ale len dcérou, jako je ruská, srbská,
chorvátska, alebo jako naša slovenská, česká, poľská atď.
Bola ona nárečie srbsko-bulharsko-macedonské, jakým hovo-
rilo sa v deviatom století na pravom brehu Dunaja od Bielo-
hradu k východu po Čierne More, k západu po Adriatické More
a k poludniu od Dunaja k mestu Solúnu, kde Cyrill vo svojej
mladosti s Methodom jazyk onen sa naučil. Reč táto už za po-
hanských časov vzdelaná byť musela, keď písmo sväté do nej
tak výborne dalo sa preložiť, že preloženie to francúzsky a ne-
mecký preklad prevyšuje. Je to ale spolu dôkazom toho, že
národ, ktorý ju užíval, nie divoký a barbarský, ale už v po-
hanstve svojom mravný a vzdelaný bol.

Ján Hollý.

## II.

### Z pojednania: SLOVENSKO A JEHO ŽIVOT LITERÁRNY.

(„Slovenské Pohľady na literatúru, umenie a život. Redaktor *J. M.*
*Hurban.* V Skalici a v Trnave. 1846—1852.“ Diel I. sväzok 2. strana 24.
a nasled.)

Mladé pokolenie je taká mladá dedinská chasa; keď sa
na zvon šturmovať má — pri príhodách osudných — prvšia
letí na vážu a bije na bok zvonov, combíla slobodno zvonami,
keď ide biskup lebo kráľ. Príchod nového principu, klepanie
podzemských, predživotných duchov na kôru skutočnosti čuje
najsamprv duch mladého, slobodného pokolenia: a preto sila
nová mladými duchami vyslovovaná aj uskutočňovaná, podpie-
raná aj k zralosti preprevodená býva. — Po tých predchod-
ných krokoch slovenského genia prosredkom jednotlivých
literárnych zjavov urobených, teskno bolo vo vzduchu lite-
rárneho života, a s ťažkosťou čakal sa dáky vysloboditeľ z toho
labyrintu, do jakého to habkanie, tie pokusy a hádaniny slabo-
literárne obecenstvo uvádzaly. Lebo nebolo naprosto žiadneho
pravidla, žiadnej gramatiky, tým menej slovára, syntaxi, filo-
sofie reči slovenskej. Tu povstal v útlom veku, srdcom den-
glavým mládenec slovenský, ktorého oko k nebu bolo obráte-
né, ktorého duch smelo letel nad zaprášené cesty zastaralého
zvyku, a ktorý povedal prvý zreteľným slovom: S l o v á c i!
p í š t e  p o  s l o v e n s k y, tu máte slovo moje o reči vašej. —
A tento mládenec bol *Anton Bernolák,* učenec semeniša preš-

porského. Slovo jeho bolo pojednanie v latinčine spísané: „Dissertatio philologico-critica de literis Slavorum etc.“ A hlas tento nebol viac hlasom na pustatine, lebo stá hlasov ozývalo sa a mládenca pozdravovalo, o ktorom neznámi mysleli, že je 70 ročný, bachantami obklopený, prachom starých bibliotiek zapadlý starec; a známi i neznámi, starí i mladí menovali ho svojím otcom, vodcom, náčelníkom literárnym, povolaným za vyslovovateľa jejich vlastných myšlienok. Bolo to nadšenie sviatočné, pozdravujúce nový vek s vrúcnosťou a pobožnosťou. Prví hlas, ktorý vinul sa z priehlbín slovenského národa, bol hlas obrátený k mladému Bernolákovi, aby dal Slovákom gramatiku slovenskú, slovár, syntax, prosodiu, slovom: žiadalo sa od neho nielen vyslovenie, ale aj uskutočnenie idey a myšlienky slovenskej.

Roku 1790. vyšla v latinskej reči jeho gramatika, prv už ústne a priateľsky medzi mladším pokolením rozšírená. Na veľkom svojom slováre pracoval cez celý život, ktorého ale vydania sá nedočkal. Muž tento svoje peniaze, hodnosť, úrad, čas a život obetoval na vskriesenie života slovenského. Jako kaplán čeklísky, kde gramatiku vydal, pôsobil na okolité strany, menovite na mladé kňazstvo; najme ale jako farár a dekan novozámsky celým vplyvom svojím o to stál, aby len bolo nečo z kmena slovenského. On rozožíhal sviecu vo tmách, on sreťazoval priateľov slovenskej literatúry po prešporskej, nitranskej, trenčanskej stolici, a tak na povedomí slovenského ducha a povolania pracoval. Je to nekonečná radosť pre citlivého a vzdelaného Slováka vidieť, po tisícročnom mlčaní najväčšej čiastky národa, dvíhať sa muža u prosred tých najhroznejších bied a nedostatkov, ktorý vyleliac nad ne, obživí tisíc zanedbaných duchov, jako to urobil náš nezapomenuteľný Bernolák. Škoda večná, že ho život duchovný, že ho milenka jeho večná, myšlienka slovenskej úlohy a slovenského povolania skoro a prívčas strávila; skončil cestu svoju v neslave národa slavnú a nepoškvrnenú 15. jan. 1813. Ale nie, prajme mu odpočinku, neskončil cestu prívčas, keď na ňu pohliadneme okom tým, ktorým čítajú sa nie roky, ale kroky urobené na tej ceste, po ktorej národ kráča k poznaniu seba, svojej úlohy a sily ku tam tej potrebnej. — S ním a po ňom dostalo toto snaženie slovenského genia meno *Bernolákismu*, nárečie ním vzdelané *Bernoláčiny*; a toto pomenovanie Thersitovia slovenskí aj jako posmech užívali a užívajú. Medzitým za meno Bernolákovo nezahaňbí sa žiaden Slovák, ba s vďačnosťou nábožnou klásť ho bude do Pantheona historie národa svojeho. Uznať však musíme odporníkom, že myšlienku svoju nevyviedol a nedokončil; lež ktože to z ľudí môže a smie žiadať? — Gramatika jeho je chybná, nedôsledná, na bohatosť slovensko-slovanskú nárečia nášeho potrebný pozor neobracajúca; ale kto môže chceť, aby jeden duch vyťahal na dno tú najbohatšiu studňu tisícvekých prameňov a žíl životodarných takej reči jako je slovenská. Kto to všetko žiada od Bernoláka, ten nech seba najprv skusí, či má len jeden necheť zo zásluh Bernolákovych, a nech potom hovorí. Inde sme povedali, že je táto reč prosredok medzi češtinou a čistou slovenčinou, a ospravedlnili sme krok tento dostatočne; kto teda chce súdiť, musí to stanovisko prd oči vziať a z toho kritizovať Bernoláka. Už aj to pomenovanie Bernolákismu, nakoľko od samých, uprimných a dobrých, Bernolákovmu snaženiu oddaných Slovákov pochodilo, svedčí, že tieto počiatky same neosobovaly si čistotu slovenčiny, začo ju ani slovenčinou nemenovali. My ale cítime aj oceniť vieme krok tento, jako aj o jeho historicko-filosofickej nevyhnuteľnosti a potrebe presvedčení sme.

Josef Hurban.

## III.

### Z článku: REČ RUSKÁ.

(„Vetín o slovenčine. Spísal *M. M. Hodža*. V Levoči. 1848." Strana 64. a nasled.)

Reč ruská menuje sa tak od Rusov, slavianskej ríše na východe založiteľov od r. 863. čo predtým bezpochyby slovenskou menovala sa za najstarších časov. Táto je najrozšírenejšia, panujúc od východnieho Predtatránska až k Uralu, a roztrúsene šírom Severnej Asie až do Ameriky; od Bieleho Mora až ku Čiernemu. Hovoria ňou v jednom hlavnom a vo dvoch menších nárečiach 50 milionov ľudu slavianskeho, zvätša pôvodčitého, samorodnieho, ktorý kraje oné v časiech už predhistorických obýval a otcovi historického umenia gréckemu *Herodotovi* (r. 450. pr. Kr.) pod menami *Budinow, Neurow* a *Piengitow* známy bol. Istá sila i krása a zvláště mohutnému kmenovstvu slavianskemu svečná veličanstvennosť, prejatá pri tom všetkom šírosrdečnou milotou slovenskou, je neodpriečne svojstvo ruštiny. Slovák zvláště si ju môže a má po mnohých svojenárečných hlasiech a spôsoboch slovničných dobre prisvojovať, osobitne nárečie veľkoruské. Niet pochyby, že by z nej vätšieho utešenia mal, nežli z cudzích rečí, za ktorými tak pachtí a v jichže znaní toľko si zakladáva. Svetonárodní orgán Slavianstva je skutočne už ruština; preto učencovi slovenskému práve nič z nej nevedeľ, je i národnia i človečenská nechvála i nešvára.

Dvoja reč vnárodnila sa v ruskom Slavianstve: c i r k e v n á s t a r o s l o v e n s k á a s v e t s k á r u s k á, obe so životom národním, nímže Rus je cez na kroz prejatý a preživlený, nerozlučne spojené a sice tak, že jedna druhú nic reku snáša, ale vlastne v cirkevnej a občanskej povinnosti, vo svätoslave i svetoslave odmieňa. Ruský vzdelanec napospol je rečou i Starosloven i Rus; ba sú nic riedke príklady, že pospolití ľudia celé knihy písma svätého, k. pr. žalmy, evanjelie nazpamäľ vedia. V ohľade tomto niet reči — mimo latinskej — ktorá by v takom priestranstve ozývala sa na chválu Boha jako staroslovenská. — Čo do ruskej literatúry, táto je teraz medzi všetkými slavianskymi jak hojnosľou a rozmanitosľou plodov, tak i výtečnosľou jejich najonakvejšia. Jej rozvinutie je podľa času dvojako rozdobné: s t a r š i a d o b a je od uvedenia kresťanskej viery a slovenskej bohoslužobnosti za *Vladimíra* (r. 988.) až do *Petra Velikého* (r. 1700.); n o v e j š i a ide od tohoto panovníka, obnoviteľa ruskej a tvorca jej terajšej mohutnosti, až do terajška. Obe tieto doby hlavne rozoznámkujú sa rečou i slohom, toľ že v onej písavali Rusi staroslovensky, bárs i miešano s ruskými, v tejto spisovaľ začali a spisujú v nárečí národňom a zvlášte moskevskom, nímže literatúra stala sa obecnou, všestrannou, jako Rusovia hovoria „mešťanskou" (graždanskou). Z prvšej doby najzvláštnejšie pamätiny sú: „Pravda ruská," t. j. staré práva ruské, ktoré kniežа *Jaroslav* sobral, sporiadal a vydal (r. 1016—1020.). — „Nestorova kronika" (nar. r. 1056. zomr. r. 1115. alebo 1116.) najdôležitejší a najkrajší z onoho veku historický pamätník. — „Slovo o pluku Igorovom" z konca XII. stoletia, báseň epická ducha ossianského a iné. — Najvzácnejšie ale dedictvo duchovného života onej doby složené je pre potomstvo v tehdajších letopisiech a listinách čili obecných úradných písemnosľach, týchto posledních najviacej čistoruských, jakýmiže v tej miere na onen vek žiaden iný národ nemôže sa honosiľ, a jejichže úplným spravným vydaním z rozkazu cára zvláštna spoločnosť sa zanáša. V čas mongolského poddanstva, v ňomže národ ruský skoro celých dve sto rokov a výše prenerestil, spisované boly najviacej náboženské knihy, ale i letopisné celkom zanedbané

neboly. Po zlomení jarma tatárskeho (r. 1462.) a uvedení kníh-
tlačiarstva (r. 1553.) pokračovalo sa v obojom. *Makarij* zho-
tovil ohromné dielo životov Svätých. Pozoru hodné plody zá-
konodarstva toho času sú : „Súdobník“ (r. 1559.) a „Uloženic“
(r. 1649.).

*Peter Veliký* postavil Ruskú do radu hlavných evropej-
ských mocenství. On nastavil novokrojné písmo ruské (graž-
danicu) a dal, jako všemu, tak i slovesnosti nový beh. Za jeho
času kvetli vedľa duchovných už aj spisovatelia svetskí: *Kan-
temir* (r. 1708—1744.) *Tatiščev* (r. 1685—1750.) *Tredia-
kovskij* (r. 1703—1769.) ktorý vlastne staroslovenčinu snažil
sa uviesť jako reč spisovnú i do literatúry. — Ale tvorca a otec
novejšej literatúry ruskej je *Lomonosov* (r. 1711—1765.) ve-
liký duch. Za ním básnik *Deržavin* (r. 1743—1816.) jehože
óda „Na Boha“ svetochýrneje. Na vyšší stupeň i bohatstva i do-
konalosti zdvihla sa literatúra ruská za *Karamzina* (r. 1765 —
1826.) pôvodcu dokonalejšej prostomluvy ruskej. Z básnikov
jeho času predkuje medzi inými *Žukovskij* (nar. 1783.); a jako
skladateľ nevyrovnaných bájok prišiel u celého ruského národa
do klasickej vážnosti *Krylov* (nar. 1768.). Tretí za Lomonoso-
vom a Karamzinom stupeň literatúre národnej položil slávo-
duchý básnik *Puškin* (r. 1799—1838.). — Teraz už ide to tam
zo slávy na slávu — vo svojom spôsobe času a okolností, ale
nado všetko duchom ruskej veľaslavnej, vševživelnej národnosti.

**Michal Hodža.**

## IV.

### Z pojednania: HOLLÉHO ŽIVOT.

(„*Jána Hollého* Spisy Básnické. So životopisom a zprávou o pomníku i
spisoch jeho sporiadal a vydal *Josef Viktorin*. Tretie, opravené vydanie.
V Pešti. Sklad kníhkupectva : Lauffer et Stolp. 1863.“ Strana VII. a nasl.)

*Ján Hollý* narodil sa d. 24. marca r. 1785. na **Búroch**
v Horňom Uhorsku v stolici nitranskej. Chodil do škôl najprv
v Skalici potom v Prešporku, kde beh gymnasialný dokončil.
Roku 1802. do semeniša arcibiskupstva ostrihomského prijatý,
ľubomudrcké a bohoslovecké nauky v Trnave za šesť rokov
poslúchal, prázny ale čas na vypracovanie rozličných menších
básni vynakladal. Po dokončených bohosloveckých štúdiach
20. augusta 1808. za kňaza posvätený, obdržal kaplánku v Po-
bedíme, kde svoj úrad od 14. oktobra toho roku až do 22.
decembra 1811. zastával. V Pobedíme zapodieval sa najviac

13*

prekladaním básni staroklasických, menovite Virgiliovu „Aeneidu" tu prekladať započal. S koncom výš menovaného roku preložený bol na kaplánku do Fraštáku, kde v preklade „Aeneidy" a vypracovaní menších básni pokračoval.

Roku 1814. faru v Madunicach, na Považí, obsiahnul. Utešené považské okolie na básnického ducha jeho veľmi zdarile pôsobilo. Menovite vítaný útulok ku skladaniu povestných jeho piesni poskytoval mu blízo osady ležiaci spanilý hájik „Mlíč" nazvaný a v tomto Dub nad ostatnie vekom a velikosťou vynikajúci, pod ktorým básne jeho z vätšej čiastky vypracované sú, jako to on sám vo svojich ódach „Na Mlíč" a „Na Dub" pripomína.

Po dokončenom preklade „Aeneidy" oddal sa básnik náš na neznáme posiaľ Slovákom pole : vypracovanie obšírnej pôvodnej epickej básne „Svatopluk", ktoré dielo v bujarom veku svojom 1827—1830. dokončil. Potom pracoval na „Selankách" a na víťazskej básni „Cyrillo-Methodiada," ku ktorej i životopis týchže apoštolov slovenských pripojil. Okolo r. 1836. vyhotovil novú hrdinskú báseň „Sláv," v ktorej „o dávno zabudlých a z vedomosti vyšlých prospevuje bitkách; i hlavné otca našého (Sláva) pozdnejším známé činí víťazstvo potomkom, od neho sa zvúcím a slavné méno deďácím." V rokoch 1837—1840 vyhotovil „Žalospevy," rozličné „Ódy" a metrický „Katolícky Spevník."

3. mája 1843. potkalo Hollého veliké nešťastie, ktoré i fárskemu jeho úradovaniu konec urobilo : vypuknul totižto v súsednom dome oheň a v okamžení i faru zachvátil. On priam v nemoci lámania údov postavený, nemohol sa pred hrôzyplným nebezpečenstvom sám oratovať, lež od jednoho mlatca z fary vynesený a v blízko ležiacom kostole zložený bol; avšak i kostol v krátkom čase počal horeť, a tak bol v novom nebezpečenstve. Pošťastilo sa sice nekoľko mužom i odtiaľ ho vyslobodiť a na bezpečné miesto konečne zložiľ, len že už bolo natoľko neskoro, nakolko popálený ťažko onemocnel, ani viac, hlavne na oči, celkom nevyzdravel. Touto žalostivou udalosťou stal sa ku ďalšiemu fárskemu úradovaniu nespôsobným, žiadal teda u patričnej duchovnej vrchnosti o prepustenie z fary a o slušnú penziu, ktorá keď mu povolená bola, opustil faru, kde temer cez 30 rokov úradoval, a 1. júla tohože roku odobral sa na Dobrú Vodu do odpočinku.

Hollého život domáci v Madunicach bol naskrze jednoduchý. Po vybavenej v čas rano bohoslužbe, dohľad nad hospodárstvom iným sveriac, riadne oddával sa prácam svojim básnickým, a sice od jara až na podzim v Mliečí pod povestným Dubom, a len v zime alebo veľmi nepríjemnom čase v príbytku svojom. Že sa o hospodárstvo nepriam staral, a prirodzenou sebe pohostinskosťou každého milerád a prívetive u seba učastoval: preto nenashromaždil si žiadneho imania, spokojný, keď len zo dňa na deň svoje a svojich potreby poctive zapravit mohol. Faru s vätšími dôchodkami spojenú, trebars mu takú patronát viackrat ponúkal, prijal nechcel najme pre utešený Mlieč, kde pracoval zvyknul, jako to v óde, v ktorej rozvíjajúci sa na jaro Mlieč opisuje, výslovne udáva.

Po presídlení na Dobrú Vodu starodávne zlé, lámanie údov totižto, vždy ho viac prenasledovalo, a najme zrak deň odo dňa slabnul. V týchto ku prácam spisovateľským nepriaznivých okolnosťach nemohlo sa už vypracovanie nejakého výtečnejšieho diela od neho očakávať; len svoj r ý m o v a n ý, p redtým ešte započatý „Katolícky Spevník" na Dobrej Vode dokončil.

V posledních rokoch života, aspoň z jasene r. 1847. keď som ho navštívil, bol už celkom oslepnutý. V malej, tmavej, chatrným náradím zaopatrenej izbici v posteli chudobnou perinkou zakrytého, osamotneleho našiel som velebného starečka. Tvár jeho vyjasnila sa patrne, keď som mu hlbokú poklonu, jakožto slavnému patriarchovi slovenskému, i v mene iných Slovákov vyrídil, a o najnovejších literárnych pohyboch slovenských, o ktorých len čiastočnú vedomosť mal, vypravoval. Neviem zdáliž náhodou alebo zvestovaním radostných zpráv tehdajšieho literárneho života slovenského spôsobeno, dosť natom: lámanie údov jeho na ten čas prestalo, a on bol v stave posteľ opustiť a so mnou sem i tam prechádzať sa po izbe svojej. Celý deň strávil som uňho; a keď som sa podvečer domov odobieral, daroval mi nekoľko spisov básni českých, menovite básne Šnaidrove, v ktorých utešená, takto končiaca sa piesen na umierajúcu „Labuť":

„Tak i také starý básník,
  Když čas vyprší,
Líbá lyru, z jejíž strun hlas
  Poslední srší.
Bohu díky prospěvuje,
  Lůžko si stele,
Pak se tiše tam ubírá,
  Kde jsou anjelé."

poľažne na jeho život, pravde podobne vlastnou rukou, olovkom poznačená je.

Od začiatku roku 1849. už ani posteľ neopúšťal. Zbavený najdražšieho daru prírody, zraku, k tomu nevyliečiteľným neduhom trápený: predca nielen nezúfal, ale bystrosť ducha a odhodlanú trpezlivosť s krutým osudom až do posledného vzdýchnutia svojeho zachoval. 14. apríl 1849. trápnemu životu slavného tatránskeho pevca navždy konec urobil. Len málo katolíckych farárov a nektorých zosnulého vrúcnych ctiteľov v náhlosti shromaždiť sa mohlo, čo ostatniu počestnosť smrteľným pozostatkom jeho osobne dokázali. Teprv keď žalostná zpráva o smrti Hollého vo všeobecnú známosť uvedená bola: zaplakali národovci slovenskí nad pohrobením muža, ktorý k oživeniu a zvelebeniu zapadlej slávy Slovákov toľkonásobne prispieval.

Josef Viktorin.

## V.

### Z povesti: SERBIANKA.

(„Orol Tatránsky. Redaktor Ludevít Štúr. V Prešporku. 1845—1848." Ročník III. strana 690. a nasl.)

Bolo raz jedno pekné dievčatko, utešené, krásne, že mu nebolo rovného pod slncom. Malo ono očká čierne, veľké; keď nimi pozrelo a dokola švihlo, nazdal bys' sa, že sokol svojimi peknými krídlami dokola zavesloval. Malo ono pekné, utešené líčka; keď nimi len pohlo, nazdal bys' sa, že slniečko ranné vyskočiac zpoza vysokej hory svojou ľúbostnou žiarou bozkáva v plnote citu a lásky svojej celý šíry široký svet. A jeho postava taká bola uhladená, vysoká, hybká, že bys' ju bol mohol prutom preťať alebo dvarazy obejmúť. Volalo sa to dievčatko Milica.

Ale to dievčatko mnoho zlého na svete narobilo; keď neveríš, opýtaj sa len mladých šuhajcov, a oni ti všetci povedia: ano, tak jest, ono mnoho zlého na svete narobilo. Ale ono nebolo toho príčinou; ono svietilo na svet neohliadajúc sa na to, čo si ľudia z jeho pozoru robia, nepozerajúc na to, či ono šťastie či nešťastie svetu donesie.

A to dievčatko Milica bolo sirôtka, nemalo nikoho krem Boha a dobrých ľudí na tom božom svete. Ešte malo solva dva roky, už mu otec i matka odomreli. Jej rodina celá padla na Kosove, a jej otec, ktorý vládal nad srbskou zemou v odvislosti tureckej, zahynul r. 1447. keď Turci zničili na Dunaji plemená grécke, románske a slovanské.

Bol starý Sáva Markovič, ktorý ujal sa mladej Milice, a dievčina prekvitala si uňho jako ranná zora, a nič jej nechybelo, len matička v zemi zahrabaná a vtáče mlieko. Starý Sáva ju zastával i pred zlými Turkami, i pred očami všetečných mládencov, a strežal ju jako oko v hlave: bo Turci zlí, oni zoberajú, čo môžu, a zvlášte pekné mladé panny; i mládenci srbskí zlí, bo oni kradnú srdiečka a robia devčaľom na tisíce starostí. K tomu bol Sáva Markovič dobrý Srbín, i snoval v hlave mnohé myšlienky. On sľúbil Milicu najhodnejšiemu junákovi srbskému, a čo by ho to čokoľvek stáť malo. Keď prišli žalovať sa k nemu ľudia, že Turci haradž (daň) vyberajúc, alebo pre bašov zbožie snášajúc a glavnicu (od hlavy) pýtajúc, jich súža a zodierajú, hovoril: „Haňba junákovi sťažovať si na potlačovanie a nemysleť na pomstu, nemysleť na vybavenie domoviny!" Keď si starí ľudia sťažovali, že jim Turek kostoly hanobí a na jejich staré dni sem i tam jich preháňa, na to ozval sa Sáva: „Hej pobratímci! vytrepte Turka a zhyňte sami; krem toho nemáte toľko dní života jako vlasov na hlave!" Pre takéto reči a pre jeho samostatné si vedenie bol Sáva Markovič držaný za najlepšieho Srbína. U tohoto kvitla a jasala sa devica Milica.

Ale Sáva vždy starnul a starnul. Vlasy mu pomaly obeleli i vypadaly, a oko, ten krištál duše ľudskej, vždy sa väčšmi a väčšmi zatemnievalo, ruka i hlas sa triasly, a postava junácka shýbla sa jako javor v jaseni smutiaci za lístkami života svojeho.

Sávovi bolo teskno, smutno v duši. Nevidel nikde pomoci, nikde vyslobodenia. Starí ľudia, ktorí zacítili sladkosť slobody, povymierali; nové pokolenie už vyrástlo v otroctve a nazdávalo sa, že to tak byť musí. Stisklo mu to srdcom i vzdýchnul, keď si na pamäť uviedol, že on nikdy nedožije oslobodenia domoviny; ale zaplakal, keď pozrel na Milicu, diamant duše svojej: bo beda žene, ktorá neznajúc sa brániť, bez svojej viny v otroctve hynúť musí.

Raz prišiel k nemu jeho starší syn Marko i povedal: „Otče môj! ja som už aspoň sto Turkov zabil; pýšim sa i tým, že som krev z tvojej krvi, duša z tvojej duše; i tým, že som najlepší junák v celej Srbii, a tak podľa sľubu pýtam ľa, daj mi Milicu za ženu."

Starý Sáva ovesil hlavu, mumlal dačosi pod šedivým fúzom i odpovedal vážne, potichu: „Synak Marko! kto Milicu dostane, musí viac urobiť, nežlis' ty urobil; ten musí oslobodiť Srbsko od jarma turbánov a viery nepravého proroka."

„Otče, neprehovor sa!" odpovedá Marko. „Ty žiadaš viac nežli pol sveta vymôcť a urobiť môže. Dušman zatriasa pol svetom a vysmieva sa národom, ktoré hynú pred ním jako mhla na horách pred svetlom slnečným !"

Sáva zaškrípol zubami, bo srdce jeho bolo drážlivejšie nežli hoc jako jarého mládenca, pozrel hnevivo na syna, ruku zdvihnul jako by k hrozeniu, a potom s potupným smiechom vyrieknul : „A tys' najlepší junák srbský ? — a tys' krev z krve mojej ? — a ty chceš obdržať Milicu ?" —

„Ano, som a chcem !" odpovedal pyšne Marko. „Otče, nehnevaj ma !" zavolal po malej prestávke, „lebo nech som nie Srbín, keď budem znášať tvoj potupný pohľad !"

„Pekne, pekne synak Marko !" prudko zas povie starec, „od starého otca, ktorý sotva v stave je vyzdvihnúť v ruke handžár, nemôžeš zniesť pohľad potupný, ale za nemožnosť držíš zprostiť sa potupy tureckej. Pekne, pekne synak Marko !"

A Marko zatriasol sa jako osika, zuby mu zacengotaly, čelo mladé zamračilo sa a málo chybelo, že otca za prse nechytil. „Kto ti to povedal, že ja lížem reťazi vraha našeho? že neškrípem zubami nad hanobou našou? — No zadrž si Milicu, ja ju nechcem, kým noha dušmanova kráča po dolinách Srbie. — Zdrav sa maj, otče !"

Starý Sáva s roziskrenými očami pohliadnul na svojeho syna, a chytil ho mocne za kabaňu i volal: „Postoj, postoj synak Marko ! jako že som prežil už sedemdesiat rokov, tak bude Milica tvojou !"

„Nepozrem ani na teba, ani na Milicu," zavolá Marko, „kým neuznáš, že som najlepší junák v celej srbskej zemi !"

„Uznám, uznám synak môj !" odvetil starec, „ale počuj múdre slová staroby !"

Marko sa obrátil, hodil sa za stôl na stolicu, podoprel rukami hlavu a pozeral na svojeho otca, jako by ho k hovoreniu vyzýval.

„Ty si teraz nesmieš vziať Milicu !" — a potom schyliac sa k nemu skoro pošepky hovoril: „Synak Marko ! moji pobratímci prebehli i Srbiu i Bosnu i Hercegovinu, a kresťania pozdvihnú sa o krátky čas; — synak Marko, ty jich musíš viesť — a zhynúť, keď nebudeš môcť zvíťaziť !"

Markovi zaligotaly sa oči. Vyskočil zpoza stola, objal starého otca a držal ho v svojom náručí bez slova, bez hlasu. Ludia prirodzení žijú len v samučičkej prítomnosti, a jedno slovo v jejich prsách môže vzbudiť najodpornejšie náruživosti.

———————

Smutno, pusto v srbskej krajine! Nazdal bys' sa, že to veľký hrob, tá pekná, krásna zem srbská, a ľudia mátohy a duchovia okolo hrobu toho obchádzajúci. Nik nepovzdýchnul, nik nezažaloslil nad tým junáckym ľudom; a oni sami ledva slovo hovorili, bo sa báli zrady: len jim oči hovorily medzi sebou a ruky znamenia podivné dávaly.

Ale predca boly dni v roku, v ktorých žiadna moc, žiadna sila nezabránila ľudu srbskému, aby sa vedno neschodil: boly to sviatky náboženské a výročné.

I teraz v rudnických horách sišlo sa tisíce ľudu. Na päte hôr rudnických stojí starý monastír svätého Jovana, ktorého mníchovia, zachovávajúc prísno pravidlá riadu svojeho, boli známi medzi srbským ľudom láskou k rodinám jeho. Teraz je deň svätého Jovana, sviatok to patróna monastíru, a preto tak mnoho ľudstva obsadlo kopce okolo kláštora.

Pred svätou bohoslužbou je ľud rozložený okolo dubov a bukov, na ktorých sú obrazy Matičky Božej, sv. Jovana, sv. Nikoly a iných Svätých popribíjané. Pod tými stromami sedia starci, ktorým vek svetlo denné odobral, s holými hlavami, na ktorých pofukujúci vetor dvíha dohora ostatky šedivých vlasov, v ruke držia husle a čistým, tu i tu trasavým hlasom prespevujú piesne junácke zo starých, pekných časov dávno zabudnutej voľnosti srbskej. Lud sháňa sa okolo nich v kopy, z hláv čiapky sníma, žehná sa krížom, zvesí hlavu a v nemej tichosti dá voľnosť prsám svojim, aby si v nich piesne slepcov podľa ľúbosti poihraly. A keď tak dlho počúvajú, zakryjú si tvár oboma rukama — a tam oko tvrdého Srba slzy vylieva; tu s ľútosťou pozerá jeden na randy, ktoré telo pobratíma jeho prikrývajú; ten zas žehná trepotajúce sa maličké dieľa v rukách utrápenej matky. Smutná to púť, kde nic potešenie ale zármutok duše ľudské preryva.

Okolo najrozložitejšieho dubu shŕna sa ľud najvätšmi. Konáre jeho ľúbeznym chládkom zatôňujú vyschnutú zem, a jejich lístky poihrávajú si s tichým vetríkom, ktorý zadiera sa do nich, jako ruka starého spevca do struny husiel, a tiché, šepotavé tóny z nich vydáva. Pod dubom sedí starec s huslami; vlasy jeho sú poza uši jako venec začesané, bo vrch hlavy holý. Oči jeho dívajú sa stĺpkom dohora, svetlo jim nič neuškodí, bo na veky ztratilo sa z nich; ale vrásky na čele a tiché podychovanie svedčia, že je sluch napnutý, ktorý to usiluje sa vynahradiť, čo oko urobiť nemôže. Napravo leží lutna, a zľava sedí pri ňom, hlavu o ručku podopretú majúc a očkami do zeme hľadiac dievča, ktorému už kvet mladosti prešiel a tvár závoj dákysi smútku oblietnul. — Lud sohnal sa okolo neho. Mužia podoprúc sa o dlhé palice, pozerajú na Sávu Markoviča so smútkom; ženy si na zem posadaly a deťom svojim tichosť kážuc, ukazujú jim na devicu Milicu. Starý Sáva oslepnul docela; jednoho syna ztratil, druhý ušiel k Turčínom, ktorí vyhnali starca z jeho vlastného domu, a teraz chodí po krajine od anjela svojeho device Milice sprevádzaný. Krásna je láska, krásna obetovavosť dievčiny za starobu, ktorá si je sama pomáhať nie v stave!

Starý Sáva sedí medzi tichým zástupom so zvelebou dákousi dívajúcim sa naňho, a sluchom počúva, chcejúc početnosť zástupu z hukotu vyzvedeť. Pomaly ovesí hlavu, vezme husle a spieva pieseň hlasom strún sprevádzanú:

Na Kosove bielom poli
Šumí barjak cár Lazara.
Srbské dieťa srdce bolí,
Ked sa o tom rozhovára.

To Kosovo bielo pôle
Smutné zvesty nám donáša;
Na ňom padla do nevole
Domovina voľná naša!

Ty Kosovo pole bielo!
Našej padlej slávy pole —
Čos' tak smutne zašumelo?
Čože značia tvoje bôle?

A Kosovo odpovedá:
„Jak by som ja nešumelo?
Srbský synak v putách sedá!
Srbské dieťa onemelo!

O voľnosti viac nevraví,
O nej sa mu viac nesníva;
Ked ho dušman depce, dávi,
Ono na to sa len díva.

A mne srdce schne od bôľa,
A mňa smútok, žiaľ prikrýva :
Lebo vinu môjho poľa
Krvou svojou nik nezmýva.

Srbský synak, srbské dieľa !
Kedy zbavíš domovinu ?
Kedy zory ti zasvieľa ?
Kedy zmyješ moju vinu ?"

Ján Kalinčák.

## VI.

## Z veselohry: INCOGNITO.

(,,Concordia. Slovanský Letopis. Vydali : *J. Viktorin* a *J. Palárik.*
V Budíne. 1858." Strana 300. a nasl.)

### Jednanie prvé.

### Výstup prvý.

### Jelenský.

Teda som už predca raz tuná, v tom báječnom Kocúrkove,
pri cieli mojej poetickej výpravy! Na celej ceste nikto mi
nevedel povedať, kde leží vlastne to Kocúrkovo. Mne ale až
velice natom záležalo, abych ho vyhľadal; bo ponajprv som
básnik, a podruhé mám tuná oddanicu. Už ale

,,Co jest slunce jitru spanilému,
Měsíc noci, hvězda plavcovi,
Kvítek včele, voda mřenovi,
Slavíkovi hájek zpěvavému :"

to je Kocúrkovo básnikovi slovenskému. Ha ha ha! Veď Ko-
cúrkovo je Eldorado, Tybur a Olymp Múz slovenských, tuná
majú sídlo Satyri, Bachantky, Fauni a Sirény — a čo je hlavná
vec, tuná má sídlo i bohatá Evička Sokolova, ktorú „keď len
ešte kolísali, už ju za mňa sľubovali; a keď len ešte husky
pásla, už vtedy v mojom srdci rástla !" Buď čo buď, musel
som teda to slavné Kocúrkovo vyhľadať; — blúdil som po ce-
lom Slovensku, poprehliadal všetke folianty a bachanty o Ko-
cúrkove, ba i mapy a cestopisy na poradu bral, ľudí sa pýtal,
jedni mi napravo, druhí naľavo, jedni tam, druhí inam uka-
zovali — a kde nič tu nič — milého Kocúrkova nikde niet.
Do tisíc striel ! už som chcel „re infecta" zpiatočnú cestu na-
stúpiť, keď mi zrazu Múza do ucha zakričí: „Ty blázon ! čože

sa tak trudíš? veď Kocúrkovo máš všade pred nosom, len otvor oči!" Otvoril som teda oči, a skutočne bolo tomu tak, predo mnou ligotala sa makovica vysokej väže kocúrkovskej. S radosťou, že som už blízko k cieľu, vtiahnul som do tohoto hostinca. Tisíc hromov, veď som už polovic peňazí strovil a toľko nesnadzí na plťach a po horách vystál až to hrôza! — A tie hostince — to je do porazenia! Fuj, haňba to pre nás, že temer na celom Slovensku nenajdeš statočného hostinca. Chcej nechcej, musíš hospodu hľadať v hnusných krčmách ži- dovských, a zaplatiť ju lepšie nežli v prvých hôteloch veľko- mestských. A človeka by temer z kože zodrali, keď si dačo rozkáže. *(Obozre sa vôkol.)* Hm! i toto zdá sa byť taká jakási diera židovská — vari by toto mal byť hostinec kocúrkovský? ha ha ha! to by ver' nebolo veľmi poeticky! Teda by prvá charakteristika Kocúrkova mala byť židovská krčma? *(Otvoria sa bočné dvere.)* Ale pst! ktosi ide, to bude iste dáky Proudhon židovský!

### Výstup druhý.

#### Jelenský, žid Špitzer a Potomský.

*(Špitzer a Potomský vyjdú z bočných dverí s posunkami v tichej rozmluve bez toho, že by Jelenského spozorovali.)*

**Jelenský** *(k sebe).* Hm, to je „nobile par fratrum!" oprav- divý to Orestes a Pylades kocúrkovský!

**Špitzer.** Tak teda pritom zostaneme, pán veľkomožný!

**Potomský.** Tak jest, árenda je vaša, môj milý Špitzer! Zajtra rano podpíše sa kontrakt punktum o 10. hodine tuná v hostinci. — Majte teda tú najväčšiu čistotu a poriadok v dome.

**Špitzer.** To moja starosť, pán veľkomožný! Ja viem, ako mám bohatú dámu uctiť.

**Potomský.** A notabene, jestli by sa vtedy dajaký žobrák alebo vandrovník u vášho prahu zjavil, neprepustite ho bez almužny.

**Špitzer.** „Versteht sich!" však sa to bez toho zriedka u mňa stane.

**Potomský.** Lebo je ona ináč dobrá kresťanka — a ja som vás vychválil, že ste vy statočný žid, a že každému v núdzi milerád pomôžete.

**Špitzer.** He he he, pán veľkomožný! istotne ja to velice rád mám, keď sa na mňa dakto utiskne.

**Jelenský** *(k sebe).* Ale beda jeho koži!

**Potomský.** A že vy máte viac lásky k blížnemu nežli ktorýkoľvek kresťan kocúrkovský, i lepšie rozumiete sa do hospodárstva, i poriadnejšie cinze platíte.

**Špitzer.** „Ganz pünktlich!“ i slavné mesto Kocúrkovo je so mnou úplne spokojné.

**Potomský.** Tak jest! a preto vám radnej tento hostinec do árendy dávame.

**Jelenský** *(k sebe).* Hm! teda sa to o tento hostinec jedná?

**Potomský.** Ale „à propos,“ či ste už boli s tou wechslou u toho pansláva?

**Špitzer.** Na službu, pán veľkomožný! dnes rano som bol uňho, ale ma velice prosil, abych mu aspoň tri dni čakal.

**Potomský.** Ba kýho čerta! a vari ste mu prisľúbili?

**Špitzer.** Ach, i tie jeho deti tak ma prosily a plakaly, že som sa musel smilovať.

**Potomský.** Teda mu tri dni chcete čakať?

**Špitzer.** Len do dnes večera. Práve teraz chcem k nemu ísť a wechslu si dať likvidovať.

**Potomský.** Ty sprostý žide! veď som ja práve to chcel, aby ju nemohol likvidovať, aby tak prišiel do áreštu. Veď on najviac intrigoval, aby z tej árendy nič nebolo; a mimo toho či on nenie ten, ktorý ti najviac odťahuje ľud od krčmy s tými slovenskými novinkami a s tými spolkami miernosti? Vidíš, jakú už mávaš prázdnu krčmu *(Obozrú sa vôkol.)* jeden jediný vagabond ti tuná drichme.

**Špitzer.** Nu nu, pán veľkomožný, nechže sa neráča k hnevu pohnúť; ja som presvedčený, že mu tu v Kocúrkove nikto tú sumu nepožičia, čo by sa obesil.

**Potomský.** Nič netreba odkladať, bo by sa mohlo trafiť, že by mu snaď tá moja priateľkyňa v súrach pomohla; ačkoľvek som frajcimerke zakázal, aby ho k panej na žiaden pád nepripustila. — Tisíc hromov, veď som ja tú wechslu nadarmo neodkúpil od toho sklepníka! — Toho človeka musíme znivočiť, bo nám do kariet hľadí.

**Špitzer.** Dobre, teda hneď pôjdem na exekúci, len sa preoblečiem.

**Potomský.** Ale žiadna milosť, žiadne sľutovanie! rozumiete? Jaknáhle nebude v stave vyplatiť, rovno s ním k slúžnemu. — Tisíc beľahov! veď od toho celý náš plán závisí. Teda nemeškajte, „à dié!“ *(Odide aj so židom.)*

**Jelenský** *(sám).* Ha, to mi dáva rešpektu pred Kocúrkovom! to mi je látka ku kurióznej básni. Kresťan horší od žida!

Fuj! no ver' som si prišiel na dobré miesto nevestu hľadať!
Ale,však len nebude celé Kocúrkovo takým zloduchom naka-
zené! — Čo si tu počal? — Či mám ísť tú Evičku Sokolovu
vyhľadať? — Hm, ale je otázka, či sa ja jej, a ešte vätšia, či
sa ona mne páčiť bude. Veď kebych sa na sivkoch sťa bohatý
švihák semká priviezol, to by pravda účinkovalo; ale takto,
len taký ubohý slovenský proletár! — Ej a veru, aby mi košík
dali, aby ma jako dákeho žobráka o almužnu prosiaceho od-
pravili — tisíc ohnivých striel! ešte to by mi treba bolo! —
Nie, takú potupnú rolu nebudem hrať v Kocúrkove!

*(Žid sa navráti.)*

### Výstup tretí.

### Jelenský a Špitzer.

**Jelenský** *(k sebe)*. Hm! už sa i ja musím s týmto Faunom
do známosti pustiť. *(Nahlas.)* Hé, pán hostinský! až velice ste
zamyslený.

**Špitzer.** Nech odpustia, mladý pánko, mám veľké „kšef-
ty;“ i teraz musím ísť na exekúci — však vedia, že by krčmár
od hladu zkapal, keby si dlžoby neinkasíroval.

*(Chce ísť, očuť spevy zvonku.)*

**Jelenský.** Počkajte! čo to za spevy? či to netiahnu semká
dáki Bachanti a Salieri palatini?

**Špitzer** *(hľadí von oblokom)*. Prosím ponížene, tu ani pán
Salieri ani palatin nebýva; — Ha! to sú kosci pani Sokolovej,
idú z poľa, už jej všetke lúky dokosili; musím jich dnu zavolať
a učastovať, bo napozatým budú u mňa lúky kosiť. *(Odíde.)*

**Jelenský** *(sám)*. Kosci pani Sokolovej? šťastlivá náhoda!
tá mi azda ukáže dajakú niť k vyväznutiu z tohoto labyrintu
mojich rozpakov. — Kosci? ha ha ha! veď som si i ja nekdy
jako žiak z pasie zakosil na našich lúkach turčanských — a
tak mi to pristalo až milá vec. Ha, čo mi napadá! preobliecť
sa za kosca, a s tými koscami zjaviť sa v dome Sokolovskom, a
tak „Incognito“ ten mne naskrze neznámy „terrain“ lásky —
zdáliž je hoden a možný k dobytiu, alebo či už snaď nenie kroz
dákeho Donquixota opanovaný — pekne, krásne rekognosci-
rovať, a jestli by zato stálo, i atakirovať — bravisimo, to mi
je poetický nápad! a v najhoršom páde bude mi bez kompro-
misie môjho mena retiráda možná; a čo si priam i nevestu
nevykosím, aspoň nejaké zajímavé dátky zo života kocúrkov-
ského k zloženiu dákej báchorky iste ulovím.

**Ján Beskydov.**

## VII.

**Humoreska: CHVALA BOHU! UŽ JE KOŠ HOTOVÝ.**

("Domová Pokladnica. Vydal *Daniel Lichard*. Ročník I. V Skalici. 1847."
Strana 213. a nasl.)

Že si ľudia najviac domácich mrzutostí bez dostatočnej príčiny narobia, dosvedčuje tento pekný prípadok.

Kde bolo tam bolo, v jednom mestečku bolo, ktorého meno nič nerobí k veci, hol jeden hospodár a mal ženu i moc detí. Celý tento dom živil sa poctivým spôsobom: deti chodily prutky rezať, otec z nich plietol koše, a matka hospodárstvo dobre riadila, len že dakedy horšie švihala jazykom nežli bolo treba. Tomášovi nášmu inokedy len tak horela robota pod rukama; ale dnes dajako nemohol ten koš dohotoviť, ktorý už dvaraz bol musel na kusy rozpletať, aby malé daktoré chyby popravil; lebo on tiež bol jeden z tých slatočných ľudí, čo si dačo držia na svoje remeslo, a radšie nič nepredávajú, nežli by mali zlou prácou dakoho oklamať. Pred večerom predca len dokonal svoju prácu, a keď zodvihol sa z lavice, aby zdrevenelé svoje kosti povystieral, usmievajúc sa zavolal: "Chvala Bohu! už je koš hotový."

"Keby si už len bol aj volačo v ňom vyliahol," zavolala mrzuto jeho žena; "veď je to haňba a posmech, pri jednom koši celý boží deň trčať, alebo ešte hotové rozpletať; ktože to videl na svete?"

"No no, starká! nič to, preto bude leto, a druhýraz päť košov cez deň; teraz už len nemrkoc, ale radšie povedz aj ty so mnou: chvala Bohu! už je koš hotový."

"Veď ano, bude leto; keby som ti to len mohla aj deťom na večeru uvariť."

"No, už je dnes všetko dobre, čo máme to zjeme; ak nič nemáme, pôjdeme spať, aspoň nás nič nebude vo snách tlačiť, a tak sa nám ani nebude s čertom snívať; už len teraz zavolaj so mnou: chvala Bohu! už je koš hotový."

"A čo by si sa rozpukol, nic ja," odpovie rebrinka.

"Nuž a keby som ti rozkázal, že musíš so mnou zavolať: chvala Bohu! už je koš hotový; či je to vari dáke rúhanie alebo zlorečenstvo?"

"Ty mne chceš rozkazovať? nože no!"

"Dora, nehnevaj ma! ja som tvoj muž, ty si moja žena, a žena musí muža podľa písma svätého poslúchať, a najme keď sa jej dobré rozkazuje, ako ja chcem. Dora spievaj: chvala Bohu! už je koš hotový; bo prisámbohu zle bude."

„Ej veď uvidíme čo bude, ty darebák! teraz sa do mňa zapieraš, že si celý deň nič nenababral?"

Ani to dobre Dorka nevyriekla, už mal Tomáš dokonalú lieskovicu v ruke a začal svoju, jako hovoril, zubatú a neposlušnú ženu mastiť; deti sa s plačom, jako obyčajne, rozbehaly okolo po súsedoch.

Na velikú šantu v dome Tomášovom pribehol jeho kmotor zo súsedstva, a horko ľažko konec urobil domácej vojne.

„Nuž ale bysľubohu kmotre! čože vám urobila tá vaša starká, že ju tak tlčete ako staré vrece?"

„Čože urobila? to urobila, že ma nechcela v dobrej veci poslúchať. Ja sa vám tu krčím celý celučičký deň pri tomto koši, až ho dajako dopletiem, a ona ti ani len nechce so mnou povedať: chvala Bohu! už je koš hotový."

„A čo by si ma tu zahlušil, ty zbojník, ty — — —" tu nasledovala celá hromada špatných názvov.

„Ale z takej maličkosti dať sa do takej ruvačky! či máte rozum, ľudia boží?" zavolá kmotor, aby pomohol k pokoju; ale Dorka len šomrala v kuchyni jako hrmavica, keď prešla na druhú dolinu. Kmotor pobral sa teda domov a tam zahorúca svojej žene vyrozprával, čo sa robilo u súsedov. Jeho ženka začas len počúvala a ticho miesila na tie halušky; ale zrazu sa ozve: „Hm! a ktože bol na príčine, že sa pobili? či je to nie hlavatosť, také pletky žene rozkazovať? majže sa dobre, hriešna žena!"

„Zuzka moja! to nebola pletka, povedať: chvala Bohu! už je koš hotový."

„Nuž ale keď nechcela, to on mohol mať rozum," ozve sa ženička; „veď snaď nebol hluchý, a ty s ním, keď nedávno pán farár tak pekne vykladali: že božia chvála nemá byť vynútená ale dobrovoľná."

„To veru, na môj' dušu! tak by ste vy nás obriadily, keby muž všetko mal nechať stáť, čo žena nechce; dobre sa jej stalo, že ju vytrepal, hlavaňu!"

„Jaký sprosták taká hlavaňa!" odpovie Zuzka.

„Nuž a či by si Zuzka ozaj aj ty nepovedala: chvala Bohu! už je koš hotový, keby som ti rozkázal?"

Miesto odpovede zachychotala sa Zuzka jako žrebček.

„No, ženo, nehnevajže ma aj ty! či povieš dobrovoľne?"

„Sto hrmených vozov! na skutku povedz: chvala Bohu! už je koš hotový. Nenazdaj sa, že mi budeš len tak frflať ako súseda Tomášovie."

„Ani tebe, ani tvojmu starému otcovi!"

S tým mal aj kmotor dosť; pochytil dajakú rafiku, čo stála v kuchyni, a začal ešte horšie česať svoju nežli Tomáš. Na šťastie vracal sa panský úradník z poľa domov, ktorému podarilo sa ruvačku zastaviť. Kmotor Janko uctive sňal z hlavy čiapku a s ňou štetku vlasov jako znak domácej vojny, a začal jeho milosti pánu úradníkovi všetko obšírne vykladať, čo sa stalo. Pán úradník ešte dakoľko slov k manželskému pokoju preriekol a šiel ďalej. Ale na ceste videla sa mu tá vec tak smiešnou, že hneď jako si so svojou paňou k večeri sadol, tento fígeľ jej vyrozprával, na ktorom sa ešte oba chutne nasmiali.

„Vidíš mužičku!" začne pani urodzená, keď od večere stávali, „takí ste vy chlapi; vaše panstvo nad ženami nechcete na lásku, ale konečne na vašu silu založiť; keď sa žena spiera dačomu, to menujete hlavatosť, a keď si muž pletiek naberie do hlavy a potom na silu vyviesť chce, to má byť charakter — mužská stálosť!"

„Čo Ludmilka?" povie úradník s podivením, „či chceš aj ty hlavatosť obraňovať? — či sa len žartuješ?"

„Žart sem, žart tam; keby si ku mne prišiel a pekne mi povedal: moja Ludmilka! povedzže: chvala Bohu! už je koš hotový, len by som ti k vôli povedala. Ale keby si mi takým spôsobom prišiel, ako Tomáš a jeho kmotor, krikom alebo práve hrozbou, veru sama neviem, čo by som urobila."

„Ludmila! také veci nerád počúvam."

„Už je darmo, môj drahý! pravda je pravda; žena je nie služka mužova, ale jeho priateľkyňa, a táto neprijíma rozkazy ale prosby."

„Muž bol a bude na večné veky pánom v dome svojom, ktorý sdržuje; on teda, dokiaľ možno, panstvo ukrýva priateľstvom. Keď ale žena nechce muža ako priateľa, musí ho poslúchať ako pána."

„Ja v mužovi nikdy pána neuznávam;" odpovie pani urodzená čerstvým hlasom, „a prosím ťa, len aj tebe nech dajako nenapadne veľa mi chceť rozkazovať."

„Nuž a keby som práve teraz chcel, že by si povedala: chvala Bohu! už je koš hotový, a tak preukázala, že si rozumnejšia a nežli tie nešťastnice."

„Mužičku! dnes mi už odpusť, že ťa neposluchnem."

„Ale ja práve chcem, aby si ma dnes, teraz posluchla;
ženo! povedz so mnou: chvala Bohu! už je koš hotový."
„Lutujem, že ti nemôžem dnes žiadosť vyplniť."
„Teraz ako pán v dome rozkazujem!"
„A čo by si ma už ako pekne pýtal, ani za celý svet to
nepočuješ odo mňa."
„Či ťa tedu mám prinútiť? ženo, neblázni sa aj ty! na
skutku . . . ."

Bezpochyby, že by sa aj u pána úradníka toto rozpráva-
nie s druhou, azda suchou večerou bolo skončilo, keby práve
pri tých ostatních slovách nebol pán doktor do svetnice vkro-
čil. Bol dobrý priateľ domu a tak uprimne vyznal, jako ne-
môže sa nadiviť, že prišiel k takým vecam, ktoré sú v kaštieli
ináčej nevídané; a tá priateľská prímluva onoho vážneho muža
prinútila manželov, že mu príčinu tej nebezpečnej vyprávky
povedali a sa na skutku smierili. Pán úradník sľúbil: že ne-
bude pletky rozkazovať; a pani urodzená rovne sľúbila: že jej
každá žiadosť svojho muža bude rozkazom. Na šťastie pán
doktor bol neženatý; bo kto zná, čo za recept by bol pre pani
doktorku napísal, keď povieme: že jako rozniesla sa poviedka
o tomto príbehu v mestečku, ešte v siedmich domoch ztrhla sa
hrmavica preto, že nechcely ženičky povedať: chvala Bohu! už
je koš hotový.

Daniel Lichard.

## VIII.

### 1. Z básne: SVATOPLUK.

(„*Jána Hollého* Spisy Básnické" atd. Spev piaty, strana 54. a nasl.)

Jak srditý víchor, čo celý náramne fučácou
Rozdrapoval sa hubou deň a kalné mračna dohánal,
Keď znovaný zasekol sa na noc; v tom černava hustne,
A smolná po šerej nastáva oblohe hróza;
Všetko utíchne tedáž a pre zlú trne od strachu búrku:
Tak prední v divnej setrvávali starci tichosti;
Neb sa na rozpačitých dovčul nazdávali mysľách,
Že Svatopluk zhynul a v lútej vzal pohromu vojne.
Až vážný jedným Zemižížen povstane rázom,
Čo v každej dobrú udeliť znal príhode raddu:
Už mu z očí a z tvári samá vyhľádala múdrosť;
I preto u všetkých veľké ho slávilo méno.

Ten teda pretne tichosť a takýmito rečňuje slovmi:
Vodco veľaslavný a vy sešlí pospolu radci!
Večne-li odsúden k tomu náš je tu na svete národ,
Pod cudzím aby len sme zaprahlí dýchali jármom,
A vlastnú slobodu, vlastnú neužívali voľnosť?
Od koho tak veľké Nemcom sa odevzdalo právo,
Utláčať bídných a silou k poddanstvu naháňať?
Ach, Svatopluk, hrozný Svatopluk čo si predca zamyslel?
Jak veľkú v tebc oklamaní sme zakladali nádej,
Údatnú zmužilosť a neohrozeného viďácí
Srdca luhosť, žc ty nás a milú našu krajnu obrániš,
I v cudzú nikdá nedopustíš vládu upadnuť!
A hľa ty včul bídný ju i nás nato dávno slačácím
Už Nemcom zapredal si a schválné kúpil otroctvo!
Ach, čo za vec, čo ľa za hrozná k tomu potreba núkla?
Však si ty najvatší býval voľnosti milovník!
Ach, prečo sám nepadols' a radej v boji záhubu nevzal?
Nežli si mal toľkú, tak hanebnú spáchať ohavnosť!
Bídu na nás uvaliť, večnej dať poškvrne méno!
Zdáž nato sme predtým už pod Rastislavom a včul
Pod mileným vodcom Slavimírom toľko prehojnej
Láli tokov krvi a vzácnú podobýjali voľnosť,
By sme ju včul hotovú z dobrovoľnej pustili hrsti?
Čož' nato utlačení poveďa nám nekdy potomci?
Že sme tedáž, slyšanou blízkej len vojny povesťou,
Od strachu naplašení mužské odhádzali zbrojstvo,
I skorenou k Nemcom prosbou a krivýma kolenma
V mrzkú poslušnosť a bolestné ľézli otroctvo.
Zbroj teda, zbroj hroznú zapopadnime, naproti poďme,
Bráňme zlatú voľnosť a ze záhuby vydrime krajnu!
Jestli by však víťazstvom hoveľ nám nechcelo šťastí,
Zemrime včul radšej, než by sme jak otroci Nemcom
Slúžiť a báborské na šijách ňésť mávali jármo.
    Sotva že reč dokoná: zbroj, zbroj zapopadnime! všetci
Hneď volajú; zbroj po všetkých sa ozývala ustách:
Jak hrom keď rachotí a po skalných huhle pahorkoch.
Nastane v tom Slavimír a takýmito odreče slovmi:
    Uznesené aj z mej polapať braň stránky je zdání.
Radšej smrť slavnú a hrdinský zvoľme si úmor;
Dajme sa rozťať a krv do poslednej kapky vylejme,
Kleslou než slobodou v otrockém járme naríkať!

## 2. Z básne: CYRILLO-METHODIADA.

(Spev štvrtý, strana 199. a nasl.)

Čož' cudzinče nový! do našej ľa privábilo vlasti,
Otcovskú vyvracať, ľudskú násilne vetírať
Nábožnosť? a s ňou aj nás aj všetku nevoľnú
Do psoty a hroznej pouvádzať záhuby krajnu?
Hľa dvakráte sedem českých sa z náhody pánov
(Sám som troch dobre znal) v pevném dalo Rezne pokrstiľ.
Prítomný s veľkou sa u tej slavnosti radosťou
Kráľ Nemcov Ludvík, vnuk císara Karla, nachádzal;
Než čo naplat bol krst? zmenená čo prospela víra?
Sotva ze súsedných sa domov navrátili Bábor:
V tom sa celý proti ním rozbúril národ, a všetkých
Ozbrojenou pravicou z vlastných povyháňali ohrad:
Neb mali dosť sa čo báť, aby s jednou s Nemcami vírou
Sprátelení Nemcov nerozestreli nad nimi vládu.
I preto hneď Ludvík, takovú jak náhodu slýchal:
Náramné ze všaď pozebíral zástupy vojska;
A prudké do našich učiňácí výpady končin,
Najtužší na nepristrojených boj védol, a bídnú
Pod plat a ukrutné poddal našu krajnu otroctvo.
Tak po druhý, tak též po tretíkrát mocne dorážal,
Keď z jeho nezbednej sme sa vydreť snážili vlády.
Chceš teda aj ty na nás tak veľkú zkázu, tak isté
Nešťastí uvaliť, by se tvou nás vyprali vírou,
A v cudzích sem i tam túlať sa donútili kútoch?
Chceš by pre nábožnosť svoju došli Moravci, a pyšní
Čo včul Nemci robá, to robívali všetko nevoľným?
Ber sa radej po svých a zlé trús nauky Slovákom.
    Tak modlár hovorí Oslav. Jemu naproti vrúcny
Rekne Method a takú sticha odpoveď ustami dáva:
Oslave, bratre milý! do vašich já iste se žádnou
Lahkomyseľnosťou neprichádzam končin, a cudzé
Z násily nevtískam učení, ľud i všetku nevoľnú
Do psoty a hroznej neuvádzam záhuby krajnu;
Než spolu aj časné aj večné, zvlášť ale večné,
Šťastí s tou jedinou a samú len pravdu majúcou
Prednášam vírou, čo Boží Syn od Otca pre ľudské
Zestúpiv spasení, na svet z neba nekdy priňésol,
A všeliký národ vyvolencom kázal učívať.
Tá-li nezaslúží, keď tak mnoho veľmi dobrého

Vyznavačom dává, aby každý vzal ju ochotný?
Tá-li nezaslúží, aby každý medzi živými
Všetko trpel za ňu odporné, keď večne osláven
Tristokrát vatšú nad hvezdami odplatu najde?
Šťastné tehdy budú zbavené pre ňu kniežata vlasti;
Nešťastní ale všetci, čo jích utláčali brannou
Tak násilne rukou, a z českých vyhnali končin.
Aj vy blahoslavení mali by ste sa iste pokládať;
Jestli by vás rovná započínala náhoda zmítať,
A všeliké mání, všeliké nábytky a vlastná
Otčina vám pre kresťanskú by sa odňala víru.
Neb čo naplat hojné mať statky, bohatstvom oplývať,
Stále na zatvorených vysedávať pokladu zámkoch,
Krásu a najsladšé po samé až hrdlo požívať
Rozkoše, i vlastnú v každej veci vóľu prevádzať?
Keď sa človek po všem jako ľahká kúrava zašlém
Večne musí trápiť, hrozné bez konca, bez istej
Úľavy ňésť mučení, a v horúcém pekle sa válať?
Jak márný to strach, že by som já týmto novotným
Príležitosť dával cvičením, aby nekdy bojovní,
Že ste kresťanskú od ních poprijímali víru,
Mohli Slováci priísť, a do svej vás vlády odevzdať,
Jak dosaváď slační pre takú vec uvádzali Nemci:
Neb vždy iné sú Nemci, iné ale bratri Slováci
Od krvi len jednej pošlí, jedného len otca!
Než čo by aj škodné bolo vám, keď by ste do jednej
S Rastislavom kráľom dobrovoľne sa spojčili obci?
Tým v moci silnejší starodávnú by ste dosáhli
Skór voľnosť, a kruté Nemcov rozlámali járma;
Tým vždy nepráteľským v ľútých odolávali bitkách
Pevnejšej vojskám; čo ináč vás na mnoho častí
Rozdelených a silou osláblých snadno premózú.
Lahko sa prekračujú začaté u žrídla potóčky;
Než pozatým spojené a do jednej réky vyľáté,
Buďto do Láby aneb do hučácej Moldavy tokmi,
Preskočiť už nedajú sa nohou; ale všetko naodpor
Postavené, a čo jím nejakú len toľko prekážku
V páde činí, trhajú a pred seba víťazi tisknú.
Zdáli vašim taková už vec neprospela otcom?
Snaď sami od starších ste počúvali nekdy vyprávať
O strašných Avaroch, čo okolné zbíjali krajny,
Z lúpeže toľko živí, jak i váš utláčali národ,

A hrozné zavesiť mu na krk vždy zamýšľali jármo.
Až keď pod vlastnú, že trinásťkrát vác mali vojska,
Pred paťkrát padesáti roký si ho vládu uvédli.
Jak tenkrát veľkého braňou, veľkého podobne
Múdrosťou vyvolil si za vodcu a za hlavu Sáma;
A z Lužic údatné, údatné rovne Slovákov
Zástupy prispolčiv si avarské pod jeho správou
Hajna pobil, z Čech a ze všetkých preč končin odehnal.
Jak pozatým jedném pripojencov týchto ve spolku
Z krajny vyťáhnúcí Dagoberta a Frankov obratných
Najmnožšou porazil bitkou; a vždycky se slavným
Víťazstvom z každej sa navrátil pótky do vlasti.
I vždy zakáď živ bol súsedných kráľov a lútych
Odporníkov učil sa tuhej svej vlády obávať.
Tak mnoho údatnosť a svorná jednota môže!
Než jako smíš učení, čo včul já, Oslave, hlásím,
Zlé menovať? samo od večnej keď pravdy pochádzá,
Od Boha, len jediného nebeskej oblohy Pána,
Všech Spósobca vecí, všeho najlepšého počátku.
Od neho ništ ovšem, čo je zlé, to nemôže pochádzať.
Než vaše najhoršé naporád sú blúdy pohanské,
Od márnosti ľudí a samej len hlúpoty pošlé:
Neb tomu najvatšému nebes Mocnáru a všetkých
Póvodníku vecí patrácú kradnete poctu;
A hladeným rezbám i hluchým dáváte ju modlám;
Modlám v najmenšém čo pomócí žádnému nemôžú:
Neb márné drevo sú, márný kov a ze skaly úlom;
I svým nekdy časom nevyhnúcú záhubu vezmú.
Kdež starodávnejších veľký Zevs Grékov, ohromný
Kdež hrdinov rímskych Jupiter, kde Tuiško je Nemcov?
Kdežto tisíce iných? Zrazení pozahýnali všetci:
Neb smyslená len lož, smyslená boli od ľudu bájka.
Než jediný, večný a pravý Boh zostane vždycky
Nezmenný, najmocnejší všehomíra Panovník.
Včul teda, jestli jaká sa nachádzá rozvahy múdrosť:
Tak zhola neplatné, tak ohavné zložte modlárstvo;
Kresťanskú radšej spasiteľnú prijmite víru,
Jak ju slavnejšé vzaly národy, jak ju Slováci,
Jak ju i sám veľaúdatný vzal v Ihlave Zbíslav,
Čo mňa sebou, poneváč vám chcel dobre, semka privédol:
Však sa i tak, v duchu mém to vidím odvčulka, na túto
Buď skór, buď neskór Čechové sami nekdy obráťa.

Obrátí sa napred panujúcé ve Prahe kníža.
Tehdy vy buďte prví; a kamennú Belboga modlu
Zrazte porád, a iným dobrú v tom cestu ukážte.

### 3. Z básne: S L Á V.

(Spev šiesty, strana 303. a nasl.)

Už jediný zbývá len kráľ, a s týmto ohromný
Pešky pešim, toť len že preklal mu žrebca Milobrat,
Válčí Sláv a iným nedopúšťá zbrojmi ho dotknuť.
Len na potýkání a na súboj káže sa dívať.
Napred síc ražnú pozaháňá do hlavy jedľu;
Tá jako búrka letí, ale tam ranu predca nebodne.
Neb sa šikom zvrátí oceľou a naprázno ubíhá.
Naproti zas Bondor veličižné mikne dubisko;
Avšak rovne chybí a hrdinských netkne sa údov:
Neb schýlil sa Sláv i danému tak úrazu vyhnul.
V tom ztuha rozhnevaní, že ničemné pustili sosne,
Z blišťácej ostré vytasá meče pošvy; i jak dva
Medzi sebou o žalud bojujúci v dúbrave kanci
Vyškerenými jeden do druhého ze prudka rozehnan
Zubmi seká, a krivými tuhé do rypákov a do škraň,
Aj do hruď aj do uší kelčiskami úrazy dáva;
Hrozné škrípání a divý kolom ozve sa pokvik:
Tak sa porád do hlav, do slychov, do tvári, čelustí,
Do brad a plec rúbú; ani dať sebe odtuchy nechcú,
Zrázu dokáď by na zem buď ten, buď tento nepadnul.
I z hromových jak dvoch sa mračen, zpodníma na Bílých
Patma Horách opretých, blíská, keď listom oďátý
Nehne sa háj, a tiché v pustej spá jaskyni vetry:
Tak jasné z mihavých sa sypú jím blesky tesákov.
Prestrašný k tomu zní a na ďáľ mece ohlasy brinkot.
Potrikrát do ľavej pichol už Sláv Bondora saňky;
Potrikrát Bondor zase naproti Sláva do kľúča;
Černú aj každý vyrazí krv; predca na úmor
Súcú dosť ranu dať žáden žádnému nevláda.
Chvíľa dlhá míňá, a neistý ešte je víťaz.
I prám jak vysoké v tesnejšém údole skalska
Odrazujú kamení a hranasté zlomky drobesku,
Keď z príkrych strepané hromovej od búrky pahorkov
S náramnou rachocú zkázou a do týchto sa rúľá:
Tak rovní v boji sú, a vrhom vrh a úrazom úraz

Vyvracajú, i do svých bráňá jím prístupy údov,
A švizkým nedajú sa napájať krvmi tesákom.
Obratný až Sláv toľké vzteky ľažko nesúcí,
Ukrutného naráz do pravej ruky Bondora sekne,
A z pevnej britkú vyrazí braň pasti; i tehdáž,
Válečného napred vzývav Svatovíta, ohromný,
Posledňú sily moc naložácí, zhurta do lútých
Praskne meč ust a celé do uší až pretne hubisko.
V tom zuby ven padnú, a šerá krv prúdami vyvre.
On sa hneď válá, i naráz jako dávno hynúcá
A prudkým zrazená vetrom dolu jahňada treskne.
Zem zahrmí a pod ohromnou sa pozatrase ľarchou.
Na svých od veselej prešlí Tatranci radosti
Zaplesajú mysľách i na veľkú ďáľu jačácím
Zhúknú výskáním, a Slávovi slávu zahlásá.
Zaplesajú bohové, patrácí z kopca na súboj,
Ohromitý Svatovít a vládný vetrami Stríbog.
Sám poteší sa Perún, veľký všehomíra panovník.
Sláv ale zastavený nad upadlým takto vyrekne:
    Bondore, keď nechcel si naším tu práteľom ostať,
Keď nechcel si pokoj, nechcel zem a úhory zrábať,
A prácou hojnou vydobývať z úrody živnosť;
Než radšej cudzé vyvolil sebe národy lúpiť;
Nedbal anis', že otec hromovými čo bleskami triská,
Buď skór, buď neskór bere zlú nad krivdami pomstu:
Nuž teda už zbíjaj, na posledňú zkázu Tatransko
Všetko uveď, ľud a lichvu zavráť, a do Čudska ponáhlaj,
Kde s nemalou teskné čekajú vás Čudkyne túžbou.
Odtáď zas na novú sa časom brať môžete lúpež,
A z hrozných ľudu vražd a ohavných v cudzine mordov
Aj nazatým, jak prám dosaváď ste hľadávali vždycky,
Veľkú slávu a česť i hrdinské méno hľadajte.
    Rozpovedá; on v tom dokoná a divého z ukrutných
Ust ducha ven pustí, i na večnú drímotu zasne.

#### 4. Báseň: NA SLOVENSKÝ NÁROD.

(Strana 431. a nasl.)

Ohromný a kolom rozložitý dube!
Koľkos' víchorových búrek a prívala
    Besnot, koľko perúnskej
    Zňésol strelby a zlých hromov!

Avšak bár nekterá úpad haluz vzala,
Svým kam ďáľ životom vác bachratíš, zlatý
    Rozvíňáš kvet a tučnú
    Puškám nasporuješ roďaj.

Toľkos', namnožený k obdivu národe
Slávov, prezlobivých náhod a strašlivo
    Posledňou ti hrozácích
    Zkázou podstupoval pohrom.

Ach! kdož' bol by naších dosť v stave oplakať
Armorských? kdo by bol dosť v stave též bratov
    Jak rénských tak i britských
    V dávnej zpráchnivelých hrobli?

Kdož' vládá oslziť dosti vymiznutých
Nad Sálou, Mohanom, nad spechavou k vrahom
    Lábou, neb v Braniborsku,
    Neb černých Pomoránska tmách?

Kdož' horkou v raneném srdci nepohne sa
Lútosľou na kruté pády Lutíkov a
    Bodríkov, na nevoľné
    Sorbských Vendov umrtvení?

Kdož' trúchlosti plný nad vyhaslými buď
V krásných Grécka rajoch, buď v Maloázii,
    Buď vlaském na pomedzí
    Kvíľ neztrhne rodákami?

Než všetkých ani zlá Nemcov a ohnivou
Žúrácích vzteklotou jak tigri Mongolov,
    Ukrutných ani Turkov
    Zbroj nevládala vyhlaviť!

Nezmohlí trvajú ešte S l o v á c i a
Údatní Č e c h o v é, ešte M o r a v c o v a
    Hojných množstva P o ľ á k o v
    Rodňé obracajú poľa.

Dovčul neznované v obrane zástupy
C h o r v á t o v, zmužilí povčul i D a l m a t i
    Aj B o s ň á c i i S e r b i
    S b u l g a r s k o u zdorujú silou.

Ohromné po celých troch zeme okruhoch
Veľkou kvitne mocou R u s k o, a berlové
    Rozlehľému na šírku
    Dáva pólsvetu rozkazy.

O mój roztomilý národe Slávy! ďáľ
Rozmáhaj sa porád, a vždy pribývaním,
Jak zdarné lipy zrastom,
Dávnejšú vynahraď ztratu.

Ján Hollý.

## IX.

### Z básne: MATÚŠ Z TRENČÍNA.

(„Spevy a Piesne *Ludevíta Štúra.* V Prešporku. 1853.“ Strana 59. a nasl.)

Kolo Nitry tábor leží,
Šírym poľom roztiahnutý,
A v ňom ľud na útok mesta
Ozbrojený a napnutý ;
Všetko už na heslo vodca
S netrpením očakáva,
Všetko, aby sa len dialo,
Vykrikuje, vyvoláva.
A tu Matúš von zo stánku
Pod šišákom ide zlatým,
Hneď na vojská, hneď na Nitru
Pohadzuje okom zpiatym :
Hoj vy orli, Tatier deti,
Tam ten hrad vás očakáva,
Do bojaže, aby viala
Čím skôr naša tam zástava,
Do bojaže ohnivého,
Vy slovenské svieže rody ;
Lepšie padnúť v mužnom boji,
Nežli hynúť bez slobody.
Jako keď sa víchor zdvihne
A na šíry háj dorazí,
Celým hájom rozkolíše,
Stromy zvŕta, láme, zrazí :
Tak na slovo Matúšovo
Celý tábor preč do skoku,
Čo mu v ceste leží, padne,
Rúbe, zráža na útoku.
Na valoch sa vojsko kráľa
Na obranu postavilo,
Čo len valov zúkol vúkol,
Všetko husto obsadilo ;

Na jeho tam strane Róland
Slovo vedie, rozkazuje,
O ňom svetom chýr sa niesol,
Že jako lev tne, bojuje.
Letia šípy už na valy,
Rebríky sa pristavujú,
Letia šípy dolu z valov,
Skaly dolu sa hurtujú;
Vojskami sa hukot nesie,
A čo chvíľa sa rozmáha,
Plno mrtvých pod valami
A na valoch jich záľaha.
Stojí útok, útok tuhý,
Každú chvíľu ho pribýva,
A pere sa v mesta valy,
Lež jich ešte nepodrýva;
Róland všade, kde sa tlačí,
Stojí, mocne ho odráža,
Svojich slovom rozpaľuje,
Tam tých mečom tne, poráža;
Už sa kopa dolu valmi
Od jeho rán rozsypala,
Už v útoku prvé rady
Svieža sila opúšľala.
V takej surme šírym vojskom
Matúš sem tam poletuje,
Bojovníkov k smelým činom,
K bystrým chvatom rozpaľuje.
A keď sem tam v radoch lieta,
Tu mu Róland padne v oči,
Jako hubí, rúca všetko,
Kam len pozre, kam len skočí:
Rozpáli sa a rozkáže
Svojim verným na tú stranu,
Kde jako smrľ Róland kosí,
Čo len padne mu pod ranu.
Na tie slová Boleslavín
Ta sa k valom chvatom hodí,
Za ním Radmír od Likavy,
Za ním Ctibor vojskom brodí;
Na valy sa všetci ženú,
Hore nimi dobývajú,

Ale ostré mcče zhora
Útok lámu, odrážajú.
Proti ranám, proti mečom
Boleslavín hore stúpä,
K výške valov jak sa blíži,
V teplej krvi meč len kúpä.
Už množina bojovníkov
Mečom jeho leží zbitá,
Ale Róland ešte stojí
Jako jedľa panovitá.
Letia iskry z prudkých mečov,
Letia z očí rozohnených,
I krev tečie a rozžíha
Pomstu v lícach rozpálených :
Hoj cudzinče, padneš predca
Mojím mečom porazený !
Zavolá tu Boleslavín
Vychytený, rozsrdený.
A za týmto slovom ranu
Na Rólanda hroznú zvalí,
Až sa mu vše v očach ziskrí,
A hneď na to oko kalí.
Jako dlhý, roztiahnutý
Na zemi už Róland leží ;
Že zabili náčelníka,
Krik po celých valoch beží,
Krik po celých valoch lieta,
Na rady sa hrôza valí,
Už sa v útek rady ženú,
Jak by vetry jich odvialy.
Za nimi na valy skáču
Matúšove husté pluky,
Kriky zas tu sa radostné
A hrmotné nesú hluky :
Hoj užs' naša, nášho pána,
Nik ľa nám viac nevytrhne,
A kto sa sem opováži,
Toho v peklo meč náš vrhne.
A kde Matúš, kde náš vodca ?
Hlasy jedných pokrikujú,
Hlasy druhých : tu je, tu je !
A plukom ho ukazujú.

Keď ho zazre, hor' ho mužstvo
Vyzdvihuje, slávu volá,
A Matúš jich pochvaľuje
A hovorí k nim dokola:
Dobre boj ste započali,
Naša Nitra je vysoká,
Nechže ten chýr rodom naším
Preletuje doširoka;
Nechže letí, oznamuje,
V rukách Nitra že Matúša,
A našincov týmto chýrom
Nech sa v boje zmocní duša.
Tu na Nitre, kde predkovia
Slávu svoju založili,
Starí králi Mojmírovci
Nad Slovákmi kde trónili:
I my v nuci jich ďalekí
Založíme slávu svoju;
Len sa smelo proti cudzím,
Len sa bystro majte k boju!

L u d e v í t  Š t ú r.

## X.

### 1. Z básne: MARÍNA.

(„Spisy Básnické *Andreja Sládkoviča*. V Bystrici. 1861 " Str. 43. a nasl.)

Slovensko mladé, rodisko moje,
Aj mohyla mojich kostí!
V tebe mám pekných obrazov dvoje
A dvoje veľkých ľúbostí. —
Jako je krásna tá moja deva,
Jaká k tej ľúbosť vo mne horieva:
Tak ty a k tebe, otčina!
Jako tys' pekná, krajina moja,
Jako mladistvosť milá mi tvoja:
Tak pekná, milá Marína!

———

Na horách našich mládenec stáva,
Spev jeho kvet duše jeho;
Zápasy bohov on nerozpráva,
Nie huk ritierstva starého;

Hlas ten nezvoní bitky pradedov,
Nehlási spev ten krivdy súsedov,
Nie bičov sveta hromoplesk:
Začre si do pŕs, ľúbosť zaspieva,
A poľom žiale svoje rozlieva,
A nádejí budúci blesk.

A žiale svoje poľom rozlieva,
Že je svet aj krem otčiny;
A bôle svoje poľom previeva,
Že tam niet jeho dievčiny;
Do vekov nových hlas jeho letí,
A blesk úfania z tvári mu svieti. —
No, ňadrá verné slovenskej devy
K prsám primkne verný šuhaj;
Slavné v spievankách zazvonia hnevy:
Svetom budeš úzky môj raj!

Vek náš je taká próza netrebná,
Že nič v ňom nemáš svätého;
Idea mu je snárstvo velebná,
A vo fabrikách boh jeho;
Do šiat lásky sa sova oblieka,
Krása v otroctve potrieb narieka,
A vernosť každý vysmeje.
To je tón času! povieš. Mne ľúto,
Lebo tón tento veku tomuto
Špatne na pohrab zavzneje.

S Bohom! ty ľud môj, ľud môj ľúbený,
Vyšších letov mojich predmet!
S Bohom! pamätaj, že máš sľúbený
Duchom svetov bezmierny svet:
Ja duchom tebou večne prejatým
S tebou chcem túžiť k ideám svätým,
A s tebou tam i tu bývať;
Syn tvoj chce žialiť tvoje žialenie
A na síl tvojich víťazné vrenie
S vrelým sa nadšením díval!

## 2. Z básne: DETVAN.

(Strana 171. a nasl.)

Stojí vysoká, divá Polana,
  Maľ stará ohromných slínov,
Pod ňou dedina Detvou volaná,
  Maľ bujná vysokých synov:
Či tých šarvancov Detvy ozrutných
Polana na tých prsách mohutných
  Nenosí a nenadája?
Alebo aspoň na tie výšiny
Nehľadí dcéra tejto rodiny,
  Keď má porodiť šuhaja? —

Jako by Detva obrov nemala! —
  Maľ zrodila v poli syna,
Trávovú plachtu porozvíjala,
  Z buka na buk ju pripína;
Prvýraz oči šuhaj roztvorí,
Čo vidí? — vysosť Polany hory
  A opachy nezvratných skál;
A zpustí zraky prvé v doliny,
Čo vidí? — hory zázračnej stíny
  A prekrásnu slovenskú diaľ.

Z výšin Zbojníckej Polany dolu
  Hučí gajdí mohutný bas,
A cez ozrutnú letí homolu
  Poskočný piskora ohlas:
To jednostajné, prísno tečenie
A tónov hrubých zúfalé vrenie
  Podobné je časov toku;
A gajdeniec ten štebot spevavý,
Jako radostí kŕdeľ ihravý,
  Vo veselom, jarom skoku.

Huk ten ohluší prózu života,
  V chripení tom zachripne žiaľ,
V ňom vieri sa tá šťastná jednota —
  Tá večnosť — tá bez kraja diaľ:
Huk ten je taká tmavá noc sveta,
A pieseň, čo sa hukom prepletá,

Je deva, čo krásne sní si;
Huk ten je taká tabuľa biela,
Kde šialeného v slasťach anjela
Vymaloval Van-Dyk kýsi.

Huk ten je osud slovenských časov,
Prísny, smutný, nepremenný;
Tá harmonia tarkavých hlasov
Je nádeje svet zelený:
Vtedy, keď čuješ, rodák môj milý,
Gajdičiek našich ohlas spanilý,
Spomeň si zvon nášho žitia,
A v tých duniacich dumách hukových
Nech ťa nádeje osudov nových
Do sladunkých citov schytia! —

Neodľahuj sa od kvetu lipy,
Že vidíš dub už s žaludom. —
Cudzie ťa nikdy nesmiera vtipy
S naším slovenským osudom.
Musí sa v mále dokázať verným,
Kto nechce večne zostať mizerným;
Musí pučiť, čo chce zkvitnúť;
Kto, keď počuje žalmy škrováňa,
A ligotavú hviezdičku rána —
Neverí, že musí svitnúť?! —

To je tá kliatba nášho života,
To netopýrstvo osudov,
V ktorých sa k nebu od zeme motá
Mizeráctvo našich bludov.
Tá podlosť medzi duchom, prírodou,
Medzi otroctvom, medzi slobodou,
Medzi špatou, medzi krásou;
Keď nevieš, čo si, nemreš, nežiješ,
Len sa od skaly ku skale biješ
Po jazere bľadých časov. —

No, dobre sa maj, druh môj srdečný!
Spevca rodinná postava.
Z nízkosti takto tvorí duch večný
Trón, kde si Sláva sedáva:

Rod môj! ty ľúb si svojho Detvana,
V ňom duša tvoja je zmalovaná,
Zhrej obrazom tým, čo schladlo.
Kde bujné v duši rastú zárody,
Tam pyramida vstáva slobody —
A to je naše zrkadlo!

### 3. Z básne: SÔVETY V RODINE DUŠANOVEJ.

(Strana 346. a nasl.)

#### Umko.

Umĺkni slepá, slabá rozzlobenosť!
Zúrivosť sama proti sebe zúri;
Kto pľuje k nebu, v tvár mu slina padá.

#### Mefisto *(stranou)*.

Peklo! synovi podaj výrečnosti,
Aby vec tvoja v haňbe nepodľahla! *(Nahlas.)*
Rečník je sice výborný pán Umko,
Ale skutočnosť nemá v svojej vláde.
A čo by vyšiel na štít Himalaje,
A hlásal slovmi hromov Paromových
Pochvalu pravdy svetom šírošírym —
Mne moji drahí priatelia zostanú!

#### Pravduša.

Ruháč bezbožný! svetlo svätej viery
Ešte nemohlo konečne ľa zničiť!
Darmo protivíš sa duchu večnému,
Keď Cnoty božskej nebáť sa nebojíš.
Vedz, že čo Umko, Vieroňka a Cnota,
Bytnosti božské, k spaseniu poslané
A nesmrteľné — smrteľnému svetu —
Rečmi a dejmi svojmi predzvestujú:
To ja, Pravduša — celým božím právom —
Schvaľujem, tvrdím, zastávam a slávim.
Opakujem a stvrdzujem reč Umka:
Dal ti Boh bytnosť dlho shovievavý
Len, aby sa zlosť a pekelnosť tvoja
Hrýzla a žrala pred očima sveta,
Aby svet videl na hynutí tvojom
Osud otroctva a slávu múdrosti.

#### Mefisto.

Rečí sa tvojich, Pravduša nadutá,
Nebojím : ale že hlas tvoj protivný
Vystáť nemôžem, na ten čas odstúpim.
Vedz ale ty tiež, že tak pohanený
Rod Belzebubov pomstu vám prisahá ;
Žc pokoj sveta, truc vám, budem búriť,
Odvádzať od vás a mohutnou silou
Tiahnuť za sebou pokolenia zeme.
Čo svet podvrátiš, čerta neobrátiš!
Keď chceš sa v zápas pustiť so satanom,
Krvavým potom musíš čelo rosiť,
Zakúsiť svojho víťazstva drahotu.
Ba keď aj trúba v ten zlý deň zaručí,
Pekelný plameň zašľahne na svety,
Smrť svoje čierne brány poroztvára,
Mumie vskriesi a tône obľadlé
Pred Bohom stanú si nespravodlivým ;
Keď peklo strašným praskom sa rozpadne
A ďasov svojich, dýmom učadených,
V prepasť ničoty vykrcne : aj potom
Uznáš, že silný bol Mefistofeles ! — *(Zmizne.)*

#### Chór anjelov.

Svätý, svätý, svätý je Hospodin,
  Meno jeho slávte šíre svety !
Svätý, svätý, svätý je Hospodin,
  Opakujte hviezdy, morá, kvety !
Rozum, pravda, cnosť a viera pravá
  Ku slobode žiadosť priviesť majú,
  Priviesť ľudstvo k blahoslavia raju :
Trirazy jim sláva, sláva, sláva !

#### Túžbena.

Vrelú vám vďaku zkladám, sestry božie,
Že ste ma slabú peklu vyrvať znaly :
Po vecach svätých túžiť večne budem,
Až božskú najdem vo vás spokojnosť.

#### Pravduša.

No, podaj ruku mi svoju, Túžbena,
K posvätnej spolu pôjdeme Svobude.

#### Cnota.

Mne druhé podaj priateľské rameno.

**Umko.**

Vieroňka a ja, cestou nepochybnou,
K milej Svobude vás doprevadíme;
Cesta k nej klamná, nejistá a často
Príkra a trním pichlavým posiata. —
Hľa, tu prichádza práve nám v ústrety
Vznešená naša verná priateľkyňa,
Tá moja milá, moja večne milá.

**Svobuda.**

Poďte v objatie vrelé, sestry milé,
Aj milý ty; už dávno túžim po vás,
Vediac, že aj vy tiež po mne túžite.
Túžbenka! — ach, ty zriedka veru verní
Navštíviš svoju priateľku Svobudu.

**Pravduša.**

Svodca pekelník už už v sídlo svoje
Ztrhol nevinnú: túži teba videť
A večnú ľúbosť verne ti prisahať

**Svobuda.**

Kto necítil putá zlosti,
    Nepil kalnú rabstva vodu,
Nezná žalár smyselnosti:
    Ten neváži si slobodu.

Kto nevidel božstva slávu,
    Po večnosti nezatúži,
Cnosti nedá ruku pravú:
    Ten slobodu nezaslúži.

Komu smyselnosť nestála
    Nad rozum vzácnejšou býva;
Šťastnejšia od neho skala:
    Ten otroctvo svoje vzýva.

Komu pravdu za posvätnú
    Srdce len tak chladno bije,
Za ňu nedá slasť ostatniu:
    Ten otroctvo neprežije.

Sloboda si voľno letí
    Nad života dolinami,
Nad oblakmi slávu svätí
    So svojimi miláčkami.

15*

Otrok vzdychá nad šialenstvom
Svojím vlastným, v ktorom hynie :
Sloboda sa človečenstvom
Silne k Bohu svojmu vinie.

Andrej Sládkovič.

## XI.

### Z ballady: VÄZEŇ.

(„Lipa. Národní Zábavník. Vydal *Josef Viktorin*. Ročník I. V Budíne.
1860.“ Strana 221. a nasl.)

Vykvetal kvietoček na pustom polome :
Dorastalo dievča v svojej matky dome ;

Na pustom polome bieluská bimbonka :
V svojej matky dome nevinná Ilonka.

Mať ju vychovala biednym vdovským chlebom,
Roveň si nemala pod tým božím nebom :

Roveň si nemala len azdaj na nebi,
To sväté anjelstvo kde Boha velebí.

Mne kvitla bimbonka, to bieluské kvieľa :
Mne rástla Ilonka, to nevinné dieľa ;

Bimbonka uvädla ; červoč ju podryla :
Ilonka umrela ; mojaď ju zmárnila ;

Mojaď ju zmárnila — a len pre to jedno :
Zdalo sa jej haňbou v rode dievča biedno. —

Zodvihla sa bola búrka od východu,
Prihučala na zem slovenského rodu.

Maďar zpod Kavkazu v nepočetnom roji
Do šíreho sveta pustil sa po zboji.

On ohňom i mečom padol do Moravy,
A nás kráľ Svatopluk volal pod zástavy.

Surmily surmity v zlatom Velehrade,
Po slovenských krajoch zbroj cendžala všade.

Povstal môj dobrý ľud i bratské národy,
Kde Visla i Laba mútne leje vody ;

I kde Tatry pyšno k nebu sa spínajú:
Valily sa vojská k tichému Dunaju.

Nad Dunajom kráľ náš zastal si táborom,
Pri ňom župy — každá pod svojím práporom;
Tam rozšikovaly jasné šíky svoje
Pod mojím prievodom černohradské voje. —

A môj rod — tí hadi — spolu kameň duli;
Na moju Ilonku zlostné rady kuli:

Či dievčatko srazil z tej skaly vysokej,
A či ho zaväzil do väže hlbokej;

Kde ani len slnce na ňu nezasvieti,
Kam ani len vetor ku nej nedoletí. —

Dlho rady stály, tak sa dokonaly:
Srazili Ilonku z tej vysokej skaly;

Srazili na Dunaj, na tie hlbočiny:
Zhynul mojím rodom anjel môj nevinný. —

Lovili rybári ryby na Dunaji,
Videli Ilonku tonúť popri kraji.

Tí dievča vyniesli do zelenej trávy,
Ihlicu aj partu vypali jej z hlavy:

Ihlicu aj partu zo zlata čistého
Zaniesli rybári do chrámu svätého.

Na božom oltáre tam ju povesili,
Ľuďom pravovercom smútok ohlásili:

„Letorôstka suchá už sa nerozvije,
A telo bez ducha nikdy neožije.

Kto tú partu svojej darom dal neveste,
Tomu, pravoverci, také heslo neste:
Že už s ňou nekľakne nikdy jedným párom
Na ten svätý kameň pred božím oltárom." —

Ešte ani slnce nesadlo za horu,
Už to smutné heslo dobehlo k táboru:

A ani biely deň na mňa nezasvietil,
Už som ja ten zločin zločinom odvetil. —

V noci čierne mraky na nebi zavisly,
Oj, ale čiernejšie na tej mojej mysli.

Po nebi sa blesky krížily ohnivé,
A po mojej mysli pomyšlenia divé.

Bez seba som sa vám do sedla vyhodil,
A letel som v oslep, až sa kôň zachodil:

Cez hlboké toky, cez široké polia,
Až ta, kde táborom stál Maďar dokola.

Tam, tam mi pošepol zlostník zlostný z pekla,
Čo najhoršie znala duša jeho vzteklá.

Ja sám som vyviedol maďarské zástupy
V noci hromobitnej na hrad mojej župy;

Ja sám som rozrazil bránu rukou svojou:
Padol biedny môj rod pod maďarskou zbrojou. —

Stal sa hriech — lež zápät za ním prišla kára.
Jako víchor kraľ náš udrel na Maďara;

A jak plevy rozbil hrdé jeho pluky:
A mňa vydal Pán Boh kráľovi do ruky. —

Smutno vyhrávaly zvony zo zvonice;
Plakaly Ilonku jej verné družice:

Oj, a ja zajatý mojím vlastným ľudom,
Stál som okuvaný pred kráľovym súdom.

Dvanásti mládenci, a každý pod perom,
Zaniesli Ilonku do hrobu večerom;

A mňa nešťastníka tie kráľove stráže
Pod holými meči zaviedly do väže.

Ilonke čierny kríž na hrob postavili,
Jej nevinnú dušu Bohu poručili;

A mňa do tej väže múrom zamúrali,
Na mú biednu hlavu kľatbu mi nakliali:

„Nech ľa tu, zrádniče, hriech tvoj večne morí!
Nech ľa Boh z milosti na veky vytvorí!

Keď naň volaľ budeš, aby sa nepohol,
Že by si tu hynul, a zhynúť nemohol." —

Tak mi popi kliali, a ľud volal: „Amen!"
A ostatní zavrel väžu túto kameň. —

Samuel Chalupka.

## XII.

### z básne: PÁD MILIDUCHA.

(„Lipa. Ročník II. V Pešti. 1862.".Z oddelenia „Bohdan."
Strana 24. a nasl.)

Pokojnou orbou a kupectvom pilným,
Neznajúc pritom podvod a klam lichý,
Súc v prácach ťažkých, mozoľných len silným,
Trávi od vekov Slovan život tichý.
Jeho netešia lúpeže a boje,
Neteší pád a záhuba súsedov;
Len keď obráti lotor naňho zbroje,
Chytá sa zbrane, aby vojnu viedol.
Starcov má v úcte, mládež bezstarostná,
Žijúca v hrách a zábavách nevinných;
Žena a panna je pokorná, cnostná. —
Len jednu chybu, ach, má tento národ:
Že sa rád trhá, rád na kusy drobí,
Že každý kmen, dom, bojac sa poroby,
Hnusí si celosť, tento slávy zárod;
Že mrejúc príliš zlatej po slobode,
Každý zvláštneho pána radšie volí,
Než aby sily schatrnené v rode
Zdrobnenom jednej poddaly sa vôli.
Rázu tomuto v dobrom i zlom verný
Žije Polabcov kmen tiež rozšírený;
Ach, ale jemu Nemcov rod nemierny
Dal za súseda osud nezmenený:
Tíger to vedľa ovce ticho spiacej,
Jak by nebolo moc tam tuhej hádky?
Nebolo krivdy, tej plodistej matky
Žalôb a pomsty krvou smäd hasiacej?
Nemec zrastený v bitkách, v surovosti,
Pachtiac po vraždách, cudzej majetnosti,
Lúpi a zbíja, a pilnosti plody
Mečom i ohňom na vnivoč privodí.
A čože Slovan? — Ten len rozkusený
Trpí, a keď i nektorý povstane,
Díva sa druhý ďaleko na strane,
Kým tiež nebýva po hre oblúpený.
Ba čo je horšie, často sám pripojí
Sa k lupičovi, majúc dušu čiernu,

Aby od vraha po skončenom boji
Mal pokoj a vzal almužnu mizernú,
Stanúc sa toho, komu sa životom
Zaviazal, milšou•tým pochútkou potom.
Takto Polaban, ač sa prácou potí,
A po stých žľaboch živnosť shromažďuje,
Vždycky len predca živorí a psotí,
A viac poslúcha, nežli rozkazuje.

(Z oddelenia „Cisár." Strana 59. a nasl.)

Tamto za Labou na chotáre franskom
Na skalisku sa vznáša velikánskom
Hrad preohromný sťa hniezdo orličie,
Z jehož očadlých cimburí v hodinách
Polnočných upné škrekoty kuvičie
Roznášajú sa po blízkych roklinách.
Pusto z kaplnky zvon večerný vyje,
Mrak nepreniklý valné hradby kryje,
Z ktorých cez nočnej tmy pustotu hluchú
Hlas jednotlivý stráže ospanlivo
Pozivujúcej tu i tu sa divo
Tatam zanáša k vzdialenému uchu.
Lež z malovaných okien izby hradnej
Hojné sa ešte svetlo na dvor leje;
V palote hneď sa hlučný hovor deje,
Hneď zas nepočuť dlho reči žiadnej.
Za dlhým stolom tu osuhlotvárnych
Riticrov franských rady vedú škreky,
Chcejúc vo víne upomienky márnych
Laňajších výprav utopiť na veky.
V zádumčivosti pošmúrnej zástere
Za vrch stolom sám Karol sa spatruje,
Zatmelý jeho obličaj zradzuje,
Že malý podiel len na hodách bere.
Zmrazkané čelo, hnevom zrak zaliaty,
Ohnivé líca, potrhanosť reči,
Zaťaté pästi, všetko toto svedčí,
Že on búrlivým citom podobratý.
Čo v prsách hrozne zúžených mu zúri?
Hej, kto z prítomných nevie to ritierov?!
Nezdarnosť laňských výprav to tvár šerou
Chmárou mu kalí, vztekom srdce búri.

Neslýchanými zmárňac prípravami
Poklady veľké, aby Česko zkazil,
Bol sa s hladnými tromi on tlupami —
Obíduc Harce jako had — ta vplazil.
A prejdúc Sálu, Labu s túžbou stálou,
Nahnúc i statných Glomačov k úkorc,
Rozvodnil náhle s mocou sa nemalou
Po českých nivách sťa bezuzdné more. —
Čo ale získal? — I Čech sa tiež schopil,
A bitka bitku čerstvo sledovala;
Lež darmo mnohá krev sa vylievala,
Darmo v nej český kvetoluh sa topil:
Bo toho, kohož berla svet zatriasla,
Kohož moc národ za národom skusil,
Nad kohož menom už Evropa žasla,
Toho tam ľud sám s haňbou bol roztrúsil.
  I jako — mysliac na ztratu nezdarných
Ťahov — potupu tú má zapomínať?
Jako sa tešiť pri hodách rozmarných,
Nemajúc všetkých Slovanov preklínať?
Bo veď i Srb hľa! užijúc nehodu
A zrobiac stú mu pri návrate škodu,
Vyletel jako sokol na slobodu.
A preto jako v bruchu sopky blčí
Jemu v útrobách žravý oheň žlči.
  Chvíľkou s úškľabným pysku pretiahnutím
Na žiarlivého Vitoša zaškúli,
Čo tu s obočím škarede stiahnutým
Popri ňom — zradu páchajúc — sa chúli.
Zatým nalejúc pohár zas odstrčí,
Hľadiac po všetkých dokola škaredne,
Z úst jemu trasných hrozná kľatba hrčí,
Až nad ňou celé ritierstvo obledne.
  „Prestaňme kvasiť!“ — Všetko hore skočí;
A cisár zbehá sál siahovým krokom,
Po chvíli kvapne k stolu zas prikročí,
A divým jastrí po ritieroch okom.
  „Čo? — už len doma máme sa po kútach,
Chlastajúc, válať jako vetché ženy?
Či už prekľatý pohan pokorený?
Či už pred krížom spiaty v našich putách?
Kde rok je celý? Čo sme poriadili?

Kde sú poplatky Lulicov a Srbov?
Či už budeme hľadať, vždy opilí,
Slávu nášeho cisárstva u krbov?
V hnusnom bahnisku tam náš venec hnije,
Potvorné modly zľahčujú nám vieru,
Posmešne pohan psím štekotom vyje;
Či už budeme uňho žobrať mieru?" —
   Tu razom utnúc reči s neslýchanou
Zúrivosťou sa na ritierov díva;
Po sále temný hrmot sa ozýva,
A sto úst zvreští: „Zhurta na pohanov!" —

(Z oddelenia „Boj." Strana 83. a nasl.)

   Tri dni už honia Srbi nepriateľa,
Vždy ďalej cúfa ten pred jich pohonom:
Kamkoľvek dojde, púšť tam len zhorelá,
Vsi, mestá v rumoch zostávajú po ňom.
Čo by poželieť vedel Nemec divý?
On, čo záhubu prisahal Slovanom,
Čo v rečach klamný, v srdci závistlivý,
Zúri len jako bes v ľudu vzdelanom.
   Tu obetnicu kamennú rozborí:
Slovan vraj zhyzdil žertvou ju nehodnou!
Tam svätá lipa padá skrz topory:
Bo Slovan kľačal v modlitbách vraj pod ňou;
Tak nielen národ, ale i tie háje,
Sady a lúky, kde po ňom šľapaje
Zvykov a mravov ľahodných nachodí,
Svojou potupou na vnivoč privodí. —
   Minul deň tretí. V krvorudej šate
Ukázal sa jim mesiac v zapadaní;
V krvavom stálo slnce zas šarláte
I dňa štvrtého na horc v čas ranný:
Jako by sama príroda znať dala,
Že sa dňa toho mnohá krev liať mala.
   S prvým zábreskom Srbi sa hýbali
Za stopou vraha bojochtivou dušou,
Tu na rovine širokej zastali
S vloženou strelou, natiahnutou kušou;
Sú na planine ústami cudzími
„Hwerenafeldo" prezvanej na veky.
Návršie dlhé tiahne sa pred nimi,

Zľava černie sa les jim neďaleký;
A na návrší, hoj, pozri ta hore!
Tam rozhostené v sile neprehliadnej
Hromady franské, chmáry noci chladnej
Prebdejúc, ranné vyčakaly zore.

Zhliadne Srb Franka, Srba zas Frank strmý,
Zahorí žlč na tej i onej strane,
Zo všetkých hrdiel divý krik zahrmí,
S tým dlhé, strašné ticho zas nastane.

Tak keď z protivných strán dve chmáry mračné
Pritiahnu, zastrúc modrý sklep nebeský,
Najprv zďaleka mctajú len blesky,
Až sa potkajú, a tu prezázračné
V nich búrky zúra, hučia a lomozia,
A všetkým tvorom zahynutím hrozia.

Pohnú sa Nemci, zástavy rozvinú,
Na dobrom stoja oni stanovisku;
Nedbá Srb nato, vystre po bojisku
Tiež rady, celú zatiahnuc planinu.
Ach, boly rady krásne to a hrdé!
Na ktoré oči s ľúbosťou hľadely,
Rady ztužené skrze boje tvrdé,
V ktorých potĺkať jednak sa musely.
Podobne stihlým jeďam v mladej hore
Skvie sa les sudlíc k nebu obrátených,
Z šišákov zlatých, štítov vyhladených
Prestiera šíre, plamenné sa more.

Lež čo to všetko, keď zrak jednotlivo
Na bohatierov upreš s pozornosťou?
Tamto na Srbov vriacich hnevom živo,
Tu na Veletov chýrnych údatnosťou.

Každý má pluky vydelené jemu,
Celok sám bodrý Miliduch spravuje,
Kňažec porúča okridliu ľavému,
Na pravom smelý Semil sa spatruje.

Nie s menším ale pozorom šikuje
Frank pluky svoje, lačné po lúpeži.
Vo sredku samé vojsko franské leží,
Tu cesarevič Karol rozkazuje;
Na pravú stranu Frankom stanú v rady
Slovanom večne zloprajní Sasíci;
Zľava, nedbajúc nič na bratozrady,

Sloja pod Dražkom Slovania Bodrici.
Tak teraz vojská v nemom tichu stály.
Miliduch kývne, žrec žertvy zapáli;
Frank kríž červený vystrčí na výšku,
A kresťan kľakne šomrajúc potíšku.
Len Bodric nikam nepatriac, s začatou
Mysľou tu stojí, zrak dolu uderí;
Ku krížu nechce, bo na kríž neverí,
Ku vlastným bohom nesmie — vraždiac bratov.
Je po modlitbách. — Smrtozvestujúci
Roh z prsov vydá mosadzných ručania. —
„Nuž vy Srbovia! tamto sú kresťania,
Vlasť a slobodu nám zožierajúci.
Nuž vy bojujte zmužilo a smelo!
Pri nás je pravda, u tých tam lúpežstvo!
Svantovít s nami! Naše buď víťazstvo!"
Takto Miliduch svojich budí vrelo. —

Ludevít Žello.

## XIII.

### Z romance: SMRŤ JÁNOŠÍKA.

(„Lipa. Ročník II." atd. Strana 267. a nasl.)

Čo sa ten mrak tak vlečie cez tie šíre polia?
Čo tie vrany lietajú, kráču do okola? —
To sprievod čierny, dlhý z mesta sa pohýna —
Vyprevádza zo sveta nezdarného syna.
Spevu, plaču neslýchať — len čo vetor duje —
A čo drobná rosička z neba poprchuje.
Hľaď! na čiernom vozíku, v hlbokom dumaní,
Opiera sa Jánošík šuhaj maľovaný.
On v prostredku jak víťaz — kolo tvári bledé —
Zdá sa, že on sám na smrť celý zástup vedie.
On vypnutý — tí hlavy nesú dol sklonené,
Jako by ho prosili za oslobodenie. —
Kňaz sa modlí: „Modli sa!" — „Za koho?" — „Za seba!"
„Nie, kňaze! čas nemrhaj — za mňa sa netreba!
Ja už idem zo sveta, tam ma Boh odsúdi;
Ale modli sa radšej za tých biednych ľudí!
Za ľud, za ľud modli sa! za to choré dieťa,
Že by abo ožilo, abo šlo zo sveta.

Pozri ho jak omdlieva na nevoľnom loži —
Pozri tú tvár vpadnutú! — či to obraz boží?
Jarmo jeho kolískou, sínavy ozdobou!
Či sa kedy smiluje ten Pán Boh nad tebou!?
Oj, dieťa nešťastlivé — zakľaté v nevoli!
Nič viac nevie o svete, iba že ho bolí.
Sirota, nezná matky, otca ani seba:
Otvor knihu, môj otče! zaň modliť sa treba!
Modliť! ešte nie pozde, ešte sú nádeje —
Ešte jedna iskierka na dne duše tleje;
A bars ona maličká, bars hlboko skrytá:
Odkľaj mi ju, môj otče — a svet nový svitá!"
    Od šibeníc zavialo, ľudia sa žehnajú;
Na štyroch čiernych stĺpoch havrany krákajú:
„Poď k nám, poď k nám, Janíčko!" až strach kosti láme —
„Poď k nám, poď k nám, gazdičko! dávno ťa čakáme."

    Už je hore. — Ešteraz zrak na hory hodí —
Hej, na hory, na hory, na ten svet slobody!
Po nich ťažko, hlboko hučia slz prívaly —
On ticho hľadí na ne, nesmúti, nežiali;
Bo jich pamäť jak lampa čarovná pozláti,
I oblieka v slncové starodávne šaty.
A duša do tých pekných krajov sa poberá
Pozerať sa jak slnce nad more z večera.
Tu sa vidí v družine na Kráľovej Holi
Jak orol bystrooký pomedzi sokoly;
Pri vatre gajdy hučia, tu skáču chlapiská,
V ruke pohár a v druhej valaška sa blíska.
Tam zase na Kriváni, keď sa hora lomí,
Jak pozerá pod sebou neskrotené hromy.
Tu na Ďumbiere stojí, dušu v túžbach kojí;
Pozerá orla v letku pri slnca východe,
I spieva si pesničku o zlatej slobode.
Tu hájom znie fujara, keď mesiac vychodí,
Tu on milej koštúva cukrové jahody;
I díva sa jej v oči, v tie božské plamene,
Kde vidí všetke svoje túžby oslávené.
Tam zas jak s chlapci blúdi po zelených horách,
Pri slnci i mesiaci, pri hviezdach i zorách;
A všetke tie obrazy tak milo s' naň smejú,
Že znovu v ňom zbudily usnutú nádeju.

Oj, a duša sa do nich ešteraz pristrojí,
Jako veľký bohatier do víťaznej zbroji,
A po nej sa rozleje sila nevystihlá;
Cíti, že by rameňom zem do neba zdvihla.
A v tom kňaz povie: „Amen!" — Jaj Bože nad nami! —
Mhla zašla — a Jánošík víta sa s Vilami.
    Lud okolo šibeny — jak dáka skalina —
Nevzdýchne, nezaplače, pästi nezatína.
Ide domov — pomaly — ale dák z nechuti;
Čo krok zrobí, zastane a hlavou pokrúti;
Čo diaľ ide, to mu viac dačo srdce sviera,
Dač v duši sa ozýva: Jánošík umiera!
A to srdca svieranie viacej neprestane,
A ten hlas bude volať do zmrtvých povstanie,
Prebije sa cez prse, cez doly, cez lesy —
Bude volať do všech strán: Janíčko! kdeže si?!

Ján Botto.

# XIV.

**Zo smutnohry: „ODBOJ ZADUNAJSKÝCH SLOVÁKOV."**

(„Lipa. Ročník III. V Pešti. 1864." Strana 64. a nasl.)

## Dejstvo IV.

### Výprava proti Blatoncom.

*(Javište tábor Vaikov u vtoku Hrona do Dunaja. V úzadí stán Vaikov so
zástavou, na nejž sv. Martin vymalovaný.)*

#### Výstup 1.

**Hunt a Pazman.**

*(Úzadie naplnené vojakmi.)*

**Hunt.**

Tak sme teda velikého kňaza
Opásali čestne za ritiera.
Je to pekne od neho, že v dobrých
Kresťanských si obľubuje riadoch.

**Pazman.**

Pekne ovšem od neho, ritieru :
Lež od našich mrzko, že tak skrbno
Pri tak vážnom pomáhajú diele.
Mali s celou dostaviť sa silou
Svätej rimskej a nemeckej ríše,
Aby nám bol za ochranu svojho
Prestola kňaz Štefan zaviazaný.
Tu pak jestli by nie Slovač táto,
Nuž by mohol pred takým povstaním
I zo zeme beze boja prchnúť,
A dať tu šafáriť šismatikom
I pohanom.

**Hunt.**

Opravdu, ritieru.
Cisár sám pred odbojom vyzýval
K zakročeniu oproti bludárom,
A sľuboval k tomu všetku pomoc ;
A teraz, to na haňbu, pár tisíc.

**Pazman.**

Ani Bavor to príliš nenapnul.
Všade vlažnosť, netečnosť, ritieru.

**Hunt.**

Jest jednako nádeja prospechu ;
Len že málo pritom zásluh našich.

**Pazman.**

Pekný ovšem shromaždil sa tábor
Tu u vtoku Hrona do Dunaja
Podtatrancov chrabrých a horlive
Zaujatých za vieru a kňaza.
Česi tiež tu ve počtu dosť značnom.
I kňaz ruský tiahne ku Budínu.

**Hunt.**

Nie na počeť náš hľadím, ritieru,
Lež na nejednotu nepriateľa,
Že Stojmíra otočuje zrada.
Suk nalezne spôsob preukázať
Úsluhu nám ve rozhodnej dobe.
Jeden taký viac než desať plukov.

**Pazman.**

Suk pochybil veľmi, že prepustil
Jatého vo Vespríme Üštöka.
To otvoriť môže Stojmírovi
Oči. A muž ten zdá sa byť chytrý.
Obmýšľa sám velikokniežací
Zaňať prestol, a predca predstrčil
Michala, by menom jeho získal,
Ukoliebal v bezpečnosť Maďarov.

**Hunt.**

Náhľad tento nie je môj, ritieru.
Ja zato mám, že Stojmír nehľadá
Nič iného jako samostatnosť
Vo kniežatstve svojom podľa snahy
Odsredivej všech slovenských plemien.
Chytrým ale sa ovšem okázal,
· Že sa kryje za meno Michala,
Čím uviedol v podozrenie tohto.

**Pazman.**

A uvrhnul v nešťastie, ritieru.

**Výstup 2.**

**Üštök a Orta.**

*(Ohliadnu sa nemo a prísne po vojakoch; Üštök opre hnevivý zrak na
ritierov, a hľadí na nich chvíľku ostro.)*

**Hunt** *(ku Pazmanovi)*.

Basiliškov zraky. Nám neradno
Vyjíť z kruhu kniežacieho svetla. *(Odídu oba.)* ,

**Orta.**

Ty máš rád tie mátohy, Üštöku.

**Üštök.**

Jako v oku soľ, tŕň v päte, Orto.
Pre nich všetky v zemi nepokoje.

**Orta.**

Iste, že si mnoho osobujú.

**Üštök.**

A kňaz Vaik jim mnoho dovoľuje,
Veliký jsa jich obdivovateľ
I všetkých jich teutonských mravov.

Dal sa i za ritiera opásať.

**Smiešno.** Kňaz uhorský za ritiera!
Bez toho by ani muchu nezklal:
S tým pak zrúbe hneď všetkých odbojcov!

Orta.

Je to v pravde trochu neprístojné.
Kňaz má dávať hodným, nic prijímať
Z ledajakých rukú, vyznačenie.
Mne sa to tiež vidí ponížením,
V čom on hľadá čestné povýšenie.
Pritom všetkom Vaik náš ukazuje
Panovníka veľkého vlastnosti. —

Üštök.

Podtatránsky ľud tento tak čerstvý!

Orta.

To účinok zdravého povetria,
Zdravej vody, ktorými viac človek
Žije nežli slaninou a chlebom.

Üštök

Lež či zachcú bojovať srdečne
Proti bratom svojim za Dunajom?
Veď Blatonci sú pristehovalci
Odo Tatier.

Orta.

Teda neznáš ľudí.
Sloveni sa nikdy nezdráhali
Proti sebe bojovať za cudzích.
Títo boli od prvopočiatku
Najvernejší naši spoločníci.
Pomáhali nám skrušiť Moravu,
Potom hromiť Nemcov, Vlachov, Grékov.
Teraz vcele odvrhli národnosť.
Nie sú viac Sloveni, sú len Uhri.
Privykli už Uhorsko za svoju
Považovať otčinu. Nato viac,
Čo nekedy bolo, nepomyslia.

Üštök.

A s nimi sa predca najprísnejšie
Naložilo. Iné podržaly
Svojich kňazov kmeny: títo boli
Podrobení prosto kňazom našim.

16

Orta.

Práve preto ztratili všetok cit
Národnosti, a majú sa dobre.
Našli v Uhrách istinnú otčinu;
Preto sebe nežiadajú inej.
Nedá sa jim cítiť podmanenosť:
Lež radeji oni panovali
Pri dvore prv sami, leď s Nemcami.

Üštök.

Veru pravda. Ja jich krst a Boha!
Žalovať sa náleží vlastne nám.
Už ten náš dvor je vcele slovenský.
Pánovia tu slovenskí rozhodné
Vedú slovo s ritiermi a mníchy.
Sloveni sú to pod menom Uhrov,
Čo boli pod menom Moravanov.
I vo vojne má nám veleť Sloven.
Tak sa časy menia nepostojné.
Tuť ho.

### Výstup 3.

#### Venceslav k predošlýin.

Venceslav.

Zle, Üštöku, zle si hospodáril.
Na Vespríme mohli sme mať veľkú
Oporu my, teraz má nepriateľ.

Üštök.

Či ja môžem z toho, Venceslave?

Venceslav.

Dať prepadnúť sa, to nedbanlivosť.

Üštök.

Mohli ste ma zpraviť z Ostrihomu,
Že kňaz Stojmír pomýšľa na odboj.
Vtedy by som bol býval pozorný.

Venceslav.

Veliteľ má byť pozorný vždycky.
Mätežníci nevyšli zo zeme,
Ani z neba nezpadli na rýchlo.
Skrývali sa v blizkosti strehnuvše,
A tys' predca nezbadal ničoho.
To veliká je neobozretnosť.

**Orta.**

Čo sa stalo, viac sa neodstane.

**Venceslav.**

Nie zajiste. Lež vynasnažuj sa
Zotreť vinu svoju zásluhami.

**Üštök.**

Čo sa žiada? Ja jeho spasenie!

**Venceslav.**

Kebys' vniknul tajne do Vesprímu,
Dalo by sa tam všeličo zrobiť.

**Üštök.**

Učiním to, hoc ma hneď obesia.

**Venceslav.**

Radu dajú čas a okolnosti. *(K vojakom.)*
Vy prijmite s náležitou česťou
Velikého kňaza i kňahyňu.
Bo svojím vás chcejú udôstojniť
I pohľadom i slovom vznešeným.
Postavte sa v riady.

*(Vojaci posinú sa po bokoch v popredie a urobia ulicu.)*

### Výstup 4.

**Vaik, Gizela, Dominik, Astrik, Hunt
a Pazman k predošlým.**

*(Pri vstupovaní výkriky vojakov: „Sláva velikému kňazu! Sláva velekňahyni!"*

**Vaik.**

Chrabrí vaši predkovia, Slováci,
Boli verní vždy predchodcom mojim:
Vy budete mne.

**Vojaci.**

Vždy až do smrti.

**Vaik.**

Príslušníci naši z onej strany
Dunaja ztrhli sa nás neverne.
Vašou chrabrou rukou chcem potrestať
Zradu, priviesť jich ku poslušnosti.

**Vojaci.**

Pomsta zradcom!

**Vaik.**

Nech pritom nemýli

**16\***

Národnie vás príbuzenstvo s nimi;
Bo vás delí viera a oltáre.
Vy synovia cirkve katolíckej:
Oni neposlušní námestníka
Petroveho v Ríme šismatici.
Vy idete bojovať za Krista:
Oni pak sa spojili s pohanmi.
Stojí pak písano: kto vieru tú
Neprinesie, buď ti jako pohan.
Ten nie váš brat, kto jedno neverí.

Vojaci.

Neuznávame zradcov za bratov.

Vaik.

Kto proti mne, je všetkých nepriateľ,
Lebo ja spoločným otcom vaším.
Mám rozličné národy pod sebou:
Zdáliž činím medzi vami rozdiel?
Som otčimom jedným, druhým otcom?
Predo tvárou mojou niet Maďara,
Niet Slovena, niet Nemca, Rumuna;
Jest len človek vykúpený krvou
Krista a môj uhorský poddaný.
Ja milujem všetky mne sverené
Národy rovnako, a chcem všetky
Učiniť tu na zemi šťastnými,
Spasenými v nebi.

Vojaci.
Všetko pravda.

Vaik.

Iďte teda na zlých mätežníkov.
Zhromivše jich, budete mať veľkú
Pred Bohom i predo mnou zásluhu.
Kto bojujúc padne, toho prosto
Odnesú ku korunám anjeli;
Kto prežije dobu nebezpečnú,
Môže istý byť milosti našej
Kniežacej a velikej odmeny.

Vojaci.

Smrť alebo víťazstvo!

Vaik.
K istému

Povedie vás víťazstvu krajan váš,

Milovaný vojvoda Venceslav.
Ja osobne budem sice pri vás,
Budem hľadeť vlastnýma očima
Na hrdinské ramien vašich skutky:
Veliteľstvo však sverujem jemu,
Preto, že ja ešte neskusený,
On pak v bojoch zostarnul krvavých.
Od neho ja umenie válečné
Budem učiť sa; vy pak pod jeho
Opatrným a múdrym vedením
Budete vždy a všade bezpeční.

###### Vojaci.

Venceslavu vojvodovi sláva!

###### Vaik *(vezme zástavu).*

Na znamenie veliteľskej moci
Prijmi túto, vojvodo, zástavu.
Hľaď, abys' ju priniesol víťaznú
Na Ostrihom, a postavil v dome
Božom tam na večitú pamiatku. *(Oddá mu zástavu.)*

###### Venceslav.

Na vôli mi a usilovnosti
Zchádzať nemá, môj veliký kňaže,
Len nech dá Boh svojho požehnania.

###### Vaik.

Vy slúchajte ho bez protirečia,
Jako údy poslúchajú hlavu.
Za Dunajom sa spojíte s plukmi
Nemeckými i s bratskými Rusmi.
Dúfajte, že vrátite sa brzo
V rodnic vaše dediny, s pomocou
Toho, jehož svätú vec konáte,
Jesu Krista, a orodovaním
Tohoto tu svätého Martina,
Jehož obraz ctihodný vláť bude
Neprestajne u vetru pred vami. *(Obnaží hlavu.)*
Ja do tvojej dôverne ochrany
Porúčam sa, boží uhodníku.
Slyš sľub, ktorý tu skladám pred tebou.
Dopraje-li mi slávy víťazstva
Na tvoju Boh mohutnú prímluvu:
Vynaložím ku obohateniu
Cirkve statky odbojcom odjaté,

A obzvlášte tvoje na Pannonskom
Vrchu štedro omyslím obydlie. *(Prikryje sa.)*

**Astrik.**

Iste dá Boh svojho požehnania,
Keď tak zbožný sľub ešte posvätil
Spravodlivú samu v sebe vojnu.

**Dominik.**

A kresťanské vojsko pravoverných
Nebude ľutovať krve svojej
Za tak pobožného panovníka.

**Vojaci.**

Život náš za velikého kňaza.

**Venceslav.**

A za velekňahyňu.

**Vojaci.**

Sláva jej!

**Gizela.**

Majte dieky za vašu príchylnosť.
Ja odsielať budem k Najvyššiemu
Vrúce moje za prospech modlitby,
Keď vy chrabre budete bojovať.

**Vaik** *(k Astrikovi a Dominikovi).*

Modlite sa i vy také za nás,
Za spasenie naše v Kristu Pánu,
A za odpuštenie hriechov našich.

**Astrik.**

Neprestanú vstupovať modlitby,
Vzdychy naše od svätých oltárov,
Aby prijal Boh na milosť mrtvých,
Pozostalým udelil víťazstva.

**Vaik.**

Na cestu nám udeľte vašeho
Požehnania. *(Kľakne, za ním všetci.)*

**Astrik.**

Iďte, hrdinovia,
Na pohanov a na šismatikov.
Sprevádzaj vás, ochraňuj a žehnaj
*(Činí nad nimi kríž, spolu i s Dominikom.)*
Boh Otec, Boh Syn a Boh Duch Svätý.

*(Skláňajú pritom všetci žehnaní hlavy, opona zpadne.)*

**Vojan Josifovič.**

# Prídavok

## z literatúry česko-slovenskej *).

---

### I.

### Z článku: O MORAVANECH A SLOVÁCÍCH.

(„Slovanské Starožitnosti. Sepsal *Pavel Josef Šafařík.* V Praze. 1863.“ Díl II. strana 468. a nasl.)

Příběhové tří slovanských větví, Moravanův v nynější Moravě, Slovákův v severozápadních Uhřích, asi od řeky Torisy až pod Prešpurek a Vacov, a Slovanův druhdy v okolí zadunajském, od okliky Dunaje u Vyšehradu až za Jezero Blatenské bydlevších, v tomto časovém okresu, v němž rozjímání naše zavříno jest, nejpřirozeněji v jeden celek zahrnuti býti mohou. Krajiny od nich zaujaté, z obojí strany Dunaje ležící, společné někdy měly jméno, totiž Veliká Morava čili „Vyšní Moravě,“ pro rozdíl od „Nižní“ čili Bulharské Moravy; příbuzný co do nářečí a mravů v nich obýval národ, od korutanských a bulharských Slovanův patrně rozdílný, a příbuzná, z jednoho kmene pošlá ve všech třech panovala knížata. Co do Slovákův v Uhřích, žeby země jejich v této době částkou byla Veliké Moravy, o tom posavad mezi soudnými a nepředpojatými zpytateli dějin žádné pochyby nebylo. Oddílní, s moravským velikoknížecím rodem pokrevní knížata měli své sídlo v Nitře, městě slovenském. Jméno, nářečí, tělesná i mravní povaha uherských Slovákův, jmenovitě obyvatelův podkrají Vážského, od nepamětných časův nejoužeji je spojovala s bratry jejich Moravany, kterýchžto jihovýchodní polovice, od stoku Dyje s Moravou až k Valachům se táhnoucí, až do dnes jméno Slovákův sobě přikládá. Pravda sice jest, že nynějšího času řeč Slovákův uherských od řeči Moravanův patrně se rů-

---

*) Chcejúc i z klasických spisov slavných mužov slovenských *Šafárika* a *Kollára* ukážky podať, pripojujem výpisky z jejich českých diel, aby, komu na veci záleží, pravopis český so slovenským porovnať, a jako totožnosť tak i odchylky jednoho i druhého spozorovať mohol.

zní a zvláštní nářečí zakládá; soudě nicméně podlé roz-
dílu mluvy obecného lidu v Moravě, kterážto z této strany
řeky Moravy čistě česká jest, z oné pak strany ke slovenské
se blíží, mám za to, že někdy, před politickým oddělením
Uher od Moravy, rozhraní obou nářečí, čeckého i slovenského,
bylo někde ve středu samé Moravy, nikoli v pohoří, dnešní
Uhry od Moravy dělícím. — — —

Počátečná historie Moravanův a Slovákův, od času je-
jich v nynější vlasti osednutí až do úsvitu VIII. století, v ne-
dochodném temnu jest pochována. To jediné, soudíc podlé
zjevného přibuzenství jedněch i druhých s národem českým,
nebezdůvodně za pravé přijíti můžeme, že v oné době, když
Čechové do Bojohému se přistěhovali, i Moravané a Slováci,
vystoupivše z Tatranského Bělochorvatska, nevědomo z kte-
rého okolí, hlouběji k jihozápadu, poříčím Moravy, Váhu a
Hronu až k samému Dunaji sestoupivše, uprázněná od Rugův,
Herulův a Gepidův místa brannou rukou zaujali. Dalšímu je-
jich šíření se přes Dunaj zbraňovali mohutní Longobardové,
jimž Pannonie l. 548. od císaře Justiniana postoupena byla,
po jejich pak odstěhování do Vlach horší předchůdcův svých
podmanitelé a násilníci Avarové. V květoucí době avarské,
též za panování slavného vítězitele Sama, nikdež ještě o Mo-
ravanech a Slovácích výslovně zmínka se neděje, ačkoli po-
dobné jest, že obojí tito, tehdejšího dějiště tak blízcí náro-
dové, zaroveň s jinými příbuzníky a sousedy týchže proměn
štěstí, nátisku avarského i osvobození se od něho, zakušovali.
Po přemožení Avarův od Karla Velikého země jejich, v ny-
nějším Rakousku a Uherském Zadunají, dostala se v moc Něm-
cům, kteříž, zřídivše ji podlé způsobu a obyčeje svého, totiž
poručivše vrchní správu její svému markrabovi, Slovanům a
Avarům, co jich jinam neušlo, k obývání ji propustili s tou
výminkou, aby knížata jejich dotčenému markrabovi poddána
a císaři k dani i vojenské službě zavázána byla. — — —

Nedlouho potom vystoupil na poli dějin moravských Moj-
mír, kníže dějný a velemoudrý, od Urolfa na křesťanskou víru
obrácený. Celé jeho snaženství směřovalo k tomu, aby zemi
své stálého míru a vnitřní posily i vzniku zjednal, zůstávaje
v přízni s vrchními pány svými Franky. — — Mojmír o rozší-
ření křesťanství ve své krajině ousilně pečoval, čehož důkazem
jest založení dvojího biskupství, totiž Speculijulium (Olomuc)
a Nitrava (Nitra) okolo l. 826. Jemu vším právem připsáno
býti musí položení základu k oné veliké a mohutné říši morav-

ské, kteráž za nástupcův jeho, ovšem jen na krátký čas, tak
slavně se vznesla. — Mezi tím upadl Mojmír u Frankův v po-
dezření, jakoby z područí jich vyvaditi se usiloval. Možné, že
pouhá závist a nedověra pohraničných markrabí popudila krále
Ludvíka proti němu, nelibě patřícího na šíření se moci a slávy
tohoto nebezpečného područníka svého. Buď jak buď, král
Ludvík, vypraviv se l. 846. se silným vojskem do Moravy,
odstrčil přemoženého Mojmíra, a na místě jeho ustanovil kní-
žetem moravským synovce jeho Rastislava čili jak jej Frankové
jmenují Rastice. — —
Dobré srozumění a přátelství mezi Moravany a Franky
netrvalo dlouho. Mojmír byl králi Ludvíkovi jen podezřelý,
Rastic se mu stal v skutku nebezpečným. Výtečný tento kníže,
dostav se na stolici knížecí, všemi cestami o to usiloval, kte-
rak by národu svému utracené samostatnosti vydobyti mohl.
K tomu cíli počal v zemi své zakládati mnohé, na ten čas
mocné pevnosti, a vstoupil v přátelské svazky s Bulhary, ji-
hovýchodními sousedy svými. Neušlo to takové jeho počínání
pozornosti podhlídavých Němcův. Král Ludvík, chtěje odvrátiti
hrozící sobě nebezpečí, vypravil se s branným lidem na Mo-
ravu l. 855. ale nemoha dobyti zásek a ohrad protivníka svého,
obrátil se bez pořízení zpátky, kdežto od Moravanův až za
Dunaj stíhán jsa, znamenitou škodu trpěl. Tím způsobem osvo-
bozená Morava, požívajíc ouplné neodvislosti, stala se outo-
čištěm všech nespokojených anebo od Frankův utiskovaných
Slovanův, anobrž i samých Němcův, proti vládě krále Ludvíka
pletichy a pikle snujících. Český kníže Slavitěch, l. 857. od
Bavorův z města svého Vitorazi vypuzený, hledal a nalezl u
Rastice přítulku; důstojníci Ludvíkovi, hrabata Werinhar a
Gundacker, jsouce ouřadův svých zbaveni, k němu přešli; sám
nejstarší syn králův Karloman, vývoda korutanský, vstoupil
s Rasticem l. 861—863. ve smlouvu, chtěje se ubezpečiti proti
hněvu a pomstě otce svého; totéž učinil druhý syn Ludvík
mladší, když l. 866. proti otci se zbouřil. Z toho ze všeho do-
statečně vysvítá sláva knížete Rastice a dověra, kteréž poží-
val v cizině: o mohutném a blahodějném vladaření jeho v samé
vlasti, při urputném mlčení zahraničných pramenův, jen z běhu
a spojitosti důležitých příběhův, za panování jeho stalých,
ouplného ponětí nabyti můžeme. Do této zajisté mírné doby
jeho panování připadá sestavení veliké říše moravské, vzdo-
rující všem outokům cizincův až do přibytí Maďarův, též uve-
dení slovanské liturgie v obojí Moravě a v Čechách, události

na onen čas v celém Slovanstvu jistě nejdůležitější. — Neodvislost Moravy, ačkoli skutečně od l. 855. stávající, nikdý od krále německého výslovně uznána nebyla. Již l. 863. král Ludvík proti Rastici, s Bulhary spolčenému, válku pozdvihnouti zamýšlel, z čehož však tehdáž ještě sešlo. Než l. 864. vypraviv se s valným vojskem do pole, oblehnul jej v městě Děvíně v Moravě nedaleko nynějšího Hradiště, a nemohoucího odolati toliké síle, donutil ke slibu věrnosti. A však již l. 866. byl Rastic od syna králova Ludvíka, a některých pánův německých k novému povstání naveden. Naposledy vypukla l. 868. záhubná vojna mezi králem Ludvíkem a Rasticem, v níž z počátku s obojí strany bez prospěchu bojováno. Léta 869. rozšířilo se divadlo války: Čechové a Srbové, spojení s Moravany, vpadli do Bavor a Durinska; Svatopluk synovec Rasticův, jak se zdá, kníže nitranský, vystoupil teď ponejprvé na bojišti. Král Ludvík vystrojil troje veliké vojsko do pole: syn jeho Ludvík vedl Sasy a Durinky proti Srbům, druhý syn Karloman Bavory proti Svatoplukovi, třetí vojsko ze Frankův a Švabův, jímž král sám osobně Rastice potříti mněl, pro nemoc nejmladšímu synu Karlovi ke správě poručil. Oba královici vpadli do Moravy; Karel, jak se podobá, z Rakus, Karloman z Pannonie, nenalezajíce tuhého odporu. Karel, přiblíživ se k neobyčejně tvrdé pevnosti Velehradu, pálil a plenil ukrutně v celém okolí; Karloman, přistoupiv od jihu, spojil se s bratrem někde v Moravě, na východ od nynějšího kraje hradištského. A však, naplenivše se bez lítosti, hlavního cíle svého, pokoření Rástice, nedosáhli. Obyvatelé ustupovali před nimi do krajin hornatých; nedostatek potravy a jiné nehody přinutily je posléze ke zpátečnímu tažení. Král Ludvík naklonil se ku pokoji, straně jeho nevšelijak výhodnému. Tím způsobem stál Rastislav z počátku l. 870. na vrchu své moci a slávy, hotov jsa požívati krvavě dobytého míru ke svému i národu svého blahu. Ale osudové jinak byli uložili! Vládobažný synovec jeho Svatopluk, netrpělivě nesa poslušenství, jímž přísnému strýci a panovníku povinen byl, propůjčil se chytrým Němcům za nástroj pádu svého dobrodince. Přede vším s oudělnou svou krajinou vzdal se pod vrchnost a ochranu císařovice Karlomana. Brzo potom svého strýce, chtějícího jej pro toto odpadnutí ztrestati, oukladně jal a ouhlavnímu nepříteli Karlomanovi vydal, kterýž nešťastného starce řetězy slíženého do Řezna odeslal. Král Ludvík, podav jej k soudu z Frankův, Bavorův a některých maní sebraných Slovanův složenému, místo vyrčeného naň trestu smrti obě oči mu vyloupiti a pak jej do nějakého německého kláštera zavříti dal, kdež, nevědomo kdy a jak, zahynul. Takový konec vzal nejvýtečnější a o národ svůj nejzasloužilejší panovník slovanský v celém IX. století! Karloman, vstoupiv s vojskem do opuštěné a bezbranné říše jeho, rozsadiv německé ouředníky po všech městech a hradech, a svěřiv správu země hrabatům Engelskalkovi a Wilímovi, navrátil se s poklady Rastislavovými radostně domů.

Mezi tím i Svatopluk přiznění s nepřátely vlasti a národu brzo trpce zakusil. Ustanovení vladáři zemští, znamenavše nepovolnost jeho, obávali se zrády, pročež jej jatého a svázaného vydali Karlomanovi. Moravané, takovýto nátisk těžce nesouce, pozdvihli se valně, obravše sobě za vůdce kněze Slavoměra. Válka se chýlila ku prospěchu Slovanův. Svatopluk, ačkoli od soudu za nevinného vyhlášený, od Karlomana dary poctěný a s vojskem německým ku pokoření Moravanův vyslaný, nabyl v žaláři času i příležitosti poznati lépe své položení u prostřed mezi národem svým a Franky. Srdce jeho hořelo žádostí pomsty. Vstoupiv do Moravy, potýkal se jen na oko se svými rodáky, a brzo na to, srozuměv se s nimi, obrátil zbraň svou proti Němcům. Porážka těchto byla nesmírná: radost jejich nad mnoholetým vítězstvím obrátila se pojednou v hoře a kvílení. Svatopluk, předzvídaje hrozící sobě kruté války, zmocnil se přátelským svazkem s Čechy: kníže Bořivoj poddal se v ochranu jeho. Král Ludvík již l. 872. sebrav odevšad vojska svá, poručil synu svému Karlomanovi boj vésti se Svatoplukem: než tento, svítěziv několikrát nad nepřátely, nejen krajinu svou od nich osvobodil, nýbrž l. 873. sám do země německé vstoupil, a Karlomana odevšad sklíčil. Král Ludvík, nevida jiné pomoci a chtěje co nejspíš zastaviti nebezpečenství, zavřel mír se Svatoplukem, jakž dobře mohl. Tím způsobem Svatopluk, upevniv své panství, hleděl slávy vznešeného strýce svého, ovšem nechvalným způsobem na sebe převedené, moudrým panováním, milováním národu a nade všecko přísnou spravedlivostí dostihnouti, a vinu mladosti své cnostmi zkušeného stáří v zapomenutí uvesti. Památka jeho jména v národu moravském žádnými pohromami nástupných časův vymazána nebyla, anobrž trvá u prostého lidu až do dnes. — — —

Léta 890. vypukla mezi Svatoplukem, samostatnosti své hájícím, a císařem Arnulfem, nepochybně po svém na trůnu upevnění poddanost z celé Moravy od Svatopluka požadujícím, hrozná válka, ktcráž konečně říši moravskou do hrobu uvedla, na německou pak říši mnohé pohromy a neřesti uvalila. Udatný Svatopluk sehnal Němce z pole, síle jeho nikdež odolati nemohoucí. Tuť chytrý Arnulf najal proti Slovanům Maďary, od l. 888. v Dacii brojící, Bracislava pak, oddílné kníže chorvatské, potáhnul do svého spolku. Svatopluk, obklíčiv Maďary v jakési soutěsce, byl by je zničil, kdyby ho vpád Arnulfův od západu a Bracislavův od jihu k ustoupení byl nepřinutil. Po hrozném poplenění rovné krajiny, odtáhli Němci a pomocníci jejich zpátky, bez přemožení a pokoření Svatopluka. Arnulf, vztekaje se zlostí, jednal s Bulhary, hledě je odvrátiti od přátelství s Moravany. V obnovené l. 893—894. vojně císař Arnulf nejen žádného nedosáhnul nad Moravany vítězství, ale nad to sám jedva záhuby ušel. Toto však bylo poslední léto slavného a vítězného panování Svatoplukova. Po jeho smrti (l. 894.) nastoupili vládu v rozděleném panství dva lehkomyslní a svárliví synové jeho, Mojmír a Svatopluk. Číhavý Arnulf, znamenaje příhodný čas, nepominul skrze zlorádného Wichinka a chytrého Ariba rozněcovati jiskru nedůvěry mezi bratry, až u veliký plamen se rozmohla. Příměří mezi ním a Mojmírem l. 894. zavřené stalo se jen na oko: v tichosti tím pilněji pracoval on o vyvrácení říše moravské. Trojí pak sobě k tomu cíli zvolil prostředek: domácí vojnu mezi bratry, odtržení Čech od Moravy a přivábení Maďarův do Moravy a Pannonie. Ve válce mezi Svatoplukovci vypuklé chopil se Arnulf l. 898. strany Svatopluka, již od Mojmíra přemoženého, a třikráte zemi moravskou skrze Liutpolda a Ariba hrozně popleniti dal. V této vojně Pannonie sice ztracena; však nicméně Svatopluk k ustoupení do Němec od Mojmíra přinucen. Léta 899. obnovil papež Jan IX. na požádání Mojmírovo arcibiskupství moravské, po smrti Methodově (l. 885.) uprázdněné, s připojením trojího biskupství. Noví vpádové Bavorův a Maďarův pohnuli Mojmíra ku pokoji, v Řezně s maloletným císařem Ludvíkem IV. zavřenému l. 901. — A však tím vším brána Maďarům ke zkáze Slovanstva jednou otevřená nebyla více zamčena. Tito zajisté, usadivše se v Potisí a zmocnivše se šťastnými výpravami na východ, jih i západ, obořili se, po několikerém daremném pokoušení, konečně l. 907. dvojitou silou na moravskou říši, od Rastice pracně založenou, od Svatopluka pak vítězně zveličenou, a vyvrátili ji ze základu. Po hrozné porážce Němcův i Slovanův u Prešpurku (v srpnu l. 907.) z níž mladý král Ludvík sotva se životem utekl, a v níž

vývoda bavorský Liutpold, dle vší podobnosti i kníže Mojmír,
mečem polehli, zmizela samostatná slovanská Veliká Morava
z pole dějin. Ráz ten uhodil do srdce Slovanstva. Dřevní oby-
vatelstvo, co ho smrti neb poroby zbylo, rozutíkalo se do
Tater, Bulhar, Chorvat a jinam. — Z rozbilin pak Veliké Moravy
kořistili, mimo Maďary, i Němci, Čechové a Poláci.

Pavel Josef Šafařík.

## II.

### 1. Z básne: SLÁVY DCERA.

("Spisy *Jana Kollára.* Díl 1. Slávy Dcera. V Praze. 1862." Str. 3. a nasl.)

#### a) Předzpěv.

O věkové dávní, jako noc vůkol mne ležící,
   O krajino, všeliké slávy i hanby obraz!
Od Labe zrádného k rovinám až Visly nevěrné,
   Od Dunaje k hltným Baltu celého pěnám:
Krásnohlasý zmužilých Slavjanů kde se někdy ozýval,
   Aj oněměl už, byv k ourazu zášti, jazyk.
A kdo se loupeže té, volající vzhůru, dopustil?
   Kdo zhanobil v jednom národu lidstvo celé?
Zardi se závistná Teutonie, sousedo Slávy,
   Tvé vin těchto počet zpáchaly někdy ruky!
Neb krve nikde tolik nevylil černidlaže žádný
   Nepřítel, co vylil k záhubě Slávy Němec.
Sám svobody kdo hoden, svobodu zná vážiti každou,
   Ten kdo do pout jímá otroky, sám je otrok.
Nechť ruky, nechť by jazyk v okovy své vázal otrocké,
   Jedno to, neb nezná šetřiti práva jiných. —
Kde jste se octly milé zde bydlivších národy Slávů,
   Národy, jenž Pomoří tam, tuto Sálu pily?
Srbů větve tiché, Obodritské říše potomci,
   Kde kmenové Vilců, kde vnukové jste Ukrů?
Na pravo šíře hledím, na levo zrak bystře otáčím,
   Než mé darmo oko v Slávii Slávu hledá! —
O kdo přijde tyto vzbuditi hroby ze sna živého?
   Kým přiveden slušný k své bude vlasti dědic?
Kdo rce to nám místo, kde cedil svou někdy za národ
   Krev Miliduch, kdo na něm sloup mu památky složí?
Kde hněvivý novotám, otcovskou prostotu bráně,
   Válčícím Slavjanům Kruk po slavjansku velel.

Neb kudy vítězný máchal meč v půtce Bogislav,
  A v pokoji šťastnou zákony řídil obec.
Už jich více není! s rachotem surového rekovské
  Články jejich zhoubný láme oráče lemeš.
Stíny jejich na dvou se časů hněvajíce ničemnost,
  Ve mhle sivé těchto zřícenin upně vyjí.
Upně vyjí, že osud posavád se smířiti váhá,
  A vnuka krev lecjak tam hnije, tam se mění.
Jak muselo v tom by studené být k národu srdce,
  Jenž by tu slz jak nad kostmi milenky nelil.
Avšak umlkni tichá, na budoucnost patři, žalosti,
  Osluněným rozptyl mráčky myšlének okem.
Největší je neřest v neštěstí láti neřestem,
  Ten kdo kojí skutkem hněv nebe, lépe činí.
Ne z mutného oka, z ruky pilné náděje kvitne,
  Tak jen může i zlé státi se ještě dobrým.
Cesta křivá lidi jen, člověčenstvo svesti nemůže,
  A zmatenost jedněch často celosti hoví.
Čas vše mění, i časy, k vítězství on vede pravdu;
  Co sto věků bludných hodlalo, zvrtne doba.

### b) Z n ě l k y.

Stojí lípa na zeleném luze,
  Plná starožitných pamětí,
  Ku ní, co jen přišlo podletí,
Bývala má nejmilejší chůze;

Žele moje, city, tužby, nouze
  Nosil jsem jí tajně k odnětí,
  Jedenkráte v jejím objetí
Takto zalkám rozželený tuze:

„O ty, aspoň ty už, strome zlatý,
  Zastiň bolesti a hanobu
Lidu toho, kterému jsi svatý!“

Tu dech živý v listí hnedky věje,
  Peň se hne a v božském způsobu
Slávy dcera v rukách mých se směje.

Pracuj každý s chutí usilovnou
　　Na národu roli dědičné,
　　Cesty mohou býti rozličné,
Jenom vůli všickni mějme rovnou;

Bláznovství jest chtíti nemistrovnou
　　Rukou měřit běhy měsíčné,
　　Jako k plesu nohy necvičné
Pokoušeti pro pochvalu skrovnou:

Lépe činí ten, kdo těží s málem,
　　Stoje věrně na své postati,
Velkýť je, buď sluhou nebo králem;

Často tichá pastuchova chyžka
　　Více pro vlasť může dělati,
Nežli tábor z něhož válčil Žižka.

―――――

Slávie, o Slávie! ty jméno
　　Sladkých zvuků, hořkých památek,
　　Stokrát rozervané na zmatek,
Aby vždycky více bylo ctěno;

Od Uralů Tatrám na temeno,
　　V pouštěch, kde má rovník počátek,
　　Až kde slunce mizí dostatek,
Království jest tvoje rozloženo!

Mnohos' nesla, avšak křivdy činů
　　Nepřátelských všecky přežila,
Ba i špatný nevděk vlastních synů:

Tak když jiní snadno v půdě měkké,
　　Ty jsi trůny sobě tvrdila
Na století rumích dlouhověké.

―――――

Nač by proto srdce naše chladlo,
Nač se pohřížilo v truchlotu,
Že jsme našli práznou pustotu,
Kterou žádné netklo ještě rádlo?

Vítězství to nechci, jenž by padlo
Z nebe dolů na zem bez potu,
Volím chudou směs a mrákotu
Aby svět byl, kde nic předtím vládlo:

Arci že jdou jiní cestou hladší,
Těžce my a pozdě za nimi,
Tím jsme ale a náš národ mladší;

My co jiní dokázali známe,
Než to skrylo přede jinými,
Co my v knize lidstva býti máme.

---

Bože, Bože! který dobře mínil
Veždy s národy jsi všechněmi:
Ach, už nikdo není na zemi,
Kdo by Slávům spravedlivost činil!

Kde jsem chodil, nářek bratrů stínil
Všudy veselost mé duše mi;
O ty soudce nade soudcemi,
Prosím: cože tak můj národ zvinil?

Křivda se mu, velká křivda děje,
Žalobám pak se a zármutu
Našemu svět rouhá aneb směje;

Aspoň v tom nech moudrost tvá mi svítí:
Kdo zde hřeší? či kdo křivdu tu
Dělá? či kdo tuto křivdu cítí?

---

Nechtěj zoufat, když se proti tobě
Bratře, šklebí závist trkavá,
Kdo se, pravdu háje, obává,
Ten jí škodí nejsa věrným sobě;

Pravda nezná ustoupiti zlobě,
Kdo jí laje, ten ji zastává,
Ke cti jsou jí slova rouhavá,
Blud a šalba hlupců ku ozdobě:

Pravda jest co cedry na Libanu,
Ti, jenž na ni dují větrové,
Jen víc šíří vonnou její mannu;

Jazyk její meč jest, ňádra hory,
Srdce mramor, ruky sloupové,
Paty rokle k pošlapání vzdory.

----

Nejedenkrát věru tak se zdálo
Mysli mé a srdci bolnému,
Jak by ku otroctví věčnému
Všechny Slávy nebe odhodlalo;

Tak je duší samostatných málo,
Tak se chladně mají kc svému
Tak se přilepují k cizému,
Jak by vlastních sil jim chybovalo:

Nejvíc pak to rozhořčuje želc,
Že lid náš v tom manství ubohém
Křižuje sám i své spasitele;

V zoufání jen to zve k víře nové,
Kdo dá počet z toho před Bohem,
My, či naši zotročitelové? —

----

Stokráte jsem mluvil, teď už křičím
K vám o rozkydaní Slávové!
Buďme celek a ne drobtové,
Buďme aneb všecko, aneb ničím;

Národem vás zovou holubičím,
Než aj holuby jsou takové,
Že milují hejno spolkové,
I vám tedy vlastnost tuto žičím:

Slávové, vy národ zlomkovitý!
Síly sjednocené dělají,
Než proud mělkne a schne roztočitý;

Slávové, vy národ mnohohlavý!
Moudří horší smrti neznají,
Než jest život hnilý, prázný, tmavý.

---

Co z nás Slávů bude o sto roků?
Cože bude z celé Evropy?
Slavský život, na vzor potopy,
Rozšíří svých všudy meze kroků:

A ta, kterou měly za otroků
Jen řeč křivé Němců pochopy,
Ozývati se má pod stropy
Paláců i v ustech samých soků:

Vědy slavským potekou též žlabem,
Kroj, zvyk i zpěv lidu našeho
Bude modným nad Seinou i Labem;

O kýž i já raděj v tu jsem dobu
Narodil se panství slavského —
Aneb potom vstanu ještě z hrobu!

---

## 2. Báseň: SLAVJAN.

(Strana 399. a nasl.)

„Co Bůh spojil, člověk nerozlučuj!"
Co jazykem, oním svatým uzlem
Sama matka příroda svázala,
To člověče zlostnou a závistnou
Nerozvazuj, neroztrhuj rukou!
Nás Slováky, Moravce, Slezáky
I Polany s Čechy sjednotila,
Svázala jest i ohnivé Rusy
Se silnými bratry poledními,
Kterých rovná a bohatá pole
Z velkého se napájejí Istra;
Přes kterých se tiché louky valí
Sáva, Dráva, Drina i Marica,
I ostatní nesčíslné řeky;
Kterých čistá města i dědiny
Bělejí se z obou stran Balkana;
Kterých veslo po Adrii plává
I po šírém ledobřežném moři.
O já ještě nezapomenul jsem
V Pomořanech i v Lužicech Srba,
Který blízkým mýlený Tevtonem,
Nesměle jen, aby nebyl slyšán,
V domácím se hlaholu pronáší.
Často myslím na Dunajské Srby,
Jenž se mezi Turky pozdvihují
Jak u prostřed chrasti hybké jedle.
V srdci nosím Krainského Illyra,
Jehož věky nemohly zničiti.
Vítězného zpomínám Slavonce,
Který s chrabrým spojený Chorvatem
Nepřátelským oddolává silám.
Často okem ducha mého bystrým
Na Dalmata hledím obrovského,
Jemuž v prsích starodávné slávy
Památka až posud nevyhasla,
Jehož píseň národního zpěvce
Pudí k činu nejzmužilejšímu.
Ach, byly jsou někdy smutné časy,
Časy dlouhé, časy přenešťastné,

**17***

Když cizinci mezi nás trousili
Nesvornosti prokleté semeno,
Dráždíce kmen proti kmenu chytře,
By se klali sami mezi sebou ;
Aby syny s matkou rozvadivše,
Celý národ lehce potlačili !
Teď to símě (Bohu budiž chvála !)
Plodonosnou nepadá na půdu.
Blesky z očí milé matky Slávy
Zlocílné jich rozsívání sežhou.
Smíření se střetáváme bratři
Na širokém knih a spisův poli ;
Hloupá pomsta i různice běsné
Ve slavjanském přestávají světě.
Chraňme se jich bratři na budoucnost !
Varujme se pilně oněch vrahův,
Kteří nás jen rozvaditi chtějí,
Jenž žádají, ať se rozsápáme,
Aby oni pak nás znivočili,
Jako někdy naše slavné předky,
Naše předky v krajinách německých,
Po Galii i po Britanii.
Neb i tam se před věky slavjanská
Ratolestná zelenala lípa,
I tam v horách někdy a dolinách
Nám příbuzná řeč se rozléhala.
Nevymluvná proniká mne radost,
Když vás vidím bratři pod Kavkazem
Nové hrady zakladat a sela ;
Když vás vidím po třech šírých mořích
Sem tam s těžkým poletovat loďstvem ;
Když vás vidím věd a uměn pole
Novým ducha vysazovat plodem.
O já nejsem z počtu těch omrzlých
(Bodej zmizli skoro !) nevlídníkův,
Kteří svoje odvracejí oko
Ode knihy psané literami
Cyrillskými neb glagolitskými.
Však to jest jen zevnitřní roucho,
Pod kterým též slavské srdce tluče,
Na vše strany slavjanského světa
Vylévajíc života potoky :

Nech rozličný na sobě má oděv,
Nicméně plod jednoho jest ducha;
Nech rozdílným písáno jest písmem,
Jedna předce budeme rodina,
Dokud synu milá bude matka,
Nevděčník ji dokud neodvrhne
A tyranům neodevzdá cizím.
Co pak mne se dotýče, já nechci
Krátkozrakým jamožilcem býti,
Hledícím vždy jen do a pod sebe.
Já to cítím, že Slavjanstvo celé
Moje jest, a já jsem opět jeho.
To má hrdost, to má pýcha jestiť,
O kterou se připraviti nedám.
Můj národ jest spolu i vlast moje,
Vlast moje má nesmírné hranice,
Nepočítá sta než miliony.
Já jsem živý v mnohem větším světě,
Nežli závist dopustiti může;
Já jsem synem silnějšího rodu,
Nežli ona pomysliti schopna.
Nad prostrannou milou mojí vlasti
Krásné slunce nikdy nezapadá.
Dá-li Pán Bůh a štěstí junácké,
Aniž její čest má zahynouti,
Nezahyne, pokud budou děti
Lásky obět Slávě přinášeti.

Jan Kollár.

# Slovo záverečné k prvému vydaniu.

Že to bol mákavý nedostatok, nemal až posial' ku pravopisnému vyvinutiu reči našej primerane vypracovanej mluvnice v jazyku ncmeckom, kto by o tom pochyboval? — Potrebu podobného dielka cítili sme všetci, ale k jeho vyhotoveniu nikto sa nepriberal. Boli sme sa teda niektorí na tom usniesli, požiadal' sameho majstra slovenčiny *Hallalu*, aby on vypracovanie a uverejnenie tejže mluvnice prevzal. Medzitým *Hattala*, súc mnohými prácami zanepráznený, v polahu na našu žiadosl' odpísal: „Strany mluvnice slovenskej v nemčine nemôžem Vám byl' na ten čas k službám;" a dal nám radu, aby sa z nás niektorý do tej práce oddal. Čo tu bolo počal'? odložil' celú vec na nejistú budúcnosl' sme nechceli — nemohli. Tak sa teda stalo, že som si ja zaumienil ono potrebné dielce, trebars mi to krušno prichádzalo, vyhotovil' a na svetlo vydal'.

Že som sa ja celkom *Hattalových* mluvníc: „Grammatica linquae slovenicae" (1850) a „Krátka mluvnica slovenská" (1852) pridřžal, každý, kto rozumie .sa do veci, vidí. Avšak som i s jeho najnovším dielom: „Srovnávací mluvnice jazyka českého a slovenského" (1857) čo sa mi potrebné videlo, porovnával. Mimo toho som, viacej lebo menej, upotreboval: *Schinnagl*-ovu nemeckú, *Tomíčkovu* českú, *Karlikovu* nemeckočeskú, *Fröhlich*-ovu nemecko-illyrskú a iné gramatiky, nakoľko sa z nich v polahu na slovenčinu to lebo ono použil' dalo.

Môj cieľ pri gramatike tejto bol hlavne praktický; preto som do spisu neprijal mnohé theoretické pojednania, na ktorých vedomosti vätšej čiastke obecenstva málo záleží. Kto zapodieva sa so slovanskou filologiou ex professo, a so slovenčinou všestranne v celej jej rozmanitosti žiada sa obznámil': toho na spisy *Hattalove, Hodžove, Hurbanove* a *Štúrove* odkazujem.

Nakoľko mluvnica táto určeniu svojemu zodpovie, budúcnosl' ukáže. Ja som na všetok pád bez všelikých pobočných ohľadov chcel podal' spisok u ž i t o č n ý, medzeru v literatúre slovenskej čiastočne aspoň vyplňujúci; bo tých spisovateľov smýšľanie vidí sa mi byl' najpoctivejším, ktorí pri svojich literárnych podujatiach vždy pred očami majú:

Nisi utile sit, quod facimus, stulta est gloria.

---

# Slovo záverečné k druhému vydaniu.

Čo som kedy či ja, či niekto druhý o potrebe mluvnice slovenskej osnovou nemeckou písanej prehovoril, to je teraz výsledkom samým potvrdzené; a výsledok je bez všetkej pochybnosti najdôslednejším rozumovaním.

V poľahu na prítomné d r u h é vydanie tiež nekoľko „Slov záverečných" preriecť za potrebné držím. Predne výslovne udávam, že tá sama sústava, dľa ktorej počiatočne spis tento soslavený bol, i teraz je celkom zachovaná. Čo týče sa však typografického usporiadania, nektorých jednotlivých výrazov a rozmnoženia chrestomathie, Veľactené Čitateľstvo upozorňujem jako nasleduje:

Želajúc, aby spisy naše i ohľadom vonkajšieho vystrojenia ku spisom toho sameho druhu literatúr iných čestne ku boku postaviť sa mohly, postaral som sa o úhľadnejšie vydanie knihy tejto: jakosť papieru, zväčšenie formátu a primeranejšie rozdelenie tlačí, všetko opravy k lepšiemu, nimiž nad vydanie prvé toto druhé vyniká, sú toho patrným dôkazom; tak že mluvnica prítomná i z tohoto stanoviska považovaná za mluvnicami inojazyčnými naskrze nezaostáva.

Jednotlivé výrazy, ktorých odchodne od vydania predošlého užívam, sú asi tieto:

V úvode k označeniu nárečí slovanských na juhu panujúcich neupotrebujem, jako to posiaľ obyčajne filologovia slovanskí robievali, všeobecného výrazu i l l y r č i n y, lež j u h o s l o v a n č i n y, a to sice hlavne preto, že meno „Illyr" pravoslavným Srbom, nakoľko aj jejich národ ním zahrnutý byť má, naskrze nie je po chuti; poneváč ale Srbov na juhu poľažne k iným slovanským odvetviam veliká vätšina je, vidí sa mi byť slušným, aby sme jich neoznačovali záhlavím, ku nemuž nepriznávajú sa oni sami. Toho domnenia je i *Hattala,* keď mi, dopytujúcemu sa o jeho náhľad, píše: „Zdá sa i mne samemu, že názvom „süd-slavisch" skorej vyhoviete obom stranám: srbskej a chorvátskej, nežli doterajším „illyrisch."

Druhá odchylka vsťahuje sa na osobné všemeno „ja," jehož som bol vo vydaní prvom dľa Bernolácko-českého spôsobu s dlhým „á" užíval. Že sa ale „ja" v krajoch čistoslovenských krátko vyslovuje, žiadnej pochybnosti niet, a tak je tomu aj v iných nárečiach slovanských, české vynímajúc.

To isté platí o všemene opytovacom „kto," miesto doteraz užívaného „kdo." Slováci tatránski skutočne „kto" vyslovujú, miestami tuším „k" s „ch" — „chto" — zameňujúc. Rusi a Poliaci majú tiež „kto," Juhoslovania „tko," teda vôbec „t" a nie „d." Ale je to aj celkom prirodzené, bo sa „k" pred „d" ani vysloviť nedá, znejúc dočista jako „g" — „gdo" — tak že jestli dôsleduými byť chceme, musíme písať alebo „kto," jako v „ktorý," alebo „gdo" a tým samým aj „gdorý," iného prosredku niet. Že ale za posledlní nevídaný spôsob písania nevysloví sa nikto, ľahko uhadnúť možno. S touto premenou srovnáva sa *Hattala* tiež, píšuc: „Nie som ani ja teraz od toho, aby sa písalo „kto" miesto „kdo," bo je to i etymologicky správnejšia forma, znejúc už cyrillsky s „t." Medzitým jestli nekomu na starom Bernolácko-českom výraze onoho slovca veľa záleží, nechže si ho i nadalej upotrebuje. Každá, i tá najvzdelanejšia reč má svoje nedôslednosti, má a mal jich aj bude nepremenno i naša slovenčina.

V oslovení osôb jednotlivých, kde Slovania zo zdvorilosti sloveso množného počtu druhej osoby upotrebujú, odstúpil som od toho pravidla českého, dľa nehož v tomto páde účastie činné minulého času do jednotného počtu kladené býva; a prijal som i u nás, i u Rusov, i u Juhoslovanov bežný spôsob hovorenia s účastím činným v počtu množnom. (Viď §. 56.)

Nominatív mien sredních prídavných posiaľ nektorí spisovatelia slovenskí na „ô" miesto bežnejšieho v písemnictve „é" užívajú, menovite *Hodža, Sládkovič* a iní. Obecná mluva za náhľady týchto pánov bojuje, ale vážnejšie dôvody, zdá sa mi, sú proti nim. Tak píše *Hattala* vo svojej gramatike na strane 84.: „E *dobr(oj)e* eodem modo fit dobr-*é*, sicut e *v(oj)evoda*, vévoda, aut ex antiquioribus: *b(oj)ažň, b(oj)ati sa*, recentiora: *bázeň*, *báľ* sa, tenore legis: contractio facit longam." A ďalej: „In nominativo sing. neut. gen. *oje* plane in *ô* detortum conspicitur: dobr-*ô*, loco dobr-*é*, e *dobr(oj)e*. Similis mutationis in universa slavica nullum aliud superest exemplum." Končí ale takto: „Ex his patet: 1) declinationem Bernolákianam durorum merito praeferri Štúrianae; 2) neutrum in *ô* loco *é* recte vocari anorganicum, circa cujus genesim Hodža ipse in dubio versatur interrogans: unde nam revera istud *ô* in adjectivis? 3) errare Hodža-ium dicentem: neutrum in *é*, dobr-*é*, pronius formari e ficto *dobre-je* quam e *dobro-je* in cyrillica olim et russica hodiedum vigente genesique adjectivorum definitorum apprime conformi." Že ale *Hattala* odtedy, čo toto písal, svoje sem patriace náhľady nezmenil, je isté priam tak, jako že sa mimo vlastne filologických aj iné veľmi na váhu padajúce dôvody za tento spôsob písania predniesť dajú, ktoré ja ale už len i preto opakovať nejdem, bo terajšie naše časopisectvo, a môžem snaď povedať vätšina spisovateľstva slovenského, i tak tohoto od Hattaly vystaveného pravidla sa drží. Medzitým nikomu nevnucuje sa tento lebo tamten spôsob písania. Čo je života schopné, to sa udrží, čo nie, ustúpi a padne do zapomenutia tak, jako sa to už s viacej nepodarenými pokusami stalo. Len majme všetci všeobecné dobré pred očami, a preto chráňme sa novôt zbytočných, ktoré by ustálený teraz už pravopis v podstate podrývaly a odporníkom našim tvrdiacim, že zavždy jazyk spisovný meníme, a preto že reč naša do škôl zaprevadiť sa nemôže, zbraň oproti nám do ruky dávaly. I tu má úplnú platnosť vznešená zásada: „In necessariis unitas, in dubiis libertas, in omnibus charitas."

Že som chrestomathiu rozmnožil, bude vítané obecenstvu. Ukážku z prozaického pojednania Hollého medzitým nie preto som na čelo chrestomathie položil, jako bych jeho prozaický sloh za nejaký vzor písemnictva slovenského považoval, veď tak, jako to on voľakedy napísal, sotva by sa teraz bez opráv uverejniť mohlo: no urobil som to ohľadom na dôležilosť predmetu, o ktorom sa tam jedná ; a potom, aby sa mi poskytla dobrá príležitosť, vriadiť do tejže chrestomathie i „a z b u k u," ktorá je ale nie dľa Hollého, lež, s nepatrnými odchylkami, dľa vzorky Hattalovej v „Slovníku Naučnom" uverejnenej sostavená. Čítanie z evanjelia však som to samo, ktoré Hollý podáva, s dodatkom ruským, podržal, abych sa bez potreby od práce jeho neodchyľoval.

Rovným spôsobom krátky nástin politicko-socialného života Slovákov za času kráľovstva veľko-moravského zo Šafárikových „Starožitností" vyňatý, a v knihe, ktorá si konečne snaď i do škôl cestu prekliesni, podaný, má svoj dobrý zámer i mimo toho, že meno Šafárikovo, najslavnejšieho muža slovenského, z chrestomathie pre Slovákov sostavenej vystať nemohlo.

Ostatne sadu, ktorou som bol vydanie prvé zavŕšil, i teraz opakujúc, dokladám, že v z d e l a n o s ť ľ u d u p r o s r e d k o m n a j p r i r o d z e n e j š í m, jeho materinskej reči totižto, za jediný cieľ účinkovania nášeho považujem.

O s v e t o u   k u   s l o b o d e   a   s l á v e!

---

## Slovo záverečné k tretiemu vydaniu.

Keď vydanie t r e t i e mluvnice tejto verejnosti oddávam, málo je, čo v poťahu na dielce samo povedať mienim ; bo že tu i tam nachádzajúce sa v predošlých vydaniach vady a nedostatky, ktoré budto odo mňa zpozorované, buďto od iných vedomcov vytknuté boly, neponechal som v tomto novom vydaní bez opravy, rozumie sa samo sebou. Ale ani tá okolnosť, že som chrestomathiu životopisom *Hollého,* jako i ukážkou z najnovšej pôvodnej dramatickej básne Josifovičovej, „Odboj Zadunajských Slovákov," zase rozmnožil a zaokruhlil, bližšieho objasnenia a poznamenania nepotrebuje.

Medzitým iný predmet jest, o ňomž príležitosťou touto chcem sa určite vysloviť, a sice : v jakom pomere nachádza sa, dľa mojej mienky, skromná slovenská písemnosť k bohate rozvíjajúcej sa literatúre českej?

Ja som sa už viacraz verejne vyslovil a mienku svoju i teraz opätujem, že keď sme si mi Slováci, ohľad berúc hlavne na potreby naše domáce, povýšením nárečia slovenského na jazyk spisovný zvláštnu národniu písemnosť čili literatúru založili : nemali a nemohli sme ani mať úmysel odtrhnúť sa c e l k o m od literatúry českej, to jest, že by sme napozatým čo do literatúry stáli ku Čechom tak, jako stoja títo ku Rusom, Poliakom a Juhoslovanom. Kto by takto položenie naše považoval, ten by ani Slovenstvu, ani Slovanstvu dobre neposlúžil.

Písemnosť naša oddielne (specifice) slovenská, ktorú sme z dobre rozvážených dôvodov v život uviedli, musí i napozatým tvoriť s písemnosťou českou len j e d n u   n e r o z l u č n ú   l i t e r a t ú r u   č e s k o - s l o v e n s k ú.

My zajiste bez literatúry českej ani byť nechceme, ani byť nemôžeme. A preto úlohou našou má byť odteraz, keď sme už previedli, o čo nám hlavne išlo, nie oddaľovať sa viac od spisovného jazyka českého, ale sbližovať sa zase opatrne ku nemu, a tak pripravovať zponenáhla jednotu, ktorá na lepších základoch, nežli tá minulá, vystavená, ani nesvornosťou domácou, ani vplyvom neprajníkov našich zničená nebude. Čím viac osvety domácim nárečím uprosred ľudu našeho čo do národnieho povedomia prehlboko upadlého rozšírime : tým viac predsudky oproti spisovnému jazyku českému, jako mhla pred vystupujúcim do oblohy nebeskej slncom, rozptyľovať sa budú. To je oná myšlienka, ktorú ostrovtipne vyslovil jeden z predních spisovateľov a veteránov slovenských : „My skôr prídeme slovenčinou k češtine, nežli češtinou k češtine.“ — Kto čítaš, rozumej !

Ale na vzájem i bratov našich nad Vltavou povinnosťou by bolo, všímať si plodov slovenských, trebars za literárnymi plodmi českými daleko stojacích, a koristiť z nich aspoň čo do výrazov a foriem mluvničných, neodškriepiteľne slovanskejších, zachovalejších ; tak jako s potechou pozorujeme, že terajší hlas časopisov českých o literárnych pohyboch našich nie je viac hlasom, jaký tam len ešte nedávno panoval. O rozkole literárnom a iných v poťahu na písemníctvo slovenské urážlivých výrazoch nedočítame sa viac, nakoľko vedomosť mám, v časopisoch českých : ovšem ale čítame tam zprávy a pojednania, ktoré nám k potešeniu a bratom našim v Čechách ku cti a pochvale slúža. Časopisy české podávajú teraz už úvahy o podarenejších spisoch našich bez primiešania trpkých poznamenaní ohľadom na spisovný jazyk náš, ba nektoré z nich sdelily a sdeľujú celé výťahy a dopisy v pôvodine slovenskej, na čo sa pred nekoľko rokami ani nepomyslelo. Kto nezaplesal by z nás nad takýmto „obratom k lepšiemu?“ — Menovite vynikajú v ohľade tomto literárne časopisy „Beseda“ a „Kritická Příloha k Národním Listům“, ktoré by celému časopisectvu českému za nasledovania hodný príklad slúžiť mohly. Ja na tento posleduí časopis hlavnú váhu kladiem, poneváč je pri dôkladnom redigovauí v Čechách najrozšírenejší. Už ale v čísle 4. tejže „Kritickej Přílohy“ (r. 1864. str. 115—116.) čítame doslovne :

*„Slovenská literatura, na vzdor proroctvím neblahým, nepřestává se víc a více rozvíjeti, a nelze již jináče, nežli uznati ji i ze stanoviska českého za literarní fait accompli. Kdož by se nyní ještě proti ní stavěl, ten zajisté na překonaném už by se objevil stanovisku. Tím však zajisté ani vzájemnosti, ani potřebám našim literarním se nevyhoví, když ze strany české jenom mlčky se uznává literarní příčinlivost bratří našich podtatranských, aniž by se do literarního a národního působení jejich hloub nahlédalo. Vypadaloť by věru, jako by se od těch dob, co nářečí slovenské vrchu nabylo v písemnictví Slovákův, nejen formálně lišily knihy české od*

*slovenských, ale jako bychom se na dvé byli rozpadli, nemajíce styků a spojidel. Tomu ale tak není a býti nesmi, ba nastala doba, kdež potřebí, aby se spojidla mezi bratry pilně vyhledávala a znovu upevňovala všady, kde během časův se odvázala, aby pro odchýlky v nářečí se spolu i duch nezneuznával, aby se zapomnělo na spory, zato ale tím vřeleji a vzájemněji se pěstovaly společné směry vzdělanosti a osvěty. Některé listy slovenské nám čas od času podávají dosti zajímavé obrázky ze života tamějšího literarního i společenského, nejeví se však, že by naše literarní kruhy tak povědomy byly všeho, co se tam na poli písemnictví děje, jako by býti měly vzhledem k tomu, že slovenská literatura s českou jest a zůstati musí vždy spojena, a že zájmy obou solidárního potřebují zastoupení, jakž toho prospěchy obapolné vyžadují."*

A v čísle 6. z príležitosti recensie Hollého Spisov Básnických čítame v tomže časopise zas takto :

*„Míníme, že předsudek proti spisům v slovenském nářečí psaným i u nás čím dále tím více se vytratí, že úchylky orthografické a částečně i gramatikalní nerozhodnou nad vzájemnou součinností přirozeně spojeného národu, že literatura česká a slovenská nikdy na dvé se nerozpadnou, nýbrž pospolu kráčeti a vzájemně se podporovati a doplňovati budou."*

To hľa je zreteľne povedané ; a my môžeme byť úplne spokojní s takým osvedčením. Bo nateraz dosť je od českých bratov našich, keď priznávajú sa len ku takýmto tolerantným zásadám ; skutky primerané slovám, nádejeme sa, budú časom nasledovať, ku čomu ale každý s rodom svojím uprimne smýšľajúci vedomec slovenský tiež zo stránky svojej, jako i náš literárny spolok „Matica Slovenská" spoluúčinkovať majú : aby po odstránení všelikých nedorozumení i v poľahu na naše minulé literárne spory splnily sa čím skôr prorocké slová Kollárove :

> *Smířeni se střetáváme bratři*
> *Na širokém knih a spisův poli ;*
> *Hloupá pomsta i různice běsné*
> *Ve slavjanském přestávají světě.*
> *Chraňme se jich bratři na budoucnost!*

A tak vysloviac nakrátko mienku svoju o stanovisku, z nehož i ja na pomery naše oddielne slovenské ku pomerom spisovného jazyka českého hľadím : vystrájam opätne dielce toto na púť po milom Slovensku, jako aj po iných slovanských i neslovanských končinách, s tým srdečným želaním, aby prispievalo dľa možnosti ku rozšíreniu a lepšiemu poznaniu rečí našej a zveľebeniu písemnictva slovenského, ktoré však nie na ujmu literárnej jednoty česko-slovenskej, ale ku jej novému oživeniu a upevneniu slúžiť má, a dľa presvedčenia mojeho i na skutku slúžiť bude vo smysle hesla Šafárikovho : „Litera zabíja : ale duch obživuje."

## Berichtigungen.

| | | | | | |
|---|---|---|---|---|---|
| Seite 3. | Zeile 12. | von oben: | fünfzig | lies: | fünfzig |
| „ 41. | „ 9. | von unten: | obyčaj | „ | koľaj |
| „ 68. | „ 14. | „ | dobrým | „ | dobr-ým |
| „ 93. | „ 6. | von oben: | (§. 43.) | „ | (§. 34.) |
| „ 130. | „ 8. | von unten: | *hnihy* | „ | *knihy* |
| „ 154. | „ 4. | in ein. Exemp. | poznamenani | „ | poznamenanie, *n.* |

Od vydavateľa tejto mluvnice vyšly tiež spisy nasledujúce:

CONCORDIA. Slovanský Letopis. Vydali: *J. Viktorin* a *J. Palárik.* V Budíne. 1858. (Niet viac k dostaniu.)

LIPA. Národní Zábavník. Vydal *Josef Viktorin.* Ročník I. V Budíne. 1860. (Niet viac k dostaniu.)

LIPA. — Ročník II. V Pešti. 1862. Cena . . . . 2 zl. — kr.

LIPA. — Ročník III. V Pešti. 1864. Cena . . . . 2 zl. — kr.

JÁNA HOLLÉHO SPISY BÁSNICKÉ. So životopisom a zprávou o pomníku i spisoch jeho sporiadal a vydal *Josef Viktorin.* Tretie, opravené vydanie. V Pešti. 1863. Cena . . . . . . . 3 zl. 40 kr.